百家經典

新譯・顏氏家訓

【南北朝】顏之推　撰著
　　　　　顏興林　譯注

序　言

　　國人歷來有崇尚家族、敬重先祖的傳統，大家族之內，往往有家訓相傳，其後人代代相承，謹從之而立身。家訓，一般都是口頭相傳。然而不少大族家譜中亦有詳記家訓、家規以資子孫遵行，其中最著名的要數南北朝時期學者顏之推所著的《顏氏家訓》。

　　欲瞭解《顏氏家訓》，先要瞭解《顏氏家訓》的作者顏之推。顏之推有三子，為思魯、愍楚、游秦，這也正是他人生的三個重要階段。

　　顏之推原籍琅邪臨沂（今山東臨沂）。自九世祖顏含隨晉元帝東渡，世居建康（今江蘇南京）。其父顏勰，曾為梁湘東王蕭繹鎮西府諮議參軍，卒於大同五年（539）。顏之推於中大通三年（531）生於江陵，幼年喪父，不輟於學。他七歲能誦《魯靈光殿賦》，12歲時聽講老莊之學，因「虛談非其所好，還習《禮》《傳》」，生活上好飲酒，多任縱，不修邊幅。他博覽群書，為文辭情並茂，深得梁湘東王的賞識，19歲就被任為國左常侍，加鎮西墨曹參軍。

　　大寶元年（550），顏之推隨中撫軍將軍梁湘東王世子蕭方諸出鎮鄂州，遷中撫軍外兵參軍、掌管記。次年四月，侯景擊破郢州刺史蕭方諸軍，顏之推被俘。因遇侯景行台郎中王則相救，未被殺害，囚送建康。大寶三年三月，侯景敗死。十一月，梁湘東王蕭繹稱帝於江陵，改元承聖，史稱梁元帝。顏之推回到江陵，被梁元帝任命為散騎侍郎，奏舍人事。承聖三年（554），西魏軍攻陷江陵，梁元帝被殺，顏之推再次被俘，遷移長安。西魏軍在江陵大肆殺掠，江陵文物，玉石俱焚，顏之推為此甚為痛心，遂生奔北齊之心。

　　北齊天保七年（556），顏之推值河水暴漲，經砥柱之險，且船將妻子奔齊。次年十月，陳霸先稱帝於南朝。顏之推遂任仕於北齊，於武成帝河清末年，被舉為趙州功曹參軍。後主武平四年（573），北齊置文林館，顏之推待詔文林館，實掌館事，除司徒錄事參軍，後為直散騎常侍、遷黃門侍部。武平七年，北周兵陷晉陽，顏之推出任平原太守，守河津。次年，北周滅北齊，顏之推遂入北周，於北周靜帝大象年間被征為御史上士。581年，北周禪隋，顏之推入隋。開皇二年（582），曾

上書隋文帝正雅樂，後被太子楊勇召為東官學士，甚見禮重。

顏之推三經世變，身任四朝，三為亡國之人，飽嘗離亂之苦，身懷忐忑之慮。他一介儒生，保持家業不墜，誠然不易，因此他對於立身處世的經驗之談，對於後人是很有借鑒意義的。

《顏氏家訓》一書訓講子孫，共二十篇。涉及的範圍相當廣泛，但主要是以傳統儒家思想教育子弟，講如何修身、治家、處世、為學等，其中不少見解至今仍有借鑒意義。如他提倡學習，反對不學無術；認為學習應以讀書為主，也要注意工農商賈等方面的知識；主張「學貴能行」，反對空談高論，不務實際等。他鄙視和諷刺南朝士族的腐化無能，認為那些貴族子第大多沒有學術，只會講求衣履服飾，一旦遭了亂離，除轉死溝壑，別無他路可走。對於北朝士族的腆顏媚敵，他也深致不滿。且往往通過插敘自身見聞，寥寥數語，便將當時社會的人情世態，特別是士族社會的諂媚風氣，寫得淋漓盡致。

此外，《顏氏家訓》對於研究南北朝諸史、《漢書》《（經典釋文》《文心雕龍》等皆有重要的參考價值。

在《顏氏家訓》中，亦可見顏之推之博學，他實為一位百科全書式的大學者。如《歸心第十六》是論證佛理的，裏頭卻有一段講到對宇宙星球的認識，反映了一千多年前中國古人的天文學知識水準，是既有趣又難得的資料。此外，在重道輕器的封建時代，顏之推對祖咂之的算術，陶弘景、皇甫謐等人的醫學，都給予了應有的重視。這是非常難能可貴的。

顏之推雖曾學玄、釋，但他骨子裏卻是一個地道的儒者，他的內心裏，是羨慕伯夷、叔齊那樣的死節者的。情感上，他認為在國難之時，當以死報國。可現實裏，他卻不敢走極端。後人大可譏其貪生怕死，然身遭離亂，一死了之，固是快事，也可保全名節，但於家於後皆無益。我們最仰捐軀赴國難之人，但對於顏之推這樣的無奈之人，亦不必過多指責。顏之推的選擇，更多的是性格使然，且他的選擇，是與同時代大多數人相一致的。其兩種觀點的矛盾，可視為他感性與理性的衝突。他在《序致第一》裏寫道：「每常心共口敵，性與情競，夜覺曉非，今悔昨失，自憐無教，以至於斯。」這可謂是他由衷的自白。從另一個角度來看，顏之推於文中如此不避，坦誠自我，亦可見其性情之處。當然，凡事見仁見智，讀者明察。

此外，王利器先生還指責顏之推徘徊於玄、釋之間，出入於「內外

兩教」之際，又想成為「專儒」，又要求「求諸內典」。梁武帝尚佛而餓死台城，梁元帝崇玄而身為俘虜，究其因，釋、玄皆為致敗之一端。這些都是顏之推耳聞目睹的，他卻無動於衷，執迷不悟。誠然，顏之推確有不察之處，但玄學興於魏晉，佛學盛於南朝，皆是當時顯學，左右皆論，顏之推豈能獨免？且後世學者，徘徊於諸學之間的大有人在，如蘇軾，一生都在儒、釋、道三學之間遊走。傾向於某一學很大程度上是受人生經歷影響，蘇軾出仕時好儒，失落時則好釋，達觀時則好道，顏之推大抵也如斯，這本無可責之處。

不過，《顏氏家訓》中也確有值得商榷之處。《勉學第八》中將以嵇康為代表的魏晉名士全盤否定，《文章第九》又將以屈原、司馬遷為代表的古今文人數落了個遍，《省事第十二》竟然質疑向君王進諫，這些都是顏之推明哲保身庸人哲學的表現。然而，顏之推之所以有這種思想，也可說是那個時代造就的。

就「家訓」而論，《顏氏家訓》實為一部經典之作。清人王鉞《讀書叢殘》曰：「北齊黃門顏之推《家訓》二十篇，篇篇藥石，言言高抬貴手，凡為人子弟者，當家置一冊，奉為明訓，不獨顏氏。」

對於顏之推及其《顏氏家訓》，范文瀾《中國通史簡編》評曰：「他是當時南北兩朝最通博最有思想的學者，經歷南北兩朝，深知南北政治、俗尚的弊病，洞悉南學北學的短長。當時，所有大小知識，他幾乎都鑽研過，並且提出自己的見解。《顏氏家訓》二十篇，就是這些見解的記錄。《顏氏家訓》的佳處，在於立論平實。平而不流於凡庸，實而多異於世俗。在南方浮華北方粗疏的氣氛中，《顏氏家訓》保持平實的作風，自成一家言，所以被看作處世的良軌，廣泛地流傳在士人群中。」此評甚為精確。

目　錄

顏氏家訓・卷一

序致第一①

【原文】

　　夫聖賢之書，教人誠孝②，慎言檢跡③，立身揚名④，亦已備矣。魏、晉已來，所著諸子⑤，理重事複，遞相模效⑥，猶屋下架屋，床上施床耳⑦。吾今所以復為此者，非敢軌物範世也⑧，業以整齊門內⑨，提撕⑩子孫。夫同言而信，信其所親；同命而行，行其所服。禁童子之暴謔⑪，則師友之誠，不如傅婢之指揮⑫；止凡人之鬥鬩⑬，則堯、舜之道，不如寡妻之誨諭⑭。吾望此書為汝曹⑮之所信，猶賢於傅婢寡妻耳。

【注釋】

①序致：即序。六朝以前的作品，自序往往在全書之末，亦有在全書之首者。傳本「第」作「篇」。

②誠孝：即忠孝。《顏氏家訓》成書於隋朝，為避隋文帝父親楊忠之名諱，故改「忠」為「誠」。

③檢跡：行為自持，不放縱。

④立身：指處世，使自己在社會上有相當地位。揚名：使自己名聲遠揚。《孝經·開宗明義章》：「立身行道，揚名於後世，以顯父母，孝之終也。」

⑤諸子：此指魏晉以來的學者闡述儒家學說的著作。《隋書·經籍志》記載有徐幹《徐氏中論》六卷、王肅《王氏正論》一卷、杜恕《杜氏體論》四卷、顧譚《顧子新語》十二卷、譙周《譙子法訓》八卷、袁准《袁子正論》十九卷、夏侯湛《新論》十卷。

⑥遞相：相互。模效：模仿，效法。

⑦ 屋下架屋，床上施床：六朝、唐人慣用語，比喻廢材重疊而無用。

⑧ 軌物：作為事物的規範。範世：作為世俗的模範。

⑨ 業以整齊門內：猶「以整齊門內為業」。業：事也。門內：指家族內部。

⑩ 提撕：提攜，教誨。

⑪ 暴謔：過分戲謔，笑鬧。

⑫ 傅婢：保姆，侍婢。指揮：指點，調教。

⑬ 凡人：當作「兄弟」。門閱：指家庭內部兄弟之間的爭鬥。

⑭ 寡妻：嫡妻。誨諭：教誨，曉喻。

⑮ 汝曹：爾等，即顏之推的子孫。

【譯文】

　　古代聖賢的著述，教導人們要忠君孝親，說話謹慎，行為檢點，要建立高尚的人格並揚名於世，這些道理，他們已經說得很完備了。魏、晉以來，闡述古代聖賢思想的著述，道理重複，相互效仿，無甚新意，好比屋裡再建屋子，床上再放床一樣。我現在又來著這樣的書，並不敢以它來作世人行為的規範，只是為了整頓自家門風，教導子孫後輩。同樣一句話，有的人會信服，是因為說話的人是他所親近的人；同樣的命令，有的人會執行，是因為下命令的人是他所敬服的人。要禁止孩童的過分戲謔，那麼師友的勸誡不及保姆的調教有用；要禁止兄弟之間的爭鬥，那麼堯、舜的大道理不及自家妻子的規勸有用。我希望這本書能被你們信服，希望它勝過保姆對孩子、妻子對丈夫所起的作用。

【原文】

　　吾家風教①，素為整密②。昔在齠齔③，便蒙誘誨④。每從兩兄⑤，曉夕溫清⑥。規行矩步⑦，安辭定色⑧，鏘鏘翼翼⑨，若朝嚴君⑩焉。賜以優言⑪，問所好尚，勵短引長⑫，莫不懇篤。年始九歲，便丁荼蓼⑬，家塗⑭離散，百口索然⑮。慈兄鞠養，苦辛備至；有仁無威，導示不切。雖讀《禮》《傳》⑯，微愛屬文⑰，頗為凡人之所陶染⑱，肆欲輕言，不

修邊幅[19]。年十八九，少知砥礪[20]，習若自然[21]，卒難洗蕩[22]。二十已後，大過稀焉；每常心共口敵[23]，性與情競[24]，夜覺曉非，今悔昨失，自憐無教，以至於斯。追思平昔之指[25]，銘肌鏤骨[26]，非徒古書之誡，經目過耳也。故留此二十篇，以為汝曹後車[27]耳。

【注釋】

①風教：門風家教。《毛詩序》：「風，風也，教也，風以動之，教以化之。」

②素：素來。整密：嚴謹。

③齠齔（音條趁）：垂髫換齒之時，指童年。「齠」通「髫」，指兒童下垂的頭髮。齔：兒童換齒。

④誘誨：誘導，教誨。

⑤兩兄：《南史·顏協傳》：「子之儀、之推。」據此，顏之推當只有一兄，此言兩兄，或兼有群從。又顏真卿《顏氏家廟碑》提及名曰顏之善者，但他是顏之推之弟。又或以為顏之儀有弟早卒，故此處稱兩兄。

⑥溫凊（音竟）：冬天溫被使暖，夏天扇席使涼。是為古代子女侍奉父母之舉。《禮記·曲禮上》：「凡為人子之禮，冬溫而夏凊。」注：「溫以禦其寒，凊以致其涼。」

⑦規行矩步：言行為舉止皆符合規矩。

⑧安辭：指言辭平和得當。定色：指神色安詳。《禮記·冠義》：「禮義之始，在於正容體，齊顏色，順辭令。」

⑨鏘鏘：走路大方得體貌。翼翼：行為舉止恭敬謹慎貌。《廣雅·釋訓》：「鏘鏘，走也。翼翼，敬也，又和也。」

⑩朝：拜見。嚴君：此指父母。《周易·家人卦·彖》：「家人有嚴君焉，父母之謂也。」

⑪優言：褒獎、讚美之言。

⑫勵短：磨礪以改正短處。引長：引導使發揚長處。

⑬丁：丁憂，指遭逢父母死喪。荼蓼：荼味苦，蓼味辛，以此比喻艱難困苦。此指喪父之痛。

⑭家塗：或作「家徒」，指家人，家屬。一說指家道。

⑮ 百口：指親人。索然：離散零落貌。

⑯ 《禮》：指《禮記》。《傳》：指《春秋》經傳。

⑰ 微：稍。屬文：聯字造句，使之相屬，成為文章，即作文。

⑱ 陶染：薰陶漸染。

⑲ 不修邊幅：指不注重修飾服飾、儀表。形容隨隨便便，不拘小節。邊
　　幅：布帛的邊緣，比喻人的衣著、儀表。《北齊書·顏之推傳》：
　　「好飲酒，多任縱，不修邊幅。」

⑳ 砥礪：磨煉，鍛煉。

㉑ 習若自然：賈誼《新書·保傅》：「孔子曰：『少成若天性，習慣如自
　　然。』」

㉒ 洗蕩：此指徹底擯除不良習慣。

㉓ 心共口敵：謂口易放言，而心制之，使不出也。

㉔ 性與情競：指理性與情感相矛盾。

㉕ 指：通「旨」，意旨，意向。

㉖ 銘肌鏤骨：刻骨銘心，形容感受極深，永記不忘。

㉗ 後車：後繼之車，指引以為鑒誡。《漢書·賈誼傳》：「前車覆，後車
　　戒。」

【譯文】

　　我們家的門風家教，素來嚴謹縝密。我在幼年的時候，就受到啟蒙
和教誨。每天跟隨我的兩位兄長，早晚侍奉雙親，冬日溫被、夏日扇
涼，行為舉止都循規蹈矩，言語平和，神色安詳，走路恭敬有禮而小心
翼翼，就如同在給父母大人請安一樣。長輩經常勉勵我們，問我們的愛
好崇尚，鼓勵我們克服自己的短處而發揚自己的長處，態度都十分懇切
深厚。我剛滿九歲時，父親就去世了，從此家道中衰，親人離散。慈愛
的兄長撫養我，辛苦備至，但是他對我只有仁愛而缺少威嚴，對我督導
啟示不夠嚴厲。我當時雖也讀了《禮》《傳》，又對寫文章稍有點愛
好，但是因為與世俗人之交往，受到他們的薰染，所以也欲望放縱，言
語輕狂，且不修邊幅。十八九歲時，才漸漸懂得要磨礪自己的操行，但
因習慣已成自然，最終還是難以根除身上的惡習。直到二十歲以後，大
的過錯很少犯了；但還常常心是口非，理性與情感相交戰，夜晚能夠覺
察到白天的錯誤，今天悔恨昨天的過失，我自傷因為小時候缺乏良好的

教育，才會到這種地步。我回想平素所立的志向，這種感受真是刻骨銘心，決不僅僅是把古書上的告誡讀讀看看就能體會到的。所以留下這二十篇家訓，以作為你們的前車之鑒。

教子第二

【原文】

　　上智不教而成，下愚雖教無益，中庸之人①，不教不知也。古者，聖王有胎教之法：懷子三月，出居別宮②，目不邪視③，耳不妄聽，音聲滋味④，以禮節之⑤。書之玉版，藏諸金匱⑥。子生咳提⑦，師保固明孝仁禮義⑧，導習之矣。凡庶⑨縱不能爾，當及嬰稚⑩，識人顏色，知人喜怒，便加教誨，使為則為，使止則止。比及⑪數歲，可省笞罰⑫。父母威嚴而有慈，則子女畏慎而生孝矣。吾見世間，無教而有愛，每不能然⑬；飲食運為⑭，恣其所欲，宜誡翻⑮獎，應訶⑯反笑，至有識知⑰，謂法當爾⑱。驕慢已習，方複製⑲之，捶撻至死而無威，忿怒日隆⑳而增怨，逮㉑於成長，終為敗德。孔子云「少成若天性，習慣如自然」是也。俗諺曰：「教婦初來，教兒嬰孩。」誠哉㉒斯語！

【注釋】

① 中庸之人：指智力平常之人，猶言中材，中人。《後漢書·楊終傳》：「終以書戒馬廖云：『……上智下愚，謂之不移；中庸之流，要在教化。』」《論語·陽貨篇》亦云：「唯上智與下愚不移。」

② 別宮：正式寢宮以外的宮室。

③ 目不邪視：猶「目不視邪」，即眼睛不看不該看的東西。一說「邪」通「斜」。

④ 音聲：指所聽的音樂。滋味：指日常的飲食。

⑤ 以禮節之：指按照禮儀的要求加以節制。

⑥ 匱：或作「櫃」。金匱：銅製的櫃子。古時用以收藏文獻或文物。漢
賈誼《新書·胎教》：「素成胎教之道，書之玉版，藏之金匱，置之宗
廟，以為後世戒。」

⑦ 子生：或作「生子」。咳：小兒笑。提：通「啼」，小兒號哭。咳
提：指幼小之時。或作「孩提」，亦指二三歲的幼童。

⑧ 師保：古時任輔弼帝王和教導王室子弟的官，有師有保，統稱「師
保」。固：一再。明：使明白。

⑨ 凡庶：普通庶民。

⑩ 嬰稚：指幼年。

⑪ 比及：及至，等到。

⑫ 笞（音吃）罰：拷打責罰。

⑬ 然：贊同。不能然：即不以為然，不能贊同。

⑭ 運為：所為。

⑮ 翻：通「反」，反而。

⑯ 訶：大言而怒。

⑰ 有識知：有辨別認知的能力，即懂事。

⑱ 法當爾：理應如此。

⑲ 制：管制，約束。

⑳ 隆：增加，積多。

㉑ 逮：等到。

㉒ 誠哉：確實如此。

【譯文】

　　上等智慧的人不用教育也能成材，智力低下的人即使教育也無濟於
事，智力中等的普通人，不教導就不會懂得事理。古代的時候，聖賢的
君王就有胎教的方法：嬪妃懷孕三個月的時候，就要移居專門的宮室，
眼睛不看不該看的東西，耳朵不聽不該聽的聲音，所聽的音樂和日常的
飲食，都要按照禮儀加以節制。這種胎教的方法寫在玉版上，收藏在金
櫃裡。等到孩子出生，在他還年幼時，就確定了太師、太保，開始對他
講解孝、仁、禮、義等方面的道理，並引導他練習。普通百姓固然不能
像聖王那般，但也應該在孩子已成幼兒，已經能識人臉色，知人喜怒

時，就加以教誨，做到大人允許他做才做，大人不允許他做就立刻停止。等到孩子再長大幾歲，就可省免鞭打懲罰了。父母既有威嚴又有慈愛，子女自然就會敬畏謹慎而有孝心。我看到世上有很多父母，對子女不加教育，只是一味溺愛，常常不以為然。他們對於孩子的飲食和言行，總是任其所欲，該訓誡阻止的時候反而誇獎鼓勵，該訓斥責罵的時候反而和顏悅色，等到孩子懂事時，就會認為理應如此。當孩子驕橫傲慢已經成為習慣，才開始去管制約束，就算把他們鞭打至死，恐怕也難以再樹立父母的威信了。父母的憤怒導致子女的怨恨之情日益增加，等到子女長大成人，終究會成為品德敗壞的人。孔子曾說過「少成若天性，習慣如自然」，說得一點不錯。俗諺也說：「教導媳婦要在她剛入門時，教育子女要在他孩提時。」這話確實很有道理啊！

【原文】

　　凡人不能教子女者，亦非欲陷其罪惡；但重於訶怒①，傷其顏色，不忍楚撻慘其肌膚耳②。當以疾病為諭③，安得不用湯藥針艾④救之哉？又宜思勤督訓者，可願苛虐於骨肉乎⑤？誠不得已也。

【注釋】

①重：難，不欲召聚之。訶怒：怒斥。
②楚撻：以荊條抽打。此句或作「又不忍楚撻其肌膚耳」。
③諭：或作「喻」。
④艾：草本植物，嫩葉可食，老葉製成絨，可供針灸用。或作「灸」。
⑤可願：或作「豈願」。苛虐：嚴厲、苛刻地虐待。

【譯文】

　　一般的父母不能教育好子女，並非想要使子女陷於罪惡的境地；他們只是不忍心對子女怒斥，不願意看到子女因受責罵而神情沮喪，也不忍心用荊條抽打子女，使他們遭受肌膚之苦。這應該用生病來比喻，哪有不用湯藥、針灸就能治好病的呢？也應該想想那些勤於督促訓導子女

的父母，難道他們就願意對自己的親骨肉刻薄凌虐嗎？實在是不得已啊！

【原文】

　　王大司馬母魏夫人①，性甚嚴正。王在溧城②時，為三千人將，年逾四十，少不如意，猶捶撻之，故能成其勳業。梁元帝時③，有一學士，聰敏有才，為父所寵，失於教義。一言之是，遍於行路④，終年譽之；一行之非，掩藏文飾⑤，冀其自改。年登婚宦⑥，暴慢日滋，竟以言語不擇，為周逖抽腸釁鼓云⑦。

【注釋】

① 王大司馬：即梁朝名臣王僧辯。王僧辯，字君才，太原祁（今山西祁縣）人。初為湘東王蕭繹中兵參軍，後任平南將軍、左衛將軍、驃騎大將軍、尚書令等職。他智勇兼備，所經戰陣，多獲勝利。梁大寶二年（551），蕭繹以他為大都督，領軍討伐興兵作亂的原東魏大將侯景，獲勝。王僧辯因功任征東將軍、江州刺史。承聖元年（552），他與東揚州刺史陳霸先會師，水陸並進，攻破石頭城，大敗侯景。四年，在北齊的威逼利誘下，迎立北齊扶植的梁貞陽侯蕭淵明為帝。蕭淵明即位後，授王僧辯大司馬，領太子太傅、揚州牧，餘悉如故。陳霸先起兵反對，自京口率兵十萬，襲建康，擒獲王僧辯而殺之。《梁書·王僧辯傳》記載其母曰：「夫人姓魏氏，性甚安和，善於綏接，家門內外，莫不懷之。及僧辯克復舊京，功蓋天下，夫人恒自謙損，不以富貴驕物。朝野咸共稱之，謂為明哲婦人也。」

② 溧（音盆）城：也稱溧口、溧浦，是溧水匯入長江之處，即今江西九江。《梁書·王僧辯傳》：「王（湘東王）為江州，仍除雲騎將軍司馬，守溧城。」

③ 梁元帝：梁世祖孝元皇帝蕭繹，字世誠，小字七符，自號金樓子，高祖第七子，簡文帝蕭綱之弟。梁武帝天監十三年（514），封湘東郡王。普通七年（526），出任荊州刺史，都督荊、湘、郢、益、寧、南梁六州諸軍事，控制長江中上游。其部將王僧辯等平定侯景之亂。

承聖元年（552）冬十一月，蕭繹於江陵稱帝。承聖三年九月，西魏宇文泰派於謹、宇文護率軍五萬南攻江陵。十一月江陵城陷，蕭繹被俘遭害。次年其子蕭方智在建康稱帝，追尊為元帝。蕭繹盲一目，少聰穎，好讀書，善五言詩，但性矯飾，多猜忌。藏書十四萬卷，於江陵城破時自己燒毀。生平著述甚富，凡二十種，四百餘卷，今僅存《金樓子》。

④ 行路：漢、魏、南北朝人慣用語，行路之人，即陌生人。

⑤ 文飾：掩飾。

⑥ 婚宦：即宜學婚嫁，為六朝人慣用語。年登婚宦：即到了宜學婚嫁年齡，已經成年了。

⑦ 周逖：《梁書》無周逖，唯《陳書》有《周迪傳》，云：「周迪，臨川南城人也。少居山谷，有膂力，能挽強弩，以弋獵為事。侯景之亂，迪宗人周續起兵於臨川，梁始興王蕭毅以郡讓續，迪招募鄉人從之，每戰必勇冠眾軍。續所部渠帥，皆郡中豪族，稍驕橫，續頗禁之，渠帥等並怨望，乃相率殺續，推迪為主，迪乃據有臨川之地，築城於工塘。」盧文弨疑周逖即周迪，並云：「其人強暴無信義，宜有斯事。但未知此學士何人耳。」釁（音信）：古代用牲畜的血塗器物的縫隙，進行祭祀。

【譯文】

大司馬王僧辯的母親魏夫人，性格甚是嚴謹方正。王僧辯在溢城時，已經是一位統率三千人的將領，年紀也已過四十，但是他稍有讓母親不如意的言行，其母依然用棍棒教訓他。正因為如此，王僧辯才能成就一番功業。

梁元帝時，有一位學士，聰明而有才華，其父從小就對他十分寵愛，從而管教失當。他若一句話說得對，其父就到處宣揚，巴不得連過路的人都知曉，一年到頭掛在嘴上讚譽；他若做了一件錯事，其父則千萬百計幫其掩藏粉飾，希望他能夠自己改正。這位學士成年後，成家為官，粗暴傲慢的習氣日益滋長，最終因為言語不擇，被周逖抽出腸子，用他的血來祭了戰鼓。

【原文】

　　父子之嚴，不可以狎[1]；骨肉之愛，不可以簡。簡則慈孝不接，狎則怠慢生焉。由命士[2]以上，父子異宮，此不狎之道也；抑搔[3]癢痛，懸衾篋枕[4]，此不簡之教也。或問曰：「陳亢喜聞君子之遠其子[5]，何謂也？」對曰：「有是也。蓋君子之不親教其子也。《詩》有諷刺之辭，《禮》有嫌疑之誡，《書》有悖亂之事，《春秋》有邪僻[6]之譏，《易》有備物之象[7]：皆非父子之可通言[8]，故不親授耳。」

【注釋】

① 狎（音俠）：親近而態度不莊重。

② 命士：古代稱受有爵命的士。《禮記·內則》：「由命士以上，父子皆異宮，昧爽而朝，慈以旨甘，日出而退，各從其事，日入而夕，慈以旨甘。」

③ 抑搔：即按摩。《禮記·內則》：「子事父母，婦事舅姑，及所，下氣怡聲，問衣寒燠，疾痛苛癢，而敬抑搔之。出入則或先或後，而敬扶持之。」

④ 懸衾：懸其所臥之衾。篋枕：以篋貯所臥之枕。篋：小箱子，藏物之具。大曰箱，小曰篋。《禮記·內則》：「父母舅姑將坐，奉席請何鄉；將衽，長者奉席請何趾，少者執床與坐，御者舉几，斂席與簟，懸衾篋枕，斂簟而襡之。」

⑤ 陳亢：孔子弟子。君子：此指孔子。《論語·季氏篇》：「陳亢問于伯魚曰：『子亦有異聞乎？』對曰：『未也。嘗獨立，鯉趨而過庭。曰：「學《詩》乎？」對曰：「未也。」「不學《詩》，無以言。」鯉退而學《詩》。他日，又獨立，鯉趨而過庭。曰：「學《禮》乎？」對曰：「未也。」「不學《禮》，無以立。」鯉退而學《禮》。聞斯二者。』陳亢退而喜曰：『問一得三：聞詩，聞禮，又聞君子之遠其子也。』」孟子曰：「君子不教子，何也？勢不行也。教者必以正，以正不行，繼之以怒，繼之以怒，則反夷也。父子相夷，惡也。」

⑥ 邪僻：乖謬不正。僻：或作「辟」。

⑦備物之象：《周易・繫辭上》：「備物致用，立成器以為天下利。」

⑧通言：指直接傳授，講解。《白虎通義・辟雍篇》：「父所以不自教子何？為其媟瀆也。又授受之道，當極說陰陽夫婦變化之事，不可以父子相教也。」

【譯文】

　　父子之間要保持嚴肅，不可以過分親昵；骨肉之間的親情之愛，不可以簡慢不拘禮節。不拘禮節就不能做到父慈子孝，過分親昵就會產生怠慢之心。從命士往上，父子就不可同室而居，這就是使父子之間不過分親昵的方法。至於長輩身體不適時，晚輩為其按摩抓搔；長輩每天起床後，晚輩為其整理臥具，這些都是使父子之間講究禮節的教育。有人問：「陳亢聽說孔子疏遠自己的兒子孔鯉，感到高興，這是為什麼呢？」回答是：「這是有道理的。因為君子不親自教育自己的孩子。《詩經》中有諷刺君主的言辭，《禮記》中有避嫌疑的告誡，《尚書》裡有違禮作亂的事，《春秋》裡有對淫亂行為的指責，《周易》裡有備物致用的卦象：這些都是父親不宜直接向子女講解的，所以君子不親自教育自己的孩子。」

【原文】

　　齊武成帝子琅邪王①，太子母弟也②，生而聰慧，帝及后並篤愛之，衣服飲食，與東宮相準③。帝每面稱之曰：「此黠④兒也，當有所成。」及太子即位，王居別宮⑤，禮數優僣⑥，不與諸王等。太后猶謂不足，常以為言。年十許歲，驕恣無節，器服玩好，必擬乘輿⑦；嘗朝南殿，見典御⑧進新冰，鉤盾⑨獻早李，還索不得，遂大怒，詬⑩曰：「至尊已有，我何意⑪無？」不知分齊⑫，率⑬皆如此。識者多有叔段、州吁之譏⑭。後嫌宰相⑮，遂矯詔斬之，又懼有救，乃勒麾下軍士，防守殿門⑯；既無反心，受勞而罷⑰，後竟坐此幽薨⑱。

【注釋】

① 齊武成帝：北齊世祖武成皇帝高湛，小字步落稽，神武帝高歡第九子，北齊第四任皇帝，561—565年在位。生平事蹟見《北齊書》本紀。琅邪王：武成帝第三子高儼，字仁威，初封東平王。武成帝崩，改封琅邪王。

② 太子：即高緯，字仁綱，武成帝高湛長子，北齊末代皇帝。母弟：一母所生的胞弟。

③ 準：平，相等。

④ 黠：聰慧。《北齊書·武成十二王傳》：「帝每稱曰：『此黠兒也，當有所成。』以後主為劣，有廢立意。」

⑤ 王居別宮：《北齊書·武成十二王傳》：「儼恒在宮中，坐含光殿以視事，諸父皆拜焉……武平二年，出儼居北宮，五日一朝，不復得每日見太后。」

⑥ 優僭：指享受禮數優待，多有僭越過分。

⑦ 擬：比。乘輿：皇帝的車駕，後代指皇帝。

⑧ 典御：古代主管皇帝飲食的官員。《隋書·百官志中》：「尚食局，典御二人，總知御膳事。」

⑨ 鉤盾：古代官署名，主管皇家園林等事項。《隋書·百官志中》：「司農寺，掌倉市薪菜、園池果實，統平准、太倉、鉤盾等署令丞。而鉤盾又別領大囿、上林、遊獵、柴草、池藪、苜蓿等六部丞。」

⑩ 詬：怒罵。

⑪ 何意：孰料，為何。《北齊書·王傳》：「儼器服玩飾，皆與後主同，所須悉官給。於南宮嘗見新冰早李，還，怒曰：『尊兄已有，我何意無！』從是，後主先得新奇，屬官及工匠必獲罪。太上、胡后猶以為不足。」

⑫ 分齊：本分齊限。

⑬ 率：大多。

⑭ 叔段：姬姓，名段，春秋時鄭武公次子，鄭莊公同母弟，極受其母武薑寵愛。後起兵造反，為莊公所敗，出奔共地，故又稱共叔段。其事見《左傳·隱西元年》。州吁：春秋時衛莊公之子，衛桓公同父異母弟，暴戾好武，善於談兵，於西元前719年弒兄自立。後為大夫石碏設計殺死。其事見《左傳·隱公三年》。

⑮ 宰相：此指和士開，武成帝時寵臣。《北齊書·武成十二王傳》：

「儼以和士開、駱提婆等奢恣，盛修第宅，意甚不平……儼謂侍中馮子琮曰：『士開罪重，兒欲殺之。』子琮心欲廢帝而立儼，因贊成其事。儼乃令子宜表彈士開罪，請付禁推。子琮雜以他文書奏之，後主不審省而可之。儼詐領軍庫狄伏連曰：『奉敕令軍收士開。』伏連以諮子琮，且請覆奏。子琮曰：『琅邪王受敕，何須重奏。』伏連信之，伏五十人於神獸門外，詰旦，執士開送御史。儼使馮永洛就台斬之。」《北齊書‧後主紀》：「（武平二年）秋七月庚午，太保、琅邪王儼矯詔殺錄尚書事和士開於南台。」

⑯防守殿門：《北齊書‧武成十二王傳》：「儼徒本意唯殺士開，及是，因逼儼曰：『事既然，不可中止。』儼遂率京畿軍士三千餘人屯千秋門。」

⑰受勞而罷：《北齊書‧武成十二王傳》：「帝率宿衛者步騎四百，授甲將出戰。光曰：『小兒輩弄兵，與交手即亂。鄙諺云「奴見大家心死」，至尊宜自至千秋門，琅邪必不敢動。』皮景和亦以為然，後主從之。光步道，使人出曰：『大家來。』儼徒駭散。帝駐馬橋上，遙呼之，儼猶立不進。光就謂曰：『天子弟殺一漢，何所苦。』執其手，強引以前。請帝曰：『琅邪王年少，腸肥腦滿，輕為舉措，長大自不復然，願寬其罪。』帝拔儼帶刀環亂築辮頭，良久乃釋之。」

⑱幽薨（音烘）：此指被暗殺。古代諸侯王死曰「薨」。《北齊書‧武成十二王傳》：「是夜四更，帝召儼，儼疑之。陸令萱曰：『兄兄喚，兒何不去？』儼出至永巷，劉桃枝反接其手。儼呼曰：『乞見家家、尊兄！』桃枝以袂塞其口，反袍蒙頭負出，至大明宮，鼻血滿面，立殺之，時年十四。不脫靴，裹以席，埋於室內。帝使啟太后，臨哭十餘聲，便擁入殿。明年三月，葬於鄴西，贈諡曰楚恭哀帝，以慰太后。」

【譯文】

北齊武成帝之子琅邪王高儼，是太子高緯的同母弟，他天生聰慧，武成帝和胡皇后都十分喜愛他，給他的衣服和飲食，皆與東宮太子規格相同。武成帝經常當面稱讚他說：「我這個兒子聰慧過人，將來必有所成。」等到太子高緯即位，琅邪王遷居別宮，他的待遇仍然十分優厚，超過其他諸侯王。即便如此，胡太后還覺得不夠，常為此向皇帝進言。

琅邪王十幾歲時，行為驕縱恣肆，毫無節制，他在器物、衣服、玩賞、愛好等方面都要與皇帝看齊。他曾去南殿朝拜，看到典御向皇帝進獻新從地窖取出的冰塊，鉤盾令進獻早熟的李子，便向其索取，不得後便大怒，罵道：「皇帝已經有了，為什麼我卻沒有？」琅邪王言行不知分寸，在其他事情上也皆如此。當時有見識的人多譏諷他是共叔段、州吁一類的人。後來，琅邪王與宰相和士開有嫌隙，他竟然假傳聖旨，斬殺和士開。又擔心有人來救，竟命令軍士守住皇帝所在宮殿大門。他雖然沒有反叛之心，受到安撫後也撤了兵，但後來還是因為此事被皇帝密令處死了。

【原文】

　　人之愛子，罕亦①能均；自古及今，此弊多矣。賢俊者自可賞愛，頑魯②者亦當矜憐。有偏寵者，雖欲以厚之，更所以禍之。共叔③之死，母實為之；趙王④之戮，父實使之。劉表⑤之傾宗覆族，袁紹⑥之地裂兵亡，可為靈龜明鑒⑦也。

【注釋】

①罕亦：或作「在」。

②頑魯：頑劣愚鈍，不聰慧。

③共叔：即共叔段。共叔段之母武姜對其極其溺愛，早在鄭武公在位時就請立段為嗣，武公不從。鄭莊公即位後，武姜為段求得大邑京城，又慫恿其起兵奪位，終致事敗。

④趙王：漢高祖劉邦幼子，戚夫人所生。《史記·呂太后本紀》：「及高祖為漢王，得定陶戚姬，愛幸，生趙隱王如意。孝惠為人仁弱，高祖以為不類我，常欲廢太子，立戚姬子如意，如意類我。戚姬幸，常從上之關東，日夜啼泣，欲立其子代太子……呂后最怨戚夫人及其子趙王，乃令永巷囚戚夫人，而召趙王。使者三反，趙相建平侯周昌謂使者曰：『高帝屬臣趙王，趙王年少。竊聞太后怨戚夫人，欲召趙王並誅之，臣不敢遣王。王且亦病，不能奉詔。』呂后大怒，乃使人召趙相。趙相徵至長安，乃使人復召趙王。王來，未到。孝惠帝慈仁，知太后怒，自迎趙王霸上，與入宮，自挾與趙王起居飲食。太后欲殺

之，不得閒。孝惠元年十二月，帝晨出射。趙王少，不能蚤（早）起。太后聞其獨居，使人持酖飲之。」

⑤劉表：字景升，東漢末年名士，漢室宗親，領荊州牧，漢末群雄之一。《後漢書·劉表傳》：「（劉表有）二子：琦、琮。表初以琦貌類於己，甚愛之，後為琮娶其後妻蔡氏之侄，蔡氏遂愛琮而惡琦，毀譽之言日聞於表。表寵耽後妻，每信受焉。又妻弟蔡瑁及外甥張允並得幸於表，又睦於琮。」劉琦不自寧，求出為江夏太守。劉表病重，劉琦歸省疾，張允等不讓其父子相見。劉琦無奈，含淚而去。劉琮遂主荊州，以蔡瑁、張允為輔，劉琦不受侯印。曹操軍至新野，劉琦走江南。及曹操軍至襄陽，劉琮舉荊州請降。

⑥袁紹：字本初，出身名門望族，其家族有「四世三公」之稱，曾為反董卓聯軍盟主，後領冀州牧，一度佔有冀、青、並、幽四州之地，後於官渡之戰敗於曹操，兩年後病死。據《後漢書·袁紹傳》記載，袁紹有三子：袁譚、袁熙、袁尚。袁譚年長而仁惠，袁尚年少而賢俊。袁紹後妻劉氏有寵，偏愛袁尚。於是袁紹將袁譚過繼給兄長為後，出為青州刺史，以袁熙為幽州刺史。官渡之戰後，袁紹病死，沒有立嗣。逢紀、審配素來與袁譚不和，而辛評、郭圖等與袁譚交好，與逢紀、審配有隙。眾人以袁譚年長，欲立之，審配等人害怕袁譚即位以後辛評等人會害自己，就假託袁紹的遺命，擁戴袁尚為繼承人。袁譚不能繼位，自號車騎將軍，兵進駐黎陽。袁尚給他的兵力很少，而且派逢紀跟隨他。袁譚請求增派軍隊，審配等人商議不給，袁譚發怒，一怒之下殺了逢紀，兄弟二人漸生嫌隙。同年，曹操渡河攻袁譚，袁尚發兵相救，二人退守鄴城。袁譚欲出奇兵徹底擊潰曹軍，袁尚疑而不許。袁譚怒，引兵攻尚，但戰敗，退回南皮。袁尚復攻，袁譚退回平原。袁尚圍平原，袁譚遂派辛毗向曹操求救。曹操發兵，袁尚退兵平原，還守鄴城。曹操圍鄴，袁尚奔逃中山。曹操圍鄴城時，袁譚立即叛變，略取甘陵、安平、勃海、河間，又攻袁尚於中山，袁尚敗走故安，投靠袁熙。次年，曹操討袁譚，譚墜馬被殺。袁尚、袁熙部將叛變，兄弟倆逃到遼西烏桓。曹操擊烏桓，袁尚、袁熙兵敗，乃投奔遼東公孫康。公孫康斬其二人，以其首級送曹操。

⑦靈龜明鑑：即高抬貴手，比喻可供人對照學習的榜樣或引以為戒的教訓。盧文弨曰：「龜可以占事，鑑可以照形，故以此為比。」

【譯文】

　　人們都喜愛自己的孩子，但很少有人能做到一視同仁；從古至今，由此造成的弊病太多了。那才德出眾的孩子固然值得賞識喜愛，而那頑劣愚鈍的孩子也應該給予愛憐。有些父母專寵於某一子，雖然本意是以自己的愛厚待他，可往往因此害了他。共叔段之死，實際是他母親武姜造成的；趙王如意被殺，實際是他父親高祖劉邦造成的。其他像劉表的宗族傾覆，袁紹的兵敗地失，皆可作高抬貴手，當引以為戒。

【原文】

　　齊朝有一士大夫，嘗謂吾曰：「我有一兒，年已十七，頗曉書疏①，教其鮮卑語②及彈琵琶，稍欲通解，以此伏事③公卿，無不寵愛，亦要事也。」吾時俯而不答。異哉，此人之教子也！若由此業，自致卿相，亦不願汝曹為之。

【注釋】

① 書疏：文書信函等書寫工作。
② 鮮卑語：即鮮卑族的語言。北朝頗尚鮮卑語，然自隋以後，鮮卑語竟失傳，其族人亦混入中國，不可辨識矣。劉盼遂曰：「高齊出鮮卑種，性喜琵琶，故當時朝野之干時者，多仿其言語習尚，以投天隙。」據《北齊書》記載，有孫搴以能通鮮卑語，宣傳號令；祖孝徵以解鮮卑語，得免罪，復參相府；和士開以能彈琵琶，因此得世祖親狎。《北史·恩幸傳》：「曹僧奴子妙達，齊末以能彈胡琵琶，甚被寵遇，官至開封王。」文中所指，似即指妙達。
③ 伏事：即服事，服侍。

【譯文】

　　北齊有一位士大夫，曾對我說：「我有一個兒子，年已十七歲，頗為通曉文書文案工作，教他說鮮卑語、彈琵琶，稍稍點撥就很快掌握了。他憑著這些本領為王公貴族服務，沒有不寵愛他的，這也是一件重要的事啊。」我當時只是低頭，沒有回答他。

這個人教子的方法真是讓人匪夷所思啊！如果憑這些本領去取媚於權貴，就算能夠官至卿相，我也不願你們這樣去做。

兄弟第三

【原文】

　　夫有人民而後有夫婦，有夫婦而後有父子，有父子而後有兄弟：一家之親，此三而已矣。自茲以往，至於九族①，皆本於三親焉，故於人倫為重者也，不可不篤。兄弟者，分形連氣②之人也。方其幼也，父母左提右挈③，前襟後裾④，食則同案，衣則傳服⑤，學則連業⑥，游則共方。雖有悖亂之人，不能不相愛也。及其壯也，各妻其妻，各子其子，雖有篤厚之人，不能不少衰也。娣姒⑦之比兄弟，則疏薄矣；今使疏薄之人，而節量⑧親厚之恩，猶方底而圓蓋，必不合矣。惟友悌深至，不為旁人⑨之所移者，免夫！

【注釋】

①九族：指上至高祖，下及元孫，共九代親屬。或指父族四、母族三、妻族二。

②分形連氣：言兄弟同是一母所生，遂形體各異，而氣息相通。

③左提右挈：言幼時父母左手引兄以行，右手攜弟以走。

④前襟後裾：言兄前挽父母之襟，弟後牽父母之裾。裾：衣服的後襟。

⑤傳服：言孩子衣服，大孩不能用者，可留給小孩。

⑥連業：言兄曾用之經籍，其弟又從而連用之。

⑦娣姒：兄弟之妻，長婦謂稚婦為娣婦，娣婦謂長婦為姒婦，或云娣姒謂先後，亦曰妯娌。

⑧節量：節制度量。此句是相對《序致第一》：「止凡人（兄弟）之鬥鬩，則堯、舜之道，不如寡妻之誨諭。」而言。

⑨旁人：或作「傍人」，指兄弟妻。

【譯文】

　　先有了人類然後才有夫妻，有了夫妻然後才有父子，有了父子然後才有兄弟，一個家庭中的親人，就這三者而已。由此三種關係發展出去，可以產生九族，九族都是來源於這三種親屬關係的，所以三親是人倫關係中最為重要的部分，不可不加以重視。

　　兄弟，是一母所生、形體雖分而氣息相通的人。他們幼年時，父母左手拉一個，右手提一個；這個拽著父母的前襟，那個抓住父母的後擺；吃飯用同一個几案；哥哥穿過的衣服，弟弟接著穿；哥哥用過的課本，弟弟接著用；就連遊學，也是去同一個地方。兄弟之中，即使有荒謬胡來的，但也不能不相親相愛。等到他們年長，各自娶妻生子，即使有忠誠厚道的人，兄弟間的感情也不可能不漸漸疏遠減弱。妯娌比起兄弟來，則更疏遠而欠親密了。如今讓這種疏遠欠親密的人來節制度量親密深厚的兄弟感情，就好比給方形的底座配上圓形的蓋子，必定是不能適合的。只有兄友弟恭、感情至深、不會受別人影響而改變的兄弟，才可避免上述情況的出現。

【原文】

　　二親既歿，兄弟相顧，當如形之與影，聲之與響；愛先人之遺體①，惜己身之分氣②，非兄弟何念哉？兄弟之際，異於他人，望深則易怨③，地親則易弭④。譬猶居室，一穴則塞之，一隙則塗之，則無頹毀之慮；如雀鼠之不恤⑤，風雨之不防，壁陷楹淪⑥，無可救矣。僕妾之為雀鼠，妻子之為風雨，甚哉！

【注釋】

① 先人：指已去世的父母。遺體：舊謂子女的身體為父母所生，因稱子女的身體為父母的「遺體」。《禮記·祭義》：「身也者，父母之遺體也。」《大戴禮記·曾子大孝》：「身者，親之遺體也。」
② 分氣：分得父母的血氣。
③ 望深則易怨：盧文弨曰：「望，責望也，弟望兄愛我之不至，兄望弟

敬我之不至，責望太深，故易生怨。」

④地親則易弭：盧文弨曰：「地近則情親，怨雖易起，亦易消弭，孟子
　所謂『不藏怒，不蓄怨』是也。」

⑤不恤：不顧及，不憂慮。

⑥楹：廳堂前的柱子。淪：此指摧折。

【譯文】

　　父母去世後，兄弟之間更應該相互照顧，要像形和影、聲音與迴響
一般親密相隨。互相愛護先輩所給予的軀體，互相珍惜從父母那裡分得
的血氣，如果不是兄弟，誰會這樣互相愛憐呢？

　　兄弟之間，與他人可不一樣，相互期望就容易產生不滿，而彼此關
係親密的話，不滿也就容易消除。就好比居住的房屋，如果出現了一個
漏洞就立刻堵上，裂開了一條縫隙就立刻封住，那麼就不會有倒塌的危
險；可如果對麻雀、老鼠的侵害不放在心上，對風雨的侵蝕也不加防
範，那等到牆崩柱摧，就無法補救了。僕人、婢妾比起麻雀、老鼠，妻
兒比之風雨，怕還更厲害些啊！

【原文】

　　兄弟不睦，則子侄不愛；子侄不愛，則群從①疏薄；群
從疏薄，則僮僕為仇敵矣。如此，則行路皆踏其面而蹈其心
②，誰救之哉？人或交天下之士，皆有歡愛，而失敬於兄
者，何其能多而不能少也！人或將數萬之師，得其死力，而
失恩於弟者，何其能疏而不能親也！

【注釋】

①群從：指族中子弟。

②踏（音及）：踐踏。蹈：踩。

【譯文】

　　兄弟之間如果不和睦，那麼子侄之間就不會友愛；子侄不相互友

愛，那麼整個族中的子弟就會關係疏遠，感情淡薄；族中子弟關係疏遠，感情淡薄，那麼僕僕之間也會相互仇視。像這樣的話，即使是陌生人都可以任意踐踏、欺侮他們，還有誰會來救他們呢？

有些人能夠結交天下之士，並且相處融洽，卻不能善待自己的兄長，為什麼對天下大多數人能和睦友愛，對自己僅有的幾個兄長卻不能尊敬愛戴呢！有些人能夠帶領數萬人的軍隊，使部下為他拼死效力，卻不能善待自己的弟弟，為什麼對關係疏遠的人能廣施恩惠，對關係親密的兄弟卻如此薄情寡恩呢！

【原文】

娣姒者，多爭之地也，使骨肉居之，亦不若各歸四海，感霜露而相思，佇①日月之相望也。況以行路之人，處多爭之地，能無間②者，鮮矣。所以然者，以其當公務而執私情，處重責而懷薄義也；若能恕己③而行，換子而撫，則此患不生矣。

【注釋】

①佇：久立。
②間：隔閡，嫌隙。
③恕己：用寬恕自己的態度去對待別人。謂擴充自己的仁愛之心。

【譯文】

娣姒之間，極易產生爭執。即使是同胞姐妹，與其讓她們成為娣姒而住在一起，倒不如讓她們遠嫁各方，這樣，她們長久分離之後，才會因感歎霜露降臨而互相思念，久立觀望日月的運行而期待相聚。更何況大多數娣姒本來就是互不相識的陌生人，又處於易起爭執的環境裡，能夠不相互隔閡的實在是很少。之所以這樣，是因為處理大家庭中的事務時大家都各懷私心，肩負重大責任時心底卻掛著個人的恩怨。如果娣姒都能以寬恕仁愛之心來處事，像對待親生子女一樣對待侄子，那麼娣姒不和的事情就不會發生了。

【原文】

　　人之事兄，不可①同於事父，何怨愛弟不及愛子乎？是反照而不明也②。沛國劉璉③，嘗與兄連棟隔壁，呼之數聲不應，良久方答；怪問之，乃曰：「向來④未著衣帽故也。」以此事兄，可以免矣。

【注釋】

① 不可：此處猶「不肯」。
② 反照而不明也：言對比觀照之後，可見其不明。一說言因人們缺乏對自身觀照而致不明。
③ 劉璉：《南史‧劉》傳：「劉，字子珪，沛郡相人……篤志好學，博通訓義……弟璉，字子璵，方軌正直，儒雅不及而文采過之。」《梁書‧文學傳下》：「近世有沛國劉，弟璉，並一時之秀士也。則關西孔子，通涉《六經》，循循善誘，服膺儒行；璉則志烈秋霜，心貞昆玉，亭亭高竦，不雜風塵。皆毓德於衡門，並馳聲於天地。而官有微於侍郎，位不登於執戟，相次殂落，宗祀無饗。」
④ 向來：方才，剛剛。

【譯文】

　　人們不肯以事奉父親的態度來敬事兄長，那又何必抱怨兄長對弟弟不如對自己孩子那般疼愛呢？把這二者對比起來想想，就會發現那抱怨是多麼的不合理。

　　沛國的劉璉，曾與兄長劉相鄰而居，兩家房子連在一起，只隔著一層牆壁。一次，劉呼叫劉璉，叫了幾聲劉璉都沒有答應，過了好一會兒劉璉才應答。劉感到很奇怪，就問他為什麼這麼慢吞吞，劉璉回答說：「剛才你叫我的時候我還沒有穿戴好衣帽。」以這樣的態度敬事兄長，就不必擔心兄長對弟弟不如對自己的孩子了。

【原文】

　　江陵①王玄紹，弟孝英、子敏，兄弟三人，特相友愛，

所得甘旨新異，非共聚食，必不先嘗，孜孜②色貌，相見如不足者③。及西台陷沒④，玄紹以形體魁梧，為兵所圍；二弟爭共抱持，各求代死，終不得解，遂並命⑤爾。

【注釋】

①江陵：地名，齊梁荊州治所。

②孜孜：和樂貌。一說勤勉不怠貌。

③相見如不足者：每次相見總覺得在一起的時間不夠多。或謂兄弟三人雖勤勉不怠，相見仍有做得不夠之感。

④西台：即江陵。江陵在建康西，故稱。西台陷沒：指承聖三年（554）九月西魏軍破江陵事。

⑤並命：指相從而死，為漢、魏、南北朝人慣用語。

【譯文】

　　江陵的王玄紹，有弟孝英、子敏，他們兄弟三人特別友愛，誰要是得到美味新奇的食品，除非是三個人聚在一起共用，否則決不會有人先品嘗。他們兄弟之間和樂安好，熱誠的態度溢於言表，每次相見總覺得在一起的時間不夠。到了江陵陷落的時候，玄紹因為身形魁梧，為敵軍所包圍。兩個弟弟爭著抱住他，請求替哥哥去死了，但最終還是未能逃脫噩運，兄弟三人一同遇害。

後娶第四

【原文】

　　吉甫①，賢父也；伯奇②，孝子也。以賢父御③孝子，合得終於天性④，而後妻間之，伯奇遂放。曾參⑤婦死，謂其子曰：「吾不及吉甫，汝不及伯奇。」王駿⑥喪妻，亦謂人曰：「我不及曾參，子不如華、元。」並終身不娶。此等足以為

誠。其後，假繼⑦慘虐孤遺，離間骨肉，傷心斷腸者，何可勝數。慎之哉！慎之哉！

【注釋】

① 吉甫：即尹吉甫，西周宣王時大臣，曾領兵北伐獫狁。

② 伯奇：尹吉甫之子，以孝著稱，為後母所讒，被其父所逐。一說被殺。一說自殺。《琴操‧履霜操》：「尹吉甫，周卿也。子伯奇母早亡，吉甫更娶後妻，妻乃譖之於吉甫曰：『伯奇見妾美，欲有邪心。』吉甫曰：『伯奇慈仁，豈有此也。』妻曰：『置妾空房中，君登樓察之。』妻乃取毒蜂綴衣領，令伯奇掇之。於是吉甫大怒，放伯奇於野。宣王出遊，吉甫從之，伯奇作歌以感之。宣王聞之，曰：『此放子之辭也。』吉甫乃求伯奇而感悟，遂射殺其妻。」

③ 御：駕馭，控制。此指約束、管教。

④ 天性：天然的品質或特性。此指父子之間相互關心愛護的天性。

⑤ 曾參：春秋時魯國人，孔子弟子。《孔子家語‧七十二弟子解》：「（曾參）終身不取妻。其子元請焉，告其子曰：『高宗以後妻殺孝己，尹吉甫以後妻放伯奇。吾上不及高宗，中不比吉甫，庸知其得免於非乎？』」

⑥ 王駿：西漢時期人，諫大夫王吉之子。歷任諫大夫、趙內史、幽州刺史、司隸校尉、少府、京兆尹、御史大夫，所歷職務皆顯能名。《漢書‧王吉傳》：「駿為少府時，妻死，因不復娶，或問之，駿曰：『德非曾參，子非華、元，亦何敢娶？』」《三國志‧魏書‧管寧傳》：「初，寧妻先卒，知故勸更娶，寧曰：『每省曾子、王駿之言，意常嘉之，豈自遭之而遠本心哉？』」

⑦ 假繼：即繼母。

【譯文】

　　尹吉甫，是一位賢明的父親；伯奇，是一個孝順的兒子。以賢父來教導孝子，應該是能夠做到父慈子孝，安享天倫之樂的。然而由於尹吉甫後妻的挑唆，伯奇竟被父親放逐。

　　曾參的妻子死了，他對兒子說：「我比不上尹吉甫那樣賢明，你也不及伯奇那般孝順。」漢朝王駿喪妻，也對勸他再娶的人說：「我比不

上曾參，我兒子也不如曾華、曾元。」曾參和王駿因怕影響父子關係，皆沒有再娶。

這些例子都足以讓人引以為戒。在他們二人之後，繼續殘酷虐待前妻孩子，離間父子骨肉關係，以致讓人傷心斷腸的事，實在是數不勝數。對此一定要謹慎啊！一定要謹慎啊！

【原文】

　　江左不諱庶孽①，喪室之後，多以妾媵終家事②。疥癬蚊虻③，或未能免，限以大分④，故稀鬥鬩之恥⑤。河北鄙於側出⑥，不預人流⑦，是以必須重娶，至於三四，母年有少於子者。後母之弟，與前婦之兄，衣服飲食，爰及婚宦，至於士庶貴賤之隔，俗以為常。身沒之後，辭訟⑧盈公門，謗辱彰道路⑨，子誣母為妾，弟黜⑩兄為傭，播揚先人之辭跡⑪，暴露祖考⑫之長短，以求直己⑬者，往往而有。悲夫！自古奸臣佞妾，以一言陷人者眾矣！況夫婦之義，曉夕移⑭之，婢僕求容⑮，助相說引，積年累月，安有孝子乎？此不可不畏。

【注釋】

① 江左：六朝人稱江東為江左，即長江下游以南地區。庶孽：封建社會對妾所生子女的稱呼。

② 妾媵：古代諸侯貴族女子出嫁，以姪娣從嫁，稱媵。後因以「妾媵」泛指侍妾。終：此指繼續掌管。或作「主」。

③ 疥癬：皮膚表面的疾病，多比喻有關痛癢，但無大礙的小問題。蚊虻：吸血的小蟲。盧文弨曰：「疥癬比癰疽之患輕，蚊虻比蛇蠍之害小，以言縱有所失，不甚大也。」

④ 大分：名分。

⑤ 鬥鬩之恥：指兄弟爭鬥這種可恥的事。江左以妾主事，雖權在手，然限於身份，終不能興風作浪。且前妻之子在名分上仍為嫡子，家庭地位不受影響。因此，江左之家鮮有糾紛。

⑥ 河北：黃河以北地區。側出：側室所出，即妾所生庶子。褚遂良《請

千牛不簡嫡庶表》曰：「永嘉以來，王塗不競，在於河北，風俗頓乘，以嫡待庶而若奴，妻遇妾而如婢……降及隋代，斯流遂遠。獨孤後罕雎鳩之德，同牝雞之晨，普禁庶子，不得入侍。自始及末，願曠未弭。聖朝御治，深革前弊，人以才進，不論嫡正，自茲二紀，多士如林，今者簡千牛舍人，方為此制。臣竊思審，于理未安。」

⑦ 不預：不為預備，即不予。人流：即有某種社會地位的同類人。

⑧ 辭訟：訴訟，打官司。

⑨ 謗辱：譭謗，侮辱。彰：顯。

⑩ 黜：貶。

⑪ 辭跡：言辭行跡。

⑫ 祖考：指已去世的父親。

⑬ 直己：求己之直，即證明自己是對的。兄弟鬩閱之事，北朝極其常見，如《北史‧崔亮傳》：「（崔亮）祖修之……修之弟道固。道固字季堅，其母卑賤，嫡母兄攸之、目連等輕侮之。父輯謂攸之曰：『此兒姿識，或能興人門戶，汝等何以輕之？』攸之等遇之彌薄。輯乃資給道固，令其南仕。時宋孝武為徐、兗二州刺史，以道固為從事。道固美形貌，善舉止，習武事，孝武嘉之。會青州刺史新除，過彭城，孝武謂曰：『崔道固人身如此，豈可為寒士？而世人以其偏庶侮之，可為歎息。』」目連子僧深，「後位南青州刺史。元妻房氏生子伯、伯驥。後薄房氏，納平原杜氏，與俱徙。生四子，伯鳳、祖龍、祖螭、祖虯。僧深得還之後，絕房氏，遂與杜氏及四子寓青州。伯、伯驥與母房居冀州，雖往來父間，而心存母氏，孝慈之道，頓阻一門。僧深卒，伯奔赴，不敢入家，寄哭寺門。祖龍剛躁，與兄伯訟嫡庶，並以刀劍自衛，苦怨仇焉。」《魏書‧楊大眼傳》：「（楊大眼）有三子，長甄生，次領軍，次征南，皆潘氏所生，咸有父風……後娶繼室元氏。大眼之死也，甄生等問印綬所在。時元始懷孕，自指其腹謂甄生等曰：『開國當我兒襲之。汝等婢子，勿有所望！』甄生等深以為恨。」

⑭ 移：此指進讒，譭謗。

⑮ 求容：此指求取主人歡心。

【譯文】

　　江東一帶的人不避忌婢妾所生的庶子，正妻死後，往往以妾來繼續主管家室。家庭內部雖然還是會有小的糾紛存在，但限於妾的地位名分，因此很少發生兄弟爭鬥這種有辱家門的事。

　　黃河以北地區的人則鄙視婢妾所生的孩子，不給他們平等的社會地位，因此正妻死後，必定再娶，有的人甚至重娶三四次，有時後妻比前妻之子還要年輕。後妻所生之子與前妻所生之子，在衣服飲食，以及婚配、仕宦方面，都有著士人與庶人、貴族與賤民一般的差別，而俗世卻以為平常。父親去世之後，家庭成員因鬧糾紛而訴訟至官府，侮辱誹謗之聲聞於道路，前妻之子誣衊後母是婢妾，後妻之子貶前妻之子為僕傭，他們大肆宣揚亡父生前的言辭行跡，暴露先人的是非長短，想以此證明自己有道理，這樣的事在那些再娶的家庭裡屢有發生。

　　真是悲哀啊！自古以來，奸臣佞妾以一句話就置人於死地的事太多了！況且後母借助夫妻間的關係和情義，日夜在丈夫面前說他人的壞話，而那些奴婢僕人，為人求取主人的歡心，亦在一旁幫著勸說引誘，這樣長此以往，積年累月，哪裡還會有孝子？這不能不讓人感到可怕啊！

【原文】

　　凡庸之性，後夫①多寵前夫之孤，後妻必虐前妻之子；非唯婦人懷嫉妒之情，丈夫有沉惑②之僻，亦事勢使之然也。前夫之孤，不敢與我子爭家，提攜鞠養，積習生愛，故寵之；前妻之子，每居己生之上，宦學③婚嫁，莫不為防焉，故虐之。異姓寵則父母被怨，繼親④虐則兄弟為仇，家有此者，皆門戶⑤之禍也。

【注釋】

① 後夫：婦女再嫁的丈夫。

② 沉惑：沉迷，迷惑。

③ 宦學：宦指學仕宦之事，學指習六藝之事，即為官和進學。

④繼親：後母。

⑤門戶：家庭。

【譯文】

　　一般人的秉性，後夫大多寵愛前夫的孩子，而後妻必虐待前妻的子女。這不僅僅是婦人天生嫉妒心強，男子本性容易沉迷女色的誘惑，實際上是事態形勢促使他們如此。在後夫看來，前夫的孩子，不敢和我的孩子爭奪家產，在這種情況下，從小照顧撫養他，時間一長自然會生出愛心，故而寵愛他；而在後妻看來，前妻的子女，常常居於自己的親生子女之上，無論做官、讀書還是娶妻、出嫁，沒有不需防範的，所以虐待他。父母如果寵愛異姓孩子則會招致自己親生子女的怨恨，繼母如果虐待前妻子女則會使兄弟反目成仇，大凡家庭裡存在這種問題的，皆是家庭的災禍啊！

【原文】

　　思魯等從舅殷外臣①，博達之士也。有子基、諶，皆已成立②，而再娶王氏。基每拜見後母，感慕③嗚咽，不能自持，家人莫忍仰視。王亦淒愴④，不知所容，旬月⑤求退，便以禮遣，此亦悔事也。

【注釋】

①思魯：顏之推長子。顏真卿《顏含大宗碑銘》：「思魯字孔歸，博學善屬文、尤工詁訓、隋司經校書，長寧王侍讀，東宮學士。」從舅：《爾雅·釋親》：「母之從父昆弟為從舅。」即今之堂舅。

②成立：指成年。

③感慕：感動思慕。指因見後母而思生母，故傷感嗚咽不能自已。

④悽愴：淒慘，悲傷。

⑤旬月：十天至一個月，指較短的時日。

【譯文】

　　思魯等孩子的堂舅殷外臣，是一位博學通達之士。他有兩個兒子：殷基、殷諶，皆已成年。殷外臣在妻子死後又再娶王氏。殷基每次拜見後母，都因思念生母而失聲痛哭，無法控制自己的感情，家人都不忍心抬頭看他。王氏見此亦感到淒苦悲傷，不知該如何面對，因此結婚不到一個月就請求退婚。殷外臣無奈，只好按照禮節將她送回娘家。這也是一件讓人後悔的事啊！

【原文】

　　《後漢書》①曰：「安帝②時，汝南薛包孟嘗③，好學篤行，喪母，以至孝聞。及父娶後妻而憎包，分出之，包日夜號泣，不能去，至被毆杖④。不得已，廬於舍外⑤，且入而灑掃。父怒，又逐之，乃廬於里門⑥，昏晨⑦不廢。積歲餘，父母慚而還之。後行六年服，喪過乎哀⑧。既而弟子求分財異居，包不能止，乃中分其財：奴婢引其老者，曰：『與我共事久，若不能使也。』田廬取其荒頓⑨者，曰：『吾少時所理⑩，意所戀也。』器物取其朽敗者，曰：『我素所服食⑪，身口所安也。』弟子數破其產，還復賑給⑫。建光⑬中，公車特徵⑭，至拜侍中⑮。包性恬虛⑯，稱疾不起，以死自乞。有詔賜告⑰歸也。」

【注釋】

①《後漢書》：南朝劉宋史學家范曄所編撰的記載東漢歷史的紀傳體史書。與《史記》《漢書》《三國志》合稱「前四史」。書中分十紀、八十列傳和八志（司馬彪續作），記載了從光武帝劉秀起至漢獻帝的195年歷史。

②安帝：即東漢安帝劉祜，漢章帝劉炟之孫，清河孝王劉慶之子，東漢第六位皇帝，在位19年，諡號孝安皇帝，廟號恭宗。

③汝南：漢代郡名。薛包：東漢安帝時人，字孟嘗，著名孝子。

④毆杖：即杖責，毆打。

⑤盧：此作動詞，指結盧而居。舍：屋舍，房子。

⑥里門：閭里的門。古代同里的人家聚居一處，設有里門。

⑦昏晨：指定省之禮。《禮記・曲禮上》：「凡為人子之禮，冬溫而夏清，昏定而晨省。」

⑧喪過乎哀：封建社會，父母死，子行三年服，薛包行六年服，故曰喪過乎哀。

⑨荒頓：荒廢。

⑩理：整治。史籍之中皆作「治」，此處作「理」，當是傳抄者為避唐高宗李治諱而改。

⑪服：使用。食：以為食具。

⑫賑：救濟。給：給予。

⑬建光：漢安帝年號。

⑭公車：漢代官署名，為衛尉的下屬機構，設公車令，掌管宮殿中司馬門的警衛，臣民上書及徵召等事宜，皆由此處受理。《續漢書・百官志》：「衛尉屬有公車司馬令一人，六百石，掌宮南闕門，凡吏民上章、四方貢獻及徵詣公車者。」特徵：獨征，指當時沒有人被一併徵召，可見朝廷之重視。

⑮侍中：古代官職名，秦始置，兩漢沿置，為正規官職外的加官之一。《續漢書・百官志》：「侍中，比兩千石，無員，掌侍左右，贊導眾事，顧問應對，法駕出，則多識者一人參乘，餘皆騎在乘輿車後。」因侍中侍從皇帝左右，出入宮廷，與聞朝政，逐漸變成親信貴重之職。

⑯恬虛：恬淡沖虛。《汝南先賢傳》：「包歸先人塚側，種稻種芋，稻以祭祀，芋以充飯，耽道說理，玄虛無為。」

⑰賜告：漢制，吏病滿三月當免，天子優賜其告，使得帶印綬，將官屬歸家養病，謂之賜告也。

【譯文】

　　《後漢書》記載：「漢安帝時，汝南有人姓薛名包，字孟嘗，他勤奮好學，品行正直，其母已經去世，他因特別孝順而聞名鄉里。他的父親再娶後妻之後，就開始憎惡薛包，將他逐出家門。薛包日夜悲號哭泣，不願離去，以致被父親杖責。他迫不得已，只好在屋門外搭了間草

棚住著，早晚都回家清掃房屋。其父大怒，再次驅逐他，於是薛包就只得在里巷外搭間小屋住著，但每天早上仍向父母請安，從不間斷。這樣過了一年多，他的父母也感到很慚愧，就讓他搬回家了。薛包父母去世後，他守孝六年，超過了一般守孝三年的禮法慣例。

不久，弟弟要求分割家產另外居住，薛包不能勸止，只好將家產平分：奴婢，他取年老體弱的，並且說：「這些人與我共事時間很長，你使喚不了他們。」田地房屋，他取那些荒廢破敗的，並且說：「這些是我小時候整治過的，我對它們十分依戀。」器物，他取腐朽破舊的，並且說：「這些是我平時所用的，已經習慣了。」分家後，他的弟弟數次破產，薛包一次次救濟他。建光年間，朝廷特意徵聘薛包，他入朝後，官拜侍中。薛包生性恬淡，後稱病不起，乞求回家終老。朝廷只好下詔准許他告病歸家。」

治家第五

【原文】

　　夫風化①者，自上而行於下者也，自先而施於後者也。是以父不慈則子不孝，兄不友則弟不恭，夫不義則婦不順矣。父慈而子逆，兄友而弟傲，夫義而婦陵②，則天之凶民，乃刑戮之所攝③，非訓導之所移也。

【注釋】

①風化：教育感化。《毛詩序》：「上以風化下，下以風刺上。」
②陵：通「凌」，侵侮。
③攝：通「懾」。

【譯文】

　　教育感化這件事，是從上往下推行的，是前人向後人施行影響的。因此，如果父親不慈愛，子女就不會孝順；兄長不友愛，弟弟就不會恭

敬；丈夫不講情義，妻子就不會順從。假如父親慈愛而子女卻忤逆不孝，兄長友愛而弟弟卻倨傲不恭，丈夫講情義而妻子卻盛氣凌人，那這些人就是天生的兇惡之徒，應該用刑罰殺戮去威懾他們，不是訓誨誘導所能改變的。

【原文】

　　笞怒①廢於家，則豎子之過立見②；刑罰不中③，則民無所措手足。治家之寬猛④，亦猶國焉。

【注釋】

① 笞怒：鞭笞、怒責。
② 豎子：指小孩。或指童僕未冠者。見：顯現。《呂氏春秋・蕩兵》：「家無怒笞，則豎子嬰兒之有過也立見。」《抱朴子・用刑篇》：「鞭撲廢於家，則僮僕怠惰。」
③ 中：適當。《論語・子路篇》：「刑罰不中，則民無所錯手足。」邢疏：「刑罰枉濫，則民蹐地局天，動懼刑網，故無所錯其手足也。」
④ 寬：寬容。猛：嚴厲，猛烈。

【譯文】

　　如果在家中廢除鞭笞一類的體罰，那麼孩子們的過失就會馬上出現；如果國家的刑罰不當，那麼民眾就會不知所措。治家的寬嚴標準，也要像治國一樣恰當合度。

【原文】

　　孔子曰：「奢則不孫①，儉則固②；與其不孫也，寧固。」又云：「如有周公之才之美③，使驕且吝，其餘不足觀也已。」然則可儉而不可吝已。儉者，省約為禮之謂也；吝者，窮急不恤之謂也。今有施則奢，儉則吝；如能施而不奢，儉而不吝，可矣。

【注釋】

① 孫：通「遜」，恭順。

② 固：固陋。此處孔子語四句出自《論語・述而篇》。

③ 周公：姓姬，名旦，周文王之子，周武王之弟，武王死後，輔佐成王治理天下，是西周初年的大政治家。美：指才、德、行兼美。此處孔子語三句出自《論語・泰伯篇》。

【譯文】

　　孔子說：「一個人奢侈了就不恭順，節儉了就固陋。與其不恭順，寧可固陋。」他又說：「一個人即使有周公那樣的才華和美德，只要他驕傲且吝嗇，其餘的也就不值得稱道了。」這樣說來，節儉是可以的，但不可過於吝嗇。節儉，是指合乎禮制的節省；吝嗇，是指對困難危急也不體恤救助。如今捨得施捨的人都奢侈無度，節儉的人都吝嗇小氣。假如一個人能做到樂善好施而不奢侈，勤儉節約而不吝嗇，那就太好了！

【原文】

　　生民之本，要當稼穡而食①，桑麻以衣。蔬果之畜②，園場之所產；雞豚之善③，塒圈之所生④。爰及棟宇器械，樵蘇脂燭⑤，莫非種殖之物也。至能守其業者，閉門而為生之具以足，但家無鹽井⑥耳。今北土風俗，率能躬儉節用，以贍衣食；江南奢侈，多不逮⑦焉。

【注釋】

① 要當：最重要的事。稼穡：泛指農業生產。

② 畜：蓄積。

③ 豚：小豬。此指豬肉。善：通「膳」。

④ 塒（音時）：雞窩。圈：豬圈。

⑤ 樵：薪柴。蘇：草。脂燭：古人用麻灌以油脂，燃之照明，是為脂燭。盧文弨曰：「古者以麻為燭，灌以脂；後世唯用牛羊之脂，又或以蠟，或以柏或以樺。」

⑥鹽井：此指井水可煮鹽的井。鹽井當時為西蜀之特產，有些豪門亦家有鹽井。杜預《益州記》：「州有卓王孫鹽井，舊常於此井取水煮鹽。」
⑦不逮：不及。

【譯文】

　　老百姓生存的根本，是種植莊稼以解決吃飯問題，種植桑麻解決穿衣問題。蔬菜瓜果的貯藏，來自於果園菜圃的生產；雞肉、豬肉等美食，來自於雞窩豬圈的畜養。至於房屋器械、柴草蠟燭等，無不是來自於耕種養殖之物。那些能保守家業的人，可以關上門生活而生活必需品都足夠用，只是家裡沒有口鹽井而已。如今北方的風俗，都能做到勤儉節約，以保障衣食所需；而江南地區的風俗則較為奢侈，多比不上北方人會持家。

【原文】

　　梁孝元世，有中書舍人①，治家失度，而過嚴刻。妻妾遂共貨②刺客，伺醉而殺之。

【注釋】

①中書舍人：官名，本為國君、太子親近屬官，魏晉時於中書省內置中書通事舍人，掌傳宣詔命。南朝沿置，至梁，除通事二字，稱中書舍人，任起草詔令之職，參與機密，權力日重。《隋書‧百官志上》：「中書省通事舍人，舊入直閤內；梁用人殊重，簡以才能，不限資地，多以他官兼領。其後除通事，直曰中書舍人。」
②貨：這裡作動詞，指買通。

【譯文】

　　梁元帝時，有一位中書舍人，治家有失法度，處事過於嚴厲苛刻，其妻妾就共同買通刺客，趁其酒醉時將其殺害。

【原文】

　　世間名士，但務寬仁；至於飲食餉饋①，僮僕減損，施惠然諾②，妻子節量，狎侮賓客，侵耗③鄉黨：此亦為家之巨蠹④矣。

【注釋】

① 餉饋：饋贈。
② 然諾：許諾，答應。
③ 侵耗：侵吞克扣。
④ 巨蠹（音度）：大蛀蟲，比喻大奸大害。

【譯文】

　　如今世間的一些名士，治家一味講究寬厚仁慈，以至於日常飲食和用來饋贈親友的東西，僮僕都敢從中克扣；答應施捨接濟的東西，被妻子兒子從中減少；甚至發生輕視侮辱賓客，欺凌魚肉鄉民的事。這也是家庭的大害啊！

【原文】

　　齊吏部侍郎房文烈①，未嘗嗔怒②，經霖雨③絕糧，遣婢糴米④，因爾逃竄，三四許日，方復擒之。房徐曰：「舉家無食，汝何處來？」竟無捶撻⑤。嘗寄人宅⑥，奴婢徹⑦屋為薪略盡，聞之顰蹙⑧，卒無一言。

【注釋】

① 房文烈：北齊大臣。其父景伯，為房法壽族子。《北史·房法壽傳》：「法壽族子景伯，景伯子文烈，位司徒左長史，性溫柔，未嘗嗔怒。」
② 嗔怒：惱怒，憤怒。
③ 霖雨：連綿大雨。《左傳·隱公九年》：「凡雨自三日以往為霖。」
④ 糴（音廸）米：買米。

⑤捶撻：杖擊，鞭打。
⑥寄人宅：即以宅寄人，指將房子借給別人住。
⑦徹：通「撤」，拆毀。
⑧顰蹙（音頻促）：皺眉皺額。不悅貌。

【譯文】

　　北齊吏部侍郎房文烈，從來不發怒。一次他家中因久雨斷糧，派婢女外出買米，那婢女竟借此機會攜款私逃，三四天後才將她擒回。房文烈和緩地對婢女說：「全家都沒有吃的了，你到哪裡去了？」竟然沒有責打她。他又曾將自己的住宅借給別人居住，那家的奴婢竟然把房屋拆了當柴燒，都幾乎燒完了，房文烈聽說後也只是眉頭緊鎖，始終未說一句責怪的話。

【原文】

　　裴子野①有疏親故屬饑寒不能自濟者，皆收養之。家素清貧，時逢水旱，二石米為薄粥，僅得遍焉，躬自同之，常無厭色。鄴下有一領軍②，貪積已甚③，家僮八百，誓滿一千；朝夕每人肴膳，以十五錢為率④，遇有客旅，更無以兼⑤。後坐事伏法，籍其家產，麻鞋一屋，弊衣數庫，其餘財寶，不可勝言。南陽有人，為生奧博⑥，性殊儉吝，冬至後女婿謁之，乃設一銅甌酒，數臠⑦獐肉；婿恨其單率⑧，一舉盡之。主人愕然，俯仰命益⑨，如此者再。退而責其女曰：「某郎好酒，故汝常貧。」及其死後，諸子爭財，兄遂殺弟。

【注釋】

①裴子野：字幾原，河東聞喜（今山西聞喜）人，仕齊、梁兩朝，為官清廉，一塵不染。也是著名史學家、文學家，著有《宋略》二十卷。其曾祖裴松之，曾為《三國志》作注；祖父裴駰，著有《史記集解》，都是著名史學家。父裴昭明，為南齊通直散騎常侍。《南史·裴松之傳》：「（松之曾孫）子野字幾原……少好學，善屬文……及

居喪，每之墓所，草為之枯，有白兔白鳩，馴擾其側。外家及中表貧乏，所得奉，悉給之。無窮，借官地二畝，起茅屋數間，妻子恒苦饑寒。」

②鄴下：即北齊國都鄴城，在今河北臨漳。領軍：官名，漢末曹操置，為相府屬官，後更名為中領軍。魏晉時改稱領軍將軍，均統率禁軍。南朝沿設，北朝略同。《晉書·職官志》：「中領軍將軍，魏官也，文帝踐祚，始置領軍將軍。」李慈銘以為此一領軍，當為北齊庫狄伏連。《北齊書·慕容儼傳》：「又有代人庫狄伏連，字仲山……鄙吝愚狠，無治民政術。及居州任，專事聚斂。性又嚴酷，不識士流。開府參軍多是衣冠士族，伏連加以捶撻，逼遣築牆。武平中，封宜都郡王，除領軍大將軍。尋與琅邪王儼殺和士開，伏誅。伏連家口有百數，盛夏之日，料以倉料二升，不給鹽菜，常有饑色。冬至之日，親表稱賀，妻為設豆餅。伏連問此豆因何而得，妻對向於食馬豆中分減充用。伏連大怒，典馬、掌食之人並加杖罰，積年賜物，藏在別庫，遣侍婢一人專掌管籥。每入庫檢閱，必語妻子云：『此是官物，不得輒用。』至是薄錄，並歸天府。」《北史》云：「（庫狄伏連）死時，惟著敝褌，而積絹至二萬匹。」

③已甚：過甚，太過。

④率：標準。

⑤無以兼：即不得兼味。兼：兩種以上的菜肴。

⑥奧博：富裕，深藏廣蓄，積蓄富厚。或言營生深奧且廣博。

⑦臠：切成小塊的肉。

⑧單率：草率而粗簡。

⑨俯仰：低頭，仰頭，指應付周旋。益：添加。

【譯文】

南朝人裴子野，遇有遠親舊屬陷於饑寒而不能自救時，皆收留供養他們。其家素來清貧，有時遇上水災旱災，就用二石米煮上一大鍋稀粥，勉強讓大家都能吃上。他自己也同大家一起喝粥，從沒有厭煩之色。

鄴下有一位將軍，貪得無厭，積蓄已多，家中已有僮僕八百人，他還發誓要湊滿一千人。其家每天每人的飲食開支，以十五錢為標準，遇

到有客人來，也不增加。後來這位將軍因犯罪而被法誅，沒收他的家產時，發現光麻鞋就有一屋子，破衣服有好幾倉庫，其餘的財寶更是不計其數。

南陽有個人，深藏廣蓄，性極吝嗇，冬至後他女婿來拜見他，他只準備了一小銅甌的酒和幾小片獐子肉來招待。他的女婿嫌他太過簡慢小氣，就一下子把酒肉喝盡吃光了。這個人很吃驚，只好勉強應付添上一點，這樣先後添了兩次。退席後他責備女兒說：「你丈夫太愛喝酒，所以你才經常受窮。」等到他死後，幾個兒子爭奪遺產，竟發生了兄殺弟的慘劇。

【原文】

婦主中饋①，惟事酒食衣服之禮耳。國不可使預政，家不可使干蠱②。如有聰明才智，識達古今，正當輔佐君子，助其不足，必無牝雞晨鳴③，以致禍也。

【注釋】

①中饋：指家中供膳諸事。此指家務。
②干蠱：主事。《周易·蠱卦》：「干父之蠱。」《序卦傳》：「蠱者，事也。」王弼注云：「干父之事，能承先軌，堪其任者也。」
③無：不要。牝雞：母雞。牝雞晨鳴：指母雞代替公雞報曉，比喻婦女竊權亂政。《尚書·牧誓》：「古人有言曰：『牝雞無晨；牝雞之晨，惟家之索。』」

【譯文】

婦女主持家務，只需操辦有關酒食衣服等禮儀方面的事就行了。國家不可使女子干政，家庭中也不能讓夫人主政。如果確有聰明才智，見識通達古今，也只應輔佐丈夫，彌補其不足，一定不能像母雞代替公雞報曉一樣，凌駕於男人之上，以招致禍患。

【原文】

　　江東婦女，略無交遊，其婚姻之家，或十數年間，未相識者，惟以信命贈遺①，致殷勤焉。鄴下風俗，專以婦持門戶②，爭訟曲直，造請逢迎，車乘填街衢③，綺羅盈府寺④，代子求官，為夫訴屈。此乃恒、代之遺風乎⑤？南間貧素⑥，皆事外飾，車乘衣服，必貴齊整；家人妻子，不免饑寒。河北人事，多由內政⑦，綺羅金翠，不可廢闕，羸馬悴奴⑧，僅充而已；倡和之禮，或爾汝⑨之。

【注釋】

① 信命贈遺：派使者傳達書信問候，贈送禮物。盧文弨曰：「信，使人也；命，問也。」
② 持門戶：當家，主持家庭事務。
③ 街衢：大路。
④ 府寺：泛指高級官員的府邸或官署。《廣韻》引《風俗通》：「府，聚也，公卿牧守道德之所聚也。」《釋名》：「寺，嗣也，官治事者相嗣續於其內也。」
⑤ 恒、代：恒州、代郡地區，今山西大同一帶。閻若璩《潛邱札記》：「有以恒、代之遺風問者，余曰：拓跋魏都平城縣，縣在今大同府治東五裡，故址猶存，縣屬代郡，郡屬恒州，所云恒、代之遺風，謂是魏氏之舊俗耳。」
⑥ 貧素：清貧，寒素。
⑦ 內政：本指家庭內部事務，此指主持家務的妻子。
⑧ 羸：羸弱。悴：憔悴。
⑨ 爾汝：即第二人稱「你」。江南無爾汝之稱，北方猶多。梁玉繩《瞥記》：「爾汝者，賤簡之稱也。」

【譯文】

　　江東的婦女，沒有一點交遊，她們娘家與親家，有的十幾年間未曾見面，只是遣人問候、互贈禮品，來表示各自的情誼。鄴下的風俗，專門讓婦女當家，她們與外人爭辯曲直，應酬交際，乘的車馬擠滿街道，

她們穿著錦衣華服擠在官家的府衙，有的替兒子求官，有的替丈夫訴冤。這大概是恒州、代郡一帶的鮮卑遺風吧？

南方地區，即使是清貧人家，都注重修飾外表，車馬和衣服，一定講究整齊；而家中的妻子兒女，則不免挨餓受凍。黃河以北地區的交際應酬，多由婦女出面，因此錦衣華服和金銀珠翠是不能短少的；而家中瘦弱的馬匹和憔悴的奴僕，不過勉強充數而已。至於夫妻之間一唱一和的禮節，恐怕早已被「爾」、「汝」這些輕賤的稱謂取代了。

【原文】

河北婦人，織紝組之事^①，黼黻錦繡羅綺^②之工，大優於江東也。

【注釋】

①紝：繒。組、：皆為絲帶。織紝組：代指婦女從事的紡織事務。
②黼黻錦繡羅綺：指繪、刺有各種精美圖案的絲織品。黼黻（音府伏）：泛指禮服上所繡的華美花紋。

【譯文】

黃河以北地區的婦人，不論是編織紡織的本領，還是刺繡的技巧，都大大勝過江東的婦女。

【原文】

太公^①曰：「養女太多，一費也^②。」陳蕃^③曰：「盜不過五女之門^④。」女之為累^⑤，亦以深矣。然天生蒸^⑥民，先人傳體，其如之何？世人多不舉^⑦女，賊行骨肉^⑧，豈當如此，而望福於天乎？吾有疏親，家饒妓媵^⑨，誕育將及，便遣閽豎^⑩守之。體有不安^⑪，窺窗倚戶，若生女者，輒^⑫持將去；母隨號泣，使人不忍聞也。

【注釋】

① 太公:即姜太公,姜姓,呂氏,名尚,字子牙,殷商末年人,輔佐周文王、周武王,助周滅商,功成後封於齊,是中國古代傑出的軍事家和政治家。

② 養女太多,一費也:《藝文類聚》卷三五、《太平御覽》卷四八五皆引《六韜》:「太公曰:『……養女太多,四盜也。』」

③ 陳蕃:字仲舉,東漢時期名臣。

④ 盜不過五女之門:《後漢書·陳蕃傳》:「蕃乃上疏諫曰:『鄙諺言:「盜不過五女之門。」以女貧家也。今後宮之女,豈不貧國乎?』」

⑤ 女之為累:養女成人,食用之資是一大開銷,且女子成年婚嫁,須為其置辦嫁妝,亦耗資甚巨,故曰女累。

⑥ 蒸:眾。

⑦ 舉:撫養,哺育。

⑧ 賊行骨肉:指殘害親生骨肉。《韓非子·六反》:「產男則相賀,產女則殺之。」

⑨ 饒:多。妓媵:姬妾。

⑩ 閽豎:守門的僮僕。

⑪ 體有不安:指身體不適,此指即將分娩。

⑫ 輒:則,就。

【譯文】

　　姜太公說:「女兒養得太多,實在是一種耗費。」陳蕃也說過:「盜賊都不願偷竊有五個女兒的家庭。」女兒給家庭帶來的拖累,實在是太深重了。但天生芸芸眾生,都是先輩傳下的骨肉,又能把她怎麼樣呢?世人多不願撫養女兒,生下的親骨肉也要加以殘害,行事如此殘忍,難道老天還會賜福給你嗎?

　　我有個遠親,家中有很多姬妾,有誰產期將到時,他就派僮僕去守候著。等到分娩時,僮僕從門窗往裡窺視,如果生的是女孩,就立刻抱走。產婦隨即號哭,真叫人不忍心聽。

【原文】

　　婦人之性，率寵子婿而虐兒婦。寵婿，則兄弟之怨生焉；虐婦，則姊妹之讒行焉。然則女之行留，皆得罪於其家者，母實為之。至有①諺云：「落索阿姑餐②。」此其相報也。家之常弊，可不誡哉！

【注釋】

①至有：至於。

②落索：冷落蕭索，為當時人慣用語。阿姑：即婆婆。婆婆之所以落索，皆因寵婿而女、婿不近，虐媳而兒、媳不親。

【譯文】

　　婦人的習性，大多寵愛女婿而虐待兒媳。寵愛女婿，兒子們就會產生怨恨；虐待兒媳，女兒們就會廣進讒言。這樣看來，女兒不論是出嫁還是待嫁在家，都要得罪家人，這都是當母親的造成的。以至有諺語說：「婆婆吃飯好冷清。」這是對她的報應啊。這是家庭經常出現的弊端，不可不警戒啊！

【原文】

　　婚姻素對①，靖侯②成規。近世嫁娶，遂有賣女納財，買婦輸絹，比量③父祖，計較錙銖④，責多還少，市井無異。或猥⑤婿在門，或傲婦擅室⑥，貪榮求利，反招羞恥，可不慎歟！

【注釋】

①素對：清白的配偶。

②靖侯：指顏之推九世祖顏含。《晉書‧孝友傳》：「顏含，字弘都，琅邪莘人也。祖欽，給事中。父默，汝陰太守。含少有操行，以孝聞……豫討蘇峻功，封西平縣侯，拜侍中，除吳郡太守……桓溫求婚於含，含以其盛滿，不許。」本書《止足第十三》曰：「靖侯戒子侄

曰：『婚姻勿貪勢家。』」

③比量：對比，衡量。

④錙銖：錙為一兩的四分之一，銖為一兩的二十四分之一，二者都是極
微小的數量。計較錙銖：形容非常小氣。

⑤猥：鄙賤。

⑥擅室：獨霸家政。

【譯文】

男女婚配要選擇清白人家，這是先祖靖侯立下的家規。近些年來，
竟然有人利用婚嫁賣女兒撈取錢財，用財禮絹帛買媳婦。為子女擇配偶
時，不去看年輕人是否合適般配，卻去比較衡量對方祖輩父輩的權勢地
位。婚娶時，斤斤計較對方財禮的多寡，都想多索取而少付出，那討價
還價的嘴臉，與市井之徒無異。結果，有的人因此招來了猥瑣鄙賤的女
婿，有的人娶到了傲慢專權的媳婦，因為貪慕榮華，妄求財利，反而招
來羞恥，對此不可不謹慎啊！

【原文】

借人典籍，皆須愛護，先有缺壞，就為補治，此亦士大
夫百行①之一也。濟陽江祿②，讀書未竟③，雖有急速，必待
卷束④整齊，然後得起，故無損敗，人不厭其求假⑤焉。或有
狼籍几案，分散部帙⑥，多為童幼婢妾之所點汙，風雨蟲鼠
之所毀傷，實為累德⑦。吾每讀聖人之書，未嘗不肅敬對
之；其故紙有《五經》詞義，及賢達姓名，不敢穢用⑧也。

【注釋】

①百行：古代士大夫所訂立身行己之道，共有百事，因謂之為百行。

②濟陽：郡名。江祿：南朝人，其高祖江夷。《南史・江夷傳》：「祿
字彥遐，幼篤學，有文章，工書善琴。形貌短小，神明俊發。位太子
洗馬，湘東王錄事參軍，後為唐侯相，卒。」

③竟：結束。

④卷束：卷起束理。唐以前，書用卷子，數卷為一束，故稱。郝懿行曰：「古無鏤版書，其典籍皆書絹素作卷收藏之，故謂之書卷；其外作衣帙包裹之，謂之書帙。」書之多卷者，則分別部居，各為一束。
⑤假：借。
⑥部：古代書籍多按內容分部類收藏。帙：書衣，即裝書卷的布套。
⑦累德：指對德性有損。累：累損。
⑧穢用：指用在污穢之處。

【譯文】

　　借別人的書籍，都必須愛護，借來時如有損壞，就替別人修補好，這也是士大夫百種善行之一。濟陽人江祿，在讀書未結束時，即便有緊急事情，也一定先把書卷束整齊，然後才起身，因此他的書不會有損壞，人們對他來借書也不厭煩。有的人把書籍亂七八糟地丟在桌案上，那些分散的書卷，多被孩童、婢妾弄髒，或遭到風雨侵蝕、蟲鼠蛀咬而毀傷，這實在是有損道德。每當我讀聖人之書，都嚴肅恭敬地對待它；如果廢舊的紙張上有《五經》的文義以及聖賢的姓名，就決不敢拿來用在污穢之處。

【原文】

　　吾家巫覡禱請①，絕于言議，符書章醮②，亦無祈焉，並汝曹所見也。勿為妖妄之費。

【注釋】

①巫覡：男女巫的合稱。《國語‧楚語下》：「明神降之，在男曰覡，在女曰巫。」禱請：向神佛祈禱請求。
②符書：舊時道士用來驅鬼召神或治病延年的神秘文書。章醮：拜表設祭。指道士設壇伏章祈禱。

【譯文】

　　我們家從來不請巫師向神鬼祈禱之事，也沒有用符書設道場去祈求之舉，這你們都有看到的。不要在這些巫妖虛妄的事情上費錢費力。

顏氏家訓・卷二

風操第六

【原文】

　　吾觀《禮經》①，聖人之教：箕帚匕箸②，咳唾唯諾③，執燭沃盥④，皆有節文⑤，亦為至矣。但既殘缺，非復全書；其有所不載，及世事變改者，學達君子，自為節度，相承行之，故世號士大夫風操⑥。而家門頗有不同，所見互稱長短；然其阡陌⑦，亦自可知。昔在江南，目能視而見之，耳能聽而聞之；蓬生麻中，不勞翰墨⑧。汝曹生於戎馬之間，視聽之所不曉，故聊記錄，以傳示子孫。

【注釋】

① 《禮經》：根據下文，當為《禮記》。

② 箕帚：畚箕和掃帚。皆掃除之具。匕箸：羹匙和筷子。皆食具。《禮記・曲禮上》：「凡為長者糞之禮，必加帚於箕上，以袂拘而退。其塵不及長者，以箕自鄉而扱之。」《禮記・曲禮上》：「飯黍毋以箸。」

③ 咳唾：咳嗽吐唾液。此指在長輩面前的舉止。唯諾：應答。《禮記・內則》：「在父母舅姑之所……不敢噦噫、嚏咳、欠伸、跛倚、睇視，不敢唾洟。」《禮記・曲禮上》：「……摳衣趨隅，必慎唯諾……父召無諾，先生召無諾，唯而起。」鄭玄注：「慎唯諾者，不先舉，見問乃應。」

④ 執燭：此指為長輩秉燭照明。《禮記・少儀》：「執燭，不讓不辭不歌。」沃盥：倒水洗手。《禮記・內則》：「進盥，少者奉盤，長者奉水，請沃盥，盥卒授巾。問所欲而敬進之……」

⑤ 節文：節制修飾。《禮記・坊記》曰：「禮者，因人之情，而為之節文，以為民坊者也。」

⑥風操：風度節操。

⑦阡陌：本指田間小路，此指途徑，脈絡。

⑧翰墨：筆墨。《荀子·勸學》：「蓬生麻中，不扶而直。」

【譯文】

　　我看《禮經》，上面有聖人的教誨：為長輩清掃房間時該怎樣使用簸箕和掃帚，進餐時該怎樣使用羹匙和筷子，與長輩相處、交談時怎樣應對得體，怎樣持燭照明，怎樣侍奉長輩盥洗，這些在書中皆有一定的節制規範，說得也十分詳備。但此書已經殘缺，不再是全本，而且有些禮儀規範，書上也沒有記載，還有些方面的禮節已經隨著世事的變化而發生了變化。於是，一些博學通達的君子，自己斟酌制定了一些規範標準，其家世代相承，秉之而行，世人就把這些稱為士大夫的風操。然而各個家庭的實際情況自有不同，對所見到的禮儀規範的看法也不盡相同，不過基本脈絡還是可以知道的。

　　我曾經在江南地區生活，耳聞目睹了很多禮儀規範，早已深受薰陶，就像蓬蒿生在麻地之中，不用扶持也自然停止。你們生活在兵荒馬亂的年代，對這些禮儀規範自然看不到也聽不到，所以我姑且把他們記錄下來，以此傳示子孫後代。

【原文】

　　《禮》曰：「見似目瞿①，聞名心瞿。」有所感觸，惻愴心眼；若在從容平常之地，幸須申其情耳。必不可避，亦當忍之。猶如伯叔兄弟，酷類先人，可得終身腸斷，與之絕耶？又：「臨文不諱，廟中不諱，君所無私諱②。」益知聞名，須有消息③，不必期於顛沛而走也④。梁世謝舉⑤，甚有聲譽，聞諱必哭，為世所譏。又有臧逢世⑥，臧嚴⑦之子也，篤學修行，不墜門風。孝元經牧江州⑧，遣往建昌督事，郡縣民庶，競修箋書，朝夕輻輳⑨，几案盈積，書有稱「嚴寒」者，必對之流涕，不省⑩取記，多廢公事。物情⑪怨駭，竟以不辦而還。此並過事也。

【注釋】

①似：指容貌似其父母。瞿：恭謹貌。一說驚懼貌。《禮記‧雜記下》：「免喪之外，行於道路，見似目瞿，聞名心瞿。」

②「臨文不諱」三句：出自《禮記‧曲禮上》：「君所無私諱，大夫之所有公諱。詩書不諱，臨文不諱，廟中不諱。」鄭玄注：「君所無私諱，謂臣言於君前，不辟家諱，尊無二；臨文不諱，為其失事正；廟中不諱，為有事于高祖，則不諱曾祖以下，尊無二也，於下則諱上。」

③消息：指斟酌。為漢、魏、六朝人慣用語。

④顛沛：窘迫，狼狽。走：避匿。

⑤謝舉：字言揚，陳郡陽夏人。南朝梁大臣，中書令謝覽之弟也。幼好學，能清言，與謝覽齊名。《梁史》有傳。《齊東野語‧卷四‧避諱》：「梁謝舉聞家諱必哭。」

⑥臧逢世：《南史‧臧燾傳》附有諸臧事蹟，無臧逢世。陳直曰：「臧逢世精於《漢書》，亦見於本書《勉學篇》。」

⑦臧嚴：梁代著名文人，嘗為湘東王侍讀。《梁書‧文學傳下》：「臧嚴，字彥威……嚴幼有孝性，居父憂，以毀聞。孤貧勤學，行止書卷不離於手。」

⑧孝元：即梁元帝蕭繹。經牧：經略治理。

⑨輻輳：盧文弨曰：「輻輳，言如車輻之聚於轂也。」此處比喻信函聚集於官署。

⑩省：審查。

⑪物情：即人情。古代謂人為物。

【譯文】

《禮經》上說：「見到容貌酷似已去世父母的人，要神情恭謹；聽到已去世父母的名字，心中會驚懼不安。」這是因為有所感觸，心目悽愴。若是在平常的情況下發生這種事，可以把這種感情發洩出來。但如果實在不可回避，也應當有所忍耐。就比如自己的叔伯兄弟，他們的長相與先人是極相似的，難道你能一見到他就傷心痛苦，以致終身和他們斷絕往來？《禮經》上又說：「寫文章時不用避諱，在宗廟祭祀上不用避諱，在君王面前不用避諱。」這就讓我進一步明白，在聽到父母的名

諱時，應先斟酌一下自己應取的態度，不必立刻窘迫狼狽地避走。

梁朝人謝舉，頗有聲譽，但他一聽到父祖名諱，必定大哭，因此為世人所譏。還有一位臧逢世，是臧嚴之子，他刻苦好學，品行端正，能維持家風。梁元帝出任江州刺史時，派他到建昌督理政事。他一赴任，郡縣裡的黎民百姓紛紛給他寫信，信函早晚彙集到官署，堆滿了案桌。臧逢世在看這些信函時，只要見到信函中有「嚴寒」一類字樣，必定對著它流淚，以致忘記查看和回覆，而耽誤公事。時間一久，引起人們的責怪怨恨，他最終因辦事不力而被召回。這兩人都是避諱太過頭了。

【原文】

近在揚都①，有一士人諱審，而與沈氏交結周厚②，沈與其書，名而不姓，此非人情也。

【注釋】

①揚都：南北朝時稱建康為揚都，非指揚州。

②周厚：親密，深厚。《齊東野語・卷四・避諱》：「如揚都士人名審，沈氏與書，名而不姓，皆諱之者過耳。」與本文相合。

【譯文】

最近在揚都，有個讀書人避諱「審」字，而他又與一位姓沈的交情深厚。沈每次給他寫信，只署名而不寫姓，這種避諱實在不合人情。

【原文】

凡避諱者，皆須得其同訓①以代換之：桓公②名白，博③有五皓之稱；厲王④名長，琴有修短之目。不聞謂布帛為布皓，呼腎腸為腎修也。梁武小名阿練⑤，子孫皆呼練為絹；乃謂銷鏈⑥物為銷絹物，恐乖⑦其義。或有諱雲者，呼紛紜為紛煙；有諱桐者，呼梧桐樹為白鐵樹，便似戲笑耳。

【注釋】

① 同訓：同義。

② 桓公：即齊桓公，姜姓，呂氏，名小白，春秋時齊國國君，齊僖公之子，在位時任管仲為相，尊王攘夷，為「春秋五霸」之首。

③ 博：即博戲，古代一種賭博遊戲。其中有「五白」采名。

④ 厲王：此指西漢淮南厲王劉長，高祖劉邦少子。文帝時，驕縱跋扈，在封地不用漢法，自作法令。前174年，與匈奴、閩越首領聯絡，圖謀叛亂，事泄被拘。朝臣議以死罪，文帝赦之，廢王號，謫徙蜀郡嚴道邛郵，途中不食而死。

⑤ 梁武：梁武帝蕭衍，字叔達，小字練兒，南梁政權建立者，在位四十八年。在位晚年爆發「侯景之亂」，都城陷落，被囚，死於台城。《齊東野語・卷四・避諱》：「梁武帝小名阿練，子孫皆呼練為白絹。」

⑥ 銷鏈：或作「銷煉」。

⑦ 乖：違背。

【譯文】

　　凡是要避諱的字，都須得用與其同義的字來替換：齊桓公名小白，故賭博遊戲中的「五白」改稱「五皓」；淮南厲王名長，故「琴有長短」改稱「琴有修短」。從沒聽說過「布帛」改稱「布皓」，「腎腸」改稱「腎修」的。梁武帝小名阿練，其子孫皆稱「練」為「絹」。然而將「銷鏈」物品稱為「銷絹」物品，恐怕就與其本義相悖了。有些人避諱「雲」字，卻改稱「紛紜」為「紛煙」；有些人避諱「桐」字，卻改稱「梧桐樹」為白鐵樹，這簡直就是開玩笑。

【原文】

　　周公名子曰禽[1]，孔子名兒曰鯉[2]，止在其身，自可無禁。至若衛侯、魏公子[3]、楚太子，皆名蟣蝨[4]；長卿[5]名犬子，王修[6]名狗子，上有連及，理未為通。古之所行，今之所笑也。北土多有名兒為驢駒、豚子者，使其自稱及兄弟所名，亦何忍哉？前漢有尹翁歸[7]，後漢有鄭翁歸，梁家亦有

孔翁歸⑧，又有顧翁寵；晉代有許思妣⑨、孟少孤⑩，如此名字，幸當避之。

【注釋】

① 禽：伯禽，周公旦長子，周代魯國第一任國君。

② 鯉：孔鯉，孔子之子。《孔子家語‧本姓解》：「孔子三歲而叔梁紇卒，葬於防。至十九，娶于宋之亓官氏，一歲而生伯魚。魚之生也，魯昭公以鯉魚賜孔子。榮君之貺，故因以名曰鯉，而字伯魚。魚年五十，先孔子卒。」

③ 魏公子：當為韓公子。《史記‧韓世家》：「襄王十二年，太子嬰死，公子咎、公子蟣蝨爭為太子，時蟣蝨質于楚。」

④ 蟣蝨：蝨及其卵。

⑤ 長卿：即司馬相如，西漢辭賦家。《史記‧司馬相如傳》：「司馬相如者，蜀郡成都人也，字長卿。少時，好讀書，學擊劍，故其親名之曰犬子。」

⑥ 王修：東晉時人，字敬仁，小名苟子。六朝人以苟、狗通用。

⑦ 尹翁歸：西漢廉吏。《漢書‧尹翁歸傳》：「尹翁歸字子兄，河東平陽人也，徙杜陵。翁歸少孤，與季父居。為獄小吏，曉習文法，喜擊劍，人莫能當。」

⑧ 孔翁歸：梁朝詩人，會稽人。《梁書‧文學傳上》：「翁歸亦工為詩，避博學有思理，更注《論語》《孝經》。」

⑨ 許思妣：東晉時人，其父許柳。《世說新語‧政事篇》有記。妣：死去的母親。

⑩ 孟少孤：東晉時人。《晉書‧隱逸傳》：「孟陋，字少孤，武昌人也。吳司空宗之曾孫也。兄嘉，桓溫征西長史。陋少而貞立，清操絕倫，布衣蔬食，以文籍自娛。口不及世事，未曾交遊，時或弋釣，孤興獨往，雖家人亦不知其所之也。」少孤：謂年少失親。

【譯文】

　　周公給兒子取名伯禽，孔子給兒子取名鯉，這些名字只和接受名字的人本身有關，自不必禁止。至於衛侯、韓公子、楚太子，都取名「蟣蝨」，西漢司馬相如名「犬子」，晉朝王修名「狗子」，這就牽連到前

人，於理不通了。古人所做的這些事，真讓今人覺得可笑。

　　北方地區有很多人給兒子取名為驢駒、豚子之類的，如果讓他們這樣自稱，或者讓他兄弟這樣稱呼他，又於情何忍啊！西漢有人名尹翁歸，東漢有鄭翁歸，梁朝有人叫孔翁歸，又有人叫顧翁寵；晉朝有人叫許思妣、孟少孤。像這類名字，還是避開為好。

【原文】

　　今人避諱，更急於古。凡名子者，當為孫地。吾親識①中有諱襄、諱友、諱同、諱清、諱和、諱禹，交疏造次②，一座百犯③，聞者辛苦，無憀賴④焉。

【注釋】

①親識：親友。
②交疏：即疏交，相交之遠者。造次：倉猝。
③一座：指一次聚會中。百犯：多次觸犯忌諱。或言一句話會同時觸犯
　　多人的忌諱。
④憀賴：或作「憀賴」，依賴，依從。

【譯文】

　　當今的人講究避諱，比古人更加苛刻。然而，那些為兒子取名字的人，也應給孫輩留點餘地。我的親屬朋友中有避諱「襄」字的，有避諱「友」字的，有避諱「同」字的，有避諱「清」字的，有避諱「和」字的，有避諱「禹」字的，大家在一起時，交往比較疏遠的人一時倉猝，講話時很容易就觸犯眾人的忌諱，聽到的人感到悲傷，往往無所適從。

【原文】

　　昔司馬長卿慕藺相如①，故名相如，顧元歎慕蔡邕②，故名雍，而後漢有朱倀字孫卿③，許逞字顏回④，梁世有庾晏嬰⑤、祖孫登⑥。連古人姓為名字，亦鄙事也。

【注釋】

① 藺相如：戰國時趙國上卿，著名政治家、外交家，生平重要事蹟有「完璧歸趙」、「澠池之會」、「負荊請罪」。《史記·司馬相如傳》：「相如既學，慕藺相如之為人，更名相如。」

② 顧元歎：即顧雍，字元歎，三國時吳國重臣。《三國志·吳書·顧雍傳》：「顧雍字元歎，吳郡吳人也。蔡伯喈（蔡邕）從朔方還，嘗避怨於吳，雍從學琴書。」裴松之注曰：「《江表傳》曰：『雍從伯喈學，專一清靜，敏而易教。伯喈貴異之，謂曰：「卿必成致，今以吾名與卿。」』故雍與伯喈同名，由此也。吳錄曰：『雍字元歎，言為蔡雍之所歎，因以為字焉。』」蔡邕：字伯喈，東漢末年著名文學家、書法家，才女蔡文姬之父。《後漢書》有傳。

③ 朱倀：字孫卿，東漢時人。《後漢書·順帝紀》：「永建元年，長樂少府朱倀為司徒。」《後漢書·劉愷傳》：「倀能說經書，而用心褊狹。」孫卿：即荀子，時人尊稱「荀卿」。西漢時因避漢宣帝劉詢諱，又因「荀」與「孫」二字古音相通，故又稱孫卿。荀子名況，戰國時趙國人，著名思想家、文學家、政治家，儒家代表人物之一。

④ 許暹：事蹟不詳。顏回：字子淵，春秋時魯國人，孔子弟子。

⑤ 庾晏嬰：南梁時人，庾泳之子。晏嬰：字仲，春秋時齊國人，著名政治家、外交家。他憂國憂民，敢於直諫，在諸侯和百姓中享有極高的聲譽。

⑥ 祖孫登：南朝文士。孫登：字公和，號蘇門先生，魏晉時著名隱士，長年隱居蘇門山。

【譯文】

從前司馬長卿因欽慕藺相如，故改名相如；顧元歎仰慕蔡邕，故取名為雍。而東漢有朱倀字孫卿，許暹字顏回，梁朝有庾晏嬰、祖孫登，這些人竟然把古人連名帶姓作為自己的名字，也算是鄙俗之事了。

【原文】

昔劉文饒①不忍罵奴為畜產，今世愚人遂以相戲，或有指名為豚犢者②。有識傍觀，猶欲掩耳，況當之者乎？

【注釋】

①劉文饒：即劉寬，字文饒，東漢時期名臣。《後漢書・劉寬傳》：「寬簡略嗜酒，不好盥浴，京師以為諺。嘗坐客，遣蒼頭市酒，迂久，大醉而還。客不堪之，罵曰：『畜產。』寬須臾遣人視奴，疑必自殺。顧左右曰：『此人也，罵言畜產，辱孰甚焉！故吾懼其死也。』」

②豚：小豬。犢：小牛。

【譯文】

　　從前，劉文饒不忍心罵奴僕為畜生，可如今一些愚蠢的人卻拿這類字眼互相開玩笑，還有指名道姓稱呼別人為豬仔、牛犢的。有見識的旁觀者，還都要把耳朵捂上，更何況那當事人呢？

【原文】

　　近在議曹①，共平章百官秩祿②，有一顯貴，當世名臣，意嫌所議過厚。齊朝有一兩士族文學之人，謂此貴曰：「今日天下大同，須為百代典式，豈得尚作關中舊意③？明公定是陶朱公大兒耳④！」彼此歡笑，不以為嫌。

【注釋】

①議曹：官署名，掌言職。

②平章：商討。秩祿：俸祿。

③關中舊意：形容老一套的規章制度。顏之推作此書時是隋朝，當時隋已統一天下，結束南北對峙局面，故曰「大同」。雖然都城仍在關中長安，但為新朝，故云「豈得尚作關中舊意」。

④明公：漢、魏、六朝人以「明」字加於稱謂之上，以示尊重。陶朱公：即范蠡，春秋時楚國人，投奔越國，輔佐越王勾踐，助其滅吳。功成之後激流勇退。後從商，被後人尊稱為「商聖」。《史記・越王勾踐世家》：「范蠡浮海出齊，變姓名，自謂鴟夷子皮，耕於海畔，苦身戮力，父子治產。居無幾何，致產數十萬……止於陶，以為此天下之中，交易有無之路通，為生可以致富矣。於是自謂陶朱公。復約

要父子耕畜，廢居，候時轉物，逐什一之利。居無何，則致貲累巨萬。天下稱陶朱公。」范蠡有三子，其次子殺人，被囚於楚。范蠡長子執意要求前往楚國營救。他攜帶千金，卻又吝惜錢財，不捨得賄賂打點，終致其弟被殺。事見《史記・越王勾踐世家》。

【譯文】

最近我在議曹，與同僚共同商討百官的俸祿標準問題，有一位顯貴，是當今名臣，認為大家商議的標準太過優厚了。有一兩位原屬於北齊士族的文學侍從便對這位顯貴說：「如今天下統一，應當為後世樹立典範，哪能仍沿用關中的舊規矩呢？明公如此吝嗇，一定是陶朱公的大兒子吧。」彼此間你歡我笑，竟不感到厭惡。

【原文】

昔侯霸①之子孫，稱其祖父曰家公；陳思王②稱其父為家父，母為家母；潘尼③稱其祖曰家祖：古人之所行，今人之所笑也。今南北風俗，言其祖及二親，無云家者；田里猥人④，方有此言耳。凡與人言，言己世父⑤，以次第稱之，不云家者，以尊於父，不敢家也。凡言姑姊妹女子子⑥：已嫁，則以夫氏稱之；在室，則以次第稱之。言禮成他族，不得云家也。子孫不得稱家者，輕略之也。蔡邕書集，呼其姑姊為家姑家姊；班固⑦書集，亦云家孫，今並不行也。

【注釋】

①侯霸：字君房，東漢初年官員。《後漢書・侯霸傳》：「侯霸字君房，河南密人也……霸矜嚴有威容，家累千金，不事產業。篤志好學，師事九江太守房元，治《穀梁春秋》，為元都講。」

②陳思王：即曹植，字子建，三國時曹魏文學家，建安文學代表人物。其為曹操第三子，生前為陳王，死後諡號「思」，故稱陳思王。

③潘尼：字正叔，西晉文學家，與其叔父潘岳並稱「兩潘」。《晉書・潘岳傳》：「岳從子尼……尼少有清才，與岳俱以文章見知。性靜退

不競，唯以勤學著述為事。」

④ 田：指鄉野。猥人：鄙陋之人。

⑤ 世父：大伯父。後用為伯父的通稱。《爾雅・釋親》：「父之昆弟，
　　先生為世父，後生為叔父。」

⑥ 女子子：女子。

⑦ 班固：字孟堅，東漢史學家、文學家，他在其父班彪續補《史記》之
　　作《後傳》的基礎上開始編寫《漢書》，與司馬遷並稱「班馬」。

【譯文】

　　從前，侯霸的子孫稱呼其祖父為家公；陳思王曹植稱呼其父為家
父，其母為家母；潘尼稱呼其祖父為家祖。古人的這些稱呼，在今天看
來就是笑柄了。如今南北各地的風俗，提到他的祖輩和父母雙親時，沒
有稱「家」的。只有那鄉野粗鄙之人，才這樣稱呼。

　　凡是與人交談，提到自己的伯父，只按父輩的排行來稱呼，不稱
「家」，是因為伯父比父親還年長，不敢稱「家」。凡是提到姑姑、姐
妹等女子：已出嫁的，就以她丈夫的姓來稱呼；還沒出嫁的，就以長幼
排行來稱呼。這意謂女子一行婚禮就是夫家的人了，不能再稱「家」。
子孫等晚輩不能稱「家」，以示對他們的輕略。蔡邕的著作文集中，稱
呼他的姑、姊為家姑、家姊，班固著作文集裡亦有家孫之稱呼。如今都
不流行了。

【原文】

　　凡與人言，稱彼祖父母、世父母、父母及長姑，皆加尊
字，自叔父母以下，則加賢字，尊卑之差也。王羲之①書，
稱彼之母與自稱己母同，不云尊字，今所非也。

【注釋】

① 王羲之：字逸少，東晉著名書法家，有「書聖」之稱。《晉書・王羲
　　之傳》：「及長，辯贍，以骨鯁稱，尤善隸書，為古今之冠，論者稱
　　其筆勢，以為飄若浮雲，矯若驚龍。」

【譯文】

　　凡是與人交談，提及對方祖父母、伯父母、父母及長姑，都要在稱呼前加「尊」字，從叔父母以下，則在稱呼前加「賢」字，這是為了表示尊卑有別。王羲之的書信中，稱呼別人的母親和稱呼自己的母親都一樣，前面不加「尊」、「賢」，這是如今所不取的。

【原文】

　　南人冬至歲首，不詣①喪家；若不修書，則過節束帶②以申慰。北人至歲之日，重行弔禮；禮無明文，則吾不取。南人賓至不迎，相見捧手而不揖，送客下席而已；北人迎送並至門，相見則揖，皆古之道也，吾善③其迎揖。

【注釋】

①詣：至。
②束帶：整束衣冠，以示敬意。
③善：以為善，認可，贊許。

【譯文】

　　南方人在冬至、歲首兩個節日，不到辦喪事的人家裡去；如果不修書信致哀，就等到過了節再穿戴整齊親往弔唁，以示慰問。北方人在冬至、歲首兩個節日，則非常重視弔唁活動；這種做法在禮儀上沒有明文記載，我認為是不可取的。

　　南方人在賓客到來時不出迎，相見時也只是拱手而不作揖；客人走時，僅僅起身離席以示相送。北方人迎送客人都要到門口，相見時作揖為禮，這些都是古代的遺風，我讚賞他們這種迎揖待客之禮。

【原文】

　　昔者，王侯自稱孤、寡、不穀①，自茲以降，雖孔子聖師，與門人言皆稱名也。後雖有臣、僕之稱，行者蓋亦寡焉。江南輕重，各有謂號，具諸《書儀》②；北人多稱名者，

乃古之遺風，吾善其稱名焉。

【注釋】

① 穀：善，美。不穀：即不善，沒有德行。與孤、寡同為王侯自稱之謙辭。《老子》：「故貴以賤為本，高以下為基。是以侯王自稱孤、寡、不穀。」《淮南子‧原道訓》：「是故貴者必以賤為號。」
② 《書儀》：舊時士大夫私家關於書札體式、典禮儀注的著作，通名書儀。《隋書‧經籍志》《新五代史》《崇文總目》著錄有關的著作甚多，現僅存宋司馬光《書儀》。

【譯文】

　　從前，王侯自稱孤、寡、不穀，自此以後，即使是孔子那樣的至聖先師，與弟子談話都自稱名字。後世遂有人自稱臣、僕，但這樣做的人不多。江南地區的人不論高低貴賤，都各有稱謂，這些都記載在《書儀》之中。北方地區的人大多自稱名字，這是古代的遺風，我讚賞他們自稱名字的做法。

【原文】

　　言及先人，理當感慕，古者之所易，今人之所難。江南人事不獲已①，須言閥閱②，必以文翰③，罕有面論者。北人無何④便爾話說，及相訪問。如此之事，不可加於人也。人加諸己，則當避之。名位未高，如為勳貴所逼，隱忍方便，速報取了；勿使煩重，感辱祖父。若沒⑤，言須及者，則斂容肅坐，稱大門中，世父、叔父則稱從兄弟門中，兄弟則稱亡者子某門中，各以其尊卑輕重為容色之節，皆變於常。若與君言，雖變於色，猶云亡祖亡伯亡叔也。吾見名士，亦有呼其亡兄弟為兄子弟子門中者，亦未為安貼⑥也。北土風俗，都不行此。太山羊侃⑦，梁初入南；吾近至鄴，其兄子肅訪侃委曲⑧，吾答之云：「卿從門中在梁，如此如此。」肅

曰：「是我親第七亡叔⑨，非從也。」祖孝⑩在坐，先知江南風俗，乃謂之云：「賢從弟門中，何故不解？」

【注釋】

① 不獲已：不得已。

② 閥閱：或作「伐閱」，指家世。

③ 文翰：指信札，公文書。

④ 無何：無故，無端，沒有來由。

⑤ 沒：去世。

⑥ 安貼：妥帖。

⑦ 太山：即泰山，郡名。羊侃：字祖忻，其祖羊規本為宋武帝部下，後身陷北方，在北魏為官。其父羊祉，任北魏侍中、金紫光祿大夫。羊侃於梁大通三年（529）南歸，受梁朝優待。太清二年（548），侯景之亂爆發，羊侃奉命堅守建康，多次擊退叛軍。同年十二月，羊侃於台城病逝，叛軍遂陷建康。

⑧ 肅：羊肅，羊侃兄羊深之子。《魏書·羊深傳》：「羊深，字文淵，太山平陽人，梁州刺史祉第二子也……子肅，武定末，儀同開府東閣祭酒。」委曲：指事情的原委，詳細情況。

⑨ 親：漢、魏以來，習慣於親戚稱謂之上，加以親字，以示其為直系的或最親近的親戚關係。此處羊肅聞顏之推稱羊侃為「從門中」，以為顏之推誤以為羊侃是其從叔，即堂叔，故有此糾正。

⑩ 祖孝徵：即祖珽，字孝徵，南北朝詩人，為北齊名臣，權傾一時。

【譯文】

　　言語提及先人的名字，於理應當產生哀念之情，這在古人是很容易的，而今天的人卻感到困難。江南人除非事出不得已，否則，在與別人談及家世的時候，一定是以書信往來，很少有人當面談及的。北方人無緣無故想找別人聊天，就會親自到家相訪。如此，像當面談及家世這樣的事，就不可施加於別人。如果別人把這樣的事施加於你，你應當設法回避。名聲地位不高的人，如果被權貴所逼迫而必須談及家世，可以隱忍敷衍一下，儘快結束談話。不要繁瑣重複，以免有辱自家祖輩父輩。

如果自己的祖輩、父親已經去世，談話中必須提及他們，就要表情嚴肅，端正坐姿，口稱「大門中」，提及去世的伯父、叔父，則稱「從兄弟門中」，提及已經去世的兄弟，則稱兄弟兒子「某某門中」，並且要按照他們身份地位的尊卑輕重，來確定自己表情上應該掌握的分寸，與平時的表情要有所區別。如果是同國君談話提及自己已經去世的長輩，雖然表情上也要有所改變但還是可以說「亡祖、亡伯、亡叔」等稱謂。我看見一些名士，與國君談話時，也有稱他的亡兄、亡弟為兄之子「某某門中」或弟之子「某某門中」，我覺得這樣是不夠妥帖的。

北方地區的風俗，就完全與此不同。泰山的羊侃，於梁朝初年歸順南朝，後在南方病故。我最近去鄴城，他的侄兒羊肅來拜訪我，問及羊侃的具體情況。我答道：「您從門中在梁朝時，具體情況如何如何。」羊肅說：「他是我的親第七亡叔，不是堂叔。」當時祖孝徵也在座，他早就知道江南的風俗，就對羊肅說：「他說的從門中是指賢從弟門中，您怎麼不理解呢？」

【原文】

古人皆呼伯父叔父，而今世多單呼伯叔。從父兄弟姊妹已孤[1]，而對其前，呼其母為伯叔母，此不可避者也。兄弟之子已孤，與他人言，對孤者前，呼為兄子弟子，頗為不忍；北土人多呼為侄。按：《爾雅》《喪服經》《左傳》[2]，侄雖名通男女，並是對姑之稱。晉世已來，始呼叔侄；今呼為侄，於理為勝也。

【注釋】

① 孤：指喪父。
② 《爾雅》：我國最早一部解釋詞義的專著。《爾雅》雲：「女子謂昆弟之子為侄。」《左傳》：我國現存第一部敘事詳細的編年體史書。《左傳》云：「侄其從姑。」按：「侄」本為「姪」。雷次宗曰：「侄字有女，明不及伯叔；甥字有男，見不及從母。」

【譯文】

　　古時的人都稱呼伯父、叔父，而現在多隻單稱伯、叔。叔伯兄弟、姊妹喪父後，在他們面前說話時，稱他們的母親為伯母、叔母，這是沒有辦法回避的。如果兄弟的兒子死了父親，你與別人談話時，當著他們的面，稱他們為兄之子或弟之子，頗叫人不忍心。北方大多數稱他們為侄。按：在《爾雅》《喪服經》《左傳》諸書中，侄這個稱呼雖然男女都可以用，但都是對姑姑而言的。從晉代開始，才稱叔侄。現在統稱為侄，從情理上說是恰當的。

【原文】

　　別易會難，古人所重；江南餞送，下泣言離。有王子侯①，梁武帝弟，出為東郡②，與武帝別，帝曰：「我年已老，與汝分張③，甚以惻愴④。」數行淚下。侯遂密雲⑤，赧然⑥而出。坐此被責，飄颻舟渚，一百許日，卒不得去。北間風俗，不屑此事，歧路言離，歡笑分首⑦。然人性自有少涕淚者，腸雖欲絕，目猶爛然⑧；如此之人，不可強責。

【注釋】

① 王子侯：皇室所封列侯。

② 東郡：錢大昕曰：「此東郡謂建康以東之郡，如吳郡、會稽之類，若秦、漢之東郡，不在梁版圖之內。」

③ 分張：即分別，為六朝人慣用語。

④ 惻愴：哀傷。

⑤ 密雲：密雲而無雨，此指無淚，形容強作悲戚之態而不掉淚。陸繼輅《合肥學舍札記》卷三：「密雲，蓋當時裡俗語，戲謂不哭也。」

⑥ 赧然：羞愧臉紅貌。

⑦ 分首：即分手。

⑧ 爛然：此指目光明亮有神貌。

　　人世之事，別時容易見時難，故古人對離情特別重視。江南人在餞行送別時，必定愴然淚下，訴說離情。有一位王子侯，是梁武帝的弟弟，即將離京往東郡任職。臨走前與梁武帝話別，梁武帝說：「我已經年老了，現在又與你分別，真叫人無比悲傷。」說著話便流淚不止。王子侯勉強做出悲傷的樣子，卻擠不出眼淚，只好含羞而去。他因這件事而被人指責，坐船在江渚邊飄蕩徘徊了一百多天，最終還是不能離去。北方的風俗，則不屑哭泣之事，他們送別時，走到岔路口就各自說再見，然後歡笑著離去。當然，有的人天生就很少流淚，即使痛斷肝腸，眼睛仍炯炯有神。像這樣的人，不能過分責備。

【原文】

　　凡親屬名稱，皆須粉墨①，不可濫也。無風教者，其父已孤，呼外祖父母與祖父母同，使人為其不喜聞也。雖質於面，皆當加外以別之；父母之世叔父②，皆當加其次第以別之；父母之世叔母，皆當加其姓以別之；父母之群從世叔父母及從祖父母，皆當加其爵位若姓以別之。河北士人，皆呼外祖父母為家公家母，江南田里間亦言之。以家代外，非吾所識。

【注釋】

① 粉墨：區別，修飾。
② 世叔父：指伯父和叔父。

【譯文】

　　凡是親屬的名稱，都應該有所區別，不能胡亂混用。沒有教養的人，在祖父、祖母去世後，對外祖父、外祖母的稱呼仍與祖父、祖母一個樣，叫人聽了很不高興。即使是當著外祖父、外祖母的面，都應在稱呼上加「外」字以此表示區別；父母親的伯父、叔父，都應該在稱呼前加上排行順序以此表示區別；父母親的伯母、叔母，都應該在稱呼前面

加上她們的姓以此表示區別；父母親的堂伯父、堂伯母、堂叔父、堂叔母以及堂祖父、堂祖母，都應該在稱呼前面加上他們的爵位和姓以此表示區別。黃河以北地區的士人，都稱外祖父、外祖母為家公、家母，江南的鄉間也是這樣稱呼。用「家」字代替「外」字，這我就搞不懂了。

【原文】

　　凡宗親①世數，有從父②，有從祖③，有族祖④。江南風俗，自茲已往，高秩⑤者，通呼為尊；同昭穆⑥者，雖百世猶稱兄弟；若對他人稱之，皆云族人。河北士人，雖三二十世，猶呼為從伯從叔。梁武帝嘗問一中土人⑦曰：「卿北人，何故不知有族？」答云：「骨肉易疏，不忍言族耳。」當時雖為敏對，於禮未通。

【注釋】

① 宗親：同母兄弟。此處引申為同宗親屬。

② 從父：即祖父的親兄弟的兒子，即堂伯叔。有時亦指父親的親兄弟，即親伯叔。

③ 從祖：祖父的親兄弟，即父親的堂伯叔。

④ 族祖：曾祖父的親兄弟，即祖父的堂伯叔。比「族祖」本義血緣隔得更遠的祖輩也籠統稱為族祖。

⑤ 秩：官吏的俸祿。此處引申為官吏的職位或品級。

⑥ 昭穆：古代宗法制度，宗廟或墓地的輩次排列，以始祖居中，二世、四世、六世，位於始祖之左方，稱「昭」，三世、五世、七世，位於始祖之右方，稱「穆」，用來分別宗族內部的長幼、親疏和遠近。後亦泛指家族的輩分。此處言同昭穆，即同一個老祖宗之意。

⑦ 中土人：據史載，指夏侯亶。《梁書·夏侯亶傳》：「亶為人美風儀，寬厚有器量，涉獵文史，辯給能專對。宗人夏侯溢為衡陽內史，辭日，亶侍御坐，高祖謂亶曰：『夏侯溢於卿疏近？』稟答曰：『是臣從弟。』高祖知溢於亶已疏，乃曰：『卿傖人，好不辨族從。』亶對曰：『臣聞服屬易疏，所以不忍言族。』時以為能對。」

　　宗族親屬的世系輩分，有從父，有從祖，有族祖。江南的風俗，從此以往，對官職高的，通稱為尊。同一個祖宗的，雖然隔了一百代，但照樣稱為兄弟。如果對外人介紹，則都稱作族人。河北地區的士人，雖然已隔二三十代，但照樣稱從伯、從叔。梁武帝曾經問一位中原人說：「你是北方人，為什麼不懂得有『族』這種稱呼呢？」他回答說：「骨肉的關係容易疏遠，因此我不忍心用『族』來稱呼。」這在當時雖然是一種機敏的回答，但從禮制上卻是講不通的。

【原文】

　　吾嘗問周弘讓①曰：「父母中外②姊妹，何以稱之？」周曰：「亦呼為丈人③。」自古未見丈人之稱施於婦人也。吾親表所行，若父屬者，為某姓姑；母屬者，為某姓姨。中外丈人之婦，猥俗呼為丈母④，士大夫謂之王母、謝母云⑤。而《陸機集》有《與長沙顧母書》⑥，乃其從叔母⑦也，今所不行。

【注釋】

①周弘讓：南朝文學家，出生官宦之家，宋國子博士周顒孫、梁司徒祭酒周寶舍子、梁太子詹事周舍任、周弘正弟。《陳書・周弘正傳》：「弘正二弟：弘讓、弘直。弘讓簡素，博學多通，天嘉初，以白衣領太常卿、光祿大夫，加金章紫綬。」

②中外：一稱中表，即內外之義。中：指舅父子女，為內兄弟姊妹；外：指姑母子女，為外兄弟姊妹。

③丈人：古代對老年男子的尊稱。此指對親戚長輩的通稱。

④丈母：古代對父輩的妻子的稱呼。今指妻子之母。

⑤王母、謝母：並非其姓氏為王、謝，蓋王、謝是南朝大姓，故有此稱呼。下「顧母」亦同。

⑥陸機：字士衡，西晉文學家，三國吳丞相陸遜之孫，大司馬陸抗之子，與其弟陸雲合稱「二陸」。孫吳滅亡後出仕晉朝司馬氏政權，曾歷任平原內史、祭酒、著作郎等職。《晉書・陸機傳》：「少有異

才，文章冠世，伏膺儒術，非禮不動。」關於《與長沙顧母書》一文，李詳曰：「述仲弟士璜死，『痛心拔腦，有如孔懷。』」

⑦從叔母：堂叔之妻。

【譯文】

我曾經問周弘讓說：「父母的中表姊妹，該如何稱呼？」周弘讓說：「也稱呼他們為丈人。」自古以來就沒有聽說過把丈人這個稱呼用在女人身上的。

我的表親們所奉行的稱呼是：如果是父親的中表姊妹，就稱她為某姓姑；如果是母親的中表姊妹，就稱她為某姓姨。中表長輩的妻子，俚俗稱她們為丈母，士大夫則稱她們為王母、謝母等。而《陸機集》中有《與長沙顧母書》，姑母就是陸機的從叔母，現在不這樣稱呼了。

【原文】

齊朝士子，皆呼祖僕射為祖公①，全不嫌有所涉也，乃有對面以相戲者。

【注釋】

①祖僕射：即前文所提祖珽，字孝徵。《北齊書・後主紀》：「（武平三年二月）庚寅，以左僕射唐邕為尚書令，侍中祖珽為左僕射。」僕射：官名，秦始置，漢以後沿之。漢成帝建始四年，初置尚書五人，一人為僕射，位僅次尚書令，職權漸重。漢獻帝建安四年，置左右僕射。唐宋左右僕射為宰相之職。宋以後廢。太平天國曾設僕射一職。

【譯文】

北齊的士大夫們，都稱呼僕射祖珽為祖公，完全不顧忌這個稱呼會和自己祖父的稱呼混為一談，甚至還有人當著祖珽的面用這種稱呼開玩笑的。

【原文】

　　古者，名以正體，字以表德，名終則諱之，字乃可以為孫氏①。孔子弟子記事者，皆稱仲尼；呂后微時，嘗字高祖②為季；至漢爰種③，字其叔父曰絲；王丹④與侯霸子語，字霸為君房；江南至今不諱字也。河北士人全不辨之，名亦呼為字，字固呼為字。尚書王元景⑤兄弟，皆號名人，其父名雲，字羅漢，一皆諱之，其餘不足怪也。

【注釋】

①氏：上古時不但有姓，還有氏。姓是一種族號，氏是姓的分支。戰國以前，男子只稱氏，不稱姓。戰國以後，人們往往以氏為姓，姓氏漸漸合一。漢代時，通稱為姓。古代諸侯之子稱公子，公子之子稱公孫，公孫的兒子往往以其祖父字為氏，故文中稱「字乃可以為孫氏」。

②高祖：即漢高祖劉邦，字季。

③爰種：即袁種。其叔父親為袁盎，字絲，西漢大臣，《漢書》有傳。

④王丹：字仲回，京兆下邽人，東漢初年官員，資性方潔，疾惡豪強。《後漢書》有傳。

⑤王元景：即王昕，字元景，北海劇人。《北齊書・王昕傳》：「父雲，仕魏朝有名望。昕少篤學讀書，太尉汝南王悅辟騎兵參軍……弟晞，字叔朗，小名沙彌。幼而孝謹，淹雅有器度，好學不倦，美容儀，有風則。」王昕父王雲，字羅漢，王憲之孫。《魏書・王憲傳》載其頗有風尚，後因坐收財貨而被御史彈劾，遇赦免。王雲有九子：王昕、王暉、王昕，其餘不詳。

【譯文】

　　在古代，名是用以表明自身的，字是用以表示德行的。人死後，後人要避諱他的名，而他的字則可以作為孫輩的氏。孔子的弟子在記錄孔子的言行時，均稱他為仲尼；呂后微賤時，曾稱呼漢高祖劉邦的字叫「季」；到漢代的爰種，稱呼他叔叔爰盎的字叫「絲」；王丹與侯霸的兒子談話時，稱呼侯霸的字叫「君房」。江南至今不避諱稱字。河北的

士大夫們對名和字全都不加區別，名也稱作字，字當然也稱作字。尚書王元景兄弟倆，都號稱名人，他們的父親名雲，字羅漢，他們對父親的名和字全都加以避諱，其他的人不能分辨其中差別，也就不足為怪了。

【原文】

《禮‧間傳》①云：「斬縗②之哭，若往而不反；齊縗③之哭，若往而反；大功④之哭，三曲而偯⑤；小功緦麻⑥，哀容可也，此哀之發於聲音也。」《孝經》云：「哭不偯。」皆論哭有輕重質文之聲也。禮以哭有言者為號，然則哭亦有辭也。江南喪哭，時有哀訴之言耳；山東重喪⑦，則唯呼蒼天，期功⑧以下，則唯呼痛深，便是號而不哭。

【注釋】

① 《禮‧間傳》：《禮記》篇名。鄭玄《目錄》云：「以其記喪服之閒輕重所宜也。」

② 斬縗（音崔）：為古代社會制定五種喪服之最重者。凡喪服上曰衰，通「縗」，下曰裳。斬即不縫緝，以極粗生麻布為之，衣旁及下邊俱不縫緝，表示毫不修飾以盡哀痛。期為三年。子、未嫁女對父母，媳婦對公婆，承重孫對祖父母，妻對父都服斬縗。

③ 齊縗：亦是五種喪服之一，次於斬縗。以粗疏麻布為之。齊謂縫緝也，以其縫緝下邊，故曰齊縗。為繼母、慈母服齊縗三年，為祖父母、妻、庶母服齊縗一年，為曾祖父母服齊縗五月，為高祖父母服齊縗三月。

④ 大功：亦是五種喪服之一，以熟麻布為之，比齊縗為細，較小功為粗。期為九個月。舊時堂兄弟、未婚的堂姊妹、已婚的姑、姊妹、任女以及眾孫、眾子婦、任婦之喪，都服大功。已婚女為伯父、叔父、兄弟、任、未婚姑、姊妹、任女等服喪，也服大功。

⑤ 三曲：一舉聲而三折也。偯：哭的尾聲。

⑥ 小功：亦是五種喪服之一，以熟布為之，比大功為細，較緦麻為粗。期為五個月。《儀禮‧喪服》：「小功者，兄弟之服也。」緦麻：五種喪服之最輕者，以熟布為之，比小功為細。期為三月。凡疏遠親

屬、親戚如高祖父母、曾伯叔祖父母、族伯叔祖父母、外祖父母、岳父母、中表兄弟、婿、外孫等皆服緦麻。

⑦山東：太行、恒山以東，即河北之地。重喪：指斬縗、齊縗。

⑧期功：古代喪服名稱。期：服喪一年。功：指大功和小功。

【譯文】

　　《禮記·間傳》上說：「披戴斬縗孝服居喪時，要痛哭至氣竭，好像再也回不過氣來似的；披戴齊縗孝服居喪時，要哭得死去活來，連續不停；披戴大功孝服居喪時，要拖著長長的尾音，一聲三折；披戴小功、緦麻孝服居喪時，只要臉上顯出哀痛的表情就可以了。這些都是哀痛之情在聲音上的表現。

　　《孝經》上說：「孝子痛哭父母的哭聲，氣竭而後止，不會發出餘聲。」這些都是在論說哭聲有輕微、沉重、質樸、和緩等各種區別。禮制中把邊哭邊哀訴稱為號，如此，哭時也可帶有言辭。江南地區的人在居喪痛哭時，經常夾雜哀訴的話語；北方人在服重喪時，只是呼天搶地；在服一年以下的輕喪時，則只呼悲痛深重，這就是哀號而不哭泣。

【原文】

　　江南凡遭重喪，若相知者，同在城邑，三日不弔則絕之。除喪①，雖相遇則避之，怨其不己憫也。有故及道遙者，致書可也；無書亦如之②。北俗則不爾③。江南凡弔者，主人之外，不識者不執手；識輕服④而不識主人，則不於會所而弔，他日修名⑤詣其家。

【注釋】

①除喪：指服喪期滿，除去喪服。

②如之：如同那樣，即像對待「三日不弔」者一樣，斷絕交往。

③爾：如此，這樣。

④輕服：五種喪服中較輕的幾種，如大功、小功、緦麻之類。

⑤名：名刺。相當於現在的名片。

【譯文】

　　江南地區，凡是遭逢重喪的人家，若是與他家認識的人，又同住在一個城邑裡，三天之內不前去弔喪，喪家就會同他斷絕交往。喪家的人除掉喪服，與他在路上相遇，也要避開他，因為怨恨他不憐恤自己。如果是另有原因或道路遙遠而沒能前來弔喪者，可以寫信來表示慰問。不來信的，喪家也會一樣對待他。北方的風俗則不是這樣。

　　江南地區凡是來弔喪者，除了主人，與不認識的人都不握手；如果只認識披戴較輕喪服的人而不認識主人，就不到靈堂去弔喪，改天準備好名刺再上他家去表示慰問。

【原文】

　　陰陽說①云：「辰②為水墓，又為土墓，故不得哭。」王充《論衡》云③：「辰日不哭，哭必重喪④。」今無教者，辰日有喪，不問輕重，舉家清謐⑤，不敢發聲，以辭弔客。道書又曰：「晦歌朔哭⑥，皆當有罪，天奪其算⑦。」喪家朔望⑧，哀感彌深，寧當惜壽，又不哭也？亦不諭⑨。

【注釋】

① 說：《群書類編故事》卷二「說」作「家」。

② 辰：辰日，天干地支紀日法中的某一天，並不是一個特定的日子，每隔12天就會出現一個辰日。趙曦明曰：「水土俱長生於申，故墓俱在辰。」

③ 王充：字仲任，東漢哲學家、思想家。《後漢書・王充傳》：「家貧無書，常遊洛陽市肆，閱所賣書，一見輒能誦憶。日久，博通眾流百家之言……充好論說，始若詭異，終有理實。以為俗儒守文，多失其真。乃閉門潛思，絕慶弔之禮，戶牖牆壁各置刀筆。著《論衡》八十五篇，二十餘萬言，釋物類同異，正時俗嫌疑。」

④ 重喪：再死人。

⑤ 清謐：清淨。

⑥ 晦：陰曆每月的最後一天。朔：陰曆每月初一。

⑦ 算：壽命。

⑧望：陰曆每月十五。

⑨諭：曉，明白。或作「論」。

【譯文】

　　陰陽家說：「辰日是水墓，又是土墓，所以在辰日不能哭喪。」王充《論衡》也說：「辰日不能哭喪，哭的話會再死人。」如今那些沒有教養的人，辰日遇到喪事，不問輕喪重喪，全家都靜悄悄的，不敢發出哭聲，並謝絕前來弔唁的賓客。道家的書上又說：「晦日唱歌，朔日哭泣，都是有罪的，老天爺會減損他的壽命。」喪家在朔日、望日悲痛萬分，難道為了愛惜生命，就真的不哭泣了嗎？真是搞不懂。

【原文】

　　偏傍之書①，死有歸殺②。子孫逃竄，莫肯在家；畫瓦③書符，作諸厭勝④；喪出之日，門前然⑤火，戶外列灰⑥，祓⑦送家鬼，章斷注連⑧。凡如此比，不近有情，乃儒雅之罪人，彈議所當加也。

【注釋】

①偏傍之書：指旁門左道之書。

②歸殺：即歸煞，亦稱回煞、回魂。一般在人死後七天發生。舊時迷信說法這時已死去的親人的靈魂會從堂屋東面進來，在家巡視一圈後離開。傳說回魂時可以聽到沙沙聲，那就是靈魂的腳步聲，這時家人萬不可說話，不然它聽到後就會流戀不肯離去，無法轉世。《吹劍錄外集》引唐太常博士呂才《百忌曆》載喪煞損害法：「如巳日死者雄煞，四十七日回煞，十三四歲女雌煞，出南方第三家，煞白色，男子或姓鄭、潘、孫、陳，至二十日及二十九日兩次回家。故世俗相承，至期必避之。」戴冠《濯纓亭筆記》卷七：「今世陰陽家以某日人死，則於某日煞回，以五行相乘，推其殃煞高上尺寸，是日，喪家當出外避之，俗云避煞。然莫知其緣起。」

③畫瓦：畫圖像在瓦片上以鎮邪。

④厭勝：意即「厭而勝之」，系用法術詛咒或祈禱以達到制勝所厭惡的

人、物或魔怪的目的。

⑤然：即「燃」。

⑥戶外列灰：在門外鋪灰，以觀死人魂魄行走之跡，是一種迷信傳說。

⑦祓（音福）：古代為除災求福而舉行的一種儀式。

⑧章：上章，指托道士作法，給鬼神上章。注連：接連不斷，指一人得病而死，另一人復得此病。代指死者之禍患。

【譯文】

　　旁門左道的書上說，人死之後，鬼魂要返家一次。這一天，子孫們都逃避在外，沒有人肯留在家裡。又說要用畫瓦和書符等種種巫術和法術來鎮邪驅鬼。出殯那天，門前要燃火，屋外要鋪灰，要舉行儀式送走家鬼，上章請求老天阻止死者禍及家人。諸如此類迷信惡俗做法，都不近人情，是儒學雅道的罪人，應該對此進行彈劾批評。

【原文】

　　已孤，而履歲及長至之節①，無父，拜母、祖父母、世叔父母、姑、兄、姊，則皆泣；無母，拜父、外祖父母、舅、姨、兄、姊，亦如之。此人情也。

【注釋】

①履歲：即履端歲首，指元旦。盧文弨曰：「『履歲』下疑當有『朝』字。」長至：指夏至。夏至白晝最長，故稱。《禮記・月令》：「是月也，日長至，陰陽爭，死生分。」因為夏至後白晝漸短，冬至後白晝又漸長，故冬至也稱長至。此處指冬至。

【譯文】

　　父親或母親去世後，在元旦和冬至這兩個節日，如果父親已死，拜見母親、祖父母、伯叔父母、姑姑、兄長、姐姐時都要哭泣；如果母親已死，拜見父親、外祖父母、舅舅、姨母、表兄、表姐時，也一樣要哭泣。這是人之常情。

【原文】

　　江左朝臣，子孫初釋服①，朝見二宮②，皆當泣涕，二宮為之改容。頗有膚色充澤，無哀感者，梁武薄其為人，多被抑退。裴政③出服，問訊④武帝，貶⑤瘦枯槁，涕泗滂沱，武帝目送之曰：「裴之禮⑥不死也。」

【注釋】

① 釋服：與下文「出服」義同，言喪期屆滿，除去喪服。

② 二宮：指皇帝與太子。

③ 裴政：《北史·裴政傳》：「裴政，字德表，河東聞喜人也……祖邃，梁侍中、左衛將軍、豫州大都督。父之禮，延尉卿。政幼聰敏，博聞強記，達於從政，為當世所稱……政明習故事，又參定《周律》。能飲酒，至數斗不亂。簿案盈几，剖決如流，用法寬平，無有冤濫。」裴政之人生經歷與顏之推頗為相似，皆初仕於南梁，江陵之役後，被囚送長安。不同的是顏之推後逃入北齊，裴政則仕於北周，後同入隋。

④ 問訊：僧尼等向人曲躬合掌致敬稱「聞訊」，因為梁武帝信佛，故裴政以僧禮相見。

⑤ 貶：損。

⑥ 裴之禮：裴政之父，裴邃之子，仕於南梁，卒於少府卿，諡曰壯。《南史·裴邃傳》：「之禮，字子義，美容儀，能言玄理。為西豫州刺史。母憂居喪，唯食麥飯。邃廟在光宅寺西，堂宇弘敞，松柏鬱茂。范雲廟在三橋，蓬蒿不剪。梁武帝南郊，道經二廟，顧而歎曰：『范為已死，裴為更生。』大同初，都下旱蝗，四籬門外桐柏凋盡，唯邃墓犬牙不入，當時異之……子政，承聖中位給事黃門侍郎。魏克江陵，隨例入長安。」

【譯文】

　　南朝的大臣去世後，他們的子孫服喪期滿，剛脫去喪服，進宮去朝見皇帝和太子時，都要哭泣流淚。皇帝和太子也會為之動容。不過也頗有一些人在朝見時膚色豐潤光澤，沒有表現出一點哀痛之感，梁武帝鄙

夷他們的為人，多將他們貶退降謫。

裴政服喪期滿，除去喪服，行僧禮朝見梁武帝，當時他身體瘦弱，形容枯槁，應答時痛哭流涕，梁武帝目送他離去時說：「裴政之父裴之禮雖死猶生啊。」

【原文】

　　二親既沒，所居齋寢，子與婦弗忍入焉。北朝頓丘李構^①，母劉氏，夫人亡後，所住之堂，終身鎖閉，弗忍開入也。夫人，宋廣州刺史纂之孫女^②，故構猶染江南風教。其父獎^③，為揚州刺史^④，鎮壽春，遇害。構嘗與王松年^⑤、祖孝數人同集談宴。孝善畫，遇有紙筆，圖寫為人。頃之，因割鹿尾，戲截畫人以示構，而無他意。構愴然動色，便起就馬而去。舉坐驚駭，莫測其情。祖君尋^⑥悟，方深反側^⑦，當時罕有能感此者。吳郡陸襄^⑧，父閑被刑^⑨，襄終身布衣蔬飯，雖薑菜有切割，皆不忍食；居家惟以掐摘供廚。江寧姚子篤^⑩，母以燒死，終身不忍啖^⑪炙。豫章熊康^⑫，父以醉而為奴所殺，終身不復嘗酒。然禮緣人情，恩由義斷，親以噎死，亦當不可絕食也。

【注釋】

① 頓丘：郡名。《宋書・州郡志》：「頓邱，二漢屬東郡，魏屬陽平，（晉）武帝泰始二年，分淮陽置頓邱郡，縣屬焉。」李構：李崇從弟李平之孫。《北史・李崇傳》：「構字祖基，少以方正見稱，襲爵武邑郡公。齊天保初，降爵為縣侯，位終太府卿，贈吏部尚書。構早有名譽，歷官清顯，常以雅道自居，甚為名流所重。」

② 宋：指南朝第一個政權宋，劉裕所創立。廣州刺史：《宋書・州郡志》：「廣州刺史，吳孫休永安七年分交州立，領郡十七，縣一百三十六。」纂：劉纂，字元績，南朝宋宗室。

③ 獎：李獎，為李平之子，李構之父。《北史・李崇傳》：「獎字遵穆，容貌魁偉，有當世才度。位中書侍郎、吏部郎中。以本官兼尚

書，出為相州刺史。初，元乂擅朝，獎為其親待，頻居顯職。靈太后反政，削除官爵。孝莊初，為散騎常侍、河南尹。獎前後所歷，皆以明濟著稱。元顥入洛，顥以獎兼尚書右僕射，慰勞徐州。羽林及城人不承顥旨，害獎，傳首洛陽。」

④ 揚州刺史：《宋書·州郡志》：「揚州刺史，前漢未有治所，後漢治歷陽，魏、晉治壽春。」

⑤ 王松年：北齊名臣。《北齊書·王松年傳》：「王松年，少知名。文襄（高澄）臨并州，辟為主簿，累遷通直散騎常侍……孝昭（高演）擢拜給事黃門侍郎。帝每賜坐，與論政事，甚善之。孝昭崩，松年馳驛至鄴都宣遺詔，發言涕泗，迄於宣罷，容色無改，辭吐諧韻。宣訖，號慟自絕於地，百官莫不感慟。還晉陽，兼侍中，護梓宮還鄴。諸舊臣避形口，無敢盡哀，唯松年哭甚流涕，朝士咸恐。武成（高湛）雖忿松年戀舊情切，亦雅重之。以本官加散騎常侍，食高邑縣干，參定律令，前後大事多委焉。兼御史中丞。發晉陽之鄴，在道遇疾卒。贈吏部尚書、并州刺史，諡曰平。」

⑥ 尋：旋，隨後。

⑦ 反側：輾轉反覆，惶恐不安。

⑧ 陸襄：南朝文士，陸慧曉兄子陸閑之第四子。《南史·陸慧曉傳》：「襄，字師卿……本名袞，字趙卿，有奏事者誤字為襄，梁武帝乃改為襄，字師卿。天監三年，都官尚書范岫表薦襄，起家著作佐郎。後昭明太子統聞襄業行，啟武帝引與遊處。自廬陵王記室除太子洗馬，遷中舍人，並掌管記。出為揚州中從事，以父終此官，固辭。武帝不許，聽與府司馬換廨居之。」

⑨ 閑：陸閑。《南史·陸慧曉傳》：「閑，字遐業，慧曉兄子也。有風概，與人交不苟合，少為同郡張緒所知。仕至揚州別駕。齊明帝崩，閑謂所親人曰：『宮車晏駕，百司將聽塚宰。主王地重才弱，必不能振，難將至矣。』乃感心疾，不復預州事。永元末，刺史始安王遙光據東府作亂，或勸去之。閑曰：『吾為人吏，何可逃死。』台軍攻陷城，閑以綱佐被收，至杜姥宅，尚書令徐孝嗣啟閑不預逆謀。未及報，徐世標命殺之。閑四子：厥、絳、完、襄也。絳字魏卿，時隨閑，抱頸求代死，不獲，遂以身蔽刀刃，行刑者俱害之。」刑：或作「害」。

⑩ 江寧：或作「江陵」。姚子篤：生平不詳。

⑪啖：食，吃。
⑫豫章：地名。《晉書‧地理志》載：「豫章郡屬揚州。」熊康：生平不詳。

【譯文】

　　父母親去世以後，他們生前齋戒時所居住的旁屋，兒子和媳婦都不忍心再進去。北朝頓丘郡的李構，他母親劉氏死後，她生前所住的屋子，李構將它鎖閉，終身不忍心開門進去。李構的母親，是宋廣州刺史劉纂的孫女，所以李構在禮制上仍然得到江南風教的薰陶。李構的父親李獎，曾是揚州刺史，鎮守壽春，被人殺害。李構曾經與王松年、祖孝徵幾個人聚在一起喝酒談天。孝徵善於畫畫，見有紙筆，就畫了一幅人物畫。過了一會兒，他因為拿刀割取宴席上的鹿尾，就開玩笑地把人像斬斷拿給李構看，但並沒有別的意思。李構卻悲痛得變了臉色，起身乘馬而去。在場的人都驚詫不已，卻猜不出原因。祖孝徵後來醒悟，明白李構是因為他割畫中人而想到父親被殺害的事，所以悲痛不忍。祖孝徵對此很是自責，深感不安，當時卻很少有人能明白其中原委。

　　吳郡的陸襄，他的父親陸閑遭到刑戮，陸襄終身穿布衣吃素餐，即便是生薑，如果用刀割過，他都不忍心食用。做飯只用手招摘蔬菜供廚房之需。江寧的姚子篤，因為母親是被火燒死的，所以他終身不忍心吃烤肉。豫章的熊康，父親因酒醉後被奴僕殺害，所以他終身不再飲酒。然而禮是因為人的感情需要而設立的，感念父母之德也需要根據事理而斷絕，假如父母親因為吃飯噎死了，也不至於因此絕食吧。

【原文】

　　《禮經》：父之遺書，母之杯圈①，感其手口之澤②，不忍讀用。政為常所講習，讎校繕寫③，及偏加服用④，有跡可思者耳。若尋常墳典⑤，為生什物⑥，安可悉廢之乎？既不讀用，無容散逸⑦，惟當緘⑧保，以留後世耳。

【注釋】

① 杯圈：不加雕飾的木制飲器。

② 手口之澤：手汗和口氣的滋潤。《禮記‧玉藻》：「父沒而不能讀父之書，手澤存焉爾；母沒而杯圈不能飲焉，口澤之氣存焉爾。」

③ 讎校：又作「校讎」，即校勘。繕寫：抄寫。

④ 服用：使用。

⑤ 墳典：三墳、五典的並稱，後為古代典籍的通稱。孔安國《尚書序》：「伏犧、神農、黃帝之書，謂之『三墳』，言大道也；少昊、顓頊、高辛、唐、虞之書，謂之『五典』，言常道也。」

⑥ 為生：營生。什物：常用器物。

⑦ 散逸：散失，亡逸。

⑧ 緘：封存，束篋收藏。

【譯文】

　　《禮經》上講：父親遺留的書籍，母親用過的口杯，子女感受到上面有父母的氣息，則不忍心閱讀或使用。只因為這些書籍是父親生前經常講習，親手校對繕寫過的，那口杯是母親生前專門使用的，上面留著他們的遺跡可以引發兒女的哀思。可如果是常用的書籍，以及各種日用品，哪能全部廢棄不用呢？父母遺物既然不閱讀使用，就不要讓它們散失，應該封存保護，以傳給後代。

【原文】

　　思魯等第四舅母，親吳郡張建女也，有第五妹，三歲喪母。靈床①上屏風，平生舊物，屋漏沾濕，出曝曬之，女子一見，伏床流涕。家人怪②其不起，乃往抱持③；薦席淹漬④，精神傷怛⑤，不能飲食。將以問醫，醫診脈云：「腸斷矣！」因爾便吐血，數日而亡。中外⑥憐之，莫不悲歎。

【注釋】

① 靈床：即靈座，供奉亡人靈位之幾筵。

② 怪：以為怪，覺得奇怪。

③ 抱持：摟抱，抱住。

④ 薦席：墊席。鄭玄云：「鋪陳曰筵，借之曰席，筵鋪於下，席鋪於
　　上，所以為位也。」淹漬：淹浸。此指被淚水浸濕。或作「淚漬」。

⑤ 傷怛（音答）：悲傷痛苦。

⑥ 中外：中表親戚，此指眾親屬。

【譯文】

　　思魯等人的四舅母，是吳郡張建的女兒，她的五妹剛滿三歲時就失
去了母親。靈床上擺著的屏風，是其母生前使用的舊物。一日下雨，家
中屋漏，屏風被沾濕，家人便拿出去曝曬。那女孩一見屏風，就伏在床
上流淚。家人見她久久不起，覺得很奇怪，於是就過去抱她起身，只見
墊席已被淚水浸濕，女孩傷心欲絕，不能飲食。家人帶她去看病，醫生
診脈後說：「她已經傷心斷腸了！」女孩因此而吐血，數日後就身亡
了。親屬都憐惜她，無不悲傷歎息。

【原文】

　　《禮》云：「忌日不樂①。」正以感慕罔極②，惻愴無聊③，
故不接外賓④，不理眾務耳。必能悲慘自居，何限於深藏
也？世人或端坐奧室⑤，不妨言笑，盛營甘美，厚供齋食；
迫有急卒⑥，密戚⑦至交，盡無相見之理：蓋不知禮意乎！

【注釋】

① 忌日不樂：《禮記・祭義》：「君子有終身之喪，忌日之謂也。忌日
　　不用，非不祥也。言夫日，志有所至，而不敢盡其私也。」又《禮
　　記・檀弓上》：「子思曰：『喪三日而殯，凡附於身者，必誠必信，
　　勿之有悔焉耳矣。三月而葬，凡附於棺者，必誠必信，勿之有悔焉耳
　　矣。喪三年以為極，亡則弗之忘矣，故君子有終身之憂，而無一朝之
　　患，故忌日不樂。」

② 罔極：無極，無窮盡。

③ 惻愴：哀傷。聊：樂。

④ 外賓：此處當指尋常之賓客。是相對「密戚至交」而言。

⑤奧室：深隱之室。

⑥迫：遇到。急卒：指緊迫之事。「卒」通「猝」。

⑦密戚：指至親。

【譯文】

　　《禮記》上說：「忌日不宴飲作樂。」正是因為在忌日這天會對亡故的父母有說不盡的感念思慕之情，心中悲傷哀痛，無心為樂，故不接待賓客，不處理事務。然而，若真能自覺做到悲傷懷念，又何必非得深居而不出呢？世間有些人雖然端坐在深室，卻並不妨礙他們談笑風生，他們依舊置辦豐盛的飲食，對亡者也供奉豐厚的齋食。遇到十分緊迫的事，或是至親摯友來訪，他們卻認為沒有接見的道理：他們是不明白禮的本質啊！

【原文】

　　魏世王修，母以社日亡①。來歲社日，修感念哀甚，鄰里聞之，為之罷社。今二親喪亡，偶值伏臘分至之節②，及月小晦後③，忌之外，所經此日，猶應感慕，異於餘辰④，不預飲宴、聞聲樂及行遊也。

【注釋】

①王修：《三國志・魏書・王修傳》：「王修字叔治，北海營陵人也。年七歲喪母。母以社日亡，來歲鄰里社，修感念母，哀甚。鄰里聞之，為之罷社。」社日：古代農民祭祀土地神的節日。漢以前只有春社，漢以後開始有秋社。自宋代起，以立春、立秋後的第五個戊日為社日。

②伏臘：伏祭和臘祭之日。伏祭在夏季伏日，臘祭在農曆十二月。分至：春分、夏至、秋分、冬至。

③月小：指舊曆只有二十九天的月份。盧文弨曰：「蓋謂親或以月大盡亡，而所值之月，只有二十九日，乃月小之晦日，即以為親之忌日所經也。」鄭珍曰：「六朝時更有忌月之說。張融有孝，忌月三旬不聽音樂；晉穆帝將納後，以康帝忌月疑之，下其議，皆見於史。相沿至

唐不廢。《唐書・王方慶傳》『議者以孝明帝忌月，請獻停不作樂』可見。而又有此月中忌前晦前、忌後晦後各三日之說。《唐書・韋公肅傳》：『睿宗祥月，太常奏……前忌與晦三日、後三日，皆不聽事，忌晦之明日，百官叩側門通慰。』蓋沿隋以前舊習也。黃門此雲『月小晦後』，正謂忌月之晦前後三日，月小則廿七八九也；此與伏臘分至，皆在忌日之外，故黃門自言：『已喪親後值如此，於忌之外，所經等日，猶感慕異於餘辰，不必正忌日也。』」此說可從。

④ 餘辰：別的日子。

【譯文】

魏朝人王修的母親是在社日這天去世的，第二年的社日，王修感懷思念母親，十分哀痛，鄰居們聽說這件事後，就為此而停止了社日的慶祝活動。假使父母親去世的日子，正碰上伏祭、臘祭、春分、秋分、夏至、冬至這些節日，以及小月晦後的那一天，除了忌日這天，凡在上述的日子裡，仍然應對父母親感懷思慕，與別的日子有所不同，應該做到不參加宴飲、不聽聲樂以及不外出遊玩。

【原文】

劉綰、緩、綏，兄弟並為名器①，其父名昭②，一生不為照字，惟依《爾雅》火旁作召耳。然凡文與正諱③相犯，當自可避；其有同音異字，不可悉然。劉字之下，即有昭音④。呂尚⑤之兒，如不為上；趙壹⑥之子，儻⑦不作一：便是下筆即妨，是書皆觸⑧也。

【注釋】

① 名器：名士。古代稱人才為器，如國器、社稷器、天下器等是。

② 昭：劉昭。《梁書・文學傳上》：「劉昭字宣卿，平原高唐人……昭幼清警，七歲通《老》《莊義》。既長，勤學善屬文，外兄江淹早相稱賞……子字言明。亦好學，通《三禮》。大同中，為尚書祠部郎，尋出職，不復仕。弟緩，字含度，少知名。歷官安西湘東王記室。時西府盛集文學，緩居其音。除通直郎，俄遷鎮南湘東王錄事，復隨府

江州，卒。」綏於傳中無載，疑此字衍。

③正諱：指人的正名。

④劉字之下，即有昭音：「劉」上從卯，下從釗，釗的讀音正與昭同，是同音不同字，故云。

⑤呂尚：即姜子牙；姜姓，呂氏。

⑥趙壹：本名懿，因《後漢書》作於晉朝，為避司馬懿名諱，故作「壹」，字元叔，東漢辭賦家。《後漢書・趙壹傳》：「趙壹字元叔，漢陽西縣人也。體貌魁梧，身長九尺，美鬚豪眉，望之甚偉。而恃才倨傲，為鄉黨所擯，乃作《解擯》。後屢抵罪，幾至死，友人救，得免。」遂作《窮鳥賦》答謝友人相助。並作《刺世疾邪賦》抒發憤懣之氣。一生著賦、頌、箴、誄、書、論及雜文等16篇，今存5篇。

⑦儻：通「倘」，倘若，如果。

⑧觸：指觸犯忌諱。

【譯文】

　　劉縚、劉緩、劉綏兄弟三人皆是名士，他們的父親名叫昭，所以他們兄弟一輩子都不寫「照」字，只是按照《爾雅》用火字旁加召來代替。然而，凡是文字與人的正名相同，當然應該避諱；可如果遇到同音不同形的字，就不應該全都避諱了。劉字的下半部分就有昭的讀音。呂尚的兒子如果不能寫「上」字，趙壹的兒子如果不能寫「一」字，那便會一下筆就犯難，一寫字就犯忌諱了。

【原文】

　　嘗有甲設宴席，請乙為賓①；而旦於公庭見乙之子，問之曰：「尊侯早晚②顧宅？」乙子稱其父已往。時以為笑③。如此比例，觸類④慎之，不可陷於輕脫⑤。

【注釋】

①甲、乙：古書凡不實指人名而言，率虛設甲乙之詞以代之。

②早晚：何時。

③時以為笑：時人之笑，在甲君之諂媚。宴在夜，而晨即請問，可謂媚

態十足。亦笑乙君之子不察事情原委信口而答，是武斷。林思進曰：「下云『時以為笑』者，蓋笑其不審早晚，不顧望而對，遽云已往，所謂『陷於輕脫』，此耳。」劉盼遂曰：「此甲問乙子，乙將以何時可以枉過，乙子不悟，答以其父已往，遂成笑柄。」

④ 觸類：指遇到類似的事情。

⑤ 輕脫：輕薄，輕佻，不穩重。

【譯文】

曾經有甲君擺席設宴，請乙君前來作客。當他早上在朝廷遇見乙君之子時，便問道：「令尊何時能光顧捨下？」乙君之子說他父親已經去了。當時人把這件事當作笑柄。像這樣的事例你們要吸取教訓，遇到類似的事一定要謹慎對待，不可過於輕佻。

【原文】

江南風俗，兒生一期，為製新衣，盥浴裝飾，男則用弓矢紙筆，女則刀尺針縷①，並加飲食之物，及珍寶服玩，置之兒前，觀其發意所取，以驗貪廉愚智，名之為試兒②。親表③聚集，致宴享焉。自茲已後，二親若在，每至此日，嘗有酒食之事耳。無教之徒，雖已孤露④，其日皆為供頓⑤，酣暢聲樂，不知有所感傷。梁孝元年少之時，每八月六日載誕之辰⑥，常設齋講⑦；自阮修容薨歿之後⑧，此事亦絕。

【注釋】

① 縷：線。

② 試兒：此風俗或稱「試周」，有些地區則稱「抓周」。

③ 親表：親戚中表。此指眾親屬。

④ 孤露：魏晉時人以父亡為孤露，唐人則稱偏露。《綱目集覽》四九：「孤者，幼而無父者也；露者，暴露於於外也。」

⑤ 供頓：設宴待客。胡三省曰：「置食之所曰頓。唐人多言置頓。」按：供頓與置頓義近。今謂「吃一次飯」曰「吃一頓飯」，本此。

⑥載誕之辰：即生日。

⑦齋講：齋肅講經。

⑧阮修容：梁元帝蕭繹生母。《梁書‧后妃傳》：「高祖阮修容，諱令嬴，本姓石，會稽餘姚人也。齊始安王遙光納焉。遙光敗，入東昏宮。建康城平，高祖納為彩女。天監七年八月，生世祖。尋拜為修容，常隨世祖出蕃。大同六年六月，薨於江州內寢，時年六十七。」修容：女官名，三國魏文帝曹丕所制，南朝宋改為昭容，至隋仍置修容。《封氏聞見記‧卷四‧降誕》：「近代風俗，人子在膝下，每生日有酒食之會。孤露之後，不宜復以此日為歡會。梁元帝少時，每以載誕之辰，輒設齋講經，泊阮修容歿後，此事亦絕。」即本此而言。

【譯文】

　　江南地區的風俗，孩子滿周歲時，就要為他縫製新衣裳，給他洗浴打扮，若是男孩就拿出弓、箭、紙、筆，若是女孩就拿出剪子、尺子、針線，再加上一些飲食，還有珍寶和玩具等，把它們放在孩子面前，由孩子隨意抓取，以此來試驗孩子今後是貪婪還是廉潔，是愚笨還是聰明，這種風俗稱為試兒。

　　這一天，親戚們都集聚一堂，歡宴作樂。從此以後，父母如果在世，每逢孩子生日，就要置酒備飯，歡慶一番。一些沒有教養的人，雖然父親已經去世，在這天仍然設宴待客，盡情痛飲縱情聲樂，全不知還應該因懷念父親而有所感傷。梁元帝年輕的時候，每到八月六日生日這天，經常是吃齋講經。自從其母阮修容去世之後，也就不再這樣做了。

【原文】

　　人有憂疾，則呼天地父母，自古而然。今世諱避①急切。而江東士庶，痛則稱禰②。禰是父之廟號，父在無容稱廟，父歿何容輒呼？《蒼頡篇》有「俆」字③，《訓詁》④云：「痛而呼也，音羽罪反。」今北人痛則呼之。《聲類》⑤音于耒反，今南人痛或呼之。此二音隨其鄉俗，並可行也。

【注釋】

① 觸途：亦作「觸塗」，處處，各方面。盧文弨曰：「言今世以呼天呼父母為觸忌也，蓋嫌于有怨恨祝詛之意，故不可也。」

② 禰：古代對已在宗廟中立牌位的亡父的稱謂。劉盼遂認為顏之推此處有誤，曰：「按江東人痛呼禰，當是呼奶，奶者，母之俗字，人窮則呼母，古今不異。顏氏誤以為呼禰，實緣奶、禰同音而致疏失。」

③《蒼頡篇》：古代字書，秦丞相李斯所作。㾺：呼痛聲。

④《訓詁》：解釋《蒼頡篇》的書。《漢書‧藝文志》：「揚雄《蒼頡訓纂》一篇。杜林《蒼頡訓纂》一篇。杜林《蒼頡故》一篇。」皆是《蒼頡篇》的《訓詁》。

⑤《聲類》：書名。《隋書‧經籍志》：「《聲類》十卷，魏左校令李登撰。」

【譯文】

　　人有憂患疾病時，就呼喊天地父母，從古至今都是這樣。現在的人講究避諱，處處比古人來得嚴格。江東地區無論士大夫還是普通百姓，悲痛時都呼喊「禰」。「禰」是已故父親的廟號，父親在世時不能叫廟號，父親死後怎能隨便呼叫他的廟號呢？

　　《蒼頡篇》中有「㾺」字，《訓詁》解釋說：「這是人痛苦時發出的聲音，讀音是羽罪反。」現在北方人悲痛時就這樣叫。《聲類》注這個字的音是於耒反，現在南方人悲痛時就這樣喊。這兩種讀音隨鄉俗不同而不同，但都是可行的。

【原文】

　　梁世被繫劾者①，子孫弟姪，皆詣闕三日，露跣陳謝②。子孫有官，自陳解職。子則草屩粗衣③，蓬頭垢面，周章④道路，要候執事⑤，叩頭流血，申訴冤情。若配徒隸，諸子並立草庵於所署門，不敢寧宅⑥，動經旬日，官司驅遣，然後始退。江南諸憲司⑦彈人事，事雖不重，而以教義見辱者，或被輕繫⑧而身死獄戶者，皆為怨仇，子孫三世不交通矣。

到洽為御史中丞⑨，初欲彈劉孝綽⑩，其兄溉⑪先與劉善，苦諫不得，乃詣劉涕泣告別而去。

【注釋】

① 繫：拘囚。劾：審理。

② 露：露髻，指不戴帽子露出髮髻。跣（音險）：光腳不穿鞋。

③ 草屩：草鞋。粗衣：粗布衣服。此處作動詞。

④ 周章：倉皇驚懼。

⑤ 要候：中途等候，迎候。執事：主管案件的官員。

⑥ 寧宅：指在家中安居。

⑦ 憲司：魏晉以來御史的別稱。

⑧ 輕繫：因輕罪而被拘囚。

⑨ 到洽：《梁書・到洽傳》：「到洽，字茂，彭城武原人也。宋驃騎將軍彥之曾孫……洽少知名，清警有才學士行……（普通）六年，遷御史中丞，彈糾無所顧望，號為勁直，當時肅清。」御史中丞：官名。秦始置。漢朝為御史大夫的次官。外督部刺史，內領侍御史，受公卿章奏，糾察百僚，其權頗重。漢哀帝廢御史大夫，以御史中丞為御史臺長官，後歷代相沿，唯官名時有變動。曹操曾改御史中丞為宮正，北魏一度改稱御史中尉。南北朝，御史大夫時置時廢、即令置大夫亦往往缺位，故中丞實為御史臺長官無疑。隋置御史大夫，不置御史中丞，這是因為避諱的緣故。唐、五代、宋均大夫與中丞並置，唯大夫極少除授，仍以中丞為長官。明朝廢御史臺、改設都察院，遂廢。

⑩ 劉孝綽：名冉，字孝綽，小字阿士。他自幼聰敏，七歲能文，號為「神童」。以文才為世所重，恃才傲物。《梁書・劉孝綽傳》記載到洽彈劾劉孝綽事，曰：「初，孝綽與到洽友善，同遊東宮。孝綽自以才優於洽，每於宴坐，嗤鄙其文，洽銜之。及孝綽為廷尉卿，攜妾入官府，其母猶停私宅。洽尋為御史中丞，遣令史案其事，遂劾奏之，云：『攜少妹於華省，棄老母於下宅。』高祖為隱其惡，改『妹』為『姝』。坐免官。孝綽諸弟，時隨藩皆在荊、雍，乃與書論共洽不平者十事，其辭皆鄙到氏。又寫別本封呈東宮，昭明太子命焚之，不開視也。」

⑪ 溉：到溉，字茂灌，到洽之兄。《梁書・到溉傳》：「溉少孤貧，與

弟洽俱聰敏有才學，早為任昉所知，由是聲名益廣……渜身長八尺，美風儀，善容止，所蒞以清白自修。性又率儉，不好聲色，虛室單床，傍無姬侍。自外車服，不事鮮華，冠履十年一易，朝服或至穿補，傳呼清路，示有朝章而已。」

【譯文】

梁朝被拘囚審問的官員，他的子孫弟姪們，都要連續三天趕赴朝廷，免冠赤足，陳述請罪。如果子孫中有做官的，就主動請求解除官職。他的兒子們則穿上草鞋和粗布衣服，蓬頭垢面，驚恐不安地守候在道路上，迎候主管官員，叩頭流血，申訴冤枉。如果犯人被發配去服苦役，他的兒子們就一起在官署門口搭上草棚棲身，不敢在家中安居，一住就是十來天，直到官府驅逐才退離。

江南地區各位御史彈劾某人，有時案情雖然不嚴重，但如果那人是因教義而受彈劾之辱，或者因輕罪被拘囚而死於獄中，這些人家就會與御史結下怨仇，子孫三代都不相往來。到洽當御史中丞的時候，一開始想彈劾劉孝綽，到洽的哥哥到漑與劉孝綽關係友善，他苦苦規勸到洽不要彈劾劉孝綽，但沒能如願，於是他前往劉孝綽處，流著淚與他分手。

【原文】

兵凶戰危[1]，非安全之道。古者，天子喪服以臨師，將軍鑿凶門[2]而出。父祖伯叔，若在軍陣，貶損[3]自居，不宜奏樂宴會及婚冠吉慶事也。若居圍城之中，憔悴容色，除去飾玩[4]，常為臨深履薄[5]之狀焉。父母疾篤，醫雖賤雖少，則涕泣而拜之，以求哀也。梁孝元在江州，嘗有不豫[6]；世子方等親拜中兵參軍李猷焉[7]。

【注釋】

[1] 兵：兵器。戰：戰爭。《漢書·晁錯傳》：「兵，兇器，戰，危事也，以大為小，以強為弱，在俯仰之間耳。」

[2] 凶門：古代將軍出征前，鑿一扇向北的門，由此出發，如辦喪事一

般，以示必死的決心。《淮南子・兵略訓》：「復操斧，持頭，援將軍其木丙……乃爪鬋，設明衣也，鑿凶門而出。」按：許慎注云：「凶門，北出門也；將軍之出，以喪禮處之，以其必死也。」

③ 貶損：損減，抑制。

④ 飾玩：謂裝飾之品，玩好之器。

⑤ 臨深履薄：「如臨深淵，如履薄冰」的縮語，出自《詩經・小雅・小旻》，形容小心翼翼、戰戰兢兢之貌。

⑥ 不豫：天子病稱不豫。

⑦ 方等：梁元帝長子蕭方等，字實相，母為正妃徐昭佩，少年聰慧有才幹，且精於繪畫，但因為其母素與梁元帝不和，故屢遭父親嫌棄，在恐懼和絕望之中帶兵出征以自尋死路，最終溺水而死。由於其父起初為湘東王，故他被稱為湘東世子，之後又被追諡為忠壯世子、武烈世子。中兵參軍：世子府屬官。《隋書・百官志》：「皇弟皇子府，置功曹史、錄事、記室、中兵等參軍。」李猷：生平不詳。

【譯文】

兵器是兇險的事物，戰爭是危險的事情，此二者皆非安全之道。古時候打仗之前，天子穿上喪服去視察軍隊，將軍先鑿一扇凶門，然後才率領軍隊由此出征。某人的父祖伯叔如果在軍隊裡，那麼他日常生活就該自我約束，不應該奏樂和參加宴會、婚禮冠禮等吉慶活動。如果某人的父祖伯叔被圍困在城邑之中，那他就應該面容憔悴，除掉飾物器玩，時時顯出如臨深淵、如履薄冰的模樣。若父母病重，即使那醫生年少位卑，也應該向醫生哭泣下拜，以此求得醫生的憐憫。梁孝元帝在江州的時候，曾經生病，他的長子方等就親自拜求過他的下屬中兵參軍李猷。

【原文】

四海之人，結為兄弟，亦何容易。必有志均義敵①，令終如始②者，方可議之。一爾③之後，命子拜伏，呼為丈人，申父友之敬；身事彼親，亦宜加禮。比見北人，甚輕此節，行路相逢，便定昆季④，望年觀貌，不擇是非，至有結父為兄，托子為弟者。

【注釋】

① 敵：相當，匹配。

② 令終如始：即始終如一。

③ 一爾：一旦如此。

④ 昆季：兄弟。長為昆，幼為季。《北齊書・宋游道傳》：「與頓丘李
獎一面，便定死交。」顏之推所言北人之輕率，由此可見一斑。然北
人亦自有其豪放灑脫之處。至於「結父為兄，托子為弟」，王利器先
生以為實從當時亂倫之過房制度相應而產生者。自唐、五代以來，降
弟為兒、升孫為子之現象，頗為普遍。宗法制度且如此，則交朋結友
更無論矣。

【譯文】

　　四海之內的異姓之人要結拜為兄弟，亦不可輕易而為。必須是志向
道義都相合，對朋友始終如一的人，才能商討此事。一旦與人結為兄
弟，就要讓自己的孩子向他伏地下拜，稱他為丈人，以表示孩子對父親
朋友的尊敬。自己對結拜兄弟的父母親，也要待之以禮。近來見到一些
北方人對此事很是輕率，兩個人陌路相逢，便結為兄弟。在排定長幼次
序時，只問問年齡看看外貌而定，也不斟酌一下是否妥當，以致有把父
輩當成兄長，把子侄輩當成弟弟的。

【原文】

　　昔者，周公一沐三握髮，一飯三吐餐，以接白屋之士
①，一日所見者七十餘人。晉文公以沐辭豎頭須②，致有圖反
之誚③。門不停賓，古所貴也。失教之家，閽寺④無禮，或以
主君寢食嗔怒，拒客未通，江南深以為恥。黃門侍郎⑤裴之
禮，號善為士大夫，有如此輩，對賓杖之。其門生⑥僮僕，
接於他人，折旋⑦俯仰，辭色應對，莫不肅敬，與主無別
也。

① 白屋之士：指貧寒的士人。或謂庶人。顏師古曰：「白屋，謂白蓋之屋，以茅覆之，賤人所居。」《史記・魯周公世家》：「周公戒伯禽曰：『我文王之子，武王之弟，成王之叔父，我於天下亦不賤矣。然我一沐三捉髮，一飯三吐哺，起以待士，猶恐失天下之賢人。子之魯，慎無以國驕人。』」

② 晉文公：姬姓，名重耳，春秋初晉獻公之子，謙而好學，善交賢能智士。後受迫害離開晉國，遊歷諸侯。漂泊19年後終回國，殺懷公而立。他對內拔擢賢能，對外聯秦合齊，保宋制鄭，尊王攘楚，開創了晉國長達百年的霸業，為「春秋五霸」之一。豎：古代地位低微的小吏。頭須：人名。《左傳・僖公二十四年》記載：當初，晉國有個小臣，名叫頭須，是個堅守府庫的人。當年重耳逃亡時，頭須偷走府庫中的財物，全部用在接納重耳回國這件事上。等到重耳回國了，頭須請求見重耳。重耳藉口正在洗頭而不願見他。頭須對重耳的僕人說：「洗頭的時候心是向下倒過來的，心倒過來，考慮問題就顛倒了，該我不能夠見到他。在國內居留的人為您看守國家，跟您逃亡的人替您奔走服役，這兩種人都是一樣的。何必把留守的人看成是罪人呢？做國君的如果仇視普通人，那麼害怕的人就多了。」僕人把這番話告訴了重耳，重耳馬上接見了頭須。

③ 圖：圖謀，考慮。誚：譏笑。

④ 閽寺：守門人。

⑤ 黃門侍郎：又稱黃門郎，秦代初置，即給事於宮門之內的郎官，是皇帝近侍之臣，可傳達詔令，漢代以後沿用此官職。

⑥ 門生：此指門下使役之人。

⑦ 折旋：即折還，曲行也。古代行禮時的動作。

【譯文】

　　從前，周公一次沐浴三握髮，一次用餐三吐哺，隨時中斷正在做的事，以接待來訪的貧寒之士，一天之內曾經接待了七十多人。而晉文公以正在洗頭為藉口拒絕接見下人頭須，以致遭來思維顛倒的嘲笑。不使賓客滯留在大門口，這是古人所看重的禮節。那些沒有良好教養的人家，看門人也沒有禮貌，他們在客人來訪時，就以主人正在睡覺、吃飯

或發脾氣為藉口，拒絕為客人通報，江南的人家深以此事為恥。

　　黃門侍郎裴之禮，被稱作士大夫的楷模，他如果發現家中下人怠慢客人，他就會當著客人的面杖打下人。他的門子、僮僕在接待客人的時候，進退禮儀，言行舉止，無不嚴肅恭敬，與對待主人沒有區別。

慕賢第七

【原文】

　　古人云：「千載一聖，猶旦暮也；五百年一賢，猶比髆①也。」言聖賢之難得，疏闊②如此。儻遭不世明達君子，安可不攀附景仰之乎？吾生於亂世，長於戎馬，流離播越③，聞見已多。所值名賢，未嘗不心醉魂迷向慕④之也。人在年少，神情未定，所與款狎⑤，熏漬陶染⑥，言笑舉動，無心於學，潛移暗化，自然似之。何況操履⑦藝能，較明易習者也？是以與善人居，如入芝蘭⑧之室，久而自芳也；與惡人居，如入鮑魚之肆，久而自臭也。墨子悲於染絲⑨，是之謂矣。君子必慎交遊焉。孔子曰：「無友不如己者⑩。」顏、閔⑪之徒，何可世得！但優於我，便足貴之。

【注釋】

①髆：肩胛。比髆：並肩，指挨得近。此古人語，古籍多見。《孟子外書‧性善辯》：「千年一聖，猶旦暮也。」蕭綺《拾遺記》卷三錄引孟子：「千年一聖，謂之連步。」《文選‧李陵答蘇武書》注引孟子：「千年一聖，五百年一賢，聖賢未出，其中有命世者。」

②疏闊：此指間隔久遠。

③流離：漂散。播越：流亡。

④向慕：嚮往，仰慕。

⑤款狎：謂款洽狎習。形容關係親昵。

⑥熏漬陶染：謂熏炙、漸漬、陶冶、濡染。

⑦操履：操守德性。

⑧芝蘭：或作「蘭芷」。《說苑‧雜言篇》：「孔子曰：『與善人居，如入蘭芷之室，久而不聞其香，則與之化矣；與惡人居，如入鮑魚之肆，久而不聞其臭，亦與之化矣。』」

⑨墨子悲於染絲：即墨悲絲染的典故。《墨子‧所染篇》：「子墨子見染絲者而歎曰：『染於蒼則蒼，染於黃則黃，所入者變，其色亦變，五入必而已則為五色矣。故染不可不慎也。』」

⑩友：交友。此句出自《論語‧學而篇》。

⑪顏、閔：指顏回和閔損，二人皆是孔子弟子。

【譯文】

古人說：「一千年出一位聖人，已經近得像從早到晚那麼快了；五百年出一位賢人，已經密得像肩碰肩一樣了。」這是說聖人賢人稀少難得，已經到這種地步了。假如遇上世間少有的明達君子，怎能不攀附景仰呢？

我出生在亂世，在兵荒馬亂中長大，顛沛流離，所見所聞已經很多。遇上名流賢士，總是心醉魂迷地嚮往仰慕人家。人在年輕的時候，精神性情都還沒有定型，和那些情投意合的朋友朝夕相處，受到他們的熏漬陶染，人家的一言一笑，一舉一動，雖然沒有存心去學，但是潛移默化之中，自然跟他們相似。何況操守德行和本領技能，都是比較容易學到的東西呢？因此，與善人相處，就像進入滿是芝草蘭花的屋子中一樣，時間一長自己也變得芬芳起來；與惡人相處，就像進入滿是鮑魚的店鋪一樣，時間一長自己也變得腥臭起來。墨子因看見人們染絲而感歎，說的也就是這個意思。

君子與人交往一定要慎重。孔子說：「不要和不如自己的人交朋友。」像顏回、閔損那樣的賢人，我們一生都難遇到！只要比我強的人，也就足以讓我敬重了。

【原文】

世人多蔽①，貴耳賤目，重遙輕近。少長周旋②，如有賢

哲，每相狎侮，不加禮敬。他鄉異縣，微藉風聲③，延頸企踵④，甚於饑渴。校其長短，核其精粗，或彼不能如此矣。所以魯人謂孔子為東家丘⑤。昔虞國宮之奇⑥，少長於君，君狎之，不納其諫，以至亡國，不可不留心也。

【注釋】

① 蔽：蒙蔽。此指偏見。

② 少長：從年少到長大成人。周旋：本指舊時行禮時進退揖讓的動作，此處引申為交往。

③ 藉：憑藉，依靠。風聲：名聲。

④ 延頸企踵：伸長脖子，踮起腳跟。形容殷切盼望。

⑤ 東家丘：丘是孔子的名字，因為住在東邊，所以當地隨便叫他「東家丘」。時魯國人不知孔子之賢，對其並無敬意。《昭明文選》卷四十一《書上・為曹洪與魏文帝書》：「怪乃輕其家丘，謂為倩人，是何言歟？」唐張詵注曰：「魯人不識孔子聖人，乃云：『我東家丘者，吾知之矣。』言輕孔丘也。」

⑥ 虞國：西周初年周武王所封諸侯國，姬姓，始封君為周太王古公亶父之子仲雍的曾孫虞仲。春秋初為晉國所滅。宮之奇：春秋時虞國大夫，他明於料事，具有遠見卓識，忠心耿耿輔佐虞君，使國家雖小而強盛。後晉獻公圖滅虞國，使假道伐虢之計，宮之奇識破，力諫虞君不要借道給晉國，但虞君不聽，最終晉國滅虢國後再滅虞國。晉獻公滅虞國事見《左傳・僖公五年》。

【譯文】

　　世俗之人多蒙蔽不明，他們對傳聞的人和事很看重，對親眼所見的東西卻很輕視；對遠方的事物很感興趣，對近處的事物卻不放在心上。從小一起長大的人，如有誰成了賢達之士，人們也往往對他輕慢侮弄，缺乏應有的禮貌和尊重；而處在他鄉異土的人，憑著那麼點名聲，就能令大家伸長脖子、踮起腳跟，如饑似渴地盼望一見。其實比較兩人的長短，審察兩人的優劣，很可能處在遠處的還不如身邊的。所以，魯國的人稱孔子為「東家丘」。

從前，虞國宮之奇與虞君自幼相熟，一起長大，虞君對他很是隨便，不能採納他的意見，以致亡了國，這個教訓不能不牢記在心。

【原文】

　　用其言，棄其身，古人所恥。凡有一言一行，取於人者，皆顯稱①之，不可竊人之美，以為己力；雖輕雖賤者，必歸功焉。竊人之財，刑辟②之所處；竊人之美，鬼神之所責。

【注釋】

① 顯稱：公開稱譽。
② 刑辟：刑法，刑律。

【譯文】

　　採用了別人的言論卻又嫌棄這個人，古人認為這種行為是可恥的。凡一句話或一個舉措，受益於他人的，都應該公開讚揚人家，不可竊取他人成果，當成自己的功勞。即使是地位微賤的人，也必須要肯定他的功勞。竊取他人的錢財，會遭到刑罰的處置；竊取別人的成果，會遭到鬼神的譴責。

【原文】

　　梁孝元前在荊州，有丁覘①者，洪亭民耳，頗善屬文，殊工草隸。孝元書記，一皆使之。軍府②輕賤，多未之重，恥令子弟以為楷法③，時云：「丁君十紙，不敵王褒④數字。」吾雅愛其手跡，常所寶持⑤。孝元嘗遣典簽惠編送文章示蕭祭酒⑥，祭酒問雲：「君王比賜書翰⑦，及寫詩筆⑧，殊為佳手，姓名為誰？那得都無聲問⑨？」編以實答。子雲歎曰：「此人後生無比，遂不為世所稱，亦是奇事。」於是聞者稍復刮目⑩。稍仕至尚書儀曹郎⑪，末為晉安王侍讀⑫，隨王東下。及西台陷歿，簡牘湮散⑬，丁亦尋卒於揚州。前所輕

者，後思一紙，不可得矣。

【注釋】

① 丁覘（音沾）：梁朝書法家。張彥遠《法書要錄》：「丁覘與智永同時人，善隸書，世稱丁真永草。」

② 軍府：普通七年（526），蕭繹出為荊州刺史，都督荊、湘、郢、益、寧、南梁六州諸軍事，故其治所稱為軍府。

③ 楷法：謂習字者以為模範。

④ 王褒：字子淵，琅邪臨沂人，南朝文學家，亦工書法。曾祖王儉、祖王騫、父王規，俱有重名。妻子為梁武帝之弟鄱陽王蕭恢之女。《周書·王褒傳》：「褒識量淹通，志懷沉靜。美風儀，善談笑，博覽史傳，尤工屬文。梁國子祭酒蕭子雲，褒之姑夫也，特善草隸。褒少以姻戚，去來其家，遂相模範。俄而名亞子雲，並見重於世。」江陵淪陷後，王褒入西魏，被扣留不得南返。後仕於北周，頗受器重。南朝重門閥，輕庶族，王氏時為江東大族，而丁覘只為一介小吏，故有「十紙不抵數字」之稱。非技不如人也。

⑤ 寶持：珍藏。

⑥ 典簽：本為掌管文書的小吏，後權力甚大，稱為簽帥或典簽帥。《南史·恩倖呂文顯傳》：「故事，府州部內論事，皆簽前直敘所論之事，後云謹簽，日月下又云某官某簽。故府州置典簽以典之，本五品吏，宋初改為七職。宋氏晚運，多以幼少皇子為方鎮，時主皆以親近左右領典簽，典簽之權稍重。」《唐六典》二九：「親王府有典簽，掌宣傳教言事。」惠編：生平不詳。蕭祭酒：即梁國子祭酒蕭子雲。蕭子雲：字景齊，南朝梁史學家、文學家、書法家，善於草隸書法，名顯於時。祭酒：古代學官名，為國子學或國子監的主管官，一般由當世大學者擔任。

⑦ 比：最近。書翰：書信。

⑧ 詩筆：六朝人以詩、筆對言，筆指無韻之文。

⑨ 那得：何得。聲問：聲聞，聲譽。

⑩ 刮目：指另眼相看。《三國志·吳書·呂蒙傳》：「蒙曰：『士別三日，即更刮目相待。』」

⑪ 尚書儀曹郎：官名。梁朝尚書省設郎二十三人，儀曹郎是其中之一，職務掌管吉凶禮制。

⑫晉安王：指梁簡文帝蕭綱，字世纘，梁武帝第三子，中大通三年
（531）被立為太子。太清三年（549），侯景之亂，梁武帝被囚餓
死，蕭綱即位，大寶二年（551）為侯景所害。蕭綱亦是南朝著名文
學家，因其創作風格，形成「宮體」詩的流派。他於梁天監五年
（506）被封為晉安王。侍讀：諸王屬官，職責是給諸王講學授經。
⑬湮散：湮沒，散佚。

【譯文】

　　梁孝元帝以前在荊州時，屬下有個叫丁覘的人，是洪亭人氏，頗善
於寫文章，特別擅長草書和隸書。孝元帝的文書抄寫，全都由他負責。
軍府中的人大多因丁覘地位卑賤而輕視瞧不起他，恥於讓自己的子弟去
臨習他的書法。當時比較流行的話是：「丁君寫上十張紙，抵不上王褒
幾個字。」我十分喜愛他的書法作品，常常把它們珍藏起來。

　　孝元帝曾經派典簽惠編送文章給祭酒蕭子雲看，蕭子雲就問惠編：
「君王最近寫有書信給我，還有他的詩歌文章，書法特別漂亮，那書寫
者實在是一個罕見的高手，他姓甚名誰？怎麼會一點名聲都沒有呢？」
惠編據實回答了。蕭子雲感歎道：「沒有哪個後生能與他相比，他竟然
不為世人所稱道，也算是奇事一椿。」世人聽聞了蕭子雲的評價後，才
漸漸對丁覘刮目相看。

　　丁覘後來官至尚書儀曹郎，最後任晉安王侍讀，隨晉安王東下。等
到江陵陷落的時候，他的文書信札都散失了，丁覘沒多久也在揚州去
世。過去輕視他的人，後來再想得到他的一紙墨蹟，也不可能得到了。

【原文】

　　侯景初入建業①，台門②雖閉，公私草擾③，各不自全。
太子左衛率羊侃坐東掖門④，部分經略⑤，一宿皆辦，遂得百
餘日抗拒凶逆。于時，城內四萬許人，王公朝士，不下一
百，便是恃侃一人安之，其相去如此。古人云：「巢父、許
由⑥，讓於天下；市道小人⑦，爭一錢之利。」亦已懸矣。

【注釋】

① 侯景：字萬景，北魏懷朔鎮（今內蒙古固陽南）鮮卑化羯人。因左足
　生有肉瘤所以行走不穩，但是擅長騎射，因此被選為懷朔鎮兵。北魏
　末年，北方大亂，侯景先投靠爾朱榮，後投靠東魏丞相高歡，擁兵十
　萬，專制河南，位高權重。高歡死後，高澄排斥侯景。侯景遂於梁武
　帝太清元年（547）率部投降梁朝，駐守壽陽。次年九月，侯景叛亂
　起兵進攻南梁，攻下建業，囚禁梁武帝。551年，他篡位自立為皇
　帝，改國號為「漢」，稱南梁漢帝。其後，江州刺史王僧辯、揚州刺
　史陳霸先先後發難，率領軍隊進攻侯景，侯景叛軍一觸即潰。侯景企
　圖逃亡，為部下所殺。侯景之亂給江南地區帶來極大破壞，江南士民
　對其深惡痛絕。侯景死後，其屍為民眾分食殆盡。其生平見《南史・
　賊臣傳》。建業：南京古稱，三國時吳國都城。後晉室南渡，為避晉
　湣帝司馬鄴之名諱，改稱建康。

② 台門：禁城之門。《容齋隨筆》：「晉、宋間謂朝廷禁近為台，故稱
　禁城為台城，官軍為台軍，使者為台使。」

③ 草擾：倉促紛亂。

④ 太子左衛率：官名。太子府有左右衛率，掌管東宮兵杖羽衛之政令，
　以總諸曹之事。羊侃：見前注。《梁書・羊侃傳》載羊侃據守台城，
　抗擊叛軍事：「時景既卒至，百姓競入，公私混亂，無複次第。侃乃
　區分防擬，皆以宗室間之。軍人爭入武庫，自取器甲，所司不能禁，
　侃命斬數人，方得止。及賊逼城，眾皆恟懼，侃偽稱得射書，云『邵
　陵王、西昌侯已至近路』。眾乃少安。賊攻東掖門，縱火甚盛，侃親
　自距抗，以水沃火，火滅，引弓射殺數人，賊乃退……」羊侃雖智勇
　雙全，數次擊退叛軍攻擊，可惜不久即病逝於台城，他一死，台城隨
　即為叛軍所破。東掖門：台城正南端門，其左右二門曰東、西掖門。

⑤ 部分：部署安排。經略：策劃處理。

⑥ 巢父：傳說中的高士，因築巢而居，人稱巢父。堯以天下讓之，不
　受。許由：字道開，號武仲，堯時隱士。堯知其德，欲禪讓於他，許
　由堅辭不就，洗耳潁水。

⑦ 市道小人：指市井粗鄙之徒。

【譯文】

　　侯景叛軍剛攻入建業城時，台門雖然緊閉，但城內的官吏和百姓都驚恐不安，人人自危。太子左衛率羊侃坐鎮東掖門，部署策劃抵抗事宜，一夜之間就全都安排好了，因此才爭取到一百多天的時間來抵抗兇惡的叛軍。在當時，台城內有四萬多人，其中王公貴族和朝官不下一百人，但就是靠著羊侃一人才安定了局面，他們之間的差距竟到了如此地步。古人說：「巢父、許由把天下讓給別人；而市井小人，卻為了一個小錢爭奪不休。」這兩者的差距就更懸殊了。

【原文】

　　齊文宣帝①即位數年，便沉湎縱恣，略無綱紀；尚能委政尚書令楊遵彥②，內外清謐，朝野晏如③，各得其所，物無異議，終天保④之朝。遵彥後為孝昭⑤所戮，刑政於是衰矣。斛律明月⑥，齊朝折衝之臣⑦，無罪被誅，將士解體，周人始有吞齊之志，關中至今譽之。此人用兵，豈止萬夫之望⑧而已哉！國之存亡，繫其生死。

【注釋】

①文宣帝：北齊顯祖文宣皇帝高洋，字子進，神武帝高歡次子。幼時其貌不揚，沉默寡言，其實大智若愚，聰慧過人，深沉又大度。雖常被兄弟嘲笑或捉弄，但其才能甚得父親欣賞。在位初期，勵精圖治，但後期卻變得暴虐無度，極盡奢侈。

②尚書令：官名。始於秦，西漢沿置，本為少府的屬官，掌文書及群臣的奏章。漢武帝時以宦官司擔任，又改稱中書謁者令和中謁者令，漢成帝時恢復尚書令名稱，權勢漸重。東漢政務歸尚書，尚書令成為對君主負責總攬一切政令的首腦。楊遵彥：楊愔，字遵彥，小字秦王，出身弘農楊氏，北齊宰相。文宣帝去世後，楊愔輔佐少帝高殷，執掌朝政。乾明元年（560），高演發動政變，將楊愔誅殺。北朝士人對楊愔執政作為皆肯定讚賞，對其無罪被殺甚為痛惜。《北齊書・楊愔傳》：「遵彥死，仍以中書令趙彥深代總機務。鴻臚少卿陽休之私謂人曰：『將涉千里，殺騏驥而策蹇驢，可悲之甚。』」

③晏如：安然，平靜。

④天保：北齊文宣帝年號，西元550—559年。

⑤孝昭：北齊孝昭帝高演，字延安，神武帝高歡第六子。高洋死後，幼
　　主高殷即位，高演發動政變，奪取皇位。在位期間文治武功兼盛，頗
　　留心於政事，積極尋求及任用賢能為朝廷效力，政治清明。

⑥斛律明月：斛律光，字明月，斛律金之子，北齊名將，他治軍嚴明，
　　身先士卒，不營私利，為部下所敬重。斛律光驍勇善戰，在與北周近
　　20年的爭戰中，多次指揮作戰，均獲勝利，但因功高被忌，內外進
　　讒，終遭殺害。《北齊書·斛律金傳》備載其遇難始末。後北齊為北
　　周所滅，周武帝入鄴城，曰：「此人若在，朕豈能至鄴！」

⑦折衝：使敵戰車後撤，即擊退敵軍。折衝之臣：謂忠勇肱骨之臣。

⑧萬夫之望：意謂萬人之所瞻望，即眾望所歸。

【譯文】

　　北齊文宣帝高洋即位數年後，便沉湎酒色，放縱恣肆，一點不顧及法紀綱常，但他尚能將政事交給尚書令楊遵彥處理，所以朝廷內外倒也清靜安寧，各種事務都能夠得到妥善安排，大家都沒有什麼意見，這種局面一直保持到天保之朝結束。楊遵彥後來被孝昭帝殺害，國家的刑律政令從此也就衰敗了。

　　斛律明月是北齊安邦卻敵的重臣，卻無罪被殺，軍隊將士因此而人心渙散，北周才始有吞併北齊的念頭。關中一帶人民至今仍對斛律明月稱讚不已。這個人用兵，豈止是眾望所歸啊！他的生死，關係著國家的存亡。

【原文】

　　張延儁之為晉州行台左丞①，匡維②主將，鎮撫疆場③，儲積器用，愛活黎民④，隱若敵國矣⑤。群小不得行志，同力遷之。既代之後，公私擾亂，周師一舉，此鎮先平。齊亡之跡，啟於是矣。

① 張延雋：北齊人，生平不詳。晉州：北魏建義元年（528）改唐州
　置。治所位於白馬城（當今山西臨汾）。行台：「台」指在中央的尚
　書省，出征時於其駐在之地設立臨時性機構稱為行台，又稱行尚書台
　或行台省，行尚書事。《南史》記載，凡朝廷遣大臣督諸軍於外，謂
　之行台。行台左丞：行台尚書下屬官員。
② 匡維：匡正，維護。
③ 疆場（音易）：邊界，邊境。
④ 愛：愛護。活：使其活，救助。
⑤ 隱：威重貌。敵國：相當於一國。

【譯文】

　　張延雋任晉州行台左丞時，輔助主將，鎮守安撫疆界，儲藏聚集物
資，愛護救助百姓，其威嚴莊重彷彿可與一國相匹敵。而那些卑鄙小人
因為不能按照自己的意願行事，就聯合起來排擠張延雋，使他調離。張
延雋的職位被小人取代之後，晉州一片混亂，北周軍隊一起兵，晉州城
就先被掃平。北齊敗亡的曆程，就是從這裡開始的。

顏氏家訓・卷三

勉學第八

【原文】

　　自古明王聖帝，猶須勤學，況凡庶乎！此事遍於經史，吾亦不能鄭重①，聊舉近世切要②，以啟寤汝耳③。士大夫子弟，數歲已上，莫不被教，多者或至《禮》《傳》，少者不失《詩》《論》④。及至冠婚，體性⑤稍定；因此天機⑥，倍須訓誘。有志尚者，遂能磨礪，以就素業⑦；無履立⑧者，自茲墮慢，便為凡人。人生在世，會當有業：農民則計量耕稼，商賈則討論貨賄，工巧則致精器用，伎藝則沉思法術⑨，武夫則慣習弓馬，文士則講議經書。多見士大夫恥涉農商，差務工伎，射則不能穿札⑩，筆則才記姓名，飽食醉酒，忽忽⑪無事，以此銷日，以此終年。或因家世餘緒⑫，得一階半級，便自為足，全忘修學；及有吉凶大事，議論得失，蒙然⑬張口，如坐雲霧；公私宴集，談古賦詩，塞默⑭低頭，欠伸而已。有識旁觀，代其入地⑮。何惜數年勤學，長受一生愧辱哉！

【注釋】

①鄭重：此指頻繁。

②切要：確切，扼要。

③啟：啟發。寤：通「悟」，使明白。

④《詩》：即《詩經》。《論》：即《論語》。

⑤體性：體質性情。

⑥天機：指靈性，自然之性。

⑦ 素業：清素之業，即士族所從事的儒業。

⑧ 履立：操守。

⑨ 伎藝：指有技藝的人。手伎曰伎，體才曰藝。沈：或作「深」。沈思：謂鑽研，求索。

⑩ 札：鎧甲的葉片。

⑪ 忽忽：迷惑，恍惚。一說愁亂貌。

⑫ 餘緒：留給後世的部分，此指祖上蔭庇。

⑬ 蒙然：蒙昧無知貌。

⑭ 塞默：默不作聲，如口塞然。

⑮ 入地：指羞愧得無地自容。

【譯文】

　　自古以來的聖明帝王，尚且需要勤奮學習，何況普通百姓呢！這類事例遍見於經籍史書，我也不能一一列舉，姑且揀近代切要的事例說說，來啟發提醒你們。

　　士大夫的子弟，幾歲以後，沒有不受教育的，多的讀到《禮記》《左傳》，少的起碼也讀了《詩經》和《論語》。等到了加冠成婚的年紀，體質性情稍稍定型，憑著這天賦的機靈，應該對他們加倍教訓誘導。有志向的，就能經受磨煉，成就其清白正大的事業；而沒有操守的人，從此墮落散漫，就成為庸人。

　　人生在世，應當有所專業：農民就要算計耕稼，商賈就要商談買賣，工匠就要努力製造各種精巧的器物用品，技藝之士就要深入研習各種技藝，武士就要熟悉騎馬射箭，而文人就要講論儒家經書。然而我經常見到一些士大夫恥於涉足農商，又缺乏手工藝方面的本事，射箭則不能穿透一層鎧甲，握筆僅僅能寫出自己的姓名，每日飽食醉酒，無所事事，就這樣打發日子，來終了自己的一輩子。有些人憑家世蔭庇，混個一官半職，便自我滿足，完全忘記學習。碰上有吉凶大事，議論起得失來，就昏昏然張口結舌，如同墜入雲霧中一般。在各種公私宴會的場合，別人談古論今，吟詩作賦，他卻像嘴被塞住一般，只能沉默低頭，偶爾打打呵欠，伸伸懶腰。有見識的人在旁看到，真替他差得無處容身。這些人為什麼不願用幾年時間勤學，以致終生含愧受辱呢？

【原文】

　　梁朝全盛之時，貴遊子弟①，多無學術，至於諺云：「上車不落則著作②，體中何如則秘書③。」無不熏衣剃面，傅粉施朱，駕長簷車④，跟高齒屐⑤，坐棋子方褥⑥，憑斑絲隱囊⑦，列器玩於左右，從容出入，望若神仙。明經⑧求第，則顧人答策⑨；三九⑩公宴，則假手賦詩。當爾之時，亦快士⑪也。及離亂之後，朝市⑫遷革，銓衡⑬選舉，非復曩⑭者之親；當路秉權，不見昔時之黨。求諸身而無所得，施之世而無所用。被褐而喪珠⑮，失皮而露質，兀⑯若枯木，泊⑰若窮流，鹿獨⑱戎馬之間，轉死⑲溝壑之際。當爾之時，誠駑材⑳也。有學藝者，觸地㉑而安。自荒亂以來，諸見俘虜，雖百世小人，知讀《論語》《孝經》者，尚為人師；雖千載冠冕㉒，不曉書記者，莫不耕田養馬。以此觀之，安可不自勉耶？若能常保數百卷書，千載終不為小人也。

【注釋】

①貴遊子弟：無官職的王公貴族稱貴游，這裡泛指貴族子弟。
②著作：即著作郎，官名。東漢末始置，屬中書省，為編修國史之任。晉惠帝時起，改屬秘書監，稱大著作郎。南朝末期為貴族子弟初任之官。至唐代，主管秘書省屬下之著作局，高宗龍朔年間一度改稱司文郎中。其下設著作佐郎、校書郎、正字等官。宋代沿置，掌修纂「日曆（每日時事）」。明代廢。此句言貴族子弟身體羸弱。
③體中何如：六朝人書信中的客套話，此處言貴族子弟腹中無物，毫無才學，僅能作一般問候起居書信而已。秘書：即秘書郎，官名。三國魏始置，屬秘書省，掌管圖書經籍，或稱「秘書郎中」。南朝士族子弟以為出身之官。唐代一度改稱「蘭台郎」。後魏後各代另置校書郎校讎典籍，訂正訛誤，以秘書郎專管圖書收藏及校寫。
④長簷車：一種用車幔覆蓋整個車身的車子。王利器曰：「簷謂車蓋之前簷，猶屋楹之有簷也。字又作簷。《晉書・輿服志》：『通幔車，駕牛，猶如今犢車制，但其幔通覆車上也。』長簷蓋通幔異名。」

⑤ 跟：或作「𧿒」，指穿鞋。高齒屐：一種裝有高齒的木底鞋。自晉以來，士大夫多喜著屐，雖無雨亦著之。下有齒。

⑥ 棋子方褥：一種用方格圖案的絲織品製成的方形坐褥。

⑦ 斑絲：雜色絲的織成品。隱囊：一種軟靠墊。《楊升庵文集》卷六七：「六朝人作隱囊，柔軟可倚，又便於欹案。」朱亦棟《群書札記》卷十三：「隱囊，如今之靠枕。」

⑧ 明經：漢朝出現之選舉官員的科目，始於漢武帝時期，至宋神宗時期廢除。被推舉者須明習經學，故以「明經」為名。《日知錄》卷十六：「唐制有六科：一曰秀才，二曰明經，三曰進士，四曰明法，五曰書，六曰算。當時以詩賦取者謂之進士，以經義取者謂之明經。」又曰：「唐時入仕之數，明經最多。」六朝之明經，與唐有別。

⑨ 顧：通「雇」。答策：即對策，考官問以政事經義，考生應對回答。考官再據其文辭，判定高下。

⑩ 三九：指三公九卿，皆是朝中高級官員。

⑪ 快士：優秀人物。或謂快意灑脫之士。

⑫ 朝市：即朝廷。

⑬ 銓衡：衡量，品評。

⑭ 曩：過去。

⑮ 被：通「披」。褐：粗布衣服。喪珠：與「懷玉」相對。懷玉謂人懷藏才藝，則此喪珠言人腹中了了，無真才實學。

⑯ 兀：樹無枝。一說樹無皮。

⑰ 泊：淺水貌。

⑱ 鹿獨：或是當時方言，顛沛流離之意。

⑲ 轉死：亦作「轉屍」，死而棄屍，謂死無葬身之處。

⑳ 駑：劣馬。駑材：指愚鈍無能的蠢材。

㉑ 觸地：指無論何地。

㉒ 冠冕：仕宦的代稱。《袁子正書》：「古者，命士已上，皆有冠冕，故謂之冠族。」

【譯文】

　　梁朝全盛時期，那些貴族子弟大多不學無術，以致有諺語說：「只要登車不落就可當著作郎；會問候身體如何，就能做秘書郎。」這些貴

族子弟，無不以香料熏衣，修剃臉面，塗脂抹粉，出入駕著長簷車，走路踏著高齒屐，坐在織有棋盤圖案的方塊褥子上，倚著五彩絲線織成的靠墊，左右擺滿了器用玩物，進進出出，從容自如，看上去真好似神仙一般。等到明經答問求取功名的時候，就雇人頂替自己去應試；參加三公九卿的宴會時，就請人幫助作文賦詩。他們在當時，倒也像個人物。可等到戰亂流離後，朝廷變遷，負責考察選拔官吏的，不再是過去的親信；在朝中執掌當權的，不再見當年的私黨。這時候，這些貴族子弟想要依靠自己的能力謀生，卻一無所長，想在社會上發揮作用，又沒有半點本事。他們只能穿著粗麻短衣，而內裡沒有真才實學，失去了華麗的外表，露出本來的真面目，無助好似沒有樹葉的枯木，困厄好比即將乾涸的河流。他們在兵荒馬亂之中顛沛流離，輾轉死於荒溝野壑之中。在這個時候，這些貴族子弟就成了實實在在的蠢材。而那些有學問有技藝的人，走到哪裡都能安身。

　　自從戰亂以來，我見過不少俘虜，有些人雖然世代都是平民百姓，但由於懂得《論語》《孝經》之類書籍，還可以給人家當老師；有些人雖然是世代相傳的世家子弟，但由於不會書寫，最終無不淪為耕田養馬的平民。由此來看，怎麼能不努力學習呢？如果一個家族能保持有幾百卷書，那麼就算千載之後，其後人也不會淪為貧賤小民。

【原文】

　　夫明《六經》①之指，涉百家之書，縱不能增益德行，敦厲②風俗，猶為一藝，得以自資。父兄不可常依，鄉國不可常保，一旦流離，無人庇蔭，當自求諸身耳。諺曰：「積財千萬，不如薄伎③在身。」伎之易習而可貴者，無過讀書也。世人不問愚智，皆欲識人之多，見事之廣，而不肯讀書，是猶求飽而懶營饌④，欲暖而惰裁衣也。夫讀書之人，自羲、農⑤已來，宇宙之下，凡識幾人，凡見幾事，生民⑥之成敗好惡，固不足論，天地所不能藏，鬼神所不能隱也。

【注釋】

① 《六經》：指《詩》《書》《樂》《易》《禮》《春秋》六部儒家經典。

② 敦厲：敦促，勸勵。

③ 伎：或作「技」，技藝，才能。

④ 營：從事。饌：飲食。

⑤ 羲、農：指伏羲氏和神農氏，上古帝王。

⑥ 生民：百姓。

【譯文】

　　通曉《六經》的要旨，涉獵百家著述，縱然不能增益道德操行，勸勉世風習俗，也不失為一種才藝，可用以自謀生計。父親兄長不能長期依靠，家鄉邦國也不能常保無事，一旦流離失所，無人庇護資助，就該自己想辦法了。有諺語說：「積財千萬，不如有薄技在身。」各種技藝中最易學且又值得推崇的，無過於讀書。芸芸眾生，不論愚笨還是聰明，都希望認識的人多，見識的事廣，卻不肯讀書，這就好比想要吃飽卻懶得做飯，想要穿暖卻懶於裁衣一樣。那些讀書的人，從伏羲氏、神農氏以來，在這蒼穹宇宙之下，所見多少人，所識多少事，一般人的成敗好惡，自然不用說，全都了然在胸，就連天地萬物的道理、鬼神之事，也都能通曉。

【原文】

　　有客難主人①曰：「吾見強弩長戟②，誅罪安民，以取公侯者有矣；文③義習吏，匡時富國，以取卿相者有矣；學備古今，才兼文武，身無祿位，妻子饑寒者，不可勝數，安足貴學乎？」主人對曰：「夫命之窮達，猶金玉木石也；修以學藝，猶磨瑩雕刻也④。金玉之磨瑩，自美其礦璞⑤；木石之段塊⑥，自醜其雕刻。安可言木石之雕刻，乃勝金玉之礦璞哉？不得以有學之貧賤，比於無學之富貴也。且負甲為兵，咋⑦筆為吏，身死名滅者如牛毛，角立傑出者如芝草⑧；握素

披黃⑨，吟道詠德，苦辛無益者如日蝕⑩，逸樂名利者如秋荼⑪，豈得同年而語⑫矣。且又聞之：生而知之者上，學而知之者次。所以學者，欲其多知明達耳。必有天才，拔群出類，為將則暗與孫武、吳起同術⑬，執政則懸得管仲、子產之教⑭，雖未讀書，吾亦謂之學矣。今子即不能然，不師⑮古之蹤跡，猶蒙被而臥耳。」

【注釋】

① 主人：顏之推自稱。

② 弩：一種用機械力量發射的弓。戟：古代一種兵器。

③ 文：此作動詞，闡釋。

④ 磨：琢磨。瑩：玉色，光明之貌。此處亦指磨。

⑤ 礦：金屬未成器曰礦。璞：玉未治曰璞。

⑥ 段塊：指成段成塊的未經雕刻的木頭和石子。

⑦ 咋：咬。《北齊書・徐之才傳》：「小史（吏）好嚼筆。」

⑧ 角立：如角之特立。芝草：靈芝仙草，為極難得物。

⑨ 素：絹素，此指書籍。盧文弨曰：「古者，書籍以絹素寫之。」黃：黃卷，亦指書籍。古人用辛味、苦味之物染紙以防蠹，故稱。

⑩ 日蝕：即日食。盧文弨曰：「日蝕，喻不常有也。」

⑪ 秋荼：菅茅等植物的白花，至秋天而花開茂盛，文中以秋荼喻繁多。

⑫ 同年而語：即相提並論。

⑬ 暗與：即暗合。孫武：字長卿，春秋時齊國人，後入吳為將領，率吳國軍隊大破楚國軍隊，佔領楚都郢，幾乎覆亡楚國。為著名軍事家、政治家，後歷尊稱「兵聖」，著有《兵法》十三篇。吳起：戰國初期衛國人，後歷仕魯、魏、楚三國，為著名軍事家、政治家、改革家。

⑭ 懸得：預知。管仲：名夷吾，春秋時齊國人，著名政治家，輔佐齊桓公成為春秋第一霸主。子產：即姬僑，字子產，春秋後期鄭國人，鄭簡公在位時，子產執掌國政，是當時最負盛名的政治家。

⑮ 師：師法，學習。

【譯文】

　　曾有客人詰難我說：「我見有的人憑藉強弓長戟，去討伐叛逆，安撫民眾，以博取公侯的爵位；有的人闡釋禮義法度，研習為吏之道，匡扶時世，富邦強國，以博取卿相的官職；而學貫古今，文武雙全，卻身無俸祿官爵，妻子兒女挨餓受凍的人，卻多得數不清。由此來看，學習又有什麼值得推崇的呢？」我回答說：「人的命運是困厄還是顯達，就好比金玉與木石；鑽研學問，掌握技藝，就好比琢磨金玉、雕刻木石的手藝。金玉經過琢磨後之所以好看，是因為金礦璞玉本身就是美物；一段木頭、一塊石頭之所以難看，是因為尚未經過雕刻。又怎能說經過雕刻的木石就勝過未琢磨的金玉呢？同樣，我們不能把有學問但貧賤的人與沒有學問卻富貴的人相比。況且，那些身披鎧甲去當兵，口含筆管去為吏的人，身死名滅者多如牛馬，出類拔萃者卻少如芝草。勤奮讀書，吟詠道德，含辛茹苦而沒有獲益的人就像日食一般少見，而閒適安樂，追名逐利的人卻像秋天的茶花那樣繁多，哪能把二者相提並論呢？而且我又聽說：生下來就明白事理的人是天才，經過學習才明白事理的人就次一等。因而，人之所以要學習，就是想使自己多明白通達些道理而已。如果說有天才，那必定是出類拔萃的人，他們為將，則天生具備孫武、吳起那樣的軍事謀略；他們執政，則天生具有管仲、子產那樣的政治才幹。像這樣的天才，即使沒讀過書，我也要說他們是有學問的。可當今之人卻沒有這種天賦，如果再不去學習效法古人的做法，就好比蒙著被子睡覺，什麼也不知道。」

【原文】

　　人見鄰里親戚有佳快①者，使子弟慕而學之，不知使學古人，何其蔽也哉？世人但知跨馬被甲，長稍②強弓，便云我能為將；不知明乎天道，辯乎地利，比量逆順，鑒達興亡之妙也。但知承上接下，積財聚穀，便云我能為相；不知敬鬼事神，移風易俗，調節陰陽，薦舉賢聖之至③也。但知私財不入，公事夙辦④，便云我能治民；不知誠己刑物⑤，執轡如組⑥，反風滅火⑦，化鴟為鳳⑧之術也。但知抱令守律，早

刑晚舍⑨，便云我能平獄；不知同轅觀罪⑩，分劍追財⑪，假言而奸露⑫，不問而情得⑬之察也。爰及農商工賈，廝役奴隸，釣魚屠肉，飯牛牧羊，皆有先達⑭，可為師表，博學求之，無不利於事也。

【注釋】

①佳快：佳人快士，即傑出人物。

②稍：通「槊」，長矛。

③至：周密，繁雜。

④公事夙辦：公事都在早晨辦理，謂勤政。

⑤刑：通「型」，模範。型物：指為民之榜樣。

⑥彎：馬韁繩。組：編織的排排絲線。馬韁繩不是一根，或四根，或六根，故用「組」來形容。此句本義是形容駕馭技術高超，此出指御民有術。《詩經·邶風·簡兮》：「有力如虎，執彎如組。」《詩經·鄭風·大叔于田》：「執彎如組，兩驂如舞。」

⑦反風滅火：使風反向，使火自滅。比喻官員施行德政，救民於水火。《後漢書·儒林傳》：「劉昆字桓公，陳留東昏人，梁孝王之胤也。少習容禮……建武五年，舉孝廉，不行，遂逃，教授於江陵。光武聞之，即除為江陵令。時，縣連年火災，昆輒向火叩頭，多能降雨止風……詔問昆曰：『前在江陵，反風滅火，後守弘農，虎北度河，行何德政而致是事？』昆對曰：『偶然耳。』左右皆笑其質訥。帝歎曰：『此乃長者之言也。』」

⑧化鴟為鳳：形容教化之功，連鴟都能教化為鳳。鴟：即貓頭鷹，食其母，古人視為惡鳥。《後漢書·循吏傳》：「仇覽字季智，一名香，除留考城人也。少為書生淳默，鄉里無知者。年四十，縣召補史，選為蒲亭長……人有陳元者，獨與母居，而母詣覽告元不孝。覽驚曰：『吾近日過舍，廬落整頓，耕耘以時。此非惡人，當是教化未及至耳。母守寡養孤，苦身投老，奈何肆忿於一朝，欲致子以不義乎？』母聞感悔，涕泣而去。覽乃親到元家，與其母子飲，因為陳人倫孝行，譬以禍福之言。元卒成孝子。鄉邑為之諺曰：『父母何在我庭，化我鳲嫗哺所生。』時考城令河內王渙，政尚嚴猛，聞覽以德化人，署為主簿。謂覽曰：『主簿聞陳元之過，不罪而化之，得無少鷹

鶡之志邪？』覽曰：『以為鷹鶡，不若鸞鳳。』渙謝遣曰：『枳棘非鸞鳳所棲，百里豈大賢之路？今日太學曳長裾，飛名譽，皆主簿後耳。以一月奉為資，勉卒景行。』」

⑨ 早刑晚舍：指用刑寧早，赦免寧遲，即用刑以嚴。或謂早上判刑，晚上立刻赦免，謂用刑以寬，使罪犯趁早改過自新。

⑩ 同轅觀罪：把犯人繫在同一車轅，使其明白自己所犯罪行。

⑪ 分劍追財：乃西漢名臣何武之事。《太平御覽》卷六百三十九引《風俗通》：「沛郡有富家公，貲二千餘萬。小婦子裁數歲，頃失其母，又無親近。其女不賢，公痛困思念，恐爭其財，兒必不全。因呼族人為遺令書，悉以財屬女，但遺一劍云：『兒年十五，以還付之。』其後，又不肯與。兒詣郡，自言求劍。謹按：時太守，大司空何武也。得其辭，因錄女及婿，省其手書，顧謂掾吏曰：『女性強梁，婿復貪鄙，畏賊害其兒，又計小兒正得此，則不能全護，故且俾與女，內實寄之耳。不當以劍與之手？夫劍者，亦所以決斷。限年十五者，智力足以自居。度此女婿必不復還其劍。當問縣官，縣官或能證察，得以見伸展。此凡庸何能用慮強遠如是哉，」悉奪其財以與子。曰：『弊女惡婿，溫飽十歲，亦以幸矣。』於是論者乃服。」

⑫ 假言而奸露：乃北魏名臣李崇事。《魏書‧李崇傳》：「先是，壽春縣人苟泰有子三歲，遇賊亡失，數年不知所在。後見在同縣人趙奉伯家，泰以狀告。各言己子，並有鄰證，郡縣不能斷。崇曰：『此易知耳。』令二父與兒各在別處，禁經數旬，然後遣人告之曰：『君兒遇患，向已暴死，有教解禁，可出奔哀也。』苟泰聞即號咷，悲不自勝；奉伯諮嗟而已，殊無痛意。崇察知之，乃以兒還泰，詰奉伯詐狀。」

⑬ 不問而情得：乃西晉陸雲事。《晉書‧陸雲傳》：「俄以公府掾為太子舍人，出補浚儀令。縣居都會之要，名為難理。雲到官肅然，下不能欺，市無二價。人有見殺者，主名不立，雲錄其妻，而無所問。十許日遣出，密令人隨後，謂曰：『其去不出十里，當有男子候之與語，便縛來。』既而果然。問之具服，云：『與此妻通，共殺其夫，聞妻得出，欲與語，憚近縣，故遠相要候。』於是一縣稱其神明。」

⑭ 先達：指先知通達之士，即前輩。

【譯文】

　　世人看到鄰里親戚中有優秀的人物，就讓自己的子弟欽慕學習他們，卻不知道讓自己的子弟去學習古人，何以糊塗至此啊！

　　世人只知為將者須騎駿馬，披鎧甲，手持長矟強弓，就說自己能當將軍，卻不知道為將者也要有明察天時，辨識地利，權衡形勢優劣，審察把握興亡盛衰的能力；世人只知道為相者須秉承上意，統領百官，為國積財聚穀，就說自己能當宰相，卻不知道為相者也要有敬事鬼神，移風易俗，調節陰陽，推薦選舉賢才，以及處理各種周密雜務的能力；世人只知道地方官不能聚斂私財，勤於公事，就說自己能治理百姓，卻不知道地方官也要誠心正人，御民有術，須有救災滅火，變惡為善的教化本領；世人只知審案要依照法令條律，判刑宜早，赦免宜遲，就說我能秉公辦案，卻不知道斷案也要有同轅觀罪、分劍追財，用假言誘使奸詐者暴露，不用反覆審問便能得悉案情的本領。推而廣之，甚至那些農夫、商賈、工匠、廝役、奴僕、漁民、屠夫、養牛人、牧羊人中，都有傑出之士，可作為學習的榜樣，廣泛地向這些人學習，對成就事業是有益的。

【原文】

　　夫所以讀書學問，本欲開心明目，利於行耳。未知養親者，欲其觀古人之先意承顏①，怡聲下氣②，不憚劬勞③，以致甘腴④，惕然⑤慚懼，起而行之也；未知事君者，欲其觀古人之守職無侵，見危授命，不忘誠諫，以利社稷，惻然⑥自念，思欲效之也；素驕奢者，欲其觀古人之恭儉節用，卑以自牧⑦，禮為教本，敬者身基，瞿然⑧自失，斂容抑志也；素鄙吝者，欲其觀古人之貴義輕財，少私寡欲，忌盈惡滿，賙窮恤匱⑨，赧然悔恥，積而能散也；素暴悍者，欲其觀古人之小心黜己⑩，齒弊舌存⑪，含垢藏疾⑫，尊賢容眾，苶然⑬沮喪，若不勝衣⑭也；素怯懦者，欲其觀古人之達生委命⑮，強毅正直，立言必信，求福不回⑯，勃然奮厲⑰，不可恐懼也：歷茲以往，百行皆然。縱不能淳，去泰去甚⑱。學之所

知，施無不達。世人讀書者，但能言之，不能行之，忠孝無聞，仁義不足；加以斷一條訟，不必得其理；宰千戶縣[19]，不必理其民；問其造屋，不必知楣橫而梲豎也[20]；問其為田，不必知稷早而黍遲也；吟嘯談謔，諷詠辭賦，事既優閑，材增迂誕[21]，軍國經綸，略無施用，故為武人俗吏所共嗤詆[22]，良由是乎！

【注釋】

① 先意承顏：指孝子不等父母開口就能順父母的心意去做。
② 怡聲下氣：指聲音柔和，態度恭順。下氣：恭順貌。
③ 劬（音渠）勞：勞累。
④ 甘腝：鮮美柔軟的食物。甘：甜。腝：肉熟爛。
⑤ 惕然：惶恐貌。
⑥ 惻然：痛心，悲傷貌。
⑦ 卑以自牧：指以謙卑自守。牧：養性。
⑧ 瞿然：驚駭貌。
⑨ 賙：周濟。匱：乏也。
⑩ 黜己：指自我約束。
⑪ 齒弊舌存：指剛者易折，柔者難毀。《說苑・敬慎篇》：「常有疾，老子往問焉，張其口而示老子曰：『吾舌存乎？』老子曰：『然。』曰：『吾齒存乎？』老子曰：『亡。』常曰：『子知之乎？』老子曰：『夫舌之存也，豈非以其柔耶？齒之亡也，豈非以其剛耶？』常曰：『嘻，是已。天下之事已盡矣，無以複語子哉！』」
⑫ 含垢藏疾：此形容有包容的氣量。
⑬ 苶（音尼）然：疲憊貌。
⑭ 若不勝衣：身體好像不能承受衣服的重量，形容謙退之貌。
⑮ 達生：指豁達而不受俗務牽累。委命：委心任命。
⑯ 回：邪僻。
⑰ 勃然：奮發貌。奮：振奮。屬：通「勵」，激勵。
⑱ 去泰去甚：適可而止，不可過分。泰、甚：過分。此指人身上過於偏激的缺點。

⑲宰：治理。千戶縣：最小之縣。

⑳楣：房屋的橫樑。梲（音卓）：樑上短柱。

㉑迂誕：迂闊荒誕，不合事理。

㉒嗤詆：譏笑嘲罵。

【譯文】

　　之所以要讀書做學問，本意是為了開發心智，提高認知能力，以利於行事。對那些不懂得奉養雙親的人，讓他們看看古人如何體察父母的心意，順從父母的願望做事，如何和聲下氣，輕言輕語，不怕勞苦，讓父母吃到美味可口的食品，使他們感到惶恐慚愧，從此改過而師法古人；對於那些不懂得侍奉國君的人，讓他們看看古人如何守職而不越權，在危難關頭不惜獻出生命，如何不忘忠心勸諫的職責，以維護國家利益，使他們痛心地對照自己，從而改過而師法古人；對於那些素來驕橫奢侈的人，讓他們看看古人是如何恭謹儉樸，節約克制，如何謙卑自守，以禮讓為教之根本，以恭敬為立身之基礎，使他們震驚變色，從此收斂驕橫之態，抑制驕奢心性；對於那些素來淺薄吝嗇的人，讓他們看看古人如何重義輕財，少私寡欲，忌盈惡滿，如何周濟窮人，撫恤弱小，使他們羞愧臉紅，產生羞恥之心，從此能積財又能散財；對於那些素來暴虐兇悍的人，讓他們看看古人如何小心地自我約束，懂得齒亡舌存的道理，如何含垢藏疾，尊重賢士，容納眾人，使他們氣焰頓消，顯出謙恭退讓的樣子來；對於那些素來膽小懦弱的人，讓他們看看古人是如何捨生忘死，不受世事牽絆，聽天由命，如何強毅正直，言出必行，如何祈求福運而不走邪道，使他們能奮發振作，從此面對挫折艱難無所畏懼。由此類推，各方面的品行都可以由讀書而師法古人的方式來培養。廣泛學習，即使不能使社會風氣變得純正，至少可以去掉自身那些過分的行為。

　　從學習中獲得的知識，在哪裡都可以運用。然而現在的讀書人，只知道空談，卻不能行動，忠孝談不上，仁義也欠缺。再加上他們審斷一件訴訟，不一定能弄清楚其中的道理；治理千戶小縣，不一定親自管理過百姓；問他們如何建造房屋，不一定知道楣是橫著放而梲是豎著放；問他們耕作之事，不一定知道稷要早下種而黍要晚下種；整天只知道吟

詠歌唱，談笑戲謔，寫詩作賦，悠閑自在，做些迂闊荒誕的事情外，對處理軍國大事，則沒有半點用處，從而被武官小吏所恥笑侮辱，確實是由於這些原因吧。

【原文】

　　夫學者所以求益耳。見人讀數十卷書，便自高大，凌忽①長者，輕慢同列，人疾之如仇敵，惡之如鴟梟②。如此以學自損，不如無學也。

【注釋】

① 凌忽：侵凌，輕慢。
② 鴟梟：貓頭鷹，惡聲之鳥，亦作「鴟鴞」。常比喻貪惡之人。

【譯文】

　　人之所以學習，是為了有所收穫，有所提高。可我看見有的人才讀了幾十卷書，就自高自大起來，冒犯長者，輕慢同輩，使人們憎惡他像對仇敵一般，厭惡他像對鴟梟一般。像這樣用學習來損害自己，還不如不學習。

【原文】

　　古之學者為己，以補不足也；今之學者為人，但能說之也①。古之學者為人，行道以利世也；今之學者為己，修身以求進也。夫學者是猶種樹也，春玩②其華，秋登③其實。講論文章，春華也；修身利行④，秋實也。

【注釋】

① 說：指夸夸其談，炫耀於人。此兩句多見於經籍，《論語》《荀子》皆有載。《太平御覽》卷六引《新序》：「齊王問墨子曰：『古之學者為己，今之學者為人，何如？』對曰：『古之學者，得一善言，以附其身；今之學者，得一善言，務以悅人。』」

②玩：賞玩。

③登：取，收穫。

④修身利行：修養德性，以利於行事。

【譯文】

　　古代求學的人是為了充實自己，以彌補自身的不足；當今求學的人是為了取悅他人，只能夸夸其談。古代求學的人是為了別人，推行自己的主張以造福社會；當今求學的人是為了自己，修養德行，提高知識，以謀求官職。學習就好比種樹，春天可以觀賞它的花朵，秋天可以收穫它的果實。講論文章，就好比賞玩春花；修身利行，就好比收穫秋實。

【原文】

　　人生小幼，精神專利①，長成已後，思慮散逸，固須早教，勿失機也。吾七歲時，誦《靈光殿賦》②，至於今日，十年一理，猶不遺忘；二十之外，所誦經書，一月廢置，便至荒蕪矣。然人有坎壈③，失于盛年，猶當晚學，不可自棄。孔子云：「五十以學《易》，可以無大過矣④。」魏武、袁遺⑤，老而彌篤，此皆少學而至老不倦也。曾子七十⑥乃學，名聞天下；荀卿五十⑦，始來遊學，猶為碩儒；公孫弘⑧四十餘，方讀《春秋》，以此遂登丞相；朱雲⑨亦四十，始學《易》《論語》；皇甫謐二十⑩，始受《孝經》《論語》，皆終成大儒。此並早迷而晚寤也。世人婚冠未學，便稱遲暮，因循⑪面牆，亦為愚耳。幼而學者，如日出之光，老而學者，如秉燭夜行⑫，猶賢乎瞑目而無見者也。

【注釋】

①專利：專注，集中。

②《靈光殿賦》：即《魯靈光殿賦》，東漢王延壽所作。《後漢書·文苑列傳》：「（王逸）子延壽，字文考，有俊才。少遊魯國，作《靈

光殿賦》。後蔡邕亦造此賦，未成，及見延壽所為，甚奇之，遂輟翰而已。」

③坎壈：坎坷，窮困。

④「五十」兩句：出自《論語・述而篇》：「子曰：『加我數年，五十以學《易》，可以無大過矣。』」集解：「易窮理盡性，以至於命。年五十而知天命。以知命之年，讀至命之書，故可以無大過也。」《朱熹集注》：「學易，則明乎吉凶消長之理，進退存亡之道，故可以無大過。」

⑤魏武：即曹操，字孟德，東漢末年傑出的政治家、軍事家、文學家，三國中曹魏政權的締造者。《三國志・魏書・武帝紀》裴松之注曰：「御軍三十餘年，手不捨書，晝則講武策，夜則思經傳，登高必賦，及造新詩，被之管弦，皆成樂章。」袁遺：字伯業，袁紹堂兄，初為長安令，出任山陽太守，參與征討董卓聯盟。後袁紹任其為揚州刺史，為袁術所敗。以好學聞名。曹丕《典論》：「長大而能勤學者，惟吾（曹操）與袁伯業耳。」

⑥七十：或以為當作「十七」。曾子比孔子小四十六歲，他從遊孔子必在少年，不可能七十歲才開始學習。古代小孩八歲即入學，曾子十七歲乃學，故謂之晚學。或以為「七十」無誤，「學」乃指學業有成。《宋景文筆記》卷中：「曾子年七十，文學始就，乃能著書。」或以為此處「曾子」是「呂望」之誤，盧抱經據高誘《淮南子・說林訓》注：「呂望年七十，始學讀書，九十為文王作師。」

⑦荀卿：即荀子。《史記・孟子荀卿列傳》：「荀卿，趙人。年五十，始來遊學於齊。」

⑧公孫弘：字季，一字次卿，出身鄉鄙，漢武帝時丞相。《漢書・公孫弘傳》：「公孫弘，菑川薛人也。少時為獄吏，有罪，免。家貧，牧豕海上。年四十餘，乃學《春秋》雜說……元朔中，代薛澤為丞相。」

⑨朱雲：西漢元帝、成帝時名儒。《漢書・朱雲傳》：「朱雲字游，魯人也，徙平陵。少時通輕俠，借客報仇。長八尺餘，容貌甚壯，以勇力聞。年四十，乃變節從博士白子友受《易》，又事前將軍蕭望之受《論語》，皆能傳其業。好倜儻大節，當世以是高之。」

⑩皇甫謐：幼名靜，字士安，自號玄晏先生，西晉著名學者、醫學家、史學家。《晉書・皇甫謐傳》：「皇甫謐，字士安，幼名靜，安定朝

那人，漢太尉嵩之曾孫也。出後叔父，徙居新安。年二十，不好學，遊蕩無度，或以為癡。嘗得瓜果，輒進所後叔母任氏。任氏曰：『《孝經》云：「三牲之養，猶為不孝。」汝今年餘二十，目不存教，心不入道，無以慰我。』因歎曰：『昔孟母三徙以成仁，曾父烹豕以存教，豈我居不卜鄰，教有所闕，何爾魯鈍之甚也！修身篤學，自汝得之，於我何有！』因對之流涕。謐乃感激，就鄉人席坦受書，勤力不息。居貧，躬自稼穡，帶經而農，遂博綜典籍百家之言。沉靜寡欲，始有高尚之志，以著述為務，自號玄晏先生。」漢朝時，《孝經》《論語》為幼童初學必讀之書，皇甫謐二十歲始學，故謂之遲。

⑪ 因循：疏懶，怠惰，閒散。或謂守舊法而不知變更，此指不願意再重新學習。

⑫ 秉燭夜行：在夜晚持著蠟燭走路。《說苑‧建本篇》：「師曠曰：『少而好學，如日出之陽；壯而好學，如日中之光；老而好學，如炳燭之明。炳燭之明，孰與昧行乎？』」

【譯文】

　　人在幼年的時候，精神專注而敏銳，長大成人後，思想就容易分散了，因此對孩子要及早教育，千萬不要錯過良機。我七歲的時候，誦讀《靈光殿賦》，直到今天，每隔十年溫習一次，仍然沒有遺忘；到了二十歲以後，我所誦讀的經書，要是一個月沒有溫習，便荒廢了。然而人生難免有坎坷困厄的時候，即使在青少年時失去了學習的機會，也應在晚年時抓緊時間學習，不可自暴自棄。孔子說：「五十歲時學《易經》，就可以不犯大錯誤了。」魏武帝曹操和袁遺，到老年時學習得更加專心，這些都是從小學習，至老年仍不厭倦的例子。

　　曾子七十歲時才開始學習，最後名聞天下；荀子五十歲時才開始到齊國遊學，仍然成為當時的大儒；公孫弘四十多歲才開始讀《春秋》，憑此做到丞相；朱雲也是四十歲時才開始學習《易經》《論語》，皇甫謐二十歲時才開始學習《孝經》《論語》，他們最後都成了大學者。這些都是早年沒有用功而晚年醒悟且立志成才的例子。如今世人到婚冠之年還未開始學習，就自以為太晚了，於是一天天混下去就好像面壁而立的人，什麼也看不見，這實在是太愚蠢了。

　　從小就學習的人，就好像日出的光芒；到老才開始學習的人，就好

像在夜裡手持蠟燭行走，但總比閉上眼睛什麼也看不見的人強。

【原文】

學之興廢，隨世輕重。漢時賢俊，皆以一經弘①聖人之道，上明天時，下該②人事，用此致卿相者多矣。末俗已來不復爾③，空守章句④，但誦師言，施之世務，殆無一可。故士大夫子弟，皆以博涉為貴，不肯專儒⑤。梁朝皇孫以下，總丱⑥之年，必先入學，觀其志尚，出身⑦已後，便從文史⑧，略無卒業者⑨。冠冕⑩為此者，則有何胤⑪、劉瓛、明山賓⑫、周捨⑬、朱異⑭、周弘正⑮、賀琛⑯、賀革⑰、蕭子政⑱、劉縚等，兼通文史，不徒講說也。洛陽亦聞崔浩⑲、張偉⑳、劉芳㉑，鄴下又見邢子才㉒：此四儒者，雖好經術，亦以才博擅名。如此諸賢，故為上品，以外率多田野間人，音辭鄙陋，風操蚩㉓拙，相與專固㉔，無所堪能，問一言輒酬數百，責其指歸㉕，或無要會㉖。鄴下諺云：「博士買驢，書券三紙，未有驢字。」使汝以此為師，令人氣塞。孔子曰：「學也祿在其中矣㉗。」今勤無益之事，恐非業也。夫聖人之書，所以設教，但明練經文，粗通注義，常使言行有得，亦足為人；何必「仲尼居」㉘即須兩紙疏義，燕寢講堂，亦復何在？以此得勝，寧有益乎？光陰可惜，譬諸逝水。當博覽機要㉙，以濟功業；必能兼美，吾無間㉚焉。

【注釋】

① 弘：發揚光大。王利器曰：「漢有通經致用之說，謂治一經必得一經之用也。如平當以禹貢治河，夏侯勝以洪範察變，董仲舒以春秋決獄，王式以三百五篇當諫書，皆其例證。」

② 該：備具，完備。

③ 末俗：末世之風俗。爾：如此。

④ 章句：本指古籍中的章節與句子，引申為剖章析句，是漢代以來經學

家解說經義的一種方式。亦泛指書籍注釋。

⑤專儒：此指專門研習一部經典。桂馥《箚樸》卷三曰：「漢時書少，學者皆能專精。晉、宋以後，四部之書，卷帙千萬，遂有涉獵之學。」

⑥總丱（音貫）：古時兒童束髮為兩角，後借指童年。

⑦出身：謂出仕則致身於君。

⑧文史：當作「文吏」，即指文官。

⑨略無：全無。卒：終。

⑩冠冕：此處為仕宦的代稱。

⑪何胤：南朝齊梁時期儒學名臣，曾為南齊國子監祭酒，入梁後隱居。《梁書·處士傳》：「胤，字子季，點（何點）之弟也。年八歲，居憂哀毀若成人。既長好學。師事沛國劉，受《易》及《禮記》《毛詩》，又入鍾山定林寺聽內典，其業皆通……胤注《百法論》《十二門論》各一卷，注《周易》十卷、《毛詩總集》六卷、《毛詩隱義》十卷、《禮記隱義》二十卷、《禮答問》五十五卷。」

⑫明山賓：南梁文士。《梁書·明山賓傳》：「明山賓，字孝若，平原鬲人也……山賓七歲能言名理，十三博通經傳，居喪盡禮……時初置《五經》博士，山賓首膺其選。遷北中郎諮議參軍，侍皇太子讀。累遷中書侍郎、國子博士、太子率更令、中庶子，博士如故……山賓累居學官，甚有訓導之益，然性頗疏通，接於諸生，多所狎比，人皆愛之。所著《吉禮儀注》二百二十四卷，《禮儀》二十卷，《孝經喪禮服義》十五卷。」

⑬周舍：南梁名臣、文學家。《梁書·周舍傳》：「周舍，字升逸，汝南安城人……既長，博學多通，尤精義理，善誦書，背文諷說，音韻清辯……梁台建，為奉常丞。高祖即位，博求異能之士。吏部尚書范雲與顯素善，重舍才器，言之於高祖，召拜尚書祠部郎。時天下草創，禮儀損益，多自舍出。尋為後軍記室參軍、秣陵令。入為中書通事舍人，累遷太子洗馬，散騎常侍，中書侍郎，鴻臚卿。時王亮得罪歸家，故人莫有至者，舍獨敦恩舊，及卒，身營殯葬，時人稱之。遷尚書吏部郎，太子右衛率，右衛將軍，雖居職屢徙，而常留省內，罕得休下。國史詔誥，儀體法律，軍旅謀謨，皆兼掌之。日夜侍上，預機密，二十餘年未嘗離左右。舍素辯給，與人泛論談謔，終日不絕口，而竟無一言漏泄機事，眾尤嘆服之。」

⑭朱异：南梁詩人、官員。《梁書・朱异傳》：「朱异，字彥和，吳郡錢唐人也……既長，乃折節從師，遍治《五經》，尤明《禮》《易》，涉獵文史，兼通雜藝，博弈書算，皆其所長……尋有詔求異能之士，《五經》博士明山賓表薦異曰：『竊見錢唐朱异，年時尚少，德備老成。在獨無散逸之想，處暗有對賓之色，器宇弘深，神表峰峻。金山萬丈，緣陟未登；玉海千尋，窺映不測。加以珪璋新琢，錦組初構，觸響鏗鏘，值采便發。觀其信行，非惟十室所稀，若使負重遙途，必有千里之用。』高祖召見，使說《孝經》《周易》義，甚悅之，謂左右曰：『朱异實异。』後見明山賓，謂曰：『卿所舉殊得其人。』仍召异直西省，俄兼太學博士……自周舍卒後，异代掌機謀，方鎮改換，朝儀國典，詔誥敕書，並兼掌之。每四方表疏，當局簿領，諮詢詳斷，填委於前。异屬辭落紙，覽事下議，縱橫敏贍，不暫停筆，頃刻之間，諸事便了……所撰《禮》《易》講疏及儀注、文集百餘篇，亂中多亡逸。」

⑮周弘正：字思行，南朝梁陳之際名儒，為梁國子博士，陳國子祭酒。《陳書・周弘正傳》：「周弘正，字思行，汝南安城人……弘正幼孤，及弟弘讓、弘直，俱為伯父侍中護軍舍所養。年十歲，通《老子》《周易》，舍每與談論，輒異之……起家梁太學博士……累遷國子博士。時於城西立士林館，弘正居以講授，聽者傾朝野焉……弘正特善玄言，兼明釋典，雖碩學名僧，莫不請質疑滯……所著《周易講疏》十六卷，《論語疏》十一卷，《莊子疏》八卷，《老子疏》五卷，《孝經疏》兩卷，《集》二十卷，行於世。」

⑯賀琛：南梁名儒，尤精於禮學。《梁書・賀琛傳》：「賀琛，字國寶，會稽山陰人也。伯父蒨，步兵校尉，為世碩儒。琛幼，蒨授其經業，一聞便通義理……閒則習業，尤精《三禮》……琛所撰《三禮講疏》《五經滯義》及諸儀法，凡百餘篇。」

⑰賀革：南梁名儒，精於禮學，賀蒨之子。《梁書・儒林傳》：「革，字文明。少通《三禮》，及長，遍治《孝經》《論語》《毛詩》《左傳》。起家晉安王國侍郎、兼太學博士，侍湘東王讀。敕於永福省為邵陵、湘東、武陵三王講禮。稍遷湘東王府行參軍，轉尚書儀曹郎。尋除秣陵令，遷國子博士，於學講授，生徒常數百人。出為西中郎湘東王諮議參軍，帶江陵令。王初於府置學，以革領儒林祭酒，講《三禮》，荊楚衣冠聽者甚眾。」

⑱ 蕭子政：南梁學者。《隋書‧經籍志》：「《周易義疏》十四卷，《周易繫辭義疏》三卷，《古今篆隸雜字體》一卷。」注曰：「梁都官尚書蕭子政撰。」

⑲ 崔浩：北魏名臣，仕北魏道武帝、明元帝、太武帝三朝，官至司徒，參與軍國大計。《魏書‧崔浩傳》：「崔浩，字伯淵，清河人也。白馬公玄伯之長子。少好文學，博覽經史。玄象陰陽，百家之言，無不關綜，研精義理，時人莫及……太宗好陰陽術數，聞浩說《易》及《洪範》五行，善之，因命浩筮吉凶，參觀天文，考定疑惑。浩綜覈天人之際，舉其綱紀，諸所處決，多有應驗。恒與軍國大謀，甚為寵密。」

⑳ 張偉：北魏名臣。《魏書‧儒林傳》：「張偉，字仲業，小名翠螭，太原中都人也。高祖敏，晉秘書監。偉學通諸經，講授鄉里，受業者常數百人。儒謹泛納，勤於教訓，雖有頑固不曉，問至數十，偉告喻慇勤，曾無慍色。常依附經典，教以孝悌，門人感其仁化，事之如父。性恬平，不以夷嶮易操，清雅篤慎，非法不言。」

㉑ 劉芳：北魏名儒。《魏書‧劉芳傳》：「劉芳，字伯文，彭城人也……芳雖處窮窘之中，而業尚貞固，聰敏過人，篤志墳典。晝則傭書，以自資給，夜則讀誦，終夕不寢，至有易衣並日之敝，而澹然自守，不汲汲於榮利，不戚戚於賤貧，乃著《窮通論》以自慰焉……芳才思深敏，特精經義，博聞強記，兼覽《蒼》《雅》，尤長音訓，辨析無疑。」

㉒ 邢子才：即邢邵，字子才，北朝著名文人。《北齊書‧邢邵傳》：「邢邵，字子才，河間鄭人……年五歲，魏吏部郎清河崔亮見而奇之，曰：『此子後當大成，位望通顯。』十歲便能屬文，雅有才思，聰明強記，日誦萬餘言。族兄巒，有人倫鑒，謂子弟曰：『宗室中有此兒，非常人也。』少在洛陽，會天下無事，與時名勝專以山水遊宴為娛，不暇勤業。嘗因霖雨，乃讀《漢書》，五日，略能遍記之。後因飲謔倦，方廣尋經史，五行俱下，一覽便記，無所遺忘。文章典麗，既贍且速。年未二十，名動衣冠……孝昌初，與黃門侍郎李琰之對典朝儀。自孝明之後，文雅大盛，邵雕蟲之美，獨步當時，每一文初出，京師為之紙貴，讀誦俄遍遠近……博覽墳籍，無不通曉，晚年尤以《五經》章句為意，窮其指要。吉凶禮儀，公私諮稟，質疑去惑，為世指南……有集三十卷，見行於世。」

㉓蚩：無知貌。

㉔專固：固執，自以為是。

㉕責：問。指歸：意旨，意象。

㉖要會：要領，總會。

㉗「孔子曰」二句：出自《論語‧衛靈公篇》：「子曰：『君子謀道不謀食。耕也，餒在其中矣；學也，祿在其中矣。君子憂道不憂貧。』」

㉘仲尼居：《孝經‧開宗明義章》首文。歷代學者對「居」字注解不一，各持一端。

㉙機要：精義，要旨。

㉚無間：沒什麼可以評論的，形容事物已經臻於完美。

【譯文】

　　學習風氣的興盛或衰敗，隨社會風氣的變化而變化。漢朝的賢才俊士們，都靠精通一部經書來弘揚聖人之道，上可洞察天命，下可貫通人事，他們中以此而官至卿相的人有很多。漢朝末年則風氣不復如此，讀書人都空守章句之學，只知道背誦師長的言論，如果靠這些東西來處理實際事務，大概不會有半點用處。因此，後來的士大夫子弟，皆以廣泛涉獵各種典籍為貴，不肯專研一部經。

　　梁朝從皇孫以下，在兒童時，就一定先讓他們入學讀書，觀察他們的志向，到步入仕途的年齡後，就去參與文官的事務，沒有一個人是把學業堅持到底的。既當官又能堅持學業的，有何胤、劉瓛、明山賓、周捨、朱异、周弘正、賀琛、賀革、蕭子政、劉綰等人，這些人都兼通文史，並不僅僅只會講經論書而已。我聽說在洛陽有崔浩、張偉、劉芳，鄴下還有邢子才：這四位學者，雖然都喜好經學，但也以才識廣博而聞名。像這樣的賢士，是為學者中的上品，除此之外就大多是些山野村夫，這些人言語粗陋，沒有操守，互相之間固執己見，什麼事也不能勝任，你問他一句，他能回答你幾百句，再問他其中的意旨究竟是什麼，他大多不得要領。鄴下有諺語說：「博士去買驢，契約寫了三張紙，還不見寫出一個『驢』字。」如果讓你拜這種人為師，還不把人氣死。

　　孔子說：「好好學習吧，俸祿就在其中。」而如今有些人卻在那些

毫無益處的事情上下功夫，恐怕不是正業吧。聖人的書，是用來教育人的，只要能熟悉經文，粗通傳注大義，使之對自己的言行有所幫助，也就足以立身做人了。又何必對「仲尼居」三個字就得用兩張紙來注釋呢，你說「居」指閒居之處，他說「居」指講習之所，可那地方現在還存在嗎？在這個問題上爭來爭去，就算講對了，有什麼意義呢？光陰苦短，應當珍惜，它像流水一樣一去不復返，所以我們應當在有限的人生裡博覽經典著作之精要，以求對自己的事業有所助益；如能兩全其美，把博覽與專精結合起來，那我就非常滿意，再無話可說了。

【原文】

　　俗間儒士，不涉群書，經緯①之外，義疏②而已。吾初入鄴，與博陵崔文彥交遊③，嘗說《王粲集》中難鄭玄《尚書》事④。崔轉為諸儒道之，始將發口，懸見排蹙⑤，云：「文集只有詩賦銘誄⑥，豈當論經書事乎？且先儒之中，未聞有王粲也。」崔笑而退，竟不以《粲集》示之。魏收⑦之在議曹，與諸博士議宗廟事，引據《漢書》，博士笑曰：「未聞《漢書》得證經術。」收便忿怒，都不復言，取《韋玄成⑧傳》，擲之而起。博士一夜共披⑨尋之，達明，乃來謝曰：「不謂玄成如此學也。」

【注釋】

① 緯：即緯書，漢代的方士和儒生依託今文經義宣揚符籙、瑞應、占驗之書，有的與經義在離合之間，有的則全無關係。因相對於「經書」，故稱為「緯書」。

② 義疏：古書的注釋體制之一，起源於南北朝，內容為疏通原書和舊注的文意，闡述原書的思想，或廣羅材料，對舊注進行考核，補充辨證。

③ 博陵：郡名，屬冀州。崔文彥：《北史·崔鑒傳》：「（崔育王）子文豹，字蔚。」王利器疑崔文彥即為其兄弟輩。

④ 王粲：字仲宣，東漢末年文學家，「建安七子」之一。《隋書·經籍

志》：「後漢侍中《王粲集》十一卷。」鄭玄：字康成，東漢末年經
學大師，他遍注儒家經典，以畢生精力整理古代文化遺產，使經學進
入了一個「小統一時代」。《困學紀聞》卷二：「粲集中難鄭玄尚書
事，今僅見於唐元行沖《釋疑》，王粲曰：『世稱伊、雒以東，淮、
漢以北，康成一人而已。咸言先儒多闕，鄭氏道備。粲竊嗟怪，因求
所學，得尚書注，退思其意，意皆盡矣，所疑猶未喻焉。』」

⑤ 懸：先。排㦤：斥責。

⑥ 賦、銘、誄：王利器曰：「賦為『鋪采摛文，體物寫志』的有韻之
　文。銘為『稱述功美』的有韻之文。誄為『累列生時行跡』的有韻之
　文。」

⑦ 魏收：字伯起，小字佛助，北朝文學家、史學家，仕魏除太學博士，
　歷官散騎侍郎等，編修國史。入北齊，除中書令，兼著作郎，官至尚
　書右僕射，位特進。與溫子升、邢邵並稱「北地三才子」。

⑧ 韋玄成：字少翁，西漢人，少好學，以明經擢為諫大夫，漢元帝永光
　年間為丞相。

⑨ 批：翻閱。

【譯文】

　　世俗的讀書人，不能博覽群書，除了研讀經書、緯書，就只學學注
疏。我剛到鄴下時，與博陵的崔文彥交遊，曾和他談起《王粲集》中有
王粲駁難鄭玄注解《尚書》的事。崔文彥轉而給幾位讀書人講述這個問
題，才剛開口，就先被他們斥責說：「文集中只有詩、賦、銘、誄之類
問題，難道會有講論經書的問題嗎？何況在先儒之中，也沒聽說有個王
粲。」崔文彥笑了笑便走來，終究沒把《王粲集》給他們看。

　　魏收為議曹的時候，和幾位博士議論有關宗廟的事，他引《漢書》
作論據，博士們笑道：「沒有聽說過《漢書》可以用來論證經學。」魏
收很生氣，一言不發，只是拿出《韋玄成傳》扔到他們面前，然後就起
身離開了。博士們聚在一起，用了一整夜時間來閱讀此書，天亮時，他
們前來向魏收道歉，說：「想不到韋玄成還有這樣的學問啊。」

　　夫老、莊之書，蓋全真養性，不肯以物累己也。故藏名柱史①，終蹈流沙②；匿跡漆園③，卒辭楚相④，此任縱之徒耳。何晏⑤、王弼⑥，祖述玄宗⑦，遞相誇尚⑧，景附草靡⑨，皆以農、黃之化，在乎己身，周、孔之業，棄之度外。而平叔以黨曹爽見誅，觸死權之網也；輔嗣以多笑人被疾，陷好勝之阱也；山巨源以蓄積取譏⑩，背多藏厚亡⑪之文也；夏侯玄⑫以才望被戮，無支離臃腫之鑒也⑬；荀奉倩⑭喪妻，神傷而卒，非鼓缶之情⑮也；王夷甫⑯悼子，悲不自勝，異東門⑰之達也；嵇叔夜⑱排俗取禍，豈和光同塵⑲之流也；郭子玄⑳以傾動專勢，寧後身外己㉑之風也；阮嗣宗沉酒荒迷㉒，乖畏途相誡之譬也㉓；謝幼輿㉔贓賄黜削，違棄其餘魚㉕之旨也：彼諸人者，並其領袖，玄宗所歸。其餘桎梏塵滓之中，顛僕名利之下者，豈可備言乎！直取其清談雅論，剖玄析微，賓主往復，娛心悅耳，非濟世成俗之要也。洎㉖於梁世，茲風復闡，《莊》《老》《周易》，總謂《三玄》。武皇、簡文，躬自講論。周弘正奉贊大猷㉗，化行都邑，學徒千餘，實為盛美。元帝在江、荊間，復所愛習，召置學生，親為教授，廢寢忘食，以夜繼朝，至乃倦劇㉘愁憤，輒以講自釋。吾時頗預末筵，親承音旨，性既頑魯，亦所不好云。

【注釋】

①柱史：柱下史的省稱，周、秦時官名。張衡《周天大象賦》：「柱史記私而奏職。」《列仙傳》載老子曾為周柱下史，《史記》則載老子為周守藏室之史。

②蹈流沙：《列仙傳》：「關令尹喜者，周大夫也。善內學，常服精華，隱德修行，時人莫知。老子西遊，喜先見其氣，知有真人當過，物色而遮之，果得老子。老子亦知其奇，為著書授之。後與老子俱遊流沙，化胡，服苣勝實，莫知其所終。」

③漆園：故地名，戰國時莊子曾為漆園吏。

④辭楚相：《史記‧老子韓非列傳》：「楚威王聞莊周賢，使使厚幣迎之，許以為相。莊周笑謂楚使者曰：『千金，重利；卿相，尊位也。子獨不見郊祭之犧牛乎？養食之數歲，衣以文繡，以入大廟。當是之時，雖欲為孤豚，豈可得乎？子亟去，無汙我。我寧遊戲汙瀆之中自快，無為有國者所羈，終身不仕，以快吾志焉。』」

⑤何晏：字平叔，三國時魏國玄學家，少年時以才秀知名，喜好老、莊之言。魏文帝在位時未被授官職。明帝認為他虛浮不實，也只授予他冗官之職。正始年間，曹爽秉政，何晏黨附曹爽，累官侍中、吏部尚書，典選舉，封列侯。高平陵之變後與曹爽同為司馬懿所殺，滅三族。何晏與夏侯玄、王弼等宣導玄學，競事清談，遂開一時風氣，為魏晉玄學的創始者之一。

⑥王弼：字輔嗣，三國時魏國經學家，魏晉玄學的代表人物。少年有文名，曾為《道德經》與《易經》撰寫注解。與何晏、夏侯玄等同倡玄學清談，為人高傲，「頗以所長笑人，故時為士君子所疾」。

⑦祖述：闡述，發揚。玄宗：指道家思想。

⑧誇尚：誇耀，推崇。

⑨景附：如影附身，比喻依附密切。景：通「影」。草靡：草順風倒伏，比喻贊同，臣服。

⑩山巨源：即山濤，字巨源，魏晉名士，「竹林七賢」之一，好老莊學說。據史載，山濤性甚儉約，於財大度，所得俸祿賞賜，皆散之親故，故家無積財，以致死後只留下十間屋，子孫都不能容納，還是皇帝親自為之立室。此處稱山濤蓄積，於史不符，當誤。劉盼遂以為山濤當是王戎之誤。王戎與山濤列「竹林七賢」，故易混淆。且王戎之儉吝，史書多載，如責從子之單衣，索息女之貸錢，鑽核而賣李，把籌而計資諸事，備載於《世說新語‧儉嗇篇》中。

⑪多藏厚亡：指積聚很多財物而不能周濟別人，引起眾人的怨恨，最後會損失更大。《老子》：「是故甚愛必大費，多藏必厚亡。」

⑫夏侯玄：字太初，三國時魏國名士。他博學多識，才華出眾，尤其精通玄學，被譽為「四聰」之一，與何晏等人開創了魏晉玄學的先河，是早期的玄學領袖。後被司馬師殺害，夷滅三族。

⑬支離：即支離疏，因殘疾而得以保全的異人。《莊子‧人間世》：「支離疏者，頤隱於齊，肩高於頂，會撮指天，五管在上，兩髀為

脅。挫針治，足以糊口；鼓莢播精，足以食十人。上徵武士，則支離攘臂於其間；上有大役，則支離以有常疾不受功；上與病者粟，則受三鍾與十束薪。夫支離者其形者，猶足以養其身，終其天年，又況支離其德者乎！」臃腫：指因軀幹臃腫而不為匠人所伐的大樹。《莊子‧逍遙遊》：「惠子謂莊子曰：『吾有大樹，人謂之樗。其大本擁腫而不中繩墨，其小枝捲曲而不中規矩。立之塗，匠者不顧。』」

⑭荀奉倩：即荀粲，字奉倩，三國曹魏玄學家。娶曹洪之女為妻，生活美滿。不料，不久妻子重病不治而亡。荀粲悲痛過度，旋即亦亡，年僅二十九歲。

⑮鼓缶之情：指莊子於妻子死後鼓盆而歌事。缶（音否）：瓦器。《莊子‧至樂》：「莊子妻死，惠子吊之，莊子則方箕踞鼓盆而歌。」

⑯王夷甫：即王衍，字夷甫，魏晉名士，喜好老、莊學說。他解讀玄理的時候，手裡總是拿著一把與手同色的玉拂塵，神態從容瀟灑，談論精闢透徹，傾動當時。當他講錯時，卻又隨即更改，時人號為「口中雌黃」。後為石勒所俘虜，被活埋。

⑰東門：即東門吳，戰國時秦國人，為人達觀樂命。《戰國策‧秦策三》：「梁人有東門吳者，其子死而不憂。其相室曰：『公之愛子也，天下無有，今子死不憂，何也？』東門吳曰：『吾嘗無子，無子之時不憂；今子死，乃即與無子時同也，臣奚憂焉？』」事亦見《列子‧力命篇》。

⑱嵇叔夜：即嵇康，字叔夜，魏晉名士，著名思想家、音樂家、文學家。正始末年與阮籍等竹林名士共倡玄學新風，主張「越名教而任自然」、「審貴賤而通物情」，為「竹林七賢」的精神領袖。後因得罪鍾會，為其構陷，而被司馬昭處死。

⑲和光同塵：和合它們的光彩，也共同吸納它們帶來的塵埃。本意是道家無為而治思想的體現，也是一種處事態度。《老子》：「挫其銳，解其紛，和其光，同其塵。」

⑳郭子玄：即郭象，字子玄，西晉玄學家。好老莊，善清談。《晉書‧郭象傳》：「東海王越引為太傅主簿，甚見親委，遂任職當權，熏灼內外，由是素論去之。」

㉑後身外己：《老子》：「聖人後其身而身先，外其身而身存。」

㉒阮嗣宗：即阮籍，字嗣宗，魏晉名士，「竹林七賢」之一，崇奉老莊之學，政治上則採取謹慎避禍的態度。沉酒：即沉湎於酒。

㉓乖：違背。畏途相誡：指兇險的路上要倍加小心。《莊子‧達生》：
「夫畏途者，十殺一人，則父子兄弟相戒也。必盛卒徒而後敢出焉，
不亦知乎！」

㉔謝幼輿：即謝鯤，西晉名士，好老、易。

㉕棄其餘魚：把不需要的魚扔掉，比喻節欲知足。《淮南子‧齊俗
訓》：「惠子從車百乘，以過孟諸，莊子見之，棄其餘魚。」

㉖洎：及、至。

㉗大猷：謂治國之道。

㉘倦劇：即勞苦倦極。

【譯文】

老子、莊子的著作，講的是如何保持本真、修養品行，不肯以身外
之物來牽累自己。所以老子隱姓埋名，做周柱下史，最終隱遁於沙漠之
中；莊子銷聲匿跡，隱居漆園為小吏，最終拒絕了楚威王召他為相的邀
請，他們都是自由自在、無拘無束的人啊。

魏晉時，何晏、王弼等人宣講道家思想，彼此誇耀推崇。當時的人
們如影子依附於形體、草木順著風向一般，都以神農、黃帝的教化來裝
扮自身，而將周公、孔子的學業置之度外。然而何晏卻因為黨附曹爽而
被誅殺，這是死在了貪權的羅網上；王弼以自己所長笑他人之短，招致
別人怨恨，這是陷入了爭強好勝的陷阱；山濤因為貪吝積斂而被世人譏
諷，這是違背了聚斂越多喪失越大的古訓；夏侯玄因才能聲望過高而遭
殺害，這是沒有從莊子所說的支離和臃腫大樹等無用之才得以自保的寓
言中吸取教訓；荀粲喪妻之後，因傷心而死，這就不具有莊子在喪妻之
後鼓盆而歌的超脫情懷；王衍因悼念亡子而悲不自勝，這就不同於東門
吳面對喪子之痛所抱的那種達觀態度；嵇康排斥世俗而招致殺身之禍，
這哪能算是「和其光，同其塵」的人呢；郭象因為聲名顯赫而最終走上
權勢之路，也沒有達到甘於人後的境界；阮籍沉迷於飲酒，縱情迷亂，
違背了身在險途應當小心謹慎的古訓；謝鯤因貪污受賄而遭罷黜，違背
了節制物欲的宗旨。以上這些人，都是玄學中人心所向的領袖人物。至
於其他那些在塵世污穢中身套名韁利鎖，在名利場中摸爬滾打之輩，就
更不值一提了。這些人不過是選取老、莊著作中的那些清談雅論，剖析

其中的玄妙細微之處，賓主之間相互問答，只求娛心悅耳罷了，這並不是有利於形成良好社會風氣的事。

到了梁朝，這種崇尚道家的風氣又流行起來，當時，《老子》《莊子》《周易》被總稱為「三玄」。梁武帝、梁簡文帝都曾親自加以講論。周弘正奉君主之命講述以道家思想治國的大道理，其風氣影響到都城和大小城鎮，門徒達到千餘人，確實是盛況空前的事。梁元帝在江州、荊州期間，也十分愛好並熟悉此道，他召集學生，親自為他們講解，達到廢寢忘食、夜以繼日的地步，甚至在他極度疲倦或憂愁煩悶的時候，也靠玄學來自我排解。我當時偶爾也在末位就坐，親耳聆聽梁元帝的教誨，然而我資質愚鈍，對此又缺乏興趣，故並沒有特別的收益。

【原文】

齊孝昭帝侍婁太后疾[1]，容色憔悴，服膳減損。徐之才[2]為灸兩穴，帝握拳代痛，爪入掌心，血流滿手。后既痊癒，帝尋疾崩，遺詔恨不見太后山陵[3]之事。其天性至孝如彼，不識忌諱如此，良由無學所為。若見古人之譏欲母早死而悲哭之[4]，則不發此言也。孝為百行之首，猶須學以修飾之，況餘事乎！

【注釋】

①孝昭帝：即北齊孝昭帝高演。《北齊書‧孝昭帝紀》：「性至孝，太后不豫，出居南宮，帝行不正履，容色貶悴，衣不解帶，殆將四旬。殿去南宮五百餘步，雞鳴而去，辰時方還，來去徒行，不乘輿輦。太后所苦小增，便即寢伏閤外，食飲藥物盡皆躬親。太后常心痛不自堪忍，帝立侍帷前，以爪掐手心，血流出袖。」婁太后：孝昭帝生母，名昭君，司徒婁內干之女。

②徐之才：北朝名醫，兼有機辨別。

③山陵：帝王或皇后的墳墓。此指婁太后的喪事。《廣雅‧釋丘》：「秦名天子冢曰山，漢曰陵。」

④欲母早死而悲哭之：《淮南子‧說山訓》：「東家母死，其子哭之不

哀。西家子見之，歸謂其母曰：『社何愛速死，吾必悲哭社。』夫欲其母之死者，雖死亦不能悲哭矣。」江、淮間謂母為社。

【譯文】

　　北齊孝昭帝侍奉病重的婁太后，因擔憂而臉色憔悴，茶飯不思。徐之才為太后的兩個穴位針灸，孝昭帝一直在旁握拳代痛，指甲刺入掌心，血流滿手。太后病癒後不久，孝昭帝因病而亡，遺詔中說：最遺憾的事就是不能親自為太后操辦喪事。他的天性是如此孝順，卻又如此不知忌諱，這全都是不學習造成的。如果他從書中看過古人諷刺那些盼望母親早死便提早痛哭的人的記載，就不會說出這樣的話了。孝是百行之首，尚且需要通過學習去培養完善，更何況其他事呢！

【原文】

　　梁元帝嘗為吾說：「昔在會稽，年始十二，便已好學。時又患疥[1]，手不得拳，膝不得屈。閑齋張葛幨[2]避蠅獨坐，銀甌貯山陰[3]甜酒，時復進之，以自寬痛。率意自讀史書，一日二十卷，既未師受，或不識一字，或不解一語，要自重之，不知厭倦。」帝子之尊，童稚之逸，尚能如此，況其庶士，冀以自達者哉？

【注釋】

① 疥：疥瘡，一種皮膚病。
② 張：懸掛。葛幨：葛布製成的帷帳。
③ 山陰：南朝會稽郡山陰縣，即今浙江紹興。此地自古以酒聞名。

【譯文】

　　梁元帝曾經對我說：「我從前在會稽，年齡才十二歲，就已經喜歡學習了。當時我身患疥瘡，手不能握拳，膝不能彎曲。我在閑齋中掛上葛布製成的帷子以遮蔽蚊蠅，自己獨坐其中，身旁的小銀甌裡裝著山陰產的甜酒，不時喝上幾口，以此減輕痛苦。我隨意地讀一些史書，一天

能讀二十卷。因為當時沒有老師教我，有時候滿紙讀下來，竟一個字都不認識，一句話都不理解，可是我就是喜歡看，不知厭倦。」梁元帝以帝王之子的尊貴，孩童的閒適，尚能如此好學，更何況那些希望通過學習謀求騰達的讀書人呢？

【原文】

　　古人勤學，有握錐投斧①，照雪聚螢②，鋤則帶經③，牧則編簡④，亦為勤篤。梁世彭城劉綺，交州⑤刺史勃之孫，早孤家貧，燈燭難辦，常買荻尺寸折之，然明夜讀。孝元初出會稽，精選寮寀⑥，綺以才華，為國常侍兼記室⑦，殊蒙禮遇，終於金紫光祿⑧。義陽朱詹⑨，世居江陵，後出揚都，好學，家貧無資，累日不爨⑩，乃時吞紙以實腹。寒無氈被，抱犬而臥。犬亦饑虛，起行盜食，呼之不至，哀聲動鄰，猶不廢業，卒成學士，官至鎮南錄事參軍⑪，為孝元所禮。此乃不可為之事，亦是勤學之一人。東莞⑫臧逢世，年二十餘，欲讀班固《漢書》，苦假借不久，乃就姊夫劉緩乞丐客刺⑬書翰紙末，手寫一本，軍府服其志尚，卒以《漢書》聞。

【注釋】

①握錐：戰國蘇秦事。《戰國策・秦策一》：「（蘇秦）讀書欲睡，引錐自刺其股，血流至足。」投斧：文黨投斧求學事。《北堂書鈔》卷九七引《廬江七賢傳》：「文黨，字翁仲，未學之時，與人俱入山取木，謂侶人曰：『吾欲遠學，先試投我斧高木上，斧當掛。』仰而投之，斧果上掛，因之長安受經。」

②照雪：晉孫康事。《初學記》卷二引《宋齊語》：「孫康家貧，常映雪讀書，清淡，交遊不雜。」聚螢：晉車胤事。《晉書・車胤傳》：「車胤，字武子，南平人也……胤恭勤不倦，博學多通。家貧不常得油，夏月則練囊盛數十螢火以照書，以夜繼日焉。及長，風姿美劭，機悟敏速，甚有鄉曲之譽。」

③鋤則帶經：西漢兒寬事。《漢書・兒寬傳》：「時行賃作，帶經而

鋤，休息輒讀誦，其精如此。」又漢魏之際常林，亦有此事。《三國志・魏書・常林傳》裴松之注引《魏略》曰：「林少單貧。雖貧，自非手力，不取之於人。性好學，漢末為諸生，帶經耕，其妻常自饋餉之，林雖在田野，其相敬如賓。」

④ 牧則編簡：西漢路溫舒事。《漢書・路溫舒傳》：「路溫舒字長君，巨鹿東里人也。父為里監門，使溫舒牧羊，溫舒取澤中蒲，截以為牒，編用寫書。」注：小簡曰牒。

⑤ 交州：古地名，包括今天越南北、中部和中國廣西、廣東的一部分。

⑥ 寮案（音菜）：本指官舍，後代指官吏，僚屬。

⑦ 國常侍兼記室：《隋書・百官志上》：「皇子府置中錄事、中記室、中直兵等參軍，功曹史、錄事、中兵等參軍。王國置常侍官。」《北堂書鈔》卷六九引干寶《司徒儀》：「記室主書儀，凡有表章雜記之書，掌創其草。」

⑧ 金紫光祿：即金紫光祿大夫。《隋書・百官志》：「特進、左右光祿大夫、金紫光祿大夫，並為散官，以加文武官之德聲者。」

⑨ 義陽：荊州有義陽郡義陽縣。朱詹：《金樓子・聚書篇》有州民朱澹遠，疑即朱詹。顏之推祖名見遠，故去「遠」字。

⑩ 爨（音串）：生火做飯。

⑪ 鎮南錄事參軍：梁元帝曾官鎮南將軍，錄事參軍為其屬官。《唐六典》卷二十九：「親王府錄事參軍，掌付勾稽，省署抄目。」

⑫ 東莞：山東古地名。《晉書・地理志》：「徐州東莞郡，太康中置，東莞縣，故魯鄆邑。」

⑬ 客刺：名刺，名片。郝懿行曰：「古之客刺書翰，邊幅極長，故有餘處，可容書寫，非如今時形制殺削之比也。」

【譯文】

古人非常勤奮好學，有以錐刺股防止讀書瞌睡的蘇秦，有投斧於高樹下決心到長安求學的文黨，有雪夜於室外借著雪地反光讀書的孫康，有用袋子收集螢火蟲用來照讀的車胤。漢代兒寬、常林耕種時也帶著經書，路溫舒在放牛時就摘蒲草截成小簡，用來寫字，他們都是勤奮學習的人。

梁朝時，彭城人劉綺是交州刺史劉勃的孫子，他自幼喪父，家境貧

寒，無錢購買燈燭，就買來荻草，把它的莖折成尺把長，點燃以照明夜讀。孝元帝在仕會稽太守時，精心選拔了一些官吏，劉綺以其才華當上了國常侍兼記室，很受孝元帝的禮遇器重，最後官至金紫光祿大夫。

義陽人朱詹，祖居江陵，後移居建業，他十分好學，但家貧無錢，有時候連續幾天不能生火做飯，就經常吞食廢紙充饑。天冷沒有被子蓋，他就抱著狗取暖睡覺。狗也餓得受不了，就跑到外面去偷東西吃，朱詹大聲呼喚，狗也不肯回家，他哀痛的喊聲驚動四鄰。即便如此，朱詹仍沒有荒廢學業，終於成為學士，官至鎮南錄事參軍，為元帝所禮敬。這不是一般人所能做到的，也是一個勤學的典型。

東莞人臧逢世，二十多歲，想讀班固的《漢書》，但苦於借來的書不能長久閱讀，就向姐夫劉緩要來名片、書札和邊幅紙頭，親手抄得一本。軍府中的人都佩服他的志氣。他最終以研究《漢書》而聞名於世。

【原文】

齊有宦者內參田鵬鸞[1]，本蠻人[2]也。年十四五，初為閹寺[3]，便知好學，懷袖握書，曉夕諷誦。所居卑末，使役苦辛，時伺間隙，周章[4]詢請。每至文林館[5]，氣喘汗流，問書之外，不暇他語。及睹古人節義之事，未嘗不感激沉吟[6]久之。吾甚憐愛，倍加開獎[7]。後被賞遇，賜名敬宣，位至侍中開府[8]。後主之奔青州，遣其西出，參伺動靜，為周軍所獲。問齊主何在，紿[9]云：「已去，計當出境。」疑其不信，歐[10]捶服之，每折一支[11]，辭色愈厲，竟斷四體而卒。蠻夷童丱，猶能以學成忠，齊之將相，比敬宣之奴不若也。

【注釋】

①內參：太監。田鵬鸞：史書作田鵬。《北史·傳伏傳》載：「又有開府、中侍中、宦者田敬宣，本字鵬，蠻人也。年十四五，便好讀書。既為閹寺，伺隙便周章詢請。每至文林館，氣喘汗流，問書之外，不暇他語。及視古人節義事，未嘗不感激沉吟。顏之推重其勤學，甚加開獎。後遂通顯。後主之奔青州，遣其西出參伺動靜，為周軍所獲。

問齊主何在,紿云已去。毆捶服之。每折一肢,辭色愈屬,竟斷四體而卒。」

② 蠻人:此指當時居住在河南境內的少數民族。

③ 閹寺:古代宮中看門的近侍小臣,多以閹人充任。

④ 周章:往來迅疾。

⑤ 文林館:官署名,北齊置。掌著作及校理典籍,兼訓生徒,置學士。《北齊書‧文苑傳》:「後主屬意斯文,三年,祖珽奏立文林館。於是更召引文學士,謂之待詔文林館焉。」顏之推曾待詔文林館,故有開獎田敬宣事。

⑥ 沉吟:詠歎。

⑦ 開獎:開導,勉勵。

⑧ 侍中開府:《北齊書》《北史》俱作「開府中侍中」。《隋書‧百官志中》:「中侍中省,掌出入門閤,中侍中二人。」

⑨ 紿(音帶):欺騙。

⑩ 歐:通「毆」,毆打。

⑪ 支:通「肢」,肢體。

【譯文】

北齊有一位太監名叫田鵬鸞,本是蠻人。他年紀十四五歲,開始做太監的時候,就知道好學,隨身帶著書,早晚誦讀。他所處地位卑微,每天的差役非常辛苦,但他仍利用有限的閒置時間,四處請教。他每次去文林館,都累得氣喘吁吁,汗流浹背,除了詢問書中不懂的地方外,顧不得說一句閒話。每當讀到古人講氣節、重義氣的事,他就十分激動,連聲讚歎,心情久久不能平靜。我很喜歡他,對他倍加教導勉勵。

後來他得到皇帝賞識,賜名敬宣,職至開府中侍中。北齊後主逃奔青州時,派他到西邊偵察北周軍動靜,結果被北周軍俘獲。北周軍問他北齊後主在哪,敬宣就欺騙他們說:「已經走了,恐怕已經出境了。」北周軍不信他的話,就痛打他,企圖使他屈服,他的四肢每被打斷一條,他的聲色就越是嚴厲,最後竟四肢盡斷而死。一個蠻族的孩子,尚且能通過學習變成忠臣,北齊的將領臣子們,連敬宣這樣的奴才都不如啊。

【原文】

　　鄴平之後，見①徙入關。思魯嘗謂吾曰：「朝無祿位，家無積財，當肆②筋力，以申供養。每被課篤③，勤勞經史，未知為子，可得安乎？」吾命④之曰：「子當以養為心，父當以學為教。使汝棄學徇財⑤，豐吾衣食，食之安得甘？衣之安得暖？若務先王之道，紹家世之業，藜羹縕褐⑥，我自欲之。」

【注釋】

① 見：表被動，此指被迫。北齊為北周所滅，北齊臣民被逼迫遷徙至長安，顏之推亦在其列。
② 肆：盡力。
③ 篤：察視，督促。
④ 命：教訓。
⑤ 徇財：或作「殉財」，指一心追求財利。
⑥ 藜羹：用藜菜做的羹，泛指粗劣的食物。縕褐：泛指窮人所穿的粗陋衣服。縕（音運）：新舊混合的棉絮，亂絮。褐：粗布或粗布衣服，古時貧賤者所服。

【譯文】

　　鄴城被北周軍佔領之後，我們被逼遷徙至關中。那時思魯曾對我說：「我們家沒人在朝廷當官，家中也沒有積財物，我應當盡力幹活掙錢，以維持家用，供養父母。可我卻常被督促著讀書，致力於經史之學，你可知道我這做兒子的，如何能安心學習呢？」我教訓他說：「做兒子的固然應該把供養雙親的責任放在心上，當父親的更應該把督促子女學習當作教育他們成人的頭等大事。如果讓你放棄學業去賺取錢財，即使我能豐衣足食，我吃起飯來怎麼會感到香甜？穿起衣服來怎麼會感到溫暖呢？如果你致力於先王之道，繼承我們家祖輩相傳的讀書傳統，那麼即使吃粗茶淡飯，穿粗麻衣裳，我也十分樂意。」

【原文】

　　《書》曰：「好問則裕①。」《禮》云：「獨學而無友，則孤陋而寡聞②。」蓋須切磋相起③明也。見有閉門讀書，師心自是④，稠人廣坐⑤，謬誤差失者多矣。《穀梁傳》稱公子友與莒挐相搏⑥，左右呼曰：「孟勞」。「孟勞」者，魯之寶刀名，亦見《廣雅》⑦。近在齊時，有姜仲岳謂：「『孟勞』者，公子左右，姓孟名勞，多力之人，為國所寶。」與吾苦諍。時清河郡守邢峙⑧，當世碩儒，助吾證之，赧然而伏。又《三輔決錄》⑨云：「靈帝殿柱題曰：『堂堂乎張⑩，京兆田郎⑪。』」蓋引《論語》，偶以四言，目⑫京兆人田鳳也。有一才士，乃言：「時張京兆及田郎二人皆堂堂耳。」聞吾此說，初大驚駭，其後尋愧悔焉。江南有一權貴，讀誤本《蜀都賦》⑬注，解「蹲鴟⑭，芋也」，乃為「羊」字。人餉羊肉，答書云：「損惠⑮蹲鴟。」舉朝驚駭，不解事義，久後尋跡，方知如此。元氏之世⑯，在洛京⑰時，有一才學重臣，新得《史記音》⑱，而頗紕繆⑲，誤反「頊頊」字，頊當為許錄反，錯作許緣反，遂謂朝士言：「從來謬音『專旭』，當音『專翾』耳。」此人先有高名，翕然⑳信行；期年之後，更有碩儒，苦相究討，方知誤焉。《漢書‧王莽贊》云：「紫色蛙聲㉑，餘分閏位㉒。」謂以偽亂真耳。昔吾嘗共人談書，言及王莽形狀，有一俊士，自許史學，名價甚高，乃云：「王莽非直鴟目虎吻㉓，亦紫色蛙聲。」又《禮樂志》云：「給太官挏馬酒㉔。」李奇注：「以馬乳為酒也，揰挏㉕乃成。」二字並從手。揰挏，此謂撞搗挺挏之，今為酪酒亦然。向學士又以為種桐時，太官釀馬酒乃熟。其孤陋遂至於此。太山羊肅，亦稱學問，讀潘岳賦「周文弱枝之棗」㉖，為杖策之杖；《世本》「容成造曆」㉗，以曆㉘為碓磨之磨。

【注釋】

① 裕：充裕，充足。《尚書・仲虺之誥》：「能自得師者王，謂人莫己若者亡。好問則裕，自用則小。」

② 「獨學」二句：見《禮記・學記》：「發然後禁，則扞格而不勝；時過然後學，則勤苦而難成；雜施而不孫，則壞亂而不修；獨學而無友，則孤陋而寡聞；燕朋逆其師；燕辟廢其學。此六者，教之所由廢也。」

③ 起：啟發，提點。

④ 師心：以心為師，指只相信自己。自是：按自己的主觀意圖行事。

⑤ 稠人廣坐：指人很多的地方，即公共場合。坐：通「座」。

⑥《穀梁傳》：《春秋穀梁傳》的簡稱，與《左傳》《公羊傳》同為解說《春秋》的三傳之一。起於魯隱西元年，終於魯哀公十四年。《穀梁傳・僖西元年》記載，魯國公子季友率軍攻討莒國，俘擄莒君之弟莒挐，為了解決兩國的恩怨，就對莒挐（音如）說：「我們兩人有仇隙，卻要無罪的士卒犧牲，實在不該。」於是二人商議好，屏左右而相搏。

⑦《廣雅》：我國最早的一部百科詞典，是仿照《爾雅》體裁編纂的一部訓詁學彙編，相當於《爾雅》的續篇，三國曹魏張揖撰。趙曦明曰：「孟勞，刀也，見釋器。」朱亦棟《群書札記》卷十：「按：孟勞二字，反語為刀，此左右之隱語，即當時之切音也。若姜仲嶽所雲，是以刀字訛作力字，真堪資笑談之一噱也。」

⑧ 清河：冀州清河郡。邢峙：北齊著名儒者。《北齊書・邢峙傳》：「邢峙，字士峻，河間鄚人也，少好學，耽玩墳典，遊學燕、趙之間，通《二禮》《左氏春秋》。天保初，郡舉孝廉，授四門博士，遷國子助教，以經入授皇太子。峙方正純厚，有儒者之風。廚宰進太子食，有菜曰『邪蒿』，峙命去之，曰：『此菜有不正之名，非殿下所宜食。』顯祖聞而嘉之，賜以被褥縑纊，拜國子博士。皇建初，除清河太守，有惠政，民吏愛之。」

⑨《三輔決錄》：《隋書・經籍志》：「《三輔決錄》七卷，漢太僕趙岐撰，摯虞注。」

⑩ 堂堂乎張：見《論語・子張篇》：「曾子曰：『堂堂乎張也，難與並為仁矣。』」

⑪ 京兆：地名，古都長安及其附近地區的古稱。田郎：即田鳳。《初學

記》卷十一引《三輔決錄》注:「田鳳,子季宗,為尚書郎,容儀端正,入奏事,靈帝目送之,題柱曰:『堂堂乎張,京兆田郎。』」

⑫ 目:因其人之才品,為之品題。

⑬ 《蜀都賦》:西晉文學家左思作《三都賦》,即《魏都賦》《蜀都賦》《吳都賦》。《李善文選》注:「左思《三都賦》成,張載為注魏都,劉逵為注吳、蜀。」

⑭ 蹲鴟:大芋。因狀如蹲伏的鴟,故稱。篆文「羊」字與「芋」形尤近,故易誤。

⑮ 損惠:謝人饋送禮物的敬辭。意謂對方降抑身份而加惠於己。

⑯ 元氏之世:即北魏朝。北魏皇帝本為拓跋氏,孝文帝漢化改革時,改為元氏。

⑰ 洛京:即洛陽。北魏都城本在平城,孝文帝時遷都洛陽。

⑱ 《史記音》:《隋書·經籍志》:「《史記音》三卷,梁輕車錄事參軍鄒誕生撰。」

⑲ 紕繆:錯誤。

⑳ 翕然:一致貌。

㉑ 紫色:不正之色(朱是正色)。蛙聲:不正之聲。紫色蛙聲:比喻用假的冒充真的。

㉒ 餘分:指非正統。閏位:非正常的帝位。西元8年12月,王莽,代漢建新,建元「始建國」。

㉓ 鴟目虎吻:形容人相貌陰險兇惡。《漢書·王莽傳》:「莽為人侈口蹷,露眼赤精,大聲而嘶。長七尺五寸,好厚履高冠,以氂裝衣,反膺高視,瞰臨左右。是時,有用方技待詔黃門者,或問以莽形貌,待詔曰:『莽所謂鴟目虎吻豺狼之聲者也,故能食人,亦當為人所食。』問者告之,莽誅滅待詔,而封告者。」

㉔ 太官:少府屬官,主膳食。挏馬:官名,主取馬乳制酒。顏師古注曰:「挏,音動,馬酪味如酒,而飲之亦可醉,故呼為酒也。」應劭注曰:「主乳馬,取其汁挏治之,味酢可飲,因以名官也。」如淳曰:「主乳馬,以韋革為夾兜,受數斗,盛馬乳,挏取其上肥,因名曰挏馬。」《禮樂志》曰:「師學百四十二人,其七十二人,給太官挏馬酒。」意謂以七十二人撥隸太官,使之役之以造酒,而供挏馬之所用。

㉕ 撞挏:上下撞擊。關於釀馬酒之法,鄧廷楨《雙硯齋筆記》卷四:

「此法至今西北兩路蕃俗猶然，其法以革囊盛馬乳，一人抱持之，乘馬絕馳，令乳在囊中自相撞動，所謂挏也。往復數十次，即可成酒。余在西域時，親見額魯特，及移駐之察哈爾，皆沿此俗。」

㉖潘岳：字安仁，西晉文學家，著《閒居賦》。弱枝之棗：棗名。《文選・閒居賦》李善注：「《西京雜記》曰：『上林苑有弱枝棗。』《廣志》曰：『周文王時有弱枝之棗甚美，禁之不令人取，置樹苑中。』」李周翰注：「周文王時有弱枝棗樹，味甚美。」

㉗《世本》：又作世或世系。世指世系，本則表示起源。是一部由先秦時期史官修撰的，主要記載上古帝王、諸侯和卿大夫家族世系傳承的史籍。有十五篇。今不傳，諸書尚有引用。容成：黃帝時大臣，發明曆法。

㉘曆：曆與「磨」字形近，故易訛誤。

【譯文】

　　《尚書》上說：「多向師長前輩提問，則知識充足。」《禮經》上說：「獨自學習而沒有朋友共同商討，就會孤陋寡聞。」看來，學習要多與人切磋，互相啟發，才能更加明白。我就見過不少閉門讀書，自以為是，在大庭廣眾之下口出謬言的人。

　　《穀梁傳》中記載公子友與莒挐相搏鬥，公子友左右的人大喊：「孟勞。」所謂孟勞，是魯國的一把寶刀，這個解釋亦見於《廣雅》。最近我在齊朝的時候，有個叫姜仲岳的人說：「孟勞是公子友左右之隨從，姓孟，名勞，是為大力士，為魯國人所看重。」他與我苦苦爭辯。當時清河郡守邢峙也在場，他是當世的大學者，他幫我證實了孟勞的真實含義，姜仲岳才紅著臉認輸。

　　此外，《三輔決錄》上說：「漢靈帝在宮殿柱子上題的字為：『堂堂乎張，京兆田郎。』」這是引用《論語》中的話，而對以四言句式，用來品評京兆人田鳳的。有一位才士，卻解釋為：「當時的張京兆和田郎二人都相貌堂堂。」他聽了我的解釋後，起初非常驚駭，後來明白了又對此感到慚愧懊悔。

　　江南有一位權貴，讀了誤本《蜀都賦》的注釋，那書中將「蹲鴟，芋也」中的「芋」字錯作「羊」字。因此有人饋贈他羊肉時，他就回信

說：「謝謝你賜我蹲鴟。」大家都感到非常驚訝，不明白他用的是什麼典故，經過很長時間詢問打聽，才知道是這麼回事。

北魏時期，有一位博學而身居要職的重臣，新近得到一本《史記音》，可其中謬誤很多，將「顓頊」錯誤地注了音，「頊」字應當注為許錄反，卻錯注為許緣反，這位大臣於是對朝中官員說：「過去人們一直把顓頊誤讀為『專旭』，其實應該讀成『專翾』。」這人原本名氣就很大，以致他的意見大家都相信並採用。直到一年後，另一位大學者對這個詞的發音苦苦研討，才知道那位大臣搞錯了。

《漢書‧王莽贊》上說：「紫色蛙聲，餘分閏位。」意思是說王莽以假亂真，僭越稱帝。過去我曾經和別人一起談書，說及王莽的長相，有一位聰明能幹的學士，自詡精通史學，名聲身家都很高，他居然說：「王莽不但長著鷹目虎嘴，而且還有著紫色的皮膚，青蛙的嗓音。」再比如《漢書‧禮樂志》上說：「給太官挏馬酒。」李奇的注解為：「以馬乳為酒也，挏挏乃成。」「挏挏」二字的偏旁都從手。所謂挏挏，這裡是說把馬奶上下搗擊，現在做奶酒也是用這種方法。剛才提到的那位學士又認為李奇注解的意思是：要等到種桐樹時，太官造的馬酒才熟。他的學識竟淺陋到這種地步！

泰山人羊肅，也以學問著稱，他讀潘岳賦中「周文弱枝之棗」一句，把「枝」字誤讀作「杖策」的「杖」字；他讀《世本》中「容成造曆」一句，把「曆」字認作「碓磨」的「磨」字。

【原文】

談說制文，援引古昔，必須眼學，勿信耳受。江南閭里間，士大夫或不學問，羞為鄙樸①，道聽塗說，強事飾辭：呼徵質為周、鄭②，謂霍亂為博陸③，上荊州必稱陝西④，下揚都言去海郡⑤，言食則糊口⑥，道錢則孔方⑦，問移則楚丘⑧，論婚則宴爾⑨，及王則無不仲宣⑩，語劉則無不公幹⑪。凡有一二百件，傳相祖述，尋問莫知原由，施安時復失所⑫。莊生有乘時鵲起⑬之說，故謝朓⑭詩曰：「鵲起登吳台。」吾有一親表，作《七夕》詩云：「今夜吳台鵲，亦共往填河。」

《羅浮山記》⑮云：「望平地樹如薺。」故戴暠⑯詩云：「長安樹如薺。」又鄴下有一人《詠樹》詩云：「遙望長安薺。」又嘗見謂矜誕為夸毗⑰，呼高年為富有春秋⑱，皆耳學之過也。

【注釋】

① 鄙樸：粗俗，鄙陋。

② 征：追究，追問。質：以物相贅。《左傳‧隱公二年》記載有「周鄭交質」事，故附庸風雅者稱征質為周鄭。

③ 博陸：西漢霍光及其子皆曾封博陸侯。霍氏後作亂謀逆，被族誅。霍亂本指一種急性腹瀉疾病，疑因其字面義而被稱為「博陸」。

④ 上荊州必稱陝西：西周時，周公與召公總諸侯，周公主陝東、召公主陝西。此後「分陝」為分而鎮守國之重鎮之意。南朝時，荊州為長江上流重鎮，是京師建康之屏障，地理位置極其重要，故時人擬周之分陝，稱荊州為陝西。當時揚州亦是重鎮，故揚、荊兩州刺史，膺分陝之任。錢大昕曰：「《南齊書‧州郡志》：『江左大鎮，莫過荊、揚。周世二伯總諸侯，周公主陝東，召公主陝西，故稱荊州為陝西也。』俗生耳受，便以陝西代江陵之稱，則昧於地理，故顏氏譏之。」

⑤ 下揚都言去海郡：其因不詳。

⑥ 糊口：言進食。《左傳‧昭公七年》：「正考父之鼎銘云：『於是，鬻於是，以糊餘口。』」

⑦ 孔方：錢的代稱。古代銅錢外圓內有方孔，故稱。晉魯褒《錢神論》：「親愛如兄，字曰孔方。」

⑧ 楚丘：地名，春秋時衛國為北狄所破，後在齊國幫助下遷都楚丘。《左傳‧閔公二年》：「僖之元年，齊桓公遷邢於夷儀。二年，封衛於楚丘。邢遷如歸，衛國忘亡。」

⑨ 宴爾：因《詩經‧邶風‧古風》中有「宴爾新婚，如兄如弟」句，故後以宴爾代指新婚。

⑩ 仲宣：即王粲，字仲宣，見前注。

⑪ 公幹：即劉楨，字公幹，東漢末年著名文人，「建安七子」之一。

⑫ 施安：施行，使用。失所：指不恰當。

⑬ 乘時鵲起：不見於傳本《莊子》，但唐宋類書《藝文類聚》《太平御覽》皆有引用，當出《莊子》逸篇。《藝文類聚》卷九十二：「《莊子》曰：鵲上高城，危而巢於高枝之巔，城壞巢折，凌風而起，故君子之居世也，得時則義行，失時則鵲起。」

⑭ 謝朓：字玄暉，南朝著名詩人，曾任宣城太守，尚書吏部郎，世稱「謝宣城」。詩多描寫山水景色，風格清逸秀麗，完全擺脫了玄言詩的影響，為當時人所愛重。梁武帝稱：「不讀謝詩三日覺口臭。」《南齊書·謝朓傳》：「朓少好學，有美名，文章清麗……朓善草隸，長五言詩，沈約常云『二百年來無此詩也』。」《文選》載謝朓《和伏武昌登孫權故城詩》作「鵲起登吳山，鳳翔陵楚甸」。

⑮ 羅浮山：山名。《羅浮山記》：「羅浮者，蓋總稱焉。羅，羅山也，浮，浮山也，二山合體，謂之羅浮。在增城、博羅二縣之境。」《太平御覽》卷四十一引裴淵《廣州記》：「羅山隱天，唯石樓一路，時有閒遊者少得至。山際大樹合抱，極目視之，如薺菜在地。山之陽有一小嶺，雲蓬萊邊山浮來著此，因合號羅浮山。」

⑯ 戴暠：南梁詩人，作品見於《玉台新詠》《樂府詩集》。

⑰ 矜誕：自大狂妄。誇毗：指以諂諛、卑屈取媚於人。此二詞一剛一柔，義實相反。

⑱ 高年：年紀大。富有春秋：指年輕。春秋指時間，富即充足。《後漢書·樂恢傳》：「上疏諫曰：『陛下富於春秋，纂承大業。』」此二詞義亦相反。

【譯文】

　　談話寫文章，援引古代的典故，必須是自己親眼看到的，不要輕信耳朵聽到的。江南閭里間，有些士大夫不肯學習，不願向他人請教，可又羞於被人視為沒有文化的粗鄙之人，於是就把一些道聽塗說的東西拿來勉強裝飾門面。比如：把徵質說成周、鄭，把霍亂叫作博陸，上荊州一定要說成去陝西，下揚都說成是去海郡，吃飯說成糊口，稱錢為孔方，提到遷徙就講成楚丘，論及婚姻就說宴爾，講到姓王的人就稱王仲宣，談起姓劉的人就提劉公幹。這些說法不下一二百種，士大夫們前後相承，互相影響，可如果向他們問起這些典故的緣由，沒有一個能答上來的，而且他們平時使用又總是用得不恰當。

莊子有乘時鵲起的說法，所以謝朓有詩云：「鵲起登吳台。」我有一位表親，他作了一首《七夕》詩，云：「今夜吳台鵲，亦共往塡河。」《羅浮山記》上說：「望平地樹如薺。」而鄴下有個人作了一首《詠樹》，云：「遙望長安薺。」我還曾經見過有人把矜誕解釋為夸毗，稱年老為富有春秋，這些都是輕信耳聞之語，人云亦云而導致的過錯。

【原文】

　　夫文字者，墳籍①根本。世之學徒，多不曉字：讀《五經》者，是徐邈而非許慎②；習賦誦者，信褚詮而忽呂忱③；明《史記》者，專徐、鄒而廢篆籀④；學《漢書》者，悅應、蘇而略《蒼》《雅》⑤。不知書音是其枝葉，小學⑥乃其宗系。至見服虔、張揖音義則貴之⑦，得《通俗》《廣雅》而不屑。一手之中，向背如此，況異代各人乎？

【注釋】

① 墳籍：古代典籍。

② 徐邈：字仙民，晉代學者。《晉書·儒林傳》：「邈姿性端雅，勤行勵學，博涉多聞，以慎密自居。少與鄉人臧壽齊名，下帷讀書，不遊城邑。及孝武帝始覽典籍，招延儒學之士，邈既東州儒素，太傅謝安舉以應選。年四十四，始補中書舍人，在西省侍帝。雖不口傳章句，然開釋文義，標明指趣，撰《正五經音訓》，學者宗之。」許慎：字叔重，東漢學者，著有《說文解字》《五經異義》。見《後漢書·儒林傳》。

③ 褚詮：當即褚詮之，南朝人。《隋書·經籍志》：「《百賦音》十卷，宋御史褚詮之撰。」又載：「梁又有中書舍人褚詮之集八卷，錄一卷，亡。」呂忱：字伯雍，西晉文學家，著有《字林》七卷。

④ 徐：即徐野民，南朝人，撰《史記音義》十二卷。鄒：即鄒誕生，南梁人，撰《史記音》三卷。篆：指小篆。籀：指史籀大篆。

⑤ 應：漢代學者應劭，字仲瑗，撰《漢書集解音義》二十四卷。蘇：漢末魏初學者蘇林，字孝友。

⑥小學：漢代為文字訓詁學的專稱，隋唐以後是文字學、訓詁學、音韻
　學的總稱。

⑦服虔：字子慎，東漢經學家。《後漢書・儒林傳》：「有雅才，善著
　文論，作《春秋左氏傳解》，行之至今。又以《左傳》駁何休之所駁
　漢事六十條。舉孝廉，稍遷，中平末，拜九江太守。免，遭亂行客，
　病卒。所著賦、碑、誄、書記、《連珠》《九憤》，凡十餘篇。」
　《隋書・經籍志》：「《通俗文》一卷，服虔撰。」張揖：字稚讓，
　三國曹魏博士，著《廣雅》。

【譯文】

　　文字是典籍的根本。世上求學的人，很多都不通字義：通讀《五
經》的人，贊同徐邈而非議許慎；學習辭賦的人，信服褚詮而忽視呂
忱；研究《史記》的人，只對徐野民、鄒誕生的《史記音義》這類書籍
感興趣，卻廢棄了對篆文字義的研究；學習漢書的人，欣賞應劭、蘇林
的注解而忽略了《蒼頡篇》和《爾雅》。他們不明白語音只是文字的枝
葉，而字義才是文字的根本。以致有人見了服虔、張揖有關音義的書就
十分重視，而得到同是這兩人寫的《通俗文》《廣雅》卻不屑一顧。對
同出一人之手的著作都如此厚此薄彼，何況對不同時代不同人的著作
呢？

【原文】

　　夫學者貴能博聞也。郡國山川，官位姓族，衣服飲食，
器皿制度，皆欲根尋，得其原本；至於文字，忽不經懷①，
己身姓名，或多乖舛②，縱得不誤，亦未知所由。近世有人
為子制名：兄弟皆山傍立字，而有名峙③者；兄弟皆手傍立
字，而有名機④者；兄弟皆水傍立字，而有名凝⑤者。名儒碩
學，此例甚多。若有知吾鍾之不調⑥，一何⑦可笑。

【注釋】

①忽：輕視。經懷：經心，留心。

②乖舛：謬誤，差錯。

③峙：或作「峙」。段玉裁曰：「說文有峙無峙，後人凡從止之字，每多從山；至如岐字本從山，又改路岐之岐從止，則又山變為止也。顏意謂從山之峙不典，不可以命名。」

④機：六朝俗書中，「機」作「攕」，二字雖通，但「機」字本身並不從手，不可與其他從手旁字混為一談。又段玉裁曰：「機字本作機，說文有機無機，其機微亦不從木，世俗作機字，亦不典也。」凡此三字，混淆不清，亦不全見於典籍，故顏之推以為不可為名。

⑤凝：六朝時，「凝」與「凝」二字不分，顏之推以為此易誤字不可作名。

⑥知吾鍾之不調：指師曠與晉平公討論鍾音是否和諧一事。《淮南子‧修務訓》：「昔晉平公令官為鍾，鍾成而示師曠。師曠曰：『鍾音不調。』平公曰：『寡人以示工，工皆以為調；而以為不調，何也？』師曠曰：『使後世無知音者則已，若有知音者，必知鍾之不調。』故師曠之欲善調鍾也，以為後之有知音者也。」

⑦一何：何其。一：語氣助詞。

【譯文】

　　求學之人都以見聞廣博為貴。他們對於郡國山川、官位姓族、衣服飲食、器皿制度，都希望追根究底，找出他們的源頭來，但對於文字，卻漫不經心，連自家的姓名，也往往出現謬誤。即使不出錯誤的，也不知道它們的由來。近代有人給孩子起名：弟兄幾個都用山作偏旁的字，其中卻有叫「峙」的；兄弟幾個都用手作偏旁的字，其中卻有叫「機」的；弟兄幾個都用水作偏旁的字，其中卻有叫「凝」的。在那些知名的大學者中，這類例子有很多。若世間有人能明白其中的道理，就會覺得這和晉平公與師曠討論鍾音是否和諧那件事一樣，而這種事又是多麼可笑啊。

【原文】

　　吾嘗從齊主幸並州①，自井陘關②入上艾縣，東數十里，有獵閭村。後百官受馬糧在晉陽東百餘里亢仇城側。並不識

二所本是何地，博求古今，皆未能曉。及檢《字林》《韻集》③，乃知獵閭是舊余聚，亢仇舊是饅訛亭，悉屬上艾。時太原王劭④欲撰鄉邑記注，因此二名聞之，大喜。

【注釋】

① 齊主：此指北齊文宣帝高洋。幸：特指皇帝出行。並州：《隋書‧地理志》：「太原郡，後齊並州。」按：《北齊書‧文宣帝紀》：「天保九年六月乙丑，帝自晉陽北巡，己巳，至祁連池，戊寅，還晉陽。」又《北齊書‧顏之推傳》：「天保末，從至天池。」天池即祁連池，胡人呼天曰「祁連」。此所言，即此時事。

② 井陘關：即井陘口。井陘：山名。為太行山支脈。《漢書‧地理志》：「常山郡石邑，井陘山在西。太原郡有上艾縣。」

③ 《韻集》：《隋書‧經籍志》：「韻集十卷，（又）六卷，晉安復令呂靜撰。」

④ 王劭：字君懋，太原晉陽人，隋朝歷史學家。《隋書‧王劭傳》：「王劭，字君懋，太原晉陽人也。父松年，齊通直散騎侍郎。劭少沉默，好讀書。弱冠，齊尚書僕射魏收辟參開府軍事，累遷太子舍人，待詔文林館。時祖孝徵、魏收、陽休之等嘗論古事，有所遺忘，討閱不能得，因呼劭問之。劭具論所出，取書驗之，一無舛誤。自是，大為時人所許，稱其博物。後遷中書舍人。齊滅，入周，不得調。高祖受禪，授著作佐郎。」

【譯文】

　　我曾經隨從北齊文宣帝到並州去，從井陘關進入上艾縣，縣東幾十裡，有一個獵閭村，後來百官又在晉陽以東百餘裡的亢仇城旁接受馬匹糧草。大家都不知道上述兩個地方原本是哪裡，查閱了大量的古今書籍，都沒能弄明白。直到我翻閱《字林》《韻集》這兩本書，才知道獵閭就是過去的余聚，亢仇就是過去的饅訛亭，兩地都隸屬於上艾縣。當時太原的王劭想撰寫鄉邑記注，我把這兩個地方的名字說給他聽，他非常高興。

【原文】

　　吾初讀《莊子》「蚭①二首」,《韓非②子》曰:「蟲有蚭者,一身兩口,爭食相齕③,遂相殺也,」茫然不識此字何音,逢人輒問,了無解者。案:《爾雅》諸書,蠶蛹名蚭,又非二首兩口貪害之物。後見《古今字詁》④,此亦古之虺字,積年凝滯,豁然霧解⑤。

【注釋】

① 蚭:《說文》:蚭(音會),蛹也。
② 韓非:戰國末期韓國人,韓王室宗族,法家代表人物,思想家、哲學家,著有《韓非子》。使于秦,李斯害而殺之。下文內容引自《韓非子·說林下》。
③ 齕(音何):咬。
④《古今字詁》:詁(音古)《隋書·經籍志》:「《古今字詁》三卷,張揖撰。」
⑤ 霧解:像霧一樣消散,比喻疑團完全消除。

【譯文】

　　我最初讀《莊子》,看到有「蚭二首」這句話,《韓非子》中也說:「有一種名叫蚭的蟲子,一個身子有兩張嘴,常常為了爭奪食物而互相撕咬,以致互相殘殺。」我很茫然,不明白這個字何音何義,於是逢人就問,但沒有一個人能解答。據考證:《爾雅》等書上說,蠶蛹名叫蚭,可蠶蛹並不是那種有兩個頭兩張嘴的貪婪兇殘的動物。後來我又看了《古今字詁》,才知道這個「蚭」就是古代的「虺(音悔)」字,多年來積滯在胸中的疑團,一下子豁然消散了。

【原文】

　　嘗遊趙州①,見柏人城北有一小水,土人②亦不知名。後讀城西門徐整③碑云:「洦④流東指。」眾皆不識。吾案《說文》,此字古魄字也,洦,淺水貌。此水漢來本無名矣,直

以淺貌目之，或當即以洦為名乎？

【注釋】

① 趙州：《通典》：「趙州，春秋時晉地，戰國屬趙，後魏為趙郡，明帝兼置殷州，北齊改為趙州。」

② 土人：當地人。

③ 徐整：字文操，三國時吳國學者，官至太常卿。據《隋書》記載，撰有《毛詩譜》，注有《孝經默注》，另著有中國上古傳說的《三五曆記》及《五遠曆年紀》，為目前所知記載盤古開天傳說的最早著作。

④ 洦（音迫）：水淺貌。

【譯文】

　　我曾經遊覽趙州，看到柏人城北有一條小河，當地人也不知道叫什麼名字。後來我讀到城西門徐整碑的碑文，上面說：「洦流東指。」眾人都不知道是什麼意思。我查閱《說文解字》，原來這個字就是古代的「魄」字，洦，指水淺貌。這條河從漢代以來就沒有名字，只是視它為一條清淺的小河，或許正好以「洦」給它命名？

【原文】

　　世中書翰，多稱勿勿，相承如此，不知所由，或有妄言此忽忽之殘缺耳。案：《說文》：「勿者，州里所建之旗也，象其柄及三斿①之形，所以趣②民事。故悤遽③者稱為勿勿。」

【注釋】

① 斿（音由）：古代旌旗的下垂飾物。

② 趣：催促，督促。

③ 悤遽：匆促。

【譯文】

世人的書信裡常有「勿勿」這個詞語，歷來相承都是這樣寫，但不知道它的來源，有人亂下結論說這是「忽忽」的殘缺字。據考證：《說文解字》上說：「勿，是過去州里所樹立的旗幟，這個字像旗桿和旗幟末段三條飄帶的形狀。此旗是用來催促農民抓緊農事的，所以才把匆忙急迫稱為『勿勿』。」

【原文】

吾在益州①，與數人同坐，初晴日晃②，見地上小光，問左右：「此是何物？」有一蜀豎③就視，答云：「是豆逼④耳。」相顧愕然，不知所謂。命取將來，乃小豆也。窮訪蜀土，呼粒為逼，時莫之解。吾云：「《三蒼》⑤《說文》，此字白下為匕，皆訓粒，《通俗文》音方力反。」眾皆歡悟。

【注釋】

① 益州：古地名，其範圍包括今天的四川盆地和漢中盆地一帶。《通典》：「益州，理成都、蜀二縣。秦置蜀郡。晉武帝改為成都國，尋亦復舊。自魏、晉、宋、齊、梁，皆為益州。」

② 日晃：指日出天明，陽光燦爛。

③ 豎：僮僕之未冠者。

④ 豆逼：即豆皀。音同而通。《廣韻》：「皀，豆中小硬者。」魏浚《方言據》下：「小豆謂之豆逼。」《說文》：「皀，穀之馨香也，象嘉穀在裹中之形，匕所以扱之。或說，一粒也，讀若香。」

⑤ 《三蒼》：古代三部字書的合稱。漢初，合李斯《蒼頡篇》七章、趙高《爰歷篇》六章、胡毋敬《博學篇》七章為一書，稱《三蒼》，亦統稱《蒼頡篇》，凡三千三百字。魏晉時，又以《蒼頡篇》為上卷，以西漢揚雄《訓纂篇》為中卷，以東漢賈魴《滂喜篇》為下卷，也合稱為《三蒼》。

【譯文】

　　我在益州的時候，曾經和幾個人同坐閒聊，當時天才剛放晴，陽光燦爛，我見到地上有個發光的小點，就問身邊的人：「這是什麼？」有個蜀地的僮僕走上前來看了看，回答說：「是豆逼。」大家都很驚愕，不明白他說的是什麼意思。我叫他取過來，原來是個小豆。我遍訪蜀地之人，發現他們都把「粒」稱作「逼」，當時的人都不能解釋其中原因。我說：「在《三蒼》《說文解字》等書中，這個字就是『白』下面加『匕』字，都解釋為粒。《通俗文》裡給它注的音是方力反。」大家明白後都十分高興。

【原文】

　　潛楚友婿竇如同從河州來①，得一青鳥，馴養愛玩，舉俗呼之為鶡②。吾曰：「鶡出上黨③，數曾見之，色並黃黑，無駁雜也。故陳思王《鶡賦》云：『揚玄黃之勁羽。』」試檢《說文》：「雀似鶡而青，出羌中。」《韻集》音介。此疑頓釋。

【注釋】

①潛（音閔）楚：顏之推次子。友婿：即連襟，是同門女婿相互之間的稱呼。《爾雅·釋名》：「兩婿相謂曰婭，又曰友婿，言相親友也。」河州：《通典》：「河州，古西羌地，秦、漢、蜀隴西郡，前秦符堅置河州，後魏亦為河州。」
②鶡（音介）：鳥名，即鶡雞，較雞為大，黃黑色，頭有毛角如冠，性猛好鬥，至死不卻。宋高承《事物紀原·蟲魚禽獸·鶡》：「古之為將士者，取其毛尾插於胄上；今軍士插雉尾，即此也。」
③上黨：《漢書·地理志》：「上黨郡，秦置屬並州，有上黨關。」

【譯文】

　　潛楚的連襟竇如同從河州而來，他在那裡得到一隻青色的鳥，馴養得十分溫順，經常拿出來逗玩，所有的人都稱它為「鶡」。我說：「鶡鳥產自上黨，我曾見過多次，它的羽毛是黃黑兩色，沒有斑駁雜色的。

所以曹植《鶡賦》云：『鶡張開黑黃色的翅膀。』」我試著翻閱《說文解字》，書上說：「雀形似鶡，但羽毛是青色的，出產自羌中。」《韻集》裡認為這個字的讀音為「介」。這個問題到此就解決了。

【原文】

梁世有蔡朗者諱純，既不涉學，遂呼蒓為露葵①。面牆②之徒，遞相仿效。承聖③中，遣一士大夫聘齊，齊主客郎李恕問梁使曰④：「江南有露葵否？」答曰：「露葵是蒓，水鄉所出。卿今食者綠葵菜耳。」李亦學問，但不測彼之深淺，乍聞無以核究⑤。

【注釋】

①蒓：蒓菜，又名水葵，多年生水草。葉片橢圓形，深綠色，浮在水面，莖上和葉背有黏液，花暗紅色。嫩莖和嫩葉可食用，為江南「三大名菜」之一。露葵：即葵菜，俗稱滑菜，為園中所種。古代采葵，必待露解，故名露葵。

②面牆：面牆而立，一無所見。比喻蒙昧無知，毫無見識。

③承聖：梁簡文帝年號。

④主客郎：即主客郎中，官名，負責外賓接待之事。李恕：李慈銘以為此處當為李庶。李庶為李諧子。附《北史・李崇傳》：「（李庶）方雅好學，甚有家風。歷位尚書郎、司徒掾，以清辯知名。常攝賓司，接對梁客，梁客徐陵深歎美焉。」

⑤核究：或作「覆究」。

【譯文】

梁朝有個名叫蔡朗的人避諱「純」字，可他又沒什麼學問，於是就把蒓菜稱作露葵。那些蒙昧無知的人，竟緊跟效仿，以訛傳訛。承聖年間，梁朝派一位士大夫出使北齊。北齊的主客郎李恕問梁使說：「江南有露葵嗎？」使者回答說：「露葵就是蒓菜，是水鄉出產的植物。您現在吃的是綠葵菜罷了。」李恕也是個有學問的人，但他不清楚對方學問的深淺，乍一聽到這個說法也無從核查追究。

【原文】

　　思魯等姨夫彭城劉靈，嘗與吾坐，諸子侍焉。吾問儒
行、敏行曰：「凡字與諮議①名同音者，其數多少，能盡識
乎？」答曰：「未之究也，請導示之。」吾曰：「凡如此例，
不預研檢，忽見不識，誤以問人，反為無賴②所欺，不容易
也③。」因為說之，得五十許字。諸劉歎曰：「不意乃爾！」
若遂不知，亦為異事。

【注釋】

① 諮議：即諮議參軍。時劉靈官號。
② 無賴：《史記・高祖紀集解》：「江湖之間，謂小兒多詐狡猾者為無
　 賴。」胡三省《通鑒》二八七注：「俚俗語謂奪攘苟得無愧恥者為無
　 賴。」
③ 不容：不允許，不能。易：輕率，等閒視之。

【譯文】

　　思魯等人的姨父是彭城人劉靈，他曾經與我一起閑坐，他的幾個兒
子在一旁陪侍。我問儒行、敏行：「與你們父親的名字讀音相同的字一
共有多少，你們都認識嗎？」他們回答說：「我們沒有探究過這個問
題，還請您教導指示我們。」我說：「凡是這一類的字，如果不提前翻
檢研究，臨時見到又不認識，錯拿著去請教別人，反而會被小人欺負，
不能輕率對待啊。」於是就為他們解說了這個問題，大約有五十個字。
劉靈的兒子感歎說：「想不到有這麼多啊！」要是他們一直都不知道，
那也算一件怪事了。

【原文】

　　校定書籍，亦何容易，自揚雄①、劉向②，方稱此職耳。
觀天下書未遍，不得妄下雌黃③。或彼以為非，此以為是；
或本同末異；或兩文皆欠④，不可偏信一隅也。

【注釋】

①揚雄：字子雲，西漢學者，長於辭賦，是繼司馬相如之後西漢最著名
　的辭賦家。後仿《論語》作《法言》，仿《易經》作《太玄》。《漢
　書・揚雄傳》：「雄少而好學，不為章句，訓詁通而已，博覽無所不
　見。為人簡易佚蕩，口吃不能劇談，默而好深湛之思，清靜亡為，少
　耆欲，不汲汲於富貴，不戚戚於貧賤，不修廉隅以徼名當世。家產不
　過十金，乏無儋石之儲，晏如也。自有大度，非聖哲之書不好也；非
　其意，雖富貴不事也。」

②劉向：字子政，楚元王劉交四世孫，西漢經學家、目錄學家。官至中
　壘校尉，故世又稱劉中壘。曾奉命領校祕書，所撰《別錄》，為我國
　目錄學之祖。治《春秋穀梁傳》。據《漢書・藝文志》載，劉向有辭
　賦33篇，今僅存《九歎》一篇。又整理編撰《新序》《說苑》《列女
　傳》《戰國策》《楚辭》等書，其甚作《五經通義》有清人馬國翰輯
　本。原有沒集，已佚，明人輯為《劉中壘集》。

③雌黃：古人以黃紙寫字，故稱書為黃卷。有誤，則以雌黃塗之。

④欠：不足。

【譯文】

　　校勘核定書籍，又豈是件容易的事，只有當年的揚雄、劉向才算是
能勝任這個工作。如果沒有讀遍天下的典籍，就不可以妄下雌黃修改書
籍中的文字。有時那個版本認為是錯誤的，這個版本又認為是對的；有
時兩個版本大同小異；有時兩個版本的同一處文字都不妥當，所以不能
偏聽偏信，倒向一個方面。

顏氏家訓・卷四

文章第九

【原文】

夫文章者，原出《五經》：詔、命、策、檄①，生於《書》者也；序、述、論、議②，生於《易》者也；歌、詠、賦、頌③，生於《詩》者也；祭、祀、哀、誄④，生於《禮》者也；書、奏、箋⑤、銘，生於《春秋》者也。朝廷憲章，軍旅誓誥⑥，敷⑦顯仁義，發明功德，牧民建國，施用多途。至於陶冶性靈⑧，從容諷諫，入其滋味，亦樂事也。行有餘力，則可習之。然而自古文人，多陷輕薄：屈原⑨露才揚己，顯暴君過；宋玉體貌容冶⑩，見遇俳優⑪；東方曼倩⑫，滑稽不雅；司馬長卿，竊貲⑬無操；王褒過章《僮約》⑭；揚雄德敗《美新》⑮；李陵⑯降辱夷虜；劉歆⑰反復莽世；傅毅⑱黨附權門；班固盜竊父史⑲；趙元叔抗竦過度⑳；馮敬通㉑浮華擯壓；馬季長㉒佞媚獲誚；蔡伯喈㉓同惡受誅；吳質詆忤鄉里㉔；曹植悖慢犯法㉕；杜篤㉖乞假無厭；路粹㉗隘狹已甚；陳琳實號粗疏㉘；繁欽性無檢格㉙；劉楨㉚屈強輸作；王粲率躁見嫌㉛；孔融、禰衡㉜，誕傲致殞；楊修、丁廙㉝，扇動取斃；阮籍㉞無禮敗俗；嵇康㉟凌物凶終；傅玄忿鬥免官㊱；孫楚㊲矜誇凌上；陸機犯順履險㊳；潘岳乾沒取危㊴；顏延年負氣摧黜㊵；謝靈運空疏亂紀㊶；王元長凶賊自詒㊷；謝玄暉侮慢見及㊸。凡此諸人，皆其翹秀㊹者，不能悉記，大較如此。至於帝王，亦或未免。自昔天子而有才華者，唯漢武、魏太祖、文帝、明帝、宋孝武帝㊺，皆負世議，非懿德㊻之君也。

自子游、子夏、荀況、孟軻、枚乘、賈誼、蘇武、張衡、左思之儔⑷，有盛名而免過患者，時復聞之，但其損敗居多耳。每嘗思之，原其所積，文章之體，標舉興會，發引性靈，使人矜伐⑻，故忽於持操，果於進取。今世文士，此患彌切，一事愜當，一句清巧，神厲九霄，志凌千載，自吟自賞，不覺更有傍人。加以砂礫所傷⑸，慘於矛戟，諷刺之禍，速乎風塵，深宜防慮，以保元吉⑸。

【注釋】

① 詔、命、策：三種文體。皇帝頒發的命令文誥。檄：檄文。古代用於征召、曉諭的政府公告或聲討、揭發罪行等的文書。現在也指戰鬥性強的批判、聲討文章。

② 序、述、論、議：四種文體。前兩種主要是記敘，後兩種是議論。

③ 賦、頌：兩種文體。賦講究對偶和用典，韻文和散文交錯使用；頌主要用於歌頌，內容上多是讚美、歌頌，寫法上多用鋪敘。

④ 祭：祭文。祀：郊廟祭祀樂歌。哀、誄（音磊）：古代文體。哀悼死者，記述死者生平的文章。

⑤ 箴：用於規誡的古代文體。

⑥ 誓：誓詞。誥：用於告誡或勉勵的文體。

⑦ 敷：陳述。

⑧ 性靈：指人的精神、性情、情感。盧文弨曰：「性靈者，天然之美也，陶冶而成之。」

⑨ 屈原：名平，字原，戰國時楚國人，中國最早的浪漫主義詩人，偉大的愛國者。主要作品有《離騷》《九章》《九歌》等。他創造的「楚辭」文體在中國文學史上獨樹一幟。

⑩ 宋玉：又名子淵，戰國時辭賦家，生於屈原之後，或曰是屈原弟子。曾事楚頃襄王。相傳所作辭賦甚多，《漢書‧藝文志》錄有賦16篇，今多亡佚。流傳作品有《九辯》《風賦》《高唐賦》《登徒子好色賦》等。《登徒子好色賦》：「大夫登徒子侍於楚王，短宋玉曰：『玉為人體貌閑麗，口多微辭，又性好色，願王勿與出入後宮。』王以登徒子之言問宋玉……於是楚王稱善，宋玉遂不退。」

⑪俳優：古代以歌舞作諧戲的藝人。

⑫東方曼倩：即東方朔，本姓張，字曼倩，西漢文學家，幽默風趣且才華橫溢，在政治方面也頗具天賦，他曾言政治得失，陳農戰強國之計，但漢武帝始終把他當俳優看待，不予重用。

⑬竊訾：司馬相如挑卓文君，後分卓王孫家財，世人頗為不恥，故譏其無操。《漢書‧司馬相如傳》詳記司馬相如與卓文君事。

⑭王褒：字子淵，西漢文學家，漢宣帝時為諫議大夫。《僮約》：王褒的一篇消遣之作，實為他買奴婢時寫的契約，而且這個奴婢是他從一位寡婦那裡買來的。該文中明確規定了奴僕必須從事的若干項勞役，以及若干項奴僕不准得到的生活待遇。世人多以為這是一篇侮辱勞動者之作。且王褒與寡婦過從甚密，時人亦多有諷刺。詳見《僮約》內文。章：通「彰」，彰顯。

⑮《美新》：即《劇秦美新》。王莽篡漢自立，國號新。揚雄仿司馬相如《封禪文》，上封事給王莽，指斥秦朝，美化新朝，故名《劇秦美新》。文中抨擊秦始皇焚書、統一度量衡等措施，對王莽則歌功頌德。此文曾被看作是揚雄的「白圭之玷」。

⑯李陵：字少卿，西漢將領。奉漢武帝之命出征匈奴，兵敗被困而降。後漢武帝聽信謠言，夷其三族，致使其徹底與漢朝斷絕關係。李陵一生充滿家國矛盾，他本人也因此引起爭議。

⑰劉歆：字子駿，劉向少子，西漢後期著名學者，古文經學的真正開創者。他不僅在儒學上很有造詣，而且在校勘學、天文曆法學、史學、詩等方面都堪稱大家，他編制的《三統曆譜》被認為是世界上最早的天文年曆的雛形。劉歆少年時曾與王莽一起共事，兩人關係密切。王莽篡位後，以劉歆為心腹。後劉歆與王莽生隙，與人謀誅王莽，事泄自殺。

⑱傅毅：字武仲，東漢著名文人。竇憲為大將軍，以傅毅為司馬，故世人有「黨附權門」之譏。

⑲班固盜竊父史：班固在其父班彪續補《史記》之作《後傳》的基礎上編寫漢書，但後人對其頗有微詞，尤其六朝學士，認為班固竊父之功而攘美。且班固亦曾依附竇憲，其品行為時人所譏。

⑳趙元叔：即趙壹。他「恃才倨傲，為鄉黨所擯」。詳見前注。抗竦：高傲，倨傲。

㉑馮敬通：即馮衍，字敬通，東漢辭賦家。幼有奇才，二十歲而博通群

書。王莽時，不肯出仕。義軍起，投更始帝部下。後降劉秀，不被重
用，出為曲陽縣令。在此期間，由於結交外戚，遷為司隸從事，然亦
由此而得罪，免官歸里，閉門自保。建武末年曾上疏自陳，猶不被任
用，故作《顯志賦》以自勵。

㉒ 馬季長：即馬融，字季長，東漢著名經學家、文學家。歷任校書郎、
郡功曹、議郎、大將軍從事中郎及武都、南郡太守等職，後因得罪大
將軍梁冀而被剃髮流放，途中自殺未遂，得以免罪召還。再任議郎，
又在東觀校勘儒學典籍，後因病離職。

㉓ 蔡伯喈：即蔡邕。蔡邕因董卓推舉出仕。司徒王允殺董卓，蔡邕因念
故人之情而歎息，王允殺之。《後漢書・蔡邕傳》：「及卓被誅，邕
在司徒王允坐，殊不意，言之而歎，有動於色。允勃然叱之，收付廷
尉治罪，死獄中。」

㉔ 吳質：字季重，三國曹魏著名文人，與魏文帝曹丕交好。曹丕稱帝，
拜吳質為北中郎將，官至振威將軍，假節都督河北諸軍事，封列侯。
《三國志・魏書・王衛二劉傳傳》裴松之注引《魏略》：「始質為單
家，少游遨貴戚間，蓋不與鄉里相浮沉，故雖已出官，本國猶不與之
士名。」此云「詆忤鄉里」，當即其怙威肆行，為鄉人所不滿，故士
名不立也。詆忤：觸忤，冒犯。

㉕ 曹植悖慢犯法：《三國志・魏書・陳思王植傳》：「黃初二年，監國
謁者灌均希旨，奏植『醉酒悖慢，劫脅使者』。有司請治罪。帝以太
后故，貶爵安鄉侯。」

㉖ 杜篤：字季雅，東漢文學家。《後漢書・文苑傳》：「篤少博學，不
修小節，不為鄉人所禮。居美陽，與美陽令遊，數從請托，不諧，頗
相恨。令怨，收篤送京師。」

㉗ 路粹：字文蔚，東漢末年文人。少學於蔡邕，建安初拜尚書郎。後為
軍謀祭酒，典記室。孔融有過，曹操使粹為奏，承指數致融罪。融
誅，人無不畏其筆。轉秘書令，坐違禁誅。所作詩賦皆佚散。

㉘ 陳琳：字孔璋，東漢末年文學家，「建安七子」之一。東漢末年，任
大將軍何進主簿，後入袁紹幕府。袁紹敗亡後，曹操愛其才，署為司
空軍師祭酒，使與阮瑀同管記室。後又徙為丞相門下督。粗疏：疏
略，沒有真才實學。

㉙ 繁欽：字休伯，東漢末年文學家。《三國志・魏書・王衛二劉傳傳》
裴松之注引《典略》：「欽字休伯，以文才機辯，少得名於汝、潁。

欽既長於書記，又善為詩賦。其所與太子書，記喉轉意，率皆巧麗。為丞相主簿。建安二十三年卒。」檢格：規矩，法度。

㉚劉楨：字公幹，東漢末年文學家，「建安七子」之一。《三國志‧魏書‧王衛二劉傳》：「楨以不敬被刑，刑竟署吏。」裴松之注引《文士傳》曰：「太子嘗請諸文學，酒酣坐歡，命夫人甄氏出拜。坐中眾人咸伏，而楨獨平視。太祖聞之，乃收楨，減死輸作。」輸作：因犯罪罰作勞役。王利器按：《世說新語‧言語篇》劉孝標注引《文士傳》：「楨性辨捷，所問應聲而答，坐平視甄夫人，配輸作部，使磨石。武帝至尚方觀作者，見楨匡坐正色磨石，武帝問曰：『石何如？』楨因得喻己自理，跪而對曰：『石出荊山懸岩之巔，外有五色之章，內含卞氏之珍，磨之不加瑩，雕之不增文，稟氣堅貞，受之自然；顧其理枉屈紆繞，而不得申。』帝顧左右大笑，即日赦之。」

㉛王粲率躁見嫌：王利器按：《三國志‧魏書‧杜襲傳》：「王粲性躁競。」《文心雕龍‧程器篇》：「仲宣輕銳以躁競。」此皆六朝人謂王粲為率躁之證。

㉜孔融：字文舉，東漢末年文學家，「建安七子」之一。乃孔子二十世孫，曾官東漢北海太守，後因觸怒曹操而為其所殺。《後漢書‧孔融傳》：「融見操雄詐漸著，數不能堪，故發辭偏宕，多致乖忤。」禰衡：字正平，東漢末年著名文人，恃才傲物，與世多忤。《後漢書‧文苑傳》：「禰衡字正平，平原般人也。少有才辯，而尚氣剛傲，好矯時慢物……融亦深愛其才。衡始弱冠，而融年四十，遂與為交友……融既愛衡才，數稱述於曹操。操欲見之，而衡素相輕疾，自稱狂病，不肯往，而數有恣言。操懷忿，而以其才名，不欲殺之。」後禰衡又裸身擊鼓，言語冒犯，為操所不能容，故曹操將其送與劉表。後又傲慢於劉表，劉表恥不能容，以送江夏太守黃祖。黃祖大宴賓客，禰衡出言不遜。祖大怒，欲加捶，而衡方大罵祖，遂令殺之。

㉝楊修：字德祖，東漢末年文學家。楊修學問淵博，極聰慧，任丞相府主簿。丁廙：字敬禮，東漢末年文人，少有才資，博學治問。楊修與丁廙都與陳思王曹植相善，丁廙曾勸曹操立曹植為世子。《三國志‧魏書‧陳思王植傳》：「植既以才見異，而丁儀、丁廙、楊修等為之羽翼。太祖狐疑，幾為太子者數矣。而植任性而行，不自雕勵，飲酒不節……太祖既慮終始之變，以楊修頗有才策，而又袁氏之甥也，於是以罪誅修。植益內不自安……文帝即王位，誅丁儀、丁廙並其男口。」

㉞阮籍：見前注。《晉書・阮籍傳》：「籍母終，正與人圍棋，對者求止，籍留與決賭。既而飲酒二斗，舉聲一號，吐血數升。裴楷往吊之，籍散髮箕踞，醉而直視。」劉孝標注《世說新語》引《晉陽秋》曰：「何曾於太祖座謂阮籍曰：『卿任性放蕩，傷禮敗俗，若不變革，王憲豈能相容？』謂太祖：『宜投之四裔，以潔王道。』太祖曰：『此賢羸病，君為我恕之。』」

㉟嵇康：見前注。鍾會原本仰慕嵇康才識，撰寫完《四本論》時，想求嵇康一見，可又怕嵇康看不上，情急之中，竟「於戶外遙擲，便回急走」。顯赫後的鍾會再次造訪嵇康，嵇康不加理睬，繼續在家門口的大樹下鍛鐵，一副旁若無人的樣子。鍾會覺得無趣，於是悻悻地離開。嵇康在這個時候終於說話，他問鍾會：「何所聞而來，何所見而去？」鍾會回答：「聞所聞而來，見所見而去。」鍾會對此記恨在心。後鍾會向司馬昭進讒，誅殺嵇康。

㊱傅玄：字休奕，西晉文學家。忿鬥免官：指傅玄與皇甫陶爭吵而被罷官之事。《晉書・傅玄傳》：「帝初即位，廣納直言，開不諱之路，玄及散騎常侍皇甫陶共掌諫職……俄遷侍中。初玄進黃甫陶，及入而抵，玄以事與陶爭，言喧嘩，為有司所奏，二人竟坐免官。」

㊲孫楚：字子荊，西晉初年文人。矜誇凌上：指孫楚侮慢石苞事。

㊳陸機：字士衡，西晉文學家，曾為平原內史，故世號之「陸平原」。陸機一度為成都王司馬穎所信任，司馬穎與河間王司馬顒起兵討伐長沙王司馬乂，任陸機為後將軍、河北大都督，戰於鹿苑，機軍大敗。宦人孟玖向司馬穎進讒，誣陸機有異志，司馬穎遂殺陸機於軍中。《晉書》有傳。犯順：違反正道。

㊴潘岳：字安仁，西晉著名文學家，他諂事賈謐，後因孫秀進讒，被趙王司馬倫所殺。乾沒：貪求，貪得。

㊵顏延年：即顏延之，字延年，南朝宋文學家，與謝靈運並稱「顏謝」。因自負其才，每與人相爭。《宋書・顏延之傳》：「延之少孤貧，居負郭，室巷甚陋。好讀書，無所不覽，文章之美，冠絕當時……延之好酒疏誕，不能斟酌當世，見劉湛、殷景仁專當要任，意有不平，常云：『天下之務，當與天下共之，豈一人之智所能獨了！』辭甚激揚，每犯權要。謂湛曰：『吾名器不升，當由作卿家吏。』湛深恨焉，言于彭城王義康，出為永嘉太守。」

㊶謝靈運：晉宋之際著名文學家，謝玄之孫，襲封康樂公，世稱「謝康

樂」。仕宋，歷任永嘉太守、臨川內史，他行為粗疏，荒廢政事，只顧遊山玩水，後以謀反罪被誅。《南史》有傳。《宋書·盧陵王義真傳》：「靈運空疏，延之隘薄。」

㊷ 王元長：即王融，字元長，南齊文學家，與齊竟陵王蕭子良友善，為「竟陵八友」之一。齊武帝病危，欲矯詔擁立蕭子良即位，未遂。蕭子良與郁林王蕭昭業爭奪帝位失敗，王融因依附蕭子良而下獄，被孔稚圭奏劾，賜死。詒：通「遺」。

㊸ 謝玄暉：即謝朓。齊東昏侯永元元年（499），遭始安王蕭遙光與江祏等誣陷下獄死。侮慢見及：指謝朓侮慢江祏，為其所害事。

㊹ 翹秀：翹楚，出類拔萃之士。

㊺ 魏太祖：即曹操。文帝：即魏文帝曹丕。曹操、曹丕、曹植父子三人在文學史頗有作為，稱「三曹」。明帝：即魏明帝曹睿。宋孝武帝：劉駿，字休龍，宋文帝劉義隆第三子。

㊻ 懿德：美德。

㊼ 子游：姓言，名偃，字子游，春秋末年吳國人，孔子弟子。子夏：即卜商，字子夏，春秋末年晉國人，孔子弟子。孟軻：即孟子，字子輿，戰國時魯國人，儒家代表人物，與孔子並稱「孔孟」。枚乘：字叔，西漢辭賦家。賈誼：西漢著名政論家，一生抑鬱不得志。蘇武：字子卿，西漢大臣，曾奉命出使匈奴，被扣留，留居匈奴十九年而持節不屈。漢昭帝時，獲釋歸漢。張衡：字平子，東漢辭賦家、天文學家、數學家、發明家、地理學家。左思：字太沖，西晉文學家，其《三都賦》頗被當時稱頌，造成「洛陽紙貴」。儔：一類。

㊽ 矜伐：恃才誇功，誇耀。

㊾ 果於：過於。

㊿ 厲：上。

51 砂礫所傷：比喻細小的傷害。

52 元：大。吉：福。

【譯文】

世上文章，皆源於《五經》：詔、命、策、檄，是從《尚書》中產生的；序、述、論、議，是從《易經》中產生的；歌、詠、賦、頌，是從《詩經》中產生的；祭、祀、哀、誄，是從《禮記》中產生的；書、

奏、箴、銘，是從《春秋》中產生的。朝廷的憲章，軍中所用的誓、誥，彰顯仁義，頌揚功德，治理百姓，統治國家，這文章的用途是各種各樣的。至於以文章來陶冶性情，或對旁人婉言勸諫，或深入體會其含義，也是一件令人愉快的事。若修行有餘力，則可以學習這方面的事。

然而自古以來的文人大多陷於輕薄：屈原表露才華，自我宣揚，公開暴露君主的過失；宋玉形貌冶豔，被人視為俳優；東方朔言行過於滑稽，缺乏雅致；司馬相如攫取卓王孫的錢財，沒有操守；王褒的過失見於《僮約》；揚雄的品德壞於《美新》；李陵投降匈奴，辱沒尊嚴；劉歆在王莽新朝時反覆無常；傅毅依附權貴；班固剽竊父親寫的史書；趙壹為人過分倨傲特出；馮衍秉性輕浮，遭到排擠；馬融諂媚權貴，被人嘲諷；蔡邕結交惡人，同遭懲罰；吳質仗勢橫行，觸怒鄉里；曹植傲慢不羈，觸犯法紀；杜篤向人索借，不知滿足。路粹心胸太過狹隘；陳琳太過粗略疏忽；繁欽生性不知檢點；劉楨太過倔強，被罰勞役；王粲輕率急躁，遭人嫌棄；孔融、禰衡狂放傲慢，招致殺身之禍；楊修、丁廙煽動生事，自取滅亡；阮籍不守禮法，傷風敗俗；嵇康盛氣凌人，不得善終；傅玄負氣爭鬥，終被免官；孫楚恃才自大，冒犯上司；陸機違反正道，鋌而走險，終致身死；潘岳因貪財好利，自致危機；顏延年意氣用事，遭到廢黜；謝靈運放縱傲慢，擾亂朝紀；王融兇惡殘忍，參與叛亂，自取滅亡；謝朓對人輕忽傲慢，遭到陷害。以上這些人物，都是文人中的出類拔萃之士，其他的不能全數記取，大致就是這樣吧。

至於帝王，有的也未能避免這類毛病。自古以來身為天子且有才華的，只有漢武帝、魏太祖、魏文帝、魏明帝、宋孝武帝等數人，但他們也都受到世人的非議，並不能算是具有完美德行的君主。像子游、子夏、荀況、孟軻、枚乘、賈誼、蘇武、張衡、左思等一流人物，享有聲名而又能避免過失的，也時常能聽說，但他們中間遭受艱辛禍患的還是佔有大多數。

對此我經常思考，推究其中的道理，文章的本質在於揭示興致感受，抒發性靈，這就容易使人恃才自誇，從而忽視操守，卻勇於追求名利。在現在的文士身上，這個毛病更加深切，他們若是一個典故用得快意恰當，一個句子作得清新奇巧，就神采飛揚直達九霄，意氣風發雄視千載，自我吟誦，自我歡賞，不覺世上還有旁人。又因為沙礫等渺小事

物給人帶來的傷害，會比矛戟造成的傷害更嚴重；諷刺別人而招禍，比狂風大塵來得更快，你們應該特別注意防範，以保大福。

【原文】

　　學問有利鈍，文章有巧拙。鈍學累功，不妨精熟；拙文研思，終歸蚩鄙①。但成學士，自足為人。必乏天才②，勿強操筆。吾見世人，至無才思，自謂清華，流布醜拙，亦以眾矣，江南號為詅癡符③。近在並州，有一士族，好為可笑詩賦，撇邢、魏諸公④，眾共嘲弄，虛相贊說，便擊牛釃酒⑤，招延⑥聲譽。其妻，明鑒婦人也，泣而諫之。此人歎曰：「才華不為妻子所容，何況行路！」至死不覺。自見之謂明，此誠難也。

【注釋】

① 蚩鄙：粗野，拙劣。
② 天才：天賦。
③ 詅癡符：古代方言，原指文字拙劣而好刻書行世的人，後指沒有才學卻又喜歡誇耀的人。詅（音玲）：叫賣。《苕溪漁隱叢話後集》卷三九：「宋子京云：『江左有文拙而好刻石者，謂之嗤符。』」
④ 撇：以言戲人，此指輕蔑，嘲弄。邢、魏：指北齊著名學者邢邵和魏收，見前注。
⑤ 釃酒：斟酒。一說濾酒。
⑥ 招延：招致，求取。

【譯文】

　　做學問有聰明與遲鈍之分，寫文章有精巧與拙劣的差別。做學問遲鈍的人只要堅持努力，也能夠達到精通熟練；寫文章拙劣的人再怎麼鑽研思考，其文章終究難免粗野鄙陋。其實只要成為飽學之士，就足以在世上立足了。如果實在是缺乏寫作上的天賦，就不要勉強執筆寫文章。我看到世上某些人，明明極度缺乏才思，卻還以為自己的文章清新華麗，並且讓醜陋拙劣的文章流傳在外。這樣的人實在太多了，江南地區

稱之為詅癡符。

近來在並州，有個士大夫，喜歡寫一些可笑的詩賦，還嘲弄邢邵、魏收等人。於是大家聯合起來嘲弄他，假意讚美他的詩賦，於是他高興極了，就殺牛斟酒，準備宴請賓客以擴大自己的聲譽。他的妻子是個明白事理的人，哭著勸他。這個士大夫卻歎息說：「我的才華連妻子都不能承認，更何況陌生人呢！」他至死都沒有覺悟，不能自知。自己能看清自己才叫明，這確實不容易啊！

【原文】

學為文章，先謀親友，得其評裁，知可施行，然後出手[①]。慎勿師心自任，取笑旁人也。自古執筆為文者，何可勝言。然至於宏麗精華，不過數十篇耳。但使不失體裁，辭意可觀，便稱才士。要須動俗蓋世，亦俟河之清[②]乎！

【注釋】

① 出手：使文章在社會上流傳。古時文壇風氣，但有人作一文，必爭相傳閱，評點針砭。一說指下筆作文。此數句言作文之前，先得親友提點，然後動筆，不可隨意為文。

② 俟河之清：等待黃河變清。比喻期望的事情不能實現或難以實現。《左傳・襄公八年》：「周詩有之曰：『俟河之清，人壽幾何？』」杜預注：「逸《詩》也，言人壽促而河清遲。」《後漢書・趙壹傳》：「河清不可俟，人命不可延。」

【譯文】

學作文章時，每作成一篇，應該先向親友徵求意見，得到他們的評點，知道可以在社會上傳播了，然後再脫手。千萬不要由著性子自作主張，以致為旁人取笑。自古以來執筆寫文章的人，多得數不清，然而真正能夠稱得上宏麗精華的文章，不過幾十篇罷了。只要文章沒有違背體裁要求，辭意值得一觀，就可以稱為才士了。如果一定要使自己的文章驚動流俗，氣蓋當世，那就像黃河澄清那樣不容易啊！

【原文】

　　不屈二姓，夷、齊①之節也；何事非君，伊、箕之義也②。自春秋已來，家有奔亡，國有吞滅，君臣固無常分③矣。然而君子之交絕無惡聲④，一旦屈膝而事人，豈以存亡而改慮⑤？陳孔璋⑥居袁裁書，則呼操為豺狼；在魏制檄，則目紹為蛇虺。在時君所命，不得自專，然亦文人之巨患也，當務從容消息⑦之。

【注釋】

① 夷、齊：即指伯夷、叔齊，商末孤竹國君之子，曾諫阻周武王伐商。武王滅商後，天下宗周，伯夷、叔齊恥食周粟，隱居首陽山，采薇而食。後餓死。

② 伊：伊尹，本為夏臣，後輔佐商湯建立商朝。箕：箕子，商末紂王的叔父，官太師。商末動亂，箕子諫而不納，遂披髮佯狂而為奴。武王滅商後，箕子歸周。或謂箕子在商朝滅亡後，帶著商代禮儀和制度到了朝鮮北部，建立箕子朝鮮。王利器按：《孟子·公孫丑上》：「何事非君，何使非民，治亦進，亂亦進，伊尹也。」趙岐注：「伊尹曰：『事非其君者，何傷也？使非其民者，何傷也？要欲為天理物，冀得行道而已矣。』」

③ 常分：定分。即一成不變的名分。《左傳·昭公三十二年》：「史墨曰：『社稷無常奉，君臣無常位，自古以然。』」

④ 惡聲：指辱罵之語。《戰國策·燕策二》：「望諸君乃使人獻書報燕王曰：『臣聞古之君子，交絕不出惡聲；忠臣之去也，不潔其名。』」此處顏之推將君主關係視為朋友關係，友情可盡，主可另投，但分道之時亦要保持風度。此觀點素來為人詬病，然亂世之中，忠君如一亦是奢談。

⑤ 改慮：改變立場。

⑥ 陳孔璋：即陳琳。陳琳曾舉袁紹幕府，官渡大戰前，陳琳作《為袁紹檄豫州文》，文中痛斥曹操。曹操當時正苦於頭風，病發在床，因臥讀陳琳檄文，竟驚出一身冷汗，翕然而起，頭風頓愈。袁紹敗亡後，曹操因愛其才而不咎。

⑦ 消息：斟酌。

【譯文】

不屈身於兩個王朝，這是伯夷、叔齊的氣節；對任何君主都可侍奉，這是伊尹、箕子所行的道義。自春秋以來，世家有奔竄流亡的時候，國家有被吞併滅亡的時候，君臣之間本來就沒有固定的名分。

君子即使絕交也不會口出惡言，然而一旦屈膝侍奉別的君主，又怎能因故主的存亡而改變自己的立場呢？陳琳在袁紹幕府時，作檄文稱曹操為豺狼；在魏國做官時，又在所寫的檄文中稱袁紹為毒蛇。在當時必須聽從君主的命令，自己不能做主，但這也是文人的大禍患，不能不仔細斟酌一番。

【原文】

或問揚雄曰：「吾子少而好賦？」雄曰：「然。童子雕蟲篆刻[1]，壯夫不為也。」余竊非之曰：虞舜歌《南風》[2]之詩，周公作《鴟鴞》[3]之詠，吉甫、史克《雅》《頌》之美者[4]，未聞皆在幼年累德也。孔子曰：「不學《詩》，無以言[5]。」「自衛返魯，樂正，《雅》《頌》各得其所[6]。」大明孝道[7]，引《詩》證之。揚雄安敢忽之也？若論「詩人之賦麗以則，辭人之賦麗以淫[8]」，但知變之而已，又未知雄自為壯夫何如也？著《劇秦美新》，妄投於閣[9]，周章怖懾[10]，不達天命，童子之為耳。桓譚[11]以勝老子，葛洪[12]以方仲尼，使人歎息。此人直以曉算術，解陰陽，故著《太玄經》[13]，數子為所惑耳。其遺言餘行，孫卿、屈原之不及，安敢望大聖之清塵？且《太玄》今竟何用乎？不啻覆醬瓿而已[14]。

【注釋】

① 蟲：蟲書。刻：刻符。蟲書、刻符是秦書八體中的二體，是西漢學童必習的小技。雕琢蟲書，篆寫刻符。比喻微不足道的技能。多用於比喻詩、文的寫作。

② 《南風》：《禮記・樂記》：「昔者，舜作五弦之琴，以歌《南

風》。」《孔子家語·辯樂解》:「昔者,舜彈五弦之琴,造《南風》之詩,其詩曰:『南風之熏兮,可以解吾民之慍兮;南風之時兮,可以阜吾民之財兮。』」

③《鴟鴞》:《詩經·豳風》篇名,相傳為周公所作。《尚書·金縢》:「武王既喪,管叔及其群弟乃流言於國,曰:『公將不利於孺子。』周公乃告二公曰:『我之弗辟,我無以告我先王。』周公居東二年,則罪人斯得。於後,公乃為詩以貽王,名之曰《鴟鴞》。」

④吉甫:即尹吉甫,西周宣王時大臣。《詩經·大雅》部分篇章出自其手。史克:春秋時魯國史官。《毛詩序》認為他是《魯頌·駉》的作者。

⑤「不學《詩》」二句:出自《論語·季氏篇》。

⑥「自衛返魯」三句:出自《論語·子罕篇》。《史記·孔子世家》:「古者,詩三千餘篇,及至孔子,去其重,取可施於禮義,上采契、後稷,中述殷、周之盛,至幽、厲之缺,始於衽席,故曰:『關雎之亂,以為風始,鹿鳴為小雅始,文王為大雅始,清廟為頌始。』三百五篇,孔子皆弦歌之,以求合韶、武、雅、頌之音,禮樂自此可得而述。」

⑦大明孝道:指孔子撰《孝經》。《孝經》每章之末,俱引詩以明之。

⑧「詩人之賦麗以則」兩句:出自揚雄《法言·吾子篇》。「詩人之賦麗以則」是指這一類的賦尚不失諷喻精神,雖「麗」而有法度;「辭人之賦麗以淫」則指這一類的賦辭章上太過分注意修飾而失去了諷諫的意義。韓敬《法言注》:「詩人的賦華麗而符合原則,辭人的賦華麗而過分鋪張。」詩人之賦,指的是屈原的騷賦,揚雄認為屈原的賦符合《詩經》的精神,所以稱為「詩人之賦」;辭人之賦指的唐勒景差宋玉枚乘之賦,其實就是指的大賦。淫:過分。

⑨妄投於閣:《漢書·揚雄傳》:「王莽時,劉歆、甄豐皆為上公,莽既以符命自立,即位之後,欲絕其原以神前事,而豐子尋、歆子棻復獻之。莽誅豐父子,投棻四裔。辭所連及,便收不請。時雄校書天祿閣上,治獄使者來,欲收雄,雄恐不能自免,乃從閣上自投下,幾死。莽聞之曰:『雄素不與事,何故在此?』間請問其故,乃劉棻嘗從雄學作奇字,雄不知情,有詔勿問。然京師為之語曰:『惟寂寞,自投閣;爰清靜,作符命。』」王利器按:雄解嘲云:「惟寂惟寞,守德之宅;爰清爰靜,遊神之庭。」京師語據此以諷雄。

⑩ 周章：倉皇驚懼。怖懼：恐懼，害怕。

⑪ 桓譚：字君山，兩漢之際人，哲學家，經學家，愛好音律，善鼓琴，博學多通，遍習五經，喜非毀俗儒。

⑫ 葛洪：字稚川，自號抱朴子，東晉著名醫藥學家，三國方士葛玄之侄孫，世稱小仙翁。他曾受封為關內侯，後隱居羅浮山煉丹。

⑬ 《太玄經》，揚雄撰，是一部擬《周易》之作。其將源於老子之道的玄作為最高範疇，並在構築宇宙生成圖式、探索事物發展規律時，以玄為中心思想。是漢朝道家思想的繼承和發展。

⑭ 不啻：不過。瓵（音剖）：盛酒器和盛水器，亦用於盛醬。器型似樽，但較樽矮小。

【譯文】

　　有人問揚雄說：「您年輕時就喜歡寫賦嗎？」揚雄說：「是的。不過我認為辭賦就如同是小孩子練的蟲書、刻符，大丈夫是不屑於做的。」我私下裡認為他的話是不對的：虞舜曾吟詠《南風》，周公曾作《鴟鴞》，尹吉甫、史克所作的很多好詩歌都收錄在《雅》《頌》裡，可我倒沒聽說過他們因為在年輕時寫詩而損壞了德行。

　　孔子說：「不學習《詩》，就不知道如何應答。」他又說：「我從衛國返回魯國，對《詩》的樂章進行整理，使得《雅》《頌》各得其所。」孔子宣揚孝道，經常引用《詩經》來佐證。揚雄又怎麼敢忽視詩賦呢？

　　如果就他說的「詩人的賦華麗而合乎法度，辭人的賦華麗得過度」來看，那也只不過是看到兩者之間的區別而已，不知道揚雄自從成年之後又做得怎麼樣呢？他寫了《劇秦美新》，又曾經糊塗地從天祿閣往下跳，處事驚慌失措，不能樂天知命，其行為不過像個小孩子。桓譚以為揚雄勝過老子，葛洪將揚雄與孔子相提並論，實在是讓人歎息。揚雄此人只不過是通曉術數，懂得陰陽之學，所以寫了《太玄經》，那些人都被他迷惑了。他的言辭德行，連荀子、屈原都比不上，又怎能和老、孔子這樣的大聖人相提並論呢？況且《太玄》在今天有什麼用途？不過是被人拿來蓋醬缸罷了。

【原文】

　　齊世有席毗者，清幹之士，官至行台尚書，嗤鄙文學，嘲劉逖①云：「君輩辭藻，譬若榮華，須臾之翫②，非宏才也。豈比吾徒千丈松樹，常有風霜，不可凋悴③矣！」劉應之曰：「既有寒木，又發春華，何如也？」席笑曰：「可哉！」

【注釋】

①劉逖：字子長，北齊詩人。《北齊書‧文苑傳》：「逖少而聰敏，好弋獵騎射，以行樂為事，愛交遊，善戲謔……逖遠離鄉家，倦於羈旅，發憤自勵，專精讀書。晉陽都會之所，霸朝人士攸集，咸務於宴集。逖在遊宴之中，卷不離手，值有文籍所未見者，則終日諷誦，或通夜不歸，其好學如此。亦留心文藻，頗工詩詠。」

②榮華：茂盛的花。一說指朝菌的別名。朝菌：大芝，朝生，見日則死。喻生命極為短暫。翫（音萬）：同玩，遊戲。

③凋悴：枯敗，凋落。

【譯文】

　　北齊有個名叫席毗的人，是清明能幹之士，官至行台尚書。他譏笑鄙視文學，曾嘲笑劉逖說：「你們這些文人的辭藻文章，就好比那開放的花朵，只能供人賞玩片刻，算不得棟樑之材。哪裡能比得上我們這些軍人呢？我們就像千丈高的松樹，即使常有風霜侵襲，也不會枯敗凋零！」劉逖說：「如果既是耐寒之樹，又能在春天開花，那如何呢？」席毗笑著說：「那自然好！」

【原文】

　　凡為文章，猶人乘騏驥①，雖有逸氣①，當以銜勒②制之，勿使流亂軌躅③，放意填坑岸也④。

【注釋】

①逸氣：俊逸之氣。

②銜勒：指馬嚼口和馬絡頭。

③軌躅：本指車轍，引申為法度、規範。

④放意：肆意，縱意。坑岸：坑塹，溝壑。

【譯文】

　　作文章就好比是騎乘良馬，雖然馬很有俊逸之氣，但也還得用銜和勒來控制它，不要讓它亂了奔走的法度，肆意而行，以致落入溝壑之中。

【原文】

　　文章當以理致為心腎，氣調為筋骨，事義①為皮膚，華麗為冠冕。今世相承，趨末棄本，率多浮豔。辭與理競，辭勝而理伏；事與才爭，事繁而才損。放逸者流宕②而忘歸，穿鑿者補綴而不足③。時俗如此，安能獨違？但務去泰去甚耳。必有盛才重譽，改革體裁者，實吾所希。

【注釋】

①事義：指以典故來表意。

②流宕：指詩文流暢恣肆。

③穿鑿：牽強附會。此指過於拘束。補綴：補葺聯綴。

【譯文】

　　好文章當以義理情致為心腎，氣韻才調為筋骨，恰當典故為皮膚，華麗辭藻為冠冕。可如今世代相承的文章，都是趨末棄本，過於輕浮華豔。辭藻與義理相競，文辭雖然優美但事理卻被遮隱；用典與才思相爭，用典繁瑣而才思受損。那些奔放飄逸的文章，行文雖然輕快但常常偏離主題；那些過於拘束的文章，雖然補葺連綴勉強成篇但文采不足。時下習俗就是如此，怎麼能獨自標新立異？但求不要做得太過分就好。如果能有才華優異、聲譽隆重的人來改革這種文章體制，那實在是我所期望的。

【原文】

　　古人之文，宏材逸氣，體度風格，去今實遠，但緝綴①疏樸，未為密緻耳。今世音律諧靡②，章句偶對，諱避精詳，賢於往昔多矣。宜以古之制裁為本，今之辭調為末，並須兩存，不可偏棄也。

【注釋】

①緝綴：編輯綴屬。此指作文遣詞造句、過渡勾連等方面。
②諧靡：和諧靡麗。

【譯文】

　　古人的文章，氣勢宏大，瀟灑飄逸，其體度風格和現今的文章差別很大，只是古人在遣詞造句方面還很粗疏質樸，不夠周密細緻。如今的文章，音律和諧靡麗，語句配偶對稱，避諱精確詳盡，在這些方面比古人高明多了。應該以古人的體制格調為根本，以今人的文辭音調作補充，這兩方面必須並存，不可偏廢。

【原文】

　　吾家世文章，甚為典正，不從流俗，梁孝元在蕃邸①時，撰《西府新文》②，訖無一篇見錄者，亦以不偶③於世，無鄭、衛之音④故也。有詩賦銘誄書表啟疏二十卷，吾兄弟始在草土⑤，並未得編次，便遭火蕩盡，竟不傳於世。銜酷茹恨⑥，徹於心髓！操行見於《梁史・文士傳》及孝元《懷舊志》⑦。

【注釋】

①蕃邸：王府。此指蕭繹為湘東王，鎮守荊州時。
②《西府新文》：梁元帝使蕭淑輯錄諸臣僚之文而成。《隋書・經籍志》：「《西府新文》十一卷，並錄，梁蕭淑撰。」時顏之推之父顏

協為鎮西府諮議參軍，亦頗善文，然因文章風格緣故，其文未被收錄。顏之推深以為憾事。

③ 偶：合，迎合。

④ 鄭、衛之音：指春秋時鄭國和衛國的民間音樂。《詩經》收入的鄭國、衛國民歌，情感表達奔放大膽，且多男女情事、淫靡之音，故為正統所排斥否定。此指當時浮豔之文。

⑤ 草土：指居親喪。胡三省曰：「居喪者寢苫枕塊，故曰草土。」

⑥ 銜酷：心懷慘痛之情。茹恨：含恨。

⑦ 《梁史·文士傳》：即《梁書·文學傳》。其中記顏協事曰：「顏協，字子和，琅邪臨沂人也。七代祖含，晉侍中、國子祭酒、西平靖侯。父見遠，博學有志行。初，齊和帝之鎮荊州也，以見遠為錄事參軍，及即位於江陵，以為治書侍御史，俄兼中丞。高祖受禪，見遠乃不食，發憤數日而卒。高祖聞之曰：『我自應天從人，何預天下士大夫事？而顏見遠乃至於此也。』協幼孤，養於舅氏。少以器局見稱。博涉群書，工於草隸。釋褐湘東王國常侍，又兼府記室。世祖出鎮荊州，轉正記室。時吳郡顧協亦在蕃邸，與協同名，才學相亞，府中稱為「二協」。舅陳郡謝暕卒，協以有鞠養恩，居喪如伯叔之禮，議者重焉。又感家門事義，不求顯達，恒辭征辟，遊於蕃府而已。大同五年，卒，時年四十二。世祖甚嘆惜之，為《懷舊詩》以傷之。」《懷舊志》：《隋書·經籍志》：「《懷舊志》九卷，梁元帝撰。」

【譯文】

　　我父親的文章，寫得非常典雅莊重，不同於流俗，梁孝元帝在做湘東王時，曾經命人編撰《西府新文》，先父的文章一篇也未被收錄，這也是因為他的文章不迎合世俗人的口味，沒有浮豔風氣的緣故。先父留下的詩、賦、銘、誄、書、表、啟、疏等各種文體的文章共二十卷，我們兄弟當時還在居喪期間，沒有來得及整理編次，就被大火燒得精光，最終不能流傳於世。對此我甚為心痛，心中含恨，深入心髓。先父的操守品行載於《梁史·文士傳》和梁孝元帝所撰的《懷舊志》上。

【原文】

　　沈隱侯①曰：「文章當從三易：易見事，一也；易識字，

二也；易讀誦，三也。」邢子才常曰：「沈侯文章，用事不使人覺，若胸憶②語也。」深以此服之。祖孝亦嘗謂吾曰：「沈詩云：『崖傾護石髓③。』此豈似用事邪？」

【注釋】

① 沈隱侯：即南朝文學家、史學家沈約，字休文，謚隱侯。《梁書‧沈約傳》：「既而流寓孤貧，篤志好學，晝夜不倦。母恐其以勞生疾，常遣減油滅火。而晝之所讀，夜輒誦之，遂博通群籍，能屬文……約左目重瞳子，腰有紫志，聰明過人。好墳籍，聚書至二萬卷，京師莫比。」

② 胸憶：猶「胸臆」，心。

③ 崖傾護石髓：此詩句不見沈約文集。又沈約《遊沈道士館詩》云：「朋來握石髓。」或為此詩異文，抑別是一詩。「石髓」有典。《晉書‧嵇康傳》：「康遇王烈，共入山，嘗得石髓如飴，即自服半，餘半與康，皆凝而為石。」

【譯文】

　　沈約說：「文章應當遵從『三易』的原則：用典通俗易懂，這是其一；文字易識，這是其二；易於朗讀背誦，這是其三。」邢子才常說：「沈約的文章，引用典故使人難以察覺，讓人以為他是在直抒胸臆一樣。」並因此而深深佩服他。祖孝徵也曾對我說：「沈約詩云：『崖傾護石髓。』這哪裡像是在用典啊？」

【原文】

　　邢子才、魏收俱有重名，時俗準的①，以為師匠。邢賞服沈約而輕任昉②，魏愛慕任昉而毀沈約，每於談宴，辭色以之③。鄴下紛紜，各有朋黨。祖孝嘗謂吾曰：「任、沈之是非，乃邢、魏之優劣也。」

【注釋】

① 準的：標準。

② 任昉：字彥升，小子阿堆，南朝文學家。《梁書‧任昉傳》：「昉雅善屬文，尤長載筆，才思無窮，當世王公表奏，莫不請焉。昉起草即成，不加點竄。沈約一代詞宗，深所推挹。」

③ 辭色以之：猶今言爭得面紅耳赤。

【譯文】

　　邢子才、魏收俱有盛名，當時的人以他們為標準，奉為宗師大匠。邢子才佩服沈約而輕視任昉，魏收則欽慕任昉而詆毀沈約，兩人每次在一起宴飲聚會時，都會爭得面紅耳赤。鄴城的人對此看法不一，兩人各有擁護者。祖孝徵曾對我說：「任昉、沈約二人的是非，實際上正是邢子才和魏收的優與劣。」

【原文】

　　《吳均①集》有《破鏡賦》。昔者，邑號朝歌，顏淵不舍②；里名勝母③，曾子斂襟：蓋忌夫惡名之傷實也。破鏡④乃凶逆之獸，事見《漢書》，為文幸避此名也。比世往往見有和人詩者，題云敬同⑤，《孝經》云：「資於事父以事君而敬同⑥。」不可輕言也。梁世費旭⑦詩云：「不知是耶⑧非。」殷沄⑨詩云：「颻揚雲母舟⑩。」簡文曰：「旭既不識其父，沄又颻揚其母。」此雖悉古事，不可用也。世人或有文章引《詩》「伐鼓淵淵⑪」者，《宋書》已有屢遊之誚⑫。如此流比⑬，幸須避之。北面事親⑭，別舅摛《渭陽》之詠⑮；堂上養老，送兄賦桓山之悲⑯，皆大失也。舉此一隅，觸塗宜慎。

【注釋】

① 吳均：字叔庠，南梁文學家。好學有俊才，其詩清新，且多為反映社會現實之作。其文工於寫景，詩文自成一家，常描寫山水景物，稱為「吳均體」，開創一代詩風。《梁書‧文學傳》載其事。《隋書‧經

籍志》：「梁奉朝請《吳均集》二十卷。」

②舍：居住。《水經注・淇水》注引《論語撰考讖》云：「邑名朝歌，顏淵不舍，七十弟子掩目，宰予獨顧，由蹶墮車。」劉晝《新論・鄙名章》：「水名盜泉，尼父不漱；邑名朝歌，顏淵不舍；里名勝母，曾子還軔；亭名柏人，漢君夜遁。何者？以其名害義也。」或以為此處顏淵當作墨子。《漢書・鄒陽傳》：「里名勝母，曾子不入；邑號朝歌，墨子回車。」《淮南子・說山訓》：「曾子立孝，不過勝母之閭；墨子非樂，不入朝歌之邑。」朝歌本是地名，但字面義是一清早就唱歌，墨子「非樂」，故不入住。

③勝母：閭里名。但其字面意思是勝過母親或厭勝母親，曾子至孝，故斂襟。

④破鏡：一種惡獸，也稱獍。《漢書・郊祀志》：「有言古天子嘗以春解祠，祠黃帝用一梟、破鏡。」

⑤敬同：六朝人以「同」為「和」，和題詩，大致稱同、和、奉和、仰和四名詞，稱敬同比較少。或作者寫詩給朋友時，有此謙稱，至編集時又削去「敬」字。顏之推認為，和詩用「敬同」，易與「事君事父」扯上關係，故不可取。

⑥資於事父以事君而敬同：言敬父與敬君同。《孝經・士章第五》：「資於事父以事母，其愛同；資於事父以事君，其敬同。」

⑦費旭：盧文弨曰：「費旭，江夏人。」王利器認為「費旭」是「費昶」之誤。《南史・何思澄傳》：「王子雲，太原人，及江夏費昶，並為閭里才子。昶善為樂府，又作鼓吹曲，武帝重之。」

⑧耶：本為疑問助詞，但南朝俗稱父為「耶」。

⑨殷沄（音云）：盧文弨以為「殷沄」是「殷芸」之誤。殷芸：字灌蔬，南梁文學家。《梁書・殷芸傳》：「性倜儻，不拘細行。然不妄交遊，門無雜客。勵精勤學，博洽群書。」

⑩颮揚：隨微風搖動貌。雲母舟：以雲母裝飾之舟。但其名以觸諱。

⑪伐鼓淵淵：出自《詩經・小雅・采芑》。「伐鼓」從正面理解指出師，或戒晨，義本無礙，然其反語則為「腐骨」。「腐骨」本指死屍，後亦指賤軀，如此則頗為不祥。六朝人喜言反語，故認為「伐鼓」不可用於文章中。

⑫屢遊之誚：典故不詳。據前後語，當指不明反語之譏諷。《金樓子・雜記篇上》：「宋玉（當作《宋書》）戲太宰屢遊之談，流連反語，

遂有鮑照伐鼓、孝綽布武、韋粲浮柱之作。」

⑬ 流比：同類比照類推。

⑭ 北面事親：言母在北堂。

⑮ 攡（音吃）：傳佈，舒展。《渭陽》：即《詩經‧秦風‧渭陽》。本詩是秦康公送晉文公重耳回國時所作。《詩序》：「《渭陽》，康公念母也。康公之母，晉獻公之女。文公遭麗姬之難未反，而秦姬卒。穆公納文公，康公時為太子，贈送文公於渭之陽，念母之不見也。我見舅氏，如母存焉。」據此，《渭陽》是母死之後，送舅懷母之作，如果母親尚健在，則不可濫用「渭陽」語典。

⑯ 桓山之悲：比喻父死而兄弟別離之悲。《孔子家語‧顏回》：「孔子在衛，昧旦晨興，顏回侍側，聞哭者之聲甚哀。子曰：『回，汝知此何所哭乎？』對曰：『回以此哭聲非但為死者而已，又有生離別者也。』子曰：『何以知之？』對曰：『回聞桓山之鳥生四子焉，羽翼既成，將分於四海，其母悲鳴而送之，哀聲有似於此，謂其往而不返也，回竊以音類知之。』孔子使人問哭者，果曰：『父死家貧，賣子以葬，與之長決。』子曰：「回也，善於識音矣。」據此，父親如果尚在，則不可濫用「桓山之悲」語典。

【譯文】

　　《吳均集》中有《破鏡賦》。從前，有座城邑名叫朝歌，顏淵因為這名稱就不在那裡停留；有一處鄉里名叫勝母，曾子路過時就斂起衣襟：他們大約是忌諱這些不好的名稱損傷了事物的本質吧。破鏡是一種兇惡暴逆的野獸，這在《漢書》裡有記載，寫文章時一定要避開這類名稱。

　　近代時常看見有應和別人詩作的人在和詩的題目中寫著「敬同」二字，《孝經》裡說：「資於事父以事君而敬同。」因此這兩個字不能輕易亂用。梁朝費旭有詩云：「不知是耶非。」殷沄也有詩云：「颻揚雲母舟。」梁簡文帝說：「費旭已經不認識自己的父親，殷沄又讓他的母親四處飄蕩。」這些雖然都是古時的事，但也不可用。

　　世上有人在文章中引用《詩經》中「伐鼓淵淵」，《宋書》對這類引用詞語不考慮反語的人已有所譏諷。諸如此類的事，一定要避開為妙。有人母親尚在世，送別舅舅時卻高詠《渭陽》；有人雙親在堂，送別兄長時卻以「桓山之鳥」來表達自己的悲傷，這些都是嚴重的過失。

這裡只舉了一部分例子，你們寫文章時處處都要謹慎對待。

【原文】

　　江南文制，欲人彈射①，知有病累②，隨即改之，陳王得之於丁廙也③。山東風俗，不通擊難④。吾初入鄴，遂嘗以此忤人，至今為悔。汝曹必無輕議也。

【注釋】

①彈射：用言語指責人。此指批評文章。

②病累：主要就聲病而言，即詩文聲律上的毛病。

③陳王得之於丁廙也：曹植《與楊德祖書》：「僕嘗好人譏彈其文，有不善者，應時改定。昔丁敬禮常作小文，使僕潤飾之。僕自以才不能過若人，辭不為也。敬禮謂僕：『卿何所疑難，文之佳惡，吾自得之，後世誰相知定吾文者邪？』吾嘗歎此達言，以為美談。」

④擊難：指責難，批評。

【譯文】

　　江南地區的人寫完文章後，希望請別人進行批評指正，如發現聲律上的毛病，隨即加以修改，陳思王曹植就是從丁廙那裡學到了這種習慣。山東地區的風俗，是不允許別人對自己的文章提出責難的。我剛到鄴下時，就曾因為批評別人的文章而得罪人，到現在我還為這件事後悔。你們一定不要輕率地議論別人的文章。

【原文】

　　凡代人為文，皆作彼語，理宜然矣。至於哀傷凶禍之辭，不可輒代。蔡邕為胡金盈①作《母靈表頌》曰：「悲母氏之不永②，然委我而夙喪。」又為胡顥③作其父銘曰：「葬我考議郎④君。」《袁三公頌》曰：「猗歟我祖，出自有媯⑤。」王粲為潘文則《思親詩》云：「躬此勞瘁，鞠予小人⑥；庶我顯妣，克保遐年⑦。」而並載乎邕、粲之集，此例甚眾。古

人之所行，今世以為諱。陳思王《武帝誄》，遂深永蟄⑧之思；潘岳《悼亡賦》，乃愴手澤之遺：是方父於蟲⑨，匹婦於考⑩也。蔡邕《楊秉碑》云：「統大麓⑪之重。」潘尼⑫《贈盧景宣詩》云：「九五思飛龍⑬。」孫楚《王驃騎誄》云：「奄忽登遐⑭。」陸機《父誄》云：「億兆宅心，敦敘百揆⑮。」《姊誄》云：「倪天之和⑯。」今為此言，則朝廷之罪人也。王粲《贈楊德祖詩》云：「我君餞之，其樂泄泄⑰。」不可妄施人子，況儲君⑱乎？

【注釋】

① 胡金盈：胡廣之女。胡廣：字伯始，東漢名臣。

② 不永：壽命不長久。

③ 胡顥：胡廣之孫。

④ 議郎：官名，為光祿勳所屬郎官之一。此指胡顥之父胡寧。

⑤ 有嬀（音規）：即嬀姓。陳胡公滿，嬀姓，其後有袁氏。

⑥ 勞悴：勞瘁，辛苦勞累。鞠：養。小人：即小孩。此兩句詩意謂：母親辛苦勞累，養育我成人。

⑦ 顯妣：對亡母的美稱。克：能。遐年：高壽。

⑧ 永蟄：永遠蟄伏，即長眠。曹植文中指父死。

⑨ 方父於蟲：將父親比作蟲。「蟄伏」一詞來源於昆蟲，將尊父之死比作蟲之永遠蟄伏，顏之推以為不妥。《禮記·月令》：「季秋之月，蟄蟲鹹俯。」《金樓子·立言篇》：「陳思之文，群才之儁也。《武帝誄》云：『尊靈永蟄。』《明帝頌》云：『聖體浮輕。』浮輕有似於蝴蝶，永蟄可擬於昆蟲，施之尊體，不其嗤乎。」顏之推觀點即與梁元帝相似。

⑩ 匹婦於考：《禮記·玉藻》：「父沒而不能讀父之書，手澤存焉爾；母沒而杯圈不能飲焉，口澤之氣存焉爾。」據此，「手澤」是形容父母遺跡的，不可用於亡妻。

⑪ 大麓：猶總領，謂領錄天子之事。

⑫ 潘尼：字正叔，西晉文學家。潘岳之侄，少有才，與潘岳俱以文章知名，並稱「兩潘」。

⑬ 九五：指君位。飛龍：指聖人起而為天子，故不可泛用。

⑭ 登遐：指死者升天而去。後又特指帝王之死，故平民不可亂用。

⑮ 億兆：指萬民。宅心：歸心。敦敘：亦作「敦序」，謂使親厚而有序。百揆：各種政務。或指百官。《舜典》：「納於百揆，百揆時敘。」此詩句有帝王氣，不可用。

⑯ 倪（音現）：譬喻。《詩經・大雅・大明》：「大邦有子，倪天之妹。」陸機此文中將其姊比作「天之妹」，如此己則為「天」，不可。

⑰ 泄泄：和樂舒暢貌。據《左傳・隱西元年》載：先，鄭莊公之母武姜厭之，助幼子段奪位。事敗後，莊公怒而放其於潁城，並言：「不及黃泉，勿相見也。」後又悔，思母，但又礙於前誓。潁考叔建議莊公掘地及黃泉，於隧道見母。莊公從之。莊公見到母親後，賦曰：「大隧之中，其樂也融融！」武姜亦喜，賦曰：「大隧之外，其樂也泄泄！」自此母子和好。據此，「泄泄」是母親對子所言，不可亂用。

⑱ 儲君：即太子。顏之推所指王粲詩中當是曹丕。

【譯文】

凡是替別人作文，都要用他的口氣，這是理所當然的。至於表達哀傷凶禍內容的文章，是不宜替別人代表的。蔡邕為胡金盈作《母靈表頌》，寫道：「悲母氏之不永，然委我而夙喪。」又為胡顥作父誄，說：「葬我考議郎君。」還有《袁三公頌》曰：「猗歟我祖，出自有媯。」王粲為潘文則作《思親詩》，寫道：「躬此勞悴，鞠予小人；庶我顯妣，克保遐年。」且這些文章都收入在蔡邕、王粲的文集裡，這樣的例子非常多。古人所通行的做法，在今天看來是犯了忌諱。

陳思王曹植在《武帝誄》中以「永蟄」表示對父親的思念，潘岳在《悼亡賦》中以「手澤」指亡妻留下的物品，並抒發看到妻子遺物的悲愴之情。前者將父親比作蟲子，後者將亡妻等同於亡父，都是不可取的。蔡邕《楊秉碑》說：「統大麓之重。」潘尼《贈盧景宣詩》說：「九五思飛龍。」孫楚《王驃騎誄》說：「奄忽登遐。」陸機《父誄》說：「億兆宅心，敦敘百揆。」《姊誄》又說：「倪天之和。」如果現代有人再寫這樣的話，那就是朝廷的罪人了。王粲《贈楊德祖詩》說：「我君餞之，其樂泄泄。」但「其樂泄泄」是鄭莊公的母親對鄭莊公說

的，是不可以隨便用在別人子女身上的，更何況還是太子呢？

【原文】

　　挽歌辭者，或云古者《虞殯》[1]之歌，或云出自田橫[2]之客，皆為生者悼往告哀之意。陸平原多為死人自歎之言[3]，詩格既無此例，又乖製作本意。

【注釋】

① 《虞殯》：古代挽歌名。

② 田橫：秦末群雄之一，原為齊國貴族，秦末反秦自立。劉邦建漢後，田橫不肯稱臣於漢，率五百門客逃往海島，劉邦派人招撫，田橫被迫乘船赴洛，在途中距洛陽三十里地自殺。海島五百部屬聞田橫死，亦全部自殺。崔豹《古今注》：「薤露、蒿里，並喪歌也。田橫自殺，門人傷之，為作悲歌，言人命如薤上之露，易晞滅也；亦謂人死魂魄歸乎蒿里，故有二章。至李延年乃分為二曲，薤露送王公貴人，蒿里送士大夫庶人，使挽柩者歌之，世呼為挽歌。」

③ 陸平原：即陸機。曾為平原內史。見前注。死人自歎之言：即以死者第一人稱創作的挽歌辭，此種挽歌辭多是詩人為抒發己之曠達心境或棄世之心而作，並無追悼意。陸機所作挽歌辭不全為死者自歎之言，另陶潛、繆襲所作挽歌辭亦有死者自歎之言。

【譯文】

　　挽歌辭，有人說它始於古代的《虞殯》之歌，有的說它出自田橫的門客。所有的挽歌辭都是活著的人用來追悼死者，表達哀痛之情的。陸機的挽歌辭大多是死者的自我感歎之辭，挽歌辭的體例中沒有這樣的例子，這也違背了創作挽歌辭的本意。

【原文】

　　凡詩人之作，刺箴美頌，各有源流，未嘗混雜，善惡同篇也。陸機為《齊謳篇》[1]，前敍山川物產風教之盛，後章

忽鄙山川之情，殊失厥體。其為《吳趨行》②，何不陳子光、夫差乎③？《京洛行》，胡不述赧王、靈帝乎④？

【注釋】

① 《齊謳篇》：即《齊謳行》，樂府雜曲歌辭名。見《樂府詩集》卷六十四。《文選·齊謳行》張銑注：「此為齊人謳歌國風也，其終篇亦欲使人推分直進，不可苟有所營。」至於陸機《齊謳行》後章「鄙山川」，趙曦明、王利器以為顏之推理解有誤。趙曦明曰：「非也。案本詩『惟師』以下，刺景公據形勝之地，不能修尚父、桓公之業，而但知戀牛山之樂，思及古而無死也。」王利器曰：「《齊謳行》雲：『鄙哉牛山歎，未及至人情。』此鄙景公耳，非鄙山川也。」

② 《吳趨行》：吳地歌曲名。崔豹《古今注》曰：「吳趨行，吳人以歌其地。」陸機《吳趨行》曰：「聽我歌吳趨。」

③ 子光：即吳王闔閭，名光，春秋末期吳國君主，曾命專諸刺殺吳王僚，取得君位。夫差：春秋時期吳國末代國君，闔閭之子，早年破越國，稱霸一時，但晚年昏庸，為越國所滅。

④ 赧王：周赧王姬延，東周末代國君。靈帝：東漢靈帝劉宏，著名昏君。在位期間，宦官專政，黨錮之禍複起。終於招致黃巾起義的爆發。顏之推質問《吳趨行》《京洛行》不提子光、赧王之流，並非是他認為這兩篇文章必須提這些昏君，而是相對陸機《齊謳行》而言的，後世學者多有誤解，認為顏之推狹隘。陸機《齊謳行》本是土風之作，當敘述一地風俗人情，然後篇頗有歷史之歎，又刺昏君，顏之推以為，既如此，何《吳趨行》《京洛行》不提歷史，不提昏君呢？其意在反諷，並非表達己之觀點。

【譯文】

　　凡詩人的作品，無論諷刺的、規諫的、讚美的、稱頌的，皆各有其源流，從來沒有將其混雜在一起，使善惡同在一篇的。陸機作《齊謳篇》，前半部分敘述山川的秀美和物產的豐盛，以及當地民風的淳樸，後半部分忽然又表現出鄙薄此地山川的情緒，這太背離文章的體制了。既然這樣，他寫《吳趨行》，為何不提吳王闔閭和吳王夫差呢？他作《京洛行》，為什麼不述說周赧王和漢靈帝的事蹟呢？

【原文】

　　自古宏才博學，用事誤者有矣。百家雜說，或有不同，書儻湮滅，後人不見，故未敢輕議之。今指知決紕繆者，略舉一兩端以為誡。《詩》云：「有鷕①雉鳴。」又曰：「雉鳴求其牡②。」毛《傳》③亦曰：「鷕，雌雉聲。」又云：「雉之朝雊，尚求其雌④。」鄭玄注《月令》⑤亦云：「雊，雄雉鳴。」潘嶽賦曰：「雉以朝雊。」是則混雜其雄雌矣。《詩》云：「孔懷兄弟⑥。」孔，甚也；懷，思也，言甚可思也。陸機《與長沙顧母書》，述從祖弟士璜死，乃言：「痛心拔腦，有如孔懷。」心既痛矣，即為甚思，何故方言有如也？觀其此意，當謂親兄弟為孔懷。《詩》云：「父母孔邇⑦。」而呼二親為孔邇，於義通乎？《異物志》⑧云：「擁劍⑨狀如蟹，但一螯偏大爾。」何遜⑩詩云：「躍魚如擁劍。」是不分魚蟹也。《漢書》：「御史府中列柏樹，常有野鳥數千，棲宿其上，晨去暮來，號朝夕鳥⑪。」而文士往往誤作烏鳶用之。《抱朴子》⑫說項曼都詐稱得仙，自云：「仙人以流霞一杯與我飲之，輒不饑渴。」而簡文詩云：「霞流抱朴碗。」亦猶郭象以惠施之辨為莊周言⑬也。《後漢書》：「囚司徒崔烈以鋃鐺鎖⑭。」鋃鐺，大鎖也；世間多誤作金銀字。武烈太子⑮亦是數千卷學士，嘗作詩云：「銀鎖三公腳，刀撞僕射頭⑯。」為俗所誤。

【注釋】

① 鷕（音舜）：雌野雞的叫聲。《詩經・邶風・匏有苦葉》：「有瀰濟盈，有鷕雉鳴。濟盈不濡軌，雉鳴求其牡。」

② 牡：雄性。此處指雄野雞。

③ 毛《傳》：即毛亨《毛詩故訓傳》。

④ 「雉之朝雊」兩句：出自《詩經・小雅・小弁》。

⑤ 《月令》：即《禮記・月令》。郝懿行曰：「鄭注《月令》，今本無『雄』字，而云：『雊，雉鳴也。』《說文》亦云：『雊，雄雉

鳴。』疑顏氏所見古本有『雄』字，而今本脫之歟？」

⑥孔懷兄弟：出自《詩經・小雅・常棣》。

⑦父母孔邇：出自《詩經・周南・汝墳》。

⑧《異物志》：《隋書・經籍志》：「《異物志》一卷，漢議郎楊孚撰。」

⑨擁劍：《古今注・魚蟲第五》：「蟛蚏，小蟹也，生海邊，食土，一名長卿。其有一螯偏大，謂之擁劍。亦名執火，以其螯赤，故謂執火也。」

⑩何遜：字仲言，南梁詩人。《梁書・文學傳》：「（何遜）八歲能賦詩文章，與劉孝綽並見重當世。」

⑪「御史府中」五句：見《漢書・朱博傳》。此處「鳥」，多處古籍作「烏」，因此御史台也稱「烏台」、「烏府」。如此，文人稱「烏鳶」則無誤。而顏之推堅稱「鳥」為誤，當別有所據。「烏」、「鳥」孰為確，則未定。

⑫《抱朴子》：《隋書・經籍志》：「《抱朴子內篇》二十一卷，音一卷，葛洪撰。」劉盼遂曰：「按《抱朴子・袪惑篇》之說，又本之王充《論衡・道虛篇》。《道虛篇》云：『河東蒲阪項曼都好道，學仙，委家亡去，三年而返家。問其狀，曰：「去時不能自知，忽見若臥形，有仙人數人將我上天，離月數里而止。見月上下幽冥，幽冥不知東西。居月之旁，其寒悽愴，口飢欲食，仙人輒飲我以流霞一杯。每飲一杯，數月不飢。不知去幾何年月，不知以何為過，忽然若臥，裰下至此。」河東號之曰斥仙。』此正為《抱朴子》所本。簡文詩云：『霞流抱朴碗。』亦可云『霞流王充碗』乎？宜其為顏氏之所譏也。」

⑬郭象以惠施之辨為莊周言：趙曦明曰：「按：《莊子・天下篇》，目『惠施多方』而下，因述施之言而辨正之。郭象注云：『昔吾未覽莊子，嘗聞論者爭夫尺捶、連環之意，而皆云莊生之言。按：此篇較評諸子，至於此章，則曰其道舛駁，其言不中，乃知道聽塗說之傷實也。』則郭注本分明，顏氏譏之，誤也。」王利器按：此指郭象未見《莊子》以前耳，非誤。

⑭囚司徒崔烈以鋃鐺鎖：《後漢書・崔駰傳》：「孫寔，從弟烈，因傅母入錢五百萬，得為司徒。獻帝時，子鈞與袁紹俱起兵山東，董卓以是收烈付郿獄，錮之銀鐺鐵鎖。卓既誅，拜城門校尉。」「鋃鐺」：或作「琅璫」。

⑮武烈太子：梁元帝長子蕭方等，字實相，南討河東王，軍敗溺死，諡曰忠壯世子，元帝即位，改諡武烈太子。

⑯銀鎖三公腳：其典即「三公」之一司徒崔烈被鎖事。刀撞僕射頭：疑其典出《北齊書·王紘傳》，曰：「帝使燕子獻反縛紘，長廣王捉頭，帝手刀將下，紘曰：『楊遵彥、崔季舒，逃走避難，位至僕射尚書；冒死效命之士，反見屠戮，曠古未有此事。』帝投刀於地，曰：『王師羅不得殺。』遂舍之。」

【譯文】

　　自古以來那些才華橫溢、博學多才的人，在引用典故時出現差錯的情況也有很多。諸子百家雜說紛紜，意見或許不盡相同，倘若他們的書籍已經湮沒，後人讀不到，所以我也不敢妄加評論。現在我且說說那些已經肯定絕對是錯謬的事，略舉一兩個例子讓你們引以為戒。

　　《詩經》上說：「有雊鳴。」又說：「雉鳴求其牡。」《毛詩故訓傳》裡也說：「鸞，是雌雉的鳴叫聲。」《詩經》上又說：「雉之朝雊，尚求其雌。」鄭玄注的《禮記·月令》也說：「雊，是雄雉的鳴叫聲。」而潘岳的賦裡卻寫道：「雉以朝鴝。」這就混淆了雌雄的區別。

　　《詩經》上說：「孔懷兄弟。」孔，是很的意思；懷，是思念的意思。孔懷的意思是十分想念。陸機的《與長沙顧母書》敘述他的從祖弟陸士璜之死，文章卻說：「痛心拔腦，有如孔懷。」心中既然感到悲痛，自然就是很思念，為什麼還要說「有如」呢？看他在這裡的意思，大概是把「孔懷」理解成兄弟了。《詩經》上說：「父母孔邇。」按照陸機的理解，要稱父母為「孔邇」，這在意義上能說得通麼？

　　《異物志》上說：「擁劍的狀貌如蟹，只是有一隻螯偏大罷了。」何遜的詩中卻說：「躍魚如擁劍。」這就是魚蟹不分了。

　　《漢書》上說：「御史府中種著成列的柏樹，經常有數千隻野鳥棲息在樹上，這些鳥早晨離去，黃昏歸來，被稱為朝夕鳥。」而文人們在引用的時候往往把它們誤作「烏鳶」。

　　《抱朴子》裡記載項曼都詐稱遇見了仙人，自稱：「仙人給了我一杯流霞叫我飲下，我就不覺得饑渴了。」而梁簡文帝的詩中卻說：「霞流抱朴碗。」這就好像郭象把惠施辯論的言辭當作莊周的話一樣了。

《後漢書》上說：「囚司徒崔烈以鋃鐺鎖。」鋃鐺，指大的鐵鎖鏈，世人多把「鋃」誤作金銀的「銀」字。武烈太子也是讀過千卷書的學士了，他曾經作詩說：「銀鎖三公腳，刀撞僕射頭。」這是受流俗影響而造成的錯誤。

【原文】

　　文章地理，必須愜當。梁簡文《雁門①太守行》乃云：「鵝軍攻日逐②，燕騎蕩康居③，大宛④歸善馬，小月⑤送降書。」蕭子暉《隴頭水》云⑥：「天寒隴水急，散漫俱分瀉，北注徂黃龍⑦，東流會白馬⑧。」此亦明珠之纇⑨，美玉之瑕，宜慎之。

【注釋】

① 雁門：郡名。戰國趙地，秦置郡。位於今山西北部。
② 鵝：古代軍陣名。《左傳·昭公二十一年》：「宋公子城與華氏戰於赭丘，鄭翩願為鸛，其禦願為鵝。」杜預注：「鸛、鵝，皆陣名。」日逐：匈奴王號。詩中當代指匈奴部族。《漢書·匈奴傳》：「狐鹿孤單於立，以左大將為左賢王，數年病死。其子先賢擇不得代，更以為日逐王。日逐王者，賤於左賢王。」
③ 燕騎：指戰國時燕國軍隊。《戰國策·燕策一》：「燕東有朝鮮、遼東……地方二千餘里，帶甲數十萬，車七百乘，騎六千匹。」康居：古西域國名。《漢書·西域傳》：「康居國與大月氏同俗，東羈事匈奴。」顏之推認為「鵝軍」「燕騎」乃春秋戰國事，與西域無涉，用在詩中不可。
④ 大宛：漢代時中亞國名。《漢書·西域傳》：「大宛國治貴城山……多善馬，馬汗血……張騫始為武帝言之，上遣使者持千金及金馬以請宛善馬……不肯與，漢使妄言，宛遂攻殺漢使，取其財務。於是天子遣貳師將軍李廣將兵前後十餘萬人伐宛，連四年。宛人斬其王毋寡首，獻馬三千匹……宛王蟬封與漢約，歲獻天馬二匹。」
⑤ 小月：即小月氏，古西域國名。《漢書·西域傳》：「大月氏為單于攻破，乃遠去。不能去者，保南山羌，號小月氏。」

新譯·顏氏家訓

一九〇

⑥蕭子暉：字景廣，南梁文人，蕭子雲弟。少涉書史，亦有文才。隴頭
　水：隴山在今陝西隴縣至甘肅平涼一帶，為六盤山南段別稱，一名隴
　坻、隴阪，漢之隴關，為陝甘要隘。山勢險峻，其阪九回，上者七日
　乃越。上有流水，稱隴頭水。

⑦黃龍：地名，即龍城，故址在今遼寧朝陽，十六國北燕建都於此，南
　朝宋稱其為黃龍國。

⑧白馬：古地名。《漢書‧西南夷傳》：「自冄以東北，君長以十數，
　白馬最大，皆氐類也。」盧文弨曰：「按：隴在西北，黃龍在北，白
　馬在西南，地皆隔遠，水焉得相及。」王利器按：此及《雁門太守
　行》所侈陳之地理，皆以誇張手法出之，顏氏以為文章瑕纇，未當。

⑨纇（音累）：瑕疵，毛病。

【譯文】

　　凡文章中涉及地理知識的，運用時一定要恰當。梁簡文帝《雁門太守
行》說：「鵝軍攻日逐，燕騎蕩康居，大宛歸善馬，小月送降書。」蕭子
暉《隴頭水》中說：「天寒隴水急，散漫俱分瀉，北注祖黃龍，東流會白
馬。」這些都是明珠上的小缺點，美玉上的小瑕疵，應該慎重對待。

【原文】

　　王籍《入若耶溪》詩云①：「蟬噪林逾靜，鳥鳴山更幽。」
江南以為文外斷絕，物無異議。簡文吟詠，不能忘之，孝元
諷味②，以為不可復得，至《懷舊志》載於《籍傳》。范陽盧
詢祖③，鄴下才俊，乃言：「此不成語，何事於能？」魏收亦
然其論。《詩》云：「蕭蕭馬鳴，悠悠旆旌④。」《毛傳》曰：
「言不喧嘩也。」吾每歎此解有情致，籍詩生於此耳。

【注釋】

①王籍：字文海，南梁詩人。《梁書‧文學傳下》：「籍七歲能屬文。
　及長，好學博涉，有才氣，樂安任昉見而稱之。嘗於沈約坐賦得《詠
　燭》，甚為約賞。齊末，為冠軍行參軍，累遷外兵、記室。天監初，
　除安成王主簿、尚書三公郎、廷尉正。歷餘姚、錢塘令，並以放免。

久之，除輕車湘東王諮議參軍，隨府會稽。郡境有雲門、天柱山，籍嘗遊之，或累月不返。至若邪溪賦詩，其略云：『蟬噪林逾靜，鳥鳴山更幽。』當時以為文外獨絕。」據此，下「文外斷絕」當誤。若耶溪：今浙江紹興境內的一條溪流。

② 諷味：諷誦玩味。

③ 盧詢祖：北朝文學家。仕北齊，為太子舍人。《北史・盧觀傳》：「詢祖，襲祖爵大夏男。有術學，文辭華美，為後生之俊。舉秀才，至鄴。」

④ 蕭蕭馬鳴，悠悠旆旌（音佩京）：出自《詩經・小雅・車攻》。《宋景文筆記》卷中：「《詩》曰：『蕭蕭馬鳴，悠悠旆旌。』見整而靜也，顏之推愛之。」《陸象山語錄》：「『蕭蕭馬鳴』，靜中有動；『悠悠旆旌』動中有靜。」

【譯文】

　　王籍的《入若耶溪》詩說：「蟬噪林逾靜，鳥鳴山更幽。」江南文人認為此二句在詩句中無以倫比，對此沒有人持有異議。簡文帝經常吟詠這兩句詩，不能忘懷；孝元帝也經常吟誦玩味，認為不可多得，以致在《懷舊志》中把這首詩載入《王籍傳》中。范陽人盧詢祖，是鄴下才俊之士，卻說：「這兩句根本不能算是聯語，為什麼都認為他有才能呢？」魏收也贊同他的意見。《詩經》上說：「蕭蕭馬鳴，悠悠旆旌。」《毛詩古訓傳》說：「意思是安靜而不嘈雜。」我時常贊歎這個解釋有情致，王籍的詩句就是由此產生的。

【原文】

　　蘭陵蕭愨[1]，梁室上黃侯之子，工於篇什。嘗有《秋詩》[2]云：「芙蓉露下落，楊柳月中疏。」時人未之賞也。吾愛其蕭散[3]，宛然在目。潁川荀仲舉[4]、琅邪諸葛漢[5]，亦以為爾。而盧思道之徒[6]，雅所不愜[7]。

【注釋】

① 蕭愨（音雀）：北齊文學家。《北齊書・文苑傳》：「蕭愨，字仁

新譯・顏氏家訓

祖，梁上黃侯曄之子。天保中入國，武平中太子洗馬……愨曾秋夜賦詩，其兩句云『芙蓉露下落，楊柳月中疏』，為知音所賞。」邢邵《蕭仁祖集序》：「蕭仁祖之文，可謂雕章間出。昔潘、陸齊軌，不襲建安之風；顏、謝同聲，遂革太原之氣。自漢逮晉，情賞猶自不諧；江北、江南，意制本應相詭。」

② 《秋詩》：或作《秋思》。全詩為：「清波收潦日，華林鳴籟初。芙蓉露下落，楊柳月中疏。燕幃緗綺被，趙帶流黃裾。相思阻音息，結夢感離居。」

③ 蕭散：飄逸，空遠，疏淡。

④ 荀仲舉：北齊文學家。《北齊書‧文苑傳》：「荀仲舉，字士高，潁川人，世江南。仕梁為南沙令，從蕭明於寒山被執。長樂王尉粲甚禮之。與粲劇飲，齧粲指至骨。顯祖知之，杖仲舉一百。或問其故，答云：『我那知許，當是正疑是麈尾耳。』入館，除符璽郎。後以年老家貧，出為義寧太守。仲舉與趙郡李概交款，概死，仲舉因至其宅，為五言詩十六韻以傷之，詞甚悲切。世稱其美。」

⑤ 諸葛漢：即諸葛潁，北朝與隋之際文人。《北史‧文苑傳》：「諸葛潁，字漢，丹楊建康人也……潁年十八能屬文，起家邵陵王參軍事，轉記室。侯景之亂，奔齊，歷學士、太子舍人。周氏平齊，不得調，杜門不出者十餘年。習《易》《圖緯》《蒼》《雅》《莊》《老》頗得其要，清辯有俊才。」

⑥ 盧思道：北朝、隋之際著名詩人。《北史‧盧玄傳》：「思道字子行，聰爽俊辯，通侻不羈。年十六，中山劉松為人作碑銘，以示思道。思道讀之，多所不解。乃感激讀書，師事河間邢子才。後復為文示松，松不能甚解。乃喟然歎曰：『學之有益，豈徒然哉！』因就魏收借異書。數年間，才學兼著。然不持操行，好輕侮人物。齊天保中，《魏史》成，思道多所非毀。由是前後再被答辱，因而落泊不調。」《隋書》亦有傳。

⑦ 不愜：不稱心。此指不喜歡。

【譯文】

　　蘭陵的蕭愨，是梁朝上黃侯蕭曄之子，工於詩文。他有一首《秋詩》，其中寫道：「芙蓉露下落，楊柳月中疏。」當時的人都不欣賞。

我卻喜歡那種蕭散疏淡的情致,細細品讀這首詩,詩中所描繪的景象彷彿就在眼前。潁川荀仲舉、琅邪諸葛漢,都和我持同樣的觀點。而盧思道等人,則不大喜歡這兩句詩。

【原文】

何遜詩實為清巧,多形似之言。揚都論者,恨其每病苦辛[1],饒貧寒氣,不及劉孝綽之雍容也。雖然,劉甚忌之,平生誦何詩,常云:「『簾車響北闕[2]』,不道車。」又撰《詩苑》,止取何兩篇,時人譏其不廣。劉孝綽當時既有重名,無所與讓,唯服謝朓,常以謝詩置几案間,動靜輒諷味。簡文愛陶淵明[3]文,亦復如此。江南語曰:「梁有三何,子朗[4]最多。」三何者,遜及思澄[5]、子朗也。子朗信饒清巧[6]。思澄遊廬山,每有佳篇,亦為冠絕。

【注釋】

① 苦辛:《續金針詩格》:「有自然句,有神助句,有容易句,有辛苦句。容易句,率意遂成;辛苦句,深思而得。」

② 簾車:蘧伯玉的車。《列女傳·仁智傳》:「靈公與夫人夜坐,聞車聲轔轔,至闕而止,過復復有聲。公問夫人曰:『知此謂誰?』夫人曰:『此必蘧伯玉也。』公曰:『何以知之?』夫人曰:『妾聞:禮下公門式路馬,所以廣敬也。夫忠臣與孝子,不為昭昭信節,不為冥冥墮行。蘧伯玉,衛之賢大夫也。仁而有智,敬於事上。此其人必不以暗昧廢禮,是以知之。』公使視之,果伯玉也。」何遜《早朝車中聽望》:「詰旦鐘聲罷,隱隱禁門通。簾車響北闕,鄭履入南宮。」此兩句是劉孝綽譏評何遜詩。陳直曰:「『簾車』用蘧瑗事,『鄭履』用鄭崇事。本詩『簾』、『車』兩字甚為分明,而劉孝綽謂作『簾居』,因指摘何遜詩句未切合『車』字,或孝綽當日所看傳本作『簾居』耳。」

③ 陶淵明:字元亮,晚年又名潛,號五柳先生,私諡「靖節」,東晉文學家、詩人。《晉書·隱逸傳》:「潛少懷高尚,博學善屬文,穎脫不羈,任真自得,為鄉鄰之所貴。」《宋書》《南史》亦有傳。

④子朗：即何子朗，字世明。《梁書・文學傳下》：「子朗，字世明，早有才思，工清言，周捨每與共談，服其精理。嘗為《敗塚賦》，擬莊周馬棰，其文甚工。世人語曰：『人中爽爽何子朗。』」

⑤思澄：即何思澄，字元靜。《梁書・文學傳下》：「何思澄，字元靜，東海郯人。父敬叔，齊征東錄事參軍、餘杭令。思澄少勤學，工文辭。起家為南康王侍郎，累遷安成王左常侍，兼太學博士，平南安成王行參軍，兼記室。隨府江州，為《遊廬山詩》，沈約見之，大相稱賞，自以為弗逮。約郊居宅新構閣齋，因命工書人題此詩於壁。傅昭常請思澄制《釋奠詩》，辭文典麗……初，思澄與宗人遜及子朗俱擅文名，時人語曰：『東海三何，子朗最多。』思澄聞之，曰：『此言誤耳。如其不然，故當歸遜。』思澄意謂宜在己也。」

⑥信：確實。饒：富足，多。

【譯文】

何遜的詩確實清新奇巧，頗多生動形象的語句。建康評論他的詩的人，批評他太過深思苦吟，且詩的意境太過蕭索清寒，不如劉孝綽的詩歌那般從容嫻雅。即便如此，劉孝綽還是很嫉妒何遜，平常吟誦何遜的詩句，時常說：「『蔥車響北闕』，不道車。」他又撰《詩苑》，只收錄何遜的兩首詩，當時的人都諷刺他太過狹隘。劉孝綽在當時已經有很高的聲望，他非常高傲，從不謙讓，唯獨佩服謝朓一人，經常把謝朓的詩文放在几案上，一有時間就拿來諷誦品味。簡文帝喜愛陶淵明的詩文，也常常這樣做。

江南有俗語說：「梁朝有三何，子朗才最多。」所謂三何，是指何遜、何思澄和何子朗。何子朗的詩確實多清新奇巧之句。何思澄遊覽廬山，經常寫出佳作，也算冠絕一時。

名實第十

【原文】

名之與實①，猶形之與影也。德藝周厚②，則名必善焉；

容色姝麗，則影必美焉。今不修身而求令名③於世者，猶貌甚惡而責④妍影於鏡也。上士忘名，中士立名，下士竊名。忘名者，體道合德⑤，享鬼神之福祐，非所以求名也；立名者，修身慎行，懼榮觀⑥之不顯，非所以讓名也；竊名者，厚貌深奸，干浮華之虛稱⑦，非所以得名也。

【注釋】

① 名：名聲。實：實質，實際。
② 德藝周厚：謂德行才藝周洽篤厚。
③ 令名：美好的名聲。
④ 責：求。
⑤ 體：體察，體悟。道：事理，規律。德：道德規範。
⑥ 榮觀：榮名，榮譽。
⑦ 干：求取。虛稱：虛名。

【譯文】

　　名聲與實際的關係，就像形體與影像的關係。一個人德行才藝周洽篤厚，其名聲必定是好的；一個人容貌秀麗漂亮，其影像也必然是美的。如今有些人不修身養性，卻希望在世上得到好名聲，這就好比相貌極其醜陋卻想要在鏡子中照出美麗影像一樣。

　　上等德行的人已經忘掉名聲，中等德行的人努力樹立名聲，下等德行的竭力竊取名聲。忘掉名聲的人，內心體悟了「道」，言行符合了「德」，受到鬼神的賜福和保佑；樹立名聲的人，修養身心，謹言慎行，常常擔心自己的榮名得不到顯揚，因此他們對於名聲是不會謙讓的；竊取名聲的人，貌似忠厚，心懷奸詐，求取浮華的虛名，他們是不能獲得真正的好名聲的。

【原文】

　　人足所履，不過數寸，然而咫尺①之途，必顛蹶②於崖岸，拱把之梁③，每沉溺於川谷者，何哉？為其旁無餘地故

也。君子之立己，抑亦如之。至誠之言，人未能信，至潔之行，物④或致疑，皆由言行聲名，無餘地也。吾每為人所毀，常以此自責。若能開方軌⑤之路，廣造舟⑥之航，則仲由⑦之言信，重於登壇之盟⑧，趙熹⑨之降城，賢於折衝之將矣。

【注釋】

① 咫尺：周制八寸為咫，十寸為尺。謂接近或剛滿一尺。

② 顛蹶：顛僕，跌落。

③ 拱把之梁：即獨木橋。兩手合圍曰拱，隻手所握曰把。

④ 物：即人。

⑤ 方軌：車輛並行。此處指平坦的大道。

⑥ 造舟：連船為橋，即今之浮橋。

⑦ 仲由：字子路，又字季路，春秋末期魯國人，孔子弟子。

⑧ 重於登壇之盟：典出《左傳·哀公十四年》，曰：「小邾射以句繹來奔，曰：『使季路要我，吾無盟矣。』使子路，子路辭。季康子使冉有謂之曰：『千乘之國，不信其盟，而信子之言，子何辱焉？』對曰：『魯有事於小邾，不敢問故，死其城下可也。彼不臣而濟其言，是義之也，由弗能。』」按：小邾國大夫射仰慕子路之信義，信任他勝過信任魯君和當時魯國執政季康子，故只願和子路結盟，才肯歸降，然子路不願同不臣之人結盟。

⑨ 趙熹：字伯陽，以信義著稱，曾勸降舞陰城。《後漢書·趙熹傳》：「更始即位，舞陰大姓李氏擁城不下，更始遣柱天將軍李寶降之，不肯，云：『聞宛之趙氏有孤孫熹，信義著名，願得降之。』」

【譯文】

　　人的雙腳所踩踏的地方，面積不過數寸，然而在咫尺寬的山路上行走，常常會失足掉下山崖，過獨木橋時，也往往會掉到河裡，這是為什麼呢？因為人的腳旁邊沒有餘地。君子立身處世的情況，也是這個道理。至誠之言，別人不一定會相信；至潔之行，反而會招致有些人的懷疑，這都是因為人的一言一行、聲望名譽沒有餘地造成的。每當我被別人詆毀的時候，常常因此而自我反省。如果立身處世做到像走在寬廣的

大道、廣闊的浮橋上一樣留有餘地，那麼你說的話就像仲由的言語一樣，勝過諸侯登壇結盟的誓言；你所做的事就像趙熹勸降一城，勝過衝鋒陷陣的大將。

【原文】

　　吾見世人，清名登而金貝①入，信譽顯而然諾②虧，不知後之矛戟③，毀前之干櫓④也。慮子賤⑤云：「誠於此者形於彼。」人之虛實真偽在乎心，無不見乎跡，但察之未熟耳。一為察之所鑒，巧偽不如拙誠，承之以羞大矣。伯石⑥讓卿，王莽辭政⑦，當於爾時，自以巧密；後人書之，留傳萬代，可為骨寒毛豎也。近有大貴，以孝著聲，前後居喪，哀毀逾制，亦足以高於人矣。而嘗於苫塊⑧之中，以巴豆⑨塗臉，遂使成瘡，表哭泣之過。左右僮豎，不能掩之，益使外人謂其居處飲食，皆為不信。以一偽喪百誠者，乃貪名不已故也。

【注釋】

① 金貝：金錢，貨幣。

② 然諾：許諾，誠信。

③ 矛戟：此處代指成名之後的虧德之行。

④ 干櫓：盾牌。此處代指先前建立的名聲。前為「矛」，後為「盾」，亦指前後之行自相矛盾。《韓非子・難勢》：「人有鬻矛與盾者，譽其盾之堅，『物莫能陷也』，俄而又譽其矛曰：『吾矛之利，物無不陷也。』人應之曰：『以子之矛，陷子之盾，何如？』其人弗能應也。以為不可陷之盾，與無不陷之矛，為名不可兩立也。」

⑤ 慮子賤：即宓子賤，宓（音伏）姓，名不齊，字子賤人，春秋末年魯國人，一說宋國人，孔子弟子。《孔子家語・屈節解》：「孔子弟子有宓子賤者，仕於魯為單父宰……三年，孔子使巫馬期遠觀政焉。巫馬期陰免衣，衣敝裘，入單父界。見夜漁者得魚輒舍之。巫馬期問焉，曰：『凡漁者為得，何以得魚即舍之？』漁者曰：『魚之大者名為，吾大夫愛之；其小者名為，吾大夫欲長之，是以得二者輒舍

之。』巫馬期返，以告孔子曰：『宓子之德，至使民暗行，若有嚴刑於旁。敢問宓子何行而得於是？』孔子曰：『吾嘗與之言曰：「誠於此者刑乎彼。」宓於行此術于單父也』」

⑥伯石：春秋時鄭國大夫。《左傳·襄公三十年》：「伯有既死，使太史命伯石為卿，辭。太史退，則請命焉。覆命之，又辭。如是三，乃受策入拜。子產是以惡其為人也，使次己位。」

⑦王莽辭政：《漢書·王莽傳》：「根因乞骸骨，薦莽自代，上遂擢為大司馬……輔政歲餘，成帝崩，哀帝即位，尊皇太后為太皇太后。太后詔莽就第，避帝外家。莽上疏乞骸骨，哀帝遣尚書令詔莽曰：『先帝委政於君而棄群臣，朕得奉宗廟，誠嘉與君同心合意。今君移病求退，以著朕之不能奉順先帝之意，朕甚悲傷焉。已詔尚書待君奏事。』又遣丞相孔光、大司空何武、左將軍師丹、衛尉傅喜白太后曰：『皇帝聞太后詔，甚悲。大司馬即不起，皇帝即不敢聽政。』太后復令莽視事。」後王莽又與傅太后生怨怒，王莽再次請求辭職。

⑧苫塊：指居喪。苫（音山）：草席。塊：土塊。古禮，居父母之喪，孝子以草薦為席，土塊為枕。《禮記·問喪》：「寢苫枕塊，哀親之在土也。」

⑨巴豆：《本草》曰：「巴豆，出巴郡，有大毒。」

【譯文】

我看到世上有些人，有了清廉的名聲後，就開始聚斂財富；有了顯耀的信譽後，就開始不再信守諾言。這些人不知道他們後來的行為，會把前面辛辛苦苦建立的名聲全毀掉。

宓子賤說過：「在這件事上做得真誠，就給另一件事樹立了榜樣。」人的虛實真偽都發自內心，沒有不在行動上表現出來的，只是別人觀察得不夠仔細罷了。一旦被別人看出了真相，那麼巧妙掩飾的虛假還不如笨拙不加掩飾的真實，接著招來的羞辱就大了。伯石假意辭讓卿位，王莽佯裝辭謝政權，在當時他們自以為事情做到機巧縝密，但真相還是被後人記載了下來，並留傳萬代，讓人讀後毛骨悚然。

近來有一位大貴人，以至孝著稱，前後為父母居喪期間，他表示哀痛之情的舉動都超出了一般禮制的要求，也足以獲得高於常人的名聲了。可他曾經在居喪時，以巴豆塗臉，故意使臉上長出瘡疤，以造成哀

痛哭泣過度的假象。左右侍奉的僮僕，卻沒能為他掩蓋這件事，於是，真相流露，反而使外人認為他服喪時的居住飲食等其他行為，全都不可信。像他這樣因為一件事作假，就毀掉了百件事的真實，都是因為無休止地貪求名聲造成的。

【原文】

　　有一士族，讀書不過二三百卷，天才鈍拙，而家世殷厚，雅自矜持，多以酒犢①珍玩，交諸名士，甘其餌者②，遞共吹噓。朝廷以為文華③，亦嘗出境聘④。東萊王韓晉明⑤篤好文學，疑彼制作，多非機杼⑥，遂設宴言，面相討試。竟日歡諧，辭人滿席，屬音賦韻，命筆為詩，彼造次⑦即成，了非向韻⑧。眾客各自沉吟，遂無覺者。韓退歎曰：「果如所量！」韓又嘗問曰：「玉珽杼上終葵首⑨，當作何形？」乃答云：「珽頭曲圜⑩，勢如葵葉耳。」韓既有學，忍笑為吾說之。

【注釋】

①酒犢：酒和牛。此指吃喝。

②甘其餌者：指受其「酒犢」的人，即得其好處的人。餌：謂以利誘人。

③文華：文采。

④聘：舊時國與國之間通問修好。

⑤韓晉明：北齊名士，韓軌之子，封東萊王。《北齊書‧韓軌傳》：「子晉明嗣。天統中，改封東萊王。晉明有俠氣，諸勳貴子孫中最留心學問。好酒誕縱，招引賓客，一席之費，動至萬錢，猶恨儉率。朝庭處之貴要之地，必以疾辭。告人云：『廢人飲美酒、封名勝，安能作刀筆吏返披故紙手？』武平末，除尚書左僕射，百餘日便謝病解官。」

⑥機杼：織布機，此處比喻詩文創作中構思和佈局的新巧。

⑦造次：倉促，急遽。

⑧了非：全不是。向：從前。韻：指文學作品的風格。盧文弨曰：「了非向韻，言絕非向來之體韻也。韻之為言，始自晉、宋以來，有神韻、風韻、遠韻、雅韻之語。」

⑨ 玉珽：玉笏（音戶），古代朝臣上朝時所執手版。終葵首：椎。《周禮·考工記·玉人》：「大圭長三尺。杼上終葵首，天子服之。」鄭玄注：「終葵，椎也。為推於其杼上，明無所屈也。」盧文弨曰：「杼上終葵首，本《周禮·考工記·玉人》文，杼者，殺也，於三尺圭上除六寸之下，兩畔殺去之，使已上為椎頭。」據此，終葵首當為椎形，世家子弟不學無術，純從字面信口作答，故顏之推與韓晉明笑之。復有「終葵繁露」之語，是終葵又為草名，其葉圓葉，有似椎頭。如此，此世家子弟之答，前半句非，後半句非，亦可笑矣。
⑩ 曲圜：彎而圓。

【譯文】

有一個世家子弟，所讀的書不過二三百卷，又天資魯鈍笨拙，但他家世殷實富有，故而附庸風雅，自視甚高。他常用酒肉珍寶來利誘結交名士，那些得到他好處的人，便爭相吹捧他。朝廷也以為他真的才華過人，曾經派他作為使者聘問他國。

東萊王韓晉明十分喜愛文學，懷疑他的作品大多數不是他本人命意構思的，於是就設宴邀他敘談，打算當面向他請教試探。宴會那天，氣氛歡樂和諧，文人才子們聚集一堂，大家按聲韻提筆賦詩，這位世家子弟竟一揮而就，頃刻即成，但再一閱讀，全不似向來神韻。眾賓客各自專心沉思吟詠，沒有人發現這一情況。退席後，韓晉明感歎說：「果然不出我所料！」

韓晉明又曾問這位世家子弟，說：「玉珽杼上的終葵之首，是什麼形狀？」他回答說：「珽頭彎曲，大概像終葵葉子的形狀吧。」韓晉明是個有學問的人，忍著笑對我說了這件事。

【原文】

治點①子弟文章，以為聲價，大弊事也。一則不可常繼，終露其情；二則學者有憑，益不精勵②。

【注釋】

① 治點：修改潤色。

② 精勵：亦作「精屬」。精勤奮勉。

【譯文】

　　為子弟修改潤色文章，以此提高他們的名聲地位，是一大壞事。一則不能永遠為他們修改潤色，總有一天會露出真相；二來使學習的人有所依憑，會使其更加懶惰，不勤奮鑽研。

【原文】

　　鄴下有一少年，出為襄國①令，頗自勉篤。公事經懷，每加撫恤，以求聲譽。凡遣兵役，握手送離，或賚梨棗餅餌，人人贈別，云：「上命相煩，情所不忍。道路饑渴，以此見思。」民庶稱之，不容於口。及遷為泗州別駕②，此費日廣，不可常周，一有偽情，觸塗難繼，功績遂損敗矣。

【注釋】

① 襄國：舊縣名。《魏書‧地形志》：「北廣平郡襄國，秦為信都，項羽更名。二漢屬趙國，晉屬廣平郡。」
② 泗州：《隋書‧地理志》：「下邳郡，後魏置南徐州，後周改為泗州。」別駕：官名，亦稱別駕從事，為州刺史的佐官。《通典‧職官十四》：「州之佐史，漢有別駕、治中、主簿等官，別駕從刺史行部，別乘傳車，故謂之別駕。」

【譯文】

　　鄴下有一位年輕人，出任襄國縣令，他做事非常勤勉用心，處理公務時十分認真，對下面的人體恤愛護，想以此博取好名聲。每當派遣本地男丁去服兵役時，他都要與服役的人握手送別，有時還送給他們梨、棗、糕餅等食品，與每個人都告別一番，說：「因為要執行上級的命令，要勞煩你們，我心中實在不忍。你們路上難免饑渴，備這點薄禮略表思念之情。」百姓們因此都稱頌他，對他讚不絕口。等到他遷任泗州別駕時，這類費用就更多了，他無法每次都遍贈食物，做得面面俱到，

時間一長，勢必矯情虛飾，而一旦如此，就處處難以繼續下去，他原有的聲名也因此而毀敗了。

【原文】

或問曰：「夫神滅形消，遺聲餘價，亦猶蟬殼蛇皮，獸迒[1]鳥跡耳，何預於死者，而聖人以為名教[2]乎？」對曰：「勸也勸其立名，則獲其實[3]。且勸一伯夷，而千萬人立清風矣；勸一季札[4]，而千萬人立仁風矣；勸一柳下惠[5]，而千萬人立貞風矣；勸一史魚[6]，而千萬人立直風矣。故聖人欲其魚鱗鳳翼[7]，雜遝參差[8]，不絕於世，豈不弘哉？四海悠悠，皆慕名者，蓋因其情而致其善耳。抑又論之，祖考之嘉名美譽，亦子孫之冕服牆宇也，自古及今，獲其庇蔭者亦眾矣。夫修善立名者，亦猶築室樹果，生則獲其利，死則遺其澤。世之汲汲[9]者，不達此意，若其與魂爽[10]俱升，松柏偕茂者，惑矣哉！」

【注釋】

① 迒（音杭）：野獸或車輛經過後留下的痕跡。

② 名教：指以正名定分為主的封建禮教。

③ 季札：春秋時吳國公子，又稱公子札、延陵季子，傳其為避王位，「棄其室而耕」舜過山下。季札不僅品德高尚，而且是具有遠見卓識的政治家和外交家。事見《史記・吳太伯世家》。

④ 柳下惠：春秋時魯國大夫，展氏，名獲，字子禽，一字季，諡惠，食邑在柳下，故稱。《孟子》中說「柳下惠，聖之和者也」，所以他有「和聖」之稱。《孟子・萬章下》：「孟子曰：『柳下惠不羞汙君，不辭小官，進不隱賢，必以其道，遺佚而不怨，厄窮而不憫，與鄉人處，自由然不忍去也，爾為爾，我為我，雖袒裼裸裎於我側，爾焉能浼我哉？故聞柳下惠之風者，鄙夫寬，薄夫敦。』」

⑤ 史魚：春秋時衛國大夫，也稱史鰌，字子魚，以正直敢諫著稱。他臨死時囑咐家人不要「治喪正室」，將其屍放在窗下，以勸戒衛靈公進賢去佞，史稱「屍諫」。孔子贊曰：「直哉史魚，邦有道如矢，邦無道如矢。」

⑥魚鱗鳳翼：代指傑出的人物。一說指傑出人才層出不窮。「魚鱗」指
　密集相從。「鳳翼」指傑出人才。一說形容多。一說「魚鱗」指普通
　人，則此句與下三句謂：聖人希望天下之民，不論其天資稟賦的差
　異，都紛紛起而仿效伯夷諸人。

⑦雜遝（音塌）：紛雜繁多貌。參差：不齊貌。

⑧汲汲：急切貌。此指汲汲於名利。

⑨魂爽：魂魄，精神。

【譯文】

　　有人問道：「一個人的靈魂湮沒，形體消失之後，他留下的名聲，
也就像蟬蛻下的殼，蛇蛻掉的皮以及鳥獸留下的足跡一樣了，與死人有
何關係，而聖人卻用它來教化百姓呢？」

　　回答道：「是為了勉勵。勉勵人們樹立好名聲，就能得到實效。況
且褒揚一個伯夷，就會在千萬人中形成清正的風氣；褒揚一個季札，就
會在千萬人中形成仁愛的風氣；褒揚一個柳下惠，就會在千萬人中形成
堅貞的風氣；褒揚一個史魚，就會在千萬人中形成正直的風氣。所以聖
人希望這類有美好名聲的人不斷出現，美名一直流傳在世上，這意義不
是很大嗎？天地如此之大，人們無不仰慕美名，應該根據他們的這種感
情而引導他們達到美好的境界。

　　「或許還可以這樣說，祖先的好名聲，就如同是子孫們的冕服和華
堂，從古至今，獲得祖先聲譽庇蔭的人太多了。多行善事，樹立名聲，
就好像建築房屋和栽種果樹，在世的時候能得到好處，去世後又能澤被
子孫。世上那些急急忙忙只知道追逐實利的人，不懂得這個道理，如果
他們與那些美名與靈魂一起升華，與松柏一樣長青的賢人相比，那就實
在是太愚蠢了！」

涉務①第十一

【原文】

　　士君子處世，貴能有益於物耳，不徒高談虛論，左琴右書，以費人君祿位也。國之用材，大較②不過六事：一則朝廷之臣，取其鑒達治體③，經綸博雅；二則文史之臣，取其著述憲章，不忘前古；三則軍旅之臣，取其斷決有謀，強幹④習事；四則藩屏⑤之臣，取其明練⑥風俗，清白愛民；五則使命之臣，取其識變從宜，不辱君命；六則興造⑦之臣，取其程功⑧節費，開略⑨有術，此則皆勤學守行者所能辨也。人性有長短，豈責具美於六塗哉？但當皆曉指趣⑩，能守一職，便無愧耳。

【注釋】

① 涉務：謂專心致力。
② 大較：大略，大致。
③ 鑒達：明察洞徹。治體：治國的綱領、要旨。
④ 強幹：強力能幹。
⑤ 藩屏：藩籬遮罩，比喻藩國、邊疆。
⑥ 明練：熟悉，通曉。
⑦ 興造：指土木建築之事。
⑧ 程功：計算、考核工程的進度。
⑨ 開略：開創經營。一說思路開闊。
⑩ 指趣：要旨，大意。

【譯文】

　　士大夫君子立身處世，貴在能夠做一些有益於人的事，不能光是高談闊論，每日以琴書自娛，虛耗君主給予的官爵俸祿。

　　國家使用人材，大體不外六種：一是在朝廷處理政務的大臣，需要

他能明察治理國家的體制綱要，且滿腹經綸，博學文雅；二是掌管文史的大臣，需要他能撰述各種典章法令，闡明前人治亂興革之由，使今人不忘前代的經驗教訓；三是統領軍隊的大臣，需要他能多謀善斷，強悍幹練，且熟悉用兵之事；四是駐守邊疆的大臣，需要他能熟悉當地風俗，為政廉潔，愛護百姓；五是出使外邦的大臣，需要他能機智靈活，隨機應變，不辱沒君王的使命；六是負責興造的大臣，需要他能考核工程，節省開支，且在開創籌畫方面很有辦法。以上種種，都是勤於學習、品行端正的人所能辦到的。不過，人的資質各有高下，哪能強求一個人把以上六個方面都做得完美呢？只要對這些都通曉大意，而做好其中的一個方面，也就可以無愧了。

【原文】

　　吾見世中文學之士，品藻①古今，若指諸掌②，及有試用，多無所堪。居承平③之世，不知有喪亂之禍；處廟堂④之下，不知有戰陳之急；保俸祿之資，不知有耕稼之苦；肆吏民之上，不知有勞役之勤，故難可以應世經務也。晉朝南渡⑤，優借⑥士族，故江南冠帶⑦，有才幹者，擢為令僕已下尚書郎中書舍人已上⑧，典掌機要。其餘文義之士，多迂誕浮華，不涉世務。纖微過失，又惜行捶楚⑨，所以處於清高，蓋護其短也。至於台閣令史⑩，主書監帥⑪，諸王簽省⑫，並曉習吏用，濟辦時須⑬，縱有小人之態，皆可鞭杖肅督，故多見委使，蓋用其長也。人每不自量，舉世怨梁武帝父子愛小人而疏士大夫⑭，此亦眼不能見其睫耳。

【注釋】

①品藻：品評，鑒定。顏師古曰：「品藻者，定其差品及文質。」

②指諸掌：指示掌中之物，言易知也。比喻事理淺顯易明或對事情非常熟悉瞭解。

③承平：治平相承，謂太平持久。

④廟堂：宗廟明堂，舊時帝王祭祀、議事之處，故也指朝廷。

⑤晉朝南渡：指建武元年（317）西晉滅亡後，司馬睿南渡，在建康建立東晉事。

⑥優借：優待，借重。

⑦冠帶：士族、縉紳的代稱，以其戴冠束帶故稱。

⑧令：即尚書令，為尚書省的最高長官。僕：即尚書僕射，為尚書省的副官。尚書令為虛職後，尚書僕射成為尚書省的長官，唐朝初年和北宋後期成為名副其實的首席宰相。《晉書·職官志》：「尚書令秩千石，受拜則策命之，以在端右故也。僕射，服秩與令同。」尚書郎：官名，東漢始置，取孝廉中有才能者入尚書台，在皇帝左右處理政務，初入台稱守尚書郎中，滿一年稱尚書郎，三年稱侍郎。魏晉以後尚書各曹有侍郎、郎中等官，綜理職務，通稱為尚書郎。晉時為清要之職，號為大臣之副。中書舍人：主管詔令官員。

⑨捶楚：杖擊，鞭打。

⑩台閣：指尚書省。東漢以尚書直接輔佐皇帝以處理政務，三公之權漸輕。令史：尚書省屬下的官員，居郎之下，掌文書事務，歷代因之。隋唐以後，成為三省、六部及御史台低級事務員之稱，位元卑秩下，不參官品。至明代遂廢。

⑪主書：主文書之官。監帥：監督軍務的官員。

⑫簽省：指簽帥和省事。簽帥：見前《慕賢第七》「典簽」注。省事：《通鑒》卷一五四胡三省注：「省事，蓋猶今之通事，兩敵相向，使之往來通傳言語。」盧文弨曰：「簽謂簽帥，省謂省事。自主書監帥以下，名位卑微，志故不載，而時見於列傳中。」

⑬時須：指適應時事需要。

⑭梁武帝父子：指梁武帝蕭衍及其子梁簡文帝蕭綱、梁元帝蕭繹。小人：此指庶人出身的吏員，這些人有真才實學，無士族驕靡氣，且行事謙卑，於國有利，故梁武帝父子用之。

【譯文】

　　我看世上那些文學之士，品評古今，好似指點掌中之物一般，非常熟悉，但等到真正讓他們去處理實際事務時，卻多數不能勝任。他們生活在太平年代，不知道有喪亂之禍；身在朝廷為官，不知道戰爭攻伐的危急；享有安定的俸祿，不知道農民耕稼的艱辛；肆意橫行於吏民之

上，不知道從事勞役之人的奔波之苦，因此他們就很難應付時世和處理政務。

晉室南渡後，朝廷對士族特別優待，因此江南的文士縉紳中，凡是有才幹的，都能提拔到尚書令、尚書僕射以下，尚書郎、中書舍人以上，執掌國家機要。其餘只懂得一點文義的人，大多迂闊荒誕，華而不實，不涉世務。有了點小過錯，又不好對他們嚴厲杖責，因此只好把他們放在名高職輕的位置上，來遮掩他們的短處。至於尚書省的令史、主書、監帥、諸王身邊的簽帥、省事等一類職務，都要求對官吏的那一套工作通曉熟練，且處理事務能適應需要。這些官吏多由庶族擔任，他們如有小人驕縱之態，都可以對他們施行鞭打杖責的刑罰，並嚴加監督，所以這些人多被委任使用，大概是用其所長吧。人往往沒有自知之明，梁朝時，世人都怨梁武帝父子親近粗鄙小人而疏遠士大夫，這與自己的眼睛看不到自己的睫毛是一個道理。

【原文】

梁世士大夫，皆尚褒衣博帶①，大冠高履，出則車輿，入則扶侍，郊郭之內，無乘馬者。周弘正為宣城王②所愛，給一果下馬③，常服御之，舉朝以為放達。至乃尚書郎乘馬，則糾劾之。及侯景之亂，膚脆骨柔，不堪行步，體羸氣弱，不耐寒暑，坐死倉猝者，往往而然。建康令王復性既儒雅，未嘗乘騎，見馬嘶噴陸梁④，莫不震懾，乃謂人曰：「正是虎，何故名為馬乎？」其風俗至此。

【注釋】
① 褒、博：形容寬大。
② 宣城王：即梁哀太子蕭大器。《梁書・哀太子傳》：「哀太子大器，字仁宗，太宗嫡長子也。普通四年五月丁酉生。中大通四年，封宣城郡王，食邑二千戶。」
③ 果下馬：一種罕見馬匹，為當時珍品。《三國志・魏書・東夷傳》裴松之注：「果下馬高三尺，乘之可於果樹下行，故謂之果下馬。」

《嶺南代答》：「果下馬，土產小駒也，以出德慶之瀧水者為最。高不逾三尺，駿者有兩脊骨，故又號雙脊馬。健而善行，又能卒苦，瀧水人多孳牧。」

④陸梁：跳躍。

【譯文】

　　梁朝的士大夫，都喜歡著寬袍，繫闊帶，戴高帽子，穿高齒屐，出門就乘坐車輿，進門就有人攙扶伺候，當時的城郊以內，看不到騎馬的士大夫。周弘正為宣城王所寵愛，得其賞賜一匹果下馬，他經常騎著這匹馬外出，結果滿朝官員都認為周弘正放蕩不羈。至於像尚書郎這樣的官員如果騎馬，就會被人彈劾。等到侯景之亂爆發，士大夫們一個個都皮膚細嫩，體格柔弱，承受不了步行的辛苦，他們體氣虛弱，又耐不得寒暑，在變亂中因此而死的，到處都是。

　　建康令王復，性情溫文爾雅，從未騎過馬，他一見到馬嘶叫騰躍，就嚇得魂飛魄散，對別人說：「這分明是老虎，為什麼叫馬呢？」當時的社會風氣竟然到了這種程度。

【原文】

　　古人欲知稼穡之艱難，斯蓋貴穀務本之道也。夫食為民天，民非食不生矣，三日不粒①，父子不能相存②。耕種之，茠③鋤之，刈獲④之，載積之，打拂⑤之，簸揚⑥之，凡幾涉手，而入倉廩，安可輕農事而貴末業哉？江南朝士，因晉中興⑦，南渡江，卒為羈旅，至今八九世，未有力田，悉資俸祿而食耳。假令有者，皆信⑧僮僕為之，未嘗目觀起一墢土⑨，耘一株苗，不知幾月當下，幾月當收，安識世間餘務乎？故治官則不了⑩，營家則不辦，皆優閑之過也。

【注釋】

①粒：指進食。

②存：指省視。

③ 茠：除草。

④ 刈穫：收割，收穫。

⑤ 打拂：謂以連枷擊禾。連枷：一個長柄和一組平排的竹條或木條構成的農具，用來拍打穀物使脫粒。

⑥ 簸揚：揚去穀物中的糠？雜物。

⑦ 中興：此指東晉之建立。

⑧ 信：隨意，放任。

⑨ 一墢土：一犁土。：耕地翻起的土塊。

⑩ 了：了事，即曉事。

【譯文】

　　古代帝王常親自耕作，是為了讓全國士民知道農事的艱難，這也體現了古代重視糧食、以農為本的思想。民以食為天，沒有糧食，人民就無法生存。三天不吃飯，恐怕父子之間也顧不得互相問候了。種一季莊稼，需要經過耕種、鋤草、收割、儲存、脫粒、揚場等諸多程式，然後糧食才能夠入倉，怎麼可以輕視農業而看重商業呢？

　　江南朝廷的士大夫們，因為晉室的復興，南渡過江，最後客居他鄉的，到如今也經歷了八九代了，可他們中從來沒有人親自從事農業生產，全都靠俸祿生活。即使有點田產，也都隨意交給僕役耕種，從沒親眼看見過別人挖一塊泥土，種一棵苗。他們不知道什麼時候該耕種，也不知道什麼時該收穫，又哪能懂得社會上的其他事務呢？因此，他們做官時不識時務，治家時又不能處理得宜，這都是養尊處優帶來的危害。

顔氏家訓・卷五

省事第十二

【原文】

　　銘金人②云：「無多言，多言多敗；無多事，多事多患。」至哉斯戒也！能走者奪其翼，善飛者減其指③，有角者無上齒，豐後者無前足，蓋天道不使物有兼焉也。古人云：「多為少善，不如執一；鼫鼠五能④，不成伎術。」近世有兩人，朗悟⑤士也，性多營綜⑥，略無成名。經不足以待問，史不足以討論，文章無可傳於集錄，書跡未堪以留愛玩，卜筮射六得三⑦，醫藥治十差⑧五，音樂在數十人下，弓矢在千百人中⑨，天文、畫繪⑩、棋博⑪，鮮卑語、胡書⑫，煎胡桃油⑬，煉錫為銀⑭，如此之類，略得梗概，皆不通熟。惜乎，以彼神明，若省其異端⑮，當精妙也。

【注釋】

① 省事：言不費事，即不該說的話不要說，不該做的事不要做。

② 銘金人：即《金人銘》。《漢書‧藝文志》有《黃帝銘》六篇，今已亡。《金人銘》據學者考證，即為《黃帝銘》六篇之一。銘：一種刻在器物上用來警戒自己、稱述功德的文字，後來成為一種文體。《說苑‧敬慎篇》：「孔子之周，觀於太廟，右陛之前，有金人焉，三緘其口，而銘其背曰：『古之慎言人也，戒之哉！戒之哉！無多言，多言多敗；無多事，多事多患。』」

③ 指：通「趾」。

④ 鼫鼠：鼠名。《爾雅‧釋獸》：「鼫鼠，形大如鼠，頸似兔，尾有毛，青黃色，好在田中食粟豆，關西呼為鼩鼠。」五能：指鼫鼠有五種技能。《說文‧鼠部》：「鼫，五技鼠也，能飛不能過屋，能緣不

能窮木，能游不能度穀，能穴不能掩身，能走不能先人。」

⑤ 朗悟：指天資聰明，悟性極強。

⑥ 營綜：為多所經營綜理。

⑦ 卜筮：預測吉凶，用龜甲稱卜，用蓍草稱筮，合稱蔔筮。射：猜度。

⑧ 差：病癒。

⑨ 在千百人中：指不出眾。

⑩ 畫繪：繪畫。王利器以為此指北朝尚之胡畫。

⑪ 棋：圍棋。博：六博。古代一種擲採行棋的博戲類遊戲，因使用六根博箸，所以稱為六博，以吃子為勝。

⑫ 胡書：指鮮卑文字。

⑬ 煎胡桃油：指以胡桃油塗畫，為當時的時尚。

⑭ 煉錫為銀：當指煉丹之術。盧文弨曰：「《神仙傳》載尹軌能煉鉛為銀，後世亦有得其術者，然久未有不變者也。」

⑮ 異端：古代儒家稱其他持不同見解的學派為異端，後泛稱不合正統者為異端。此指多餘的愛好。

【譯文】

　　《金人銘》上說：「不要多言，多言必多失；不要多事，多事必多患。」這個訓誡說得對極了！就動物來說，善於奔跑的上天不讓它生翅膀，善於飛翔的上天不讓它長前爪，有角的就沒有上齒，後肢發達的前肢就退化，大概是天道不讓生物兼具各種長處吧。古人說：「做得多卻做好的少，還不如專心做好一件事；鼫鼠有五種本領，可都成不了技術。」

　　近代有兩個人，皆天資聰穎，悟性極強，他們興趣廣泛，涉獵很廣，卻沒有一樣賴以成名。他們的經學知識禁不起人家提問，史學知識不足以和別人討論，文章不能入選集錄以流傳于世，書法墨蹟不堪存留賞玩，占卜六次只有三次卜中，醫治十人才有五人能痊癒，他們的音樂水準在數十人之下，射箭技術也不出眾，天文、繪畫、棋博，鮮卑語、胡書，煎胡桃油，煉錫為銀，諸如此類，他們都只是略懂大概，都不精通熟練。可惜啊，以他們的天資，如果能舍棄其他愛好，專攻一項，必定能達到精妙的程度。

【原文】

上書陳事，起自戰國，逮於兩漢，風流①彌廣。原其體度：攻人主之長短，諫諍②之徒也；訐③群臣之得失，訟訴之類也；陳國家之利害，對策之伍也；帶私情之與奪，遊說之儔也。總此四塗，賈誠④以求位，鬻言以干祿。或無絲毫之益，而有不省⑤之困，幸而感悟人主，為時所納，初獲不貲⑥之賞，終陷不測之誅，則嚴助⑦、朱買臣⑧、吾丘壽王⑨、主父偃⑩之類甚眾。良史所書，蓋取其狂狷一介⑪，論政得失耳，非士君子守法度者所為也。今世所睹，懷瑾瑜而握蘭桂者⑫，悉恥為之。守門詣闕，獻書言計，率多空薄，高自矜誇，無經略之大體，咸秕糠之微事，十條之中，一不足采，縱合時務，已漏先覺，非謂不知，但患知而不行耳。或被發奸私，面相酬證，事途回穴⑬，翻懼愆尤⑭；人主外護聲教，脫加含養⑮，此乃僥倖之徒，不足與比肩也。

【注釋】

①風流：風氣。

②諫諍：直言規勸，使人改過。

③訐：揭發別人的隱私或攻擊別人的短處。

④賈誠：即賈忠，避隋文帝父楊忠諱改。

⑤不省：即不見省，不被理解。

⑥不貲：不可計量。

⑦嚴助：西漢辭賦家。漢武帝時任中大夫。建元三年（前138），閩越兵圍東甌，東甌向漢朝告急，太尉田蚡主不救，嚴助和他辯論並取得上風，漢武帝最終出兵援救。嚴助與朱買臣、淮南王劉安交好，而劉安謀反，嚴助受御史張湯指控，牽連而誅。

⑧朱買臣：字翁子，西漢人。早年家貧好學，靠賣柴生活，經同鄉嚴助推薦，拜為中大夫。東越多次反叛，朱買臣向漢武帝獻平定東越的計策，獲得信任。約一年後，因平定東越叛亂的軍功升官為主爵都尉，列於九卿。數年後，朱買臣犯法被免官。不久復任丞相長史。後因事

被漢武帝誅殺於長安。

⑨ 吾丘壽王：字子贛。少時，因善於下棋而被召為待詔。令跟董仲舒學習《春秋》。因聰明好學，任侍中中郎。後犯法被免職。東郡盜賊起，拜為東郡都尉。後征入為光祿大夫侍中，反對丞相公孫弘禁止百姓持有弓、刀。後坐事誅。

⑩ 主父偃：漢武帝時大臣。出身貧寒，早年學長短縱橫之術，後學《易》《春秋》和百家之言。在齊受到儒生的排擠，於是北遊燕、趙、中山等諸侯王國，但都未受到禮遇。元光元年（前134），主父偃抵長安。後直接上書漢武帝劉徹，當天就被召見，與徐樂、嚴安同時拜為郎中。不久又遷為謁者、中郎、中大夫，一年中升遷四次。後為齊相，刺齊王陰事，齊王遂自殺。漢武帝因此大怒，公孫弘請誅主父偃，遂族誅偃。嚴、朱、吾丘、主父四人於《漢書》合傳，蓋四人為同類也。

⑪ 狂狷：激進與拘謹保守，因為二者都偏於一端，後泛指偏激。狷：潔身自好。《論語·子路篇》：「子曰：『不得中行而與之，必也狂狷乎。狂者進取，狷者有所不為也。』」一介：或作「耿介」。

⑫ 瑾瑜：美玉。蘭桂：皆有異香。比喻懷才抱德之士。

⑬ 回穴：猶紆曲。

⑭ 愆尤：過失，罪咎。

⑮ 脫：或者。此處用作表推度的副詞。含養：包容。一般形容帝德博厚。

【譯文】

　　向君主上書陳事，起源於戰國，到了兩漢，這種風氣流行更廣。推究它的體制，有四種情況：指責君主的得失，這屬於直言規諫一類；攻訐群臣的得失，這屬於訴訟一類；陳述國家政策的利弊，這屬於對策一類；帶著個人感情進行褒貶辯論，這屬於遊說一類。總的來看這四類人，都是靠販賣忠心來求取官位，出售言論來謀求厚祿。然而他們的上書，有的不但不能帶來絲毫利益，反而可能會因君主不理解而招致困厄，即使僥倖打動了君主的心，獲得當世採納，最初他們也能得到不可比擬的獎賞，可最終也往往招致難以預料的殺身之禍，像嚴助、朱買臣、吾丘壽王、主父偃之類的例子有很多。優秀的史官之所以記錄這

些，是取其狂狷耿介，敢於評論時政得失罷了，但這並不是士大夫君子和遵守國家法度的人所該幹的事。

我們現在看到，凡是懷才抱德的君子都恥於上書言事。那些守候於國君出入的門戶，或趨赴朝堂，向國君上書言計的人，大多是些空疏淺薄、自命不凡、自吹自擂的人。他們上書所陳述的不是處理國事、有關大局的道理，都是些微不足道的小事，十條建議，沒有一條值得採納。縱然其中所言也有合乎時務的，也都是君主早就已經認識到的，君主不是不明白，只是擔心不能實行罷了。有的上書者被人揭發出奸詐營私的事，與人當面對質，他們因為事情變化無常，反而畏懼自己的罪過。君主為了維護朝廷的聲威教化，或許會對他們加以包容，這些都是僥倖獲免之輩，不足以與他們為伍。

【原文】

　　諫諍之徒，以正人君之失爾，必在得言之地，當盡匡贊之規①，不容苟免偷安，垂頭塞耳。至於就養②有方，思不出位③，幹非其任，斯則罪人。故《表記》④云：「事君，遠而諫，則諂也；近而不諫，則尸利⑤也。」《論語》曰：「未信而諫，人以為謗己也⑥。」

【注釋】

① 匡贊：匡正，輔佐。規：此指職責，義務。
② 就養：侍奉，奉養。
③ 思不出位：《論語・憲問篇》：「君子思不出其位。」集注：孔曰：「不越其職。」
④ 《表記》：《禮記》篇名。
⑤ 尸利：指空占著職位而不做事，白受俸祿。《禮記》鄭玄注曰：「尸謂不知人事，無辭讓也。」《呂氏春秋》曰：「陵節犯分，以求自達，故曰諂；懷祿固寵，主於為利，故曰尸利也。」
⑥ 「未信而諫」兩句：《論語・子張篇》：「子夏曰：『君子信而後勞其民。未信，則以為厲己也。信而後諫，未信，則以為謗己也。』」

【譯文】

　　處於諫諍之位的臣子，其職責就是糾正君主的過失。必須在該進言的情況下，盡其匡正輔佐的職責，不容許苟且偷安，低頭塞耳裝作什麼都不知。然而侍奉君主也要有一定的方法，考慮問題不要超出自己的職責範圍，如果做的事不是自己職務分內的，那就是朝廷的罪人。所以《禮記·表記》上說：「侍奉君主，與君主關係疏遠而進諫，有諂媚的嫌疑；與君主關係親近卻不進諫，就是尸位素餐。」《論語》又說：「還沒取得對方的信任就向其進諫，對方會認為你在譏謗他。」

【原文】

　　君子當守道崇德，蓄價①待時，爵祿不登，信由天命。須求趨競②，不顧羞慚，比較材能，斟量功伐③，厲色揚聲，東怨西怒；或有劫持宰相瑕疵，而獲酬謝，或有喧聒④時人視聽，求見發遣。以此得官，謂為才力，何異盜食致飽，竊衣取溫哉！世見躁競⑤得官者，便謂「弗索何獲」，不知時運之來，不求亦至也；見靜退未遇者，便謂「弗為胡成」，不知風雲⑥不與，徒求無益也。凡不求而自得，求而不得者，焉可勝算乎！

【注釋】

①價：聲價，名望。
②趨競：奔走鑽營，爭名奪利。
③功伐：功勞，功勳。
④喧聒：喧嚣刺耳。
⑤躁競：浮躁而急進。
⑥風雲：此指時勢，人的際遇。

【譯文】

　　君子當謹守正道，推崇德行，蓄養聲價名望，等待合適的時機，就算不能得到高官厚祿，那也是由上天安排的。可有些人，主動奔走索

求，不顧羞恥，與別人比較才能大小，計量功勞高低，聲色俱厲，高聲呼喊，怨這怨那；有的甚至以宰相的短處相要脅，以獲得酬謝，有的則在世人面前喧囂吵嚷，混淆視聽，以求早日被派遣官職。靠這些手段得到官職，認為是有能力，這跟偷盜食物來填飽肚子，竊取衣服來求得溫暖有什麼區別！

世人看到那些奔走鑽營而得到官職的人，便說：「不主動索取，哪裡會得到？」他們不知道一個人的時運若是到來，不去索取也能得到；世人看到那些恬淡謙退而沒有得到重用的人，便說：「不去爭取，怎麼會有收穫呢？」他們不知道如果時勢不允許，再怎麼追求也不會有所得。世上那些不去索求卻能獲得的人，竭力索取卻一無所獲的人，多到不可勝數！

【原文】

齊之季世①，多以財貨托附外家，喧動女謁②。拜守宰者，印組③光華，車騎輝赫，榮兼九族，取貴一時。而為執政所患，隨而伺察，既以利得，必以利殆。微染風塵④，便乖肅正，坑阱⑤殊深，瘡痏⑥未復，縱得免死，莫不破家，然後噬臍⑦，亦復何及。吾自南及北，未嘗一言與時人論身分也，不能通達，亦無尤焉。

【注釋】

① 季世：末世。

② 喧動：聒噪鼓動。女謁：或言婦謁，指通過宮中得勢的女子干求請託。北齊末年，宮中最得勢之婦，莫過於陸令萱。

③ 印組：指官印和繫官印的綬帶。

④ 風塵：指世間俗事，為六朝人慣用語。

⑤ 坑阱：即用以捕獸或擒敵的陷阱，常比喻害人的圈套。

⑥ 瘡痏：瘡瘍，傷痕。

⑦ 噬臍：指因遭受極大損失而後悔不及。《左傳・莊公六年》：「楚文王過鄧，鄧三甥請殺之，曰：『若不早圖，後君噬臍。』」杜預注云：「若齧腹臍，喻不可及。」

【譯文】

　　北齊朝末世時，很多人用財物賄賂依附外戚權貴，通過宮中的寵婦來為自己干求請託。那些被授予地方官職的人，身上官印綬帶光華閃耀，車馬光輝顯赫，其榮光遍及九族，一時即為顯貴。然而這些人往往為執政者所厭惡，隨即對其進行偵視觀察，他們既然是通過錢財取得好處，也必定會因為錢財而招致危亡。這些人稍微沾染世間庸俗之事，便違背了端正之道，且掉入陷阱太深，受的創傷沒有恢復，縱然能免於一死，也免不了家族破敗，這時候後悔莫及，還有什麼用？我從南方到北方，從未和別人說過一句論及身份地位的話，即使不能亨通顯達，也沒有怨言。

【原文】

　　王子晉①云：「佐饔得嘗，佐鬥得傷。」此言為善則預，為惡則去，不欲黨人非義之事也。凡損於物，皆無與焉。然而窮鳥入懷，仁人所憫；況死士歸我，當棄之乎？伍員之托漁舟②，季布之入廣柳③，孔融之藏張儉④，孫嵩之匿趙岐⑤，前代之所貴，而吾之所行也，以此得罪，甘心瞑目。至如郭解⑥之代人報仇，灌夫⑦之橫怒求地，遊俠之徒，非君子之所為也。如有逆亂之行，得罪於君親者，又不足恤焉。親友之迫危難也，家財己力，當無所吝。若橫生圖計，無理請謁，非吾教也。墨翟⑧之徒，世謂熱腹，楊朱⑨之侶，世謂冷腸。腸不可冷，腹不可熱，當以仁義為節文爾。

【注釋】

①王子晉：周靈王太子。《國語·周語下》引王子晉之言：「佐雍者嘗焉，佐鬥者傷焉。」「雍」與「饔」通，本指熟食，此指烹飪。」又《淮南子·說林訓》：「佐祭者得嘗，救鬥者得傷。」

②伍員：字子胥，春秋末期楚國人，因父兄為楚平王所殺，入吳為將，輔佐吳王闔閭和吳王夫差，助吳崛起。後伐楚，大敗楚軍，攻入楚都，掘楚平王墓，鞭屍三百。伍子胥自楚出逃吳國時，曾得到一位漁

人的幫助。《史記‧伍子胥列傳》：「伍胥懼，乃與勝俱奔吳。到昭
關，昭關欲執之。伍胥遂與勝獨身步走，幾不得脫。追者在後。至
江，江上有一漁父乘船，知伍胥之急，乃渡伍胥。伍胥既渡，解其劍
曰：『此劍直百金，以與父。』父曰：『楚國之法，得伍胥者賜粟五
萬石，爵執珪，豈徒百金劍邪！』不受。」

③ 季布：秦末楚人，曾為項羽帳下將領，多次圍困劉邦軍隊。項羽敗亡
後，被漢高祖劉邦懸賞緝拿。後在夏侯嬰的說情下，劉邦饒赦了他，
並拜他為郎中。季布為人仗義，好打抱不平，以信守諾言、講信用著
稱，因此楚人中流傳著「得黃金百斤，不如得季布一諾」的諺語。
《史記‧季布欒布列傳》：「季布者，楚人也。為氣任俠，有名於
楚。項籍使將兵，數窘漢王。及項羽滅，高祖購求布千金，敢有舍
匿，罪及三族。季布匿濮陽周氏。周氏曰：『漢購將軍急，跡且至臣
家，將軍能聽臣，臣敢獻計；即不能，原先自剄。』季布許之。乃髡
鉗季布，衣褐衣，置廣柳車中，並與其家僮數十人，之魯朱家所賣
之。朱家心知是季布，乃買而置之田。誡其子曰：『田事聽此奴，必
與同食。』朱家乃乘軺車之洛陽，見汝陰侯滕公。」廣柳車：原指古
代載運棺柩的大車。柳為棺車之飾。後亦泛指載貨大車。

④ 孔融：見前注。張儉：字元節，東漢名士，他曾投奔孔融的哥哥孔
褒，正巧孔褒不在家，孔融便自作主張收留了他。《後漢書‧孔融
傳》：「山陽張儉為中常侍侯覽所怨，覽為刊章下州郡，以名捕儉。
儉與融兄褒有舊，亡抵於褒，不遇。時融年十六，儉少之而不告。融
見其有窘色，謂曰：『兄雖在外，吾獨不能為君主邪？』因留舍之。
後事泄，國相以下，密就掩捕，儉得脫走，遂並收褒、融送獄。二人
未知所坐。融曰：『保納舍藏者，融也，當坐之。』褒曰：『彼來求
我，非弟之過，請甘其罪。』吏問其母，母曰：『家事任長，妾當其
辜。』一門爭死，郡縣疑不能決，乃上讞之。詔書竟坐褒焉。融由是
顯名。」

⑤ 趙岐：字邠卿，東漢經學家，因為得罪宦官，出逃至北海，得到孫嵩
的救助。《後漢書‧趙岐傳》：「延熹元年，玹為京兆尹，岐懼禍
及，乃與從子戩逃避之。玹果收岐家屬宗親，陷以重法，盡殺之。岐
遂逃難四方，江、淮、海、岱，靡所不歷。自匿姓名，賣餅北海市
中。時安丘孫嵩年二十余，遊市見岐，察非常人，停車呼與共載。岐
懼失色，嵩乃下帷，令騎屏行人。密問岐曰：『視子非賣餅者，又相

問而色動，不有重怨，即亡命手？我北海孫賓石，闔門百口，勢能相濟。』岐素聞嵩名，即以實告之，遂以俱歸。嵩先入白母曰：『出行，乃得死友。』迎入上堂，饗之極歡。藏岐複壁中數年，岐作《厄屯歌》二十三章。」

⑥郭解：字翁伯，西漢時遊俠。《史記‧遊俠列傳》：「解為人短小精悍，不飲酒。少時陰賊，慨不快意，身所殺甚眾。以軀借交報仇，藏命作奸剽攻，休鑄錢掘塚，固不可勝數。」

⑦灌夫：字仲孺，西漢時人，性格剛正不阿，又嗜酒暴躁，後因不敬之罪被殺，更因族人橫暴被滅族。《史記‧魏其武安侯列傳》：「灌夫為人剛直，使酒，不好面諛……不喜文學，好任俠，已然諾。諸所與交通，無非豪傑大猾……丞相嘗使籍福請魏其城南田，魏其大望曰：『老僕雖棄，將軍雖貴，寧可以勢奪手？』不許。灌夫聞，怒罵籍福。籍福惡兩人有郤，乃謾自好謝丞相，曰：『魏其老且死，易忍，且待之。』已而武安聞魏其、灌夫實怒不予田，亦怒，曰：『魏其子嘗殺人，蚡活之。蚡事魏其，無所不可，何愛數頃田？且灌夫何與也？吾不敢復求田！』武安由此大怨灌夫、魏其。」

⑧墨翟：即墨子，戰國時期思想家、教育家、科學家，墨家學派的創始人。墨家在先秦時期影響很大，與儒家並稱「顯學」。

⑨楊朱：字子居，戰國時期魏國人，著名哲學家、思想家，道家楊朱學派創始人。

【譯文】

王子晉說：「助人烹調可以吃到佳餚，幫人打架會受到傷害。」這話是說別人做好事要參與，別人做壞事則要避開，不要與人結黨做不正當的事。凡是有損他人利益的事，都不要參與。

立身處世，雖說多一事不如少一事，然而窮途末路的小鳥飛到懷中，仁慈的人都會憐憫它，更何況是敢死的勇士前來投奔我，難道要拋棄他嗎？伍子胥托身漁舟，季布被人藏在廣柳車中，孔融收留張儉，孫嵩藏匿趙岐，這些都是受到前人崇尚的行為，也是我所遵從奉行的，就算因此而獲罪，我也心甘情願，死而瞑目。至於像郭解那樣替別人報仇，灌夫為魏其侯怒責田蚡求田，則是遊俠一類，不是君子所當為。若是因為謀逆叛亂的行為，受君主和長輩的怪罪與責罰，那就不值得同情

了。親友處在窘迫為難的時候，當傾盡全力和家財加以救助，不可有絲毫吝惜。但如果有人圖謀不軌，提出一些無理的請托，那就不是我教你們憐憫的人。

　　墨子的門人，世人認為是心腸熱忱的人；楊朱的門人，世人認為是心腸冷漠的人。一個人的心腸不可太冷，也不可太熱，應該以禮制和道義來節制。

【原文】

　　前在修文令曹①，有山東學士與關中太史競曆②，凡十餘人，紛紜累歲，內史牒付議官平之③。吾執論曰：「大抵諸儒所爭，四分④並減分兩家爾④。曆象⑤之要，可以晷景測之⑥；今驗其分至薄蝕⑦，則四分疏而減分密。疏者則稱政令有寬猛，運行致盈縮⑧，非算之失也；密者則雲日月有遲速，以術求之，預知其度⑨，無災祥也。用疏則藏奸而不信，用密則任數而違經⑩。且議官所知，不能精於訟者，以淺裁深，安有肯服？既非格令⑪所司，幸勿當也。」舉曹貴賤，咸以為然。有一禮官，恥為此讓，苦欲留連，強加考核。機杼⑫既薄，無以測量，還復採訪訟人，窺望長短，朝夕聚議，寒暑煩勞，背春涉冬，竟無予奪，怨詬滋生，赧然而退，終為內史所迫：此好名之辱也。

【注釋】

①在修文令曹：指顏之推在北齊待詔文林館之時。《北齊書・顏之推傳》：「河清末，被舉為趙州功曹參軍，尋待詔文林館，除司徒錄事參軍。之推聰穎機悟，博識有才辯，工尺牘，應對閑明，大為祖珽所重。」

②太史：官名。傳夏代末已有此職。先秦時太史掌管起草文書，策命諸侯卿大夫，記載史事，編寫史書，兼管國家典籍、天文曆法、祭祀等，為朝廷大臣。秦漢設太史令，職位漸低。魏晉以後修史的任務劃歸著作郎，太史僅掌管推算曆法。《隋書・百官志下》：「秘書省領

著作、太史二曹，太史曹置令丞各二人，司曆二人，監候四人。其曆、天文、漏刻、視祲，各有博士及生員。」競曆：指爭論曆法。王利器按：此當指武平七年董峻、鄭元偉立議非難天保曆事，見《隋書・律曆志》中。志稱其「爭論未定，遂屬國亡」，與此言「竟無予奪」合。

③ 內史：官名。隋代改中書省為內史省。《隋書・百官志下》：「內史省，置監、令各一人。尋廢監。置令二人，侍郎四人，舍人八人，通事舍人十六人，主書十人，錄事四人。」牒：官府公文的一種。議官：言官，諫官。《漢書・藝文志》：「雜家者流，蓋出於議官。」

④ 四分：即四分曆，亦稱「後漢四分曆」，東漢章帝元和二年（85）實施的曆法。編訢、李梵等創制。

⑤ 曆象：推算觀測天體的運行。

⑥ 晷：指日晷，本義是指太陽的影子，後指的是古代利用日影測得時刻的一種計時儀器，又稱「日規」。其原理就是利用太陽的投影方向來測定並劃分時刻。亦指觀測日月星等天象的儀器。景：通「影」。

⑦ 分至：指春分、秋分和夏至、冬至。薄蝕：指日食、月食。

⑧ 盈縮：也稱贏縮，《漢書・天文志》：「歲星超舍而前為贏，退舍為縮。」王先謙補注：《占經》引《七曜》云：「超舍而前，過其所舍之宿以上一舍二舍三舍謂之贏，退舍以下一舍二舍三舍謂之縮。」

⑨ 度：躔度。日月星辰運行的度次。

⑩ 任數：指順應天數。違經：違背《春秋》經災異說。漢代經師說《春秋》，慣用災異說，以日食、月食等異常天象比附人間災異。採用減分曆，則可以推算日食、月食的發生日期，是運用曆數得法，卻違背經義。

⑪ 格令：法令，律令。

⑫ 機杼：言其胸中之經緯，即學識閱歷。

【譯文】

　　從前我在修文令曹的時候，有山東學士與關中太史爭論曆法，一起參與爭論的有十多人，相互之間亂爭了好幾年也沒有結果，以致內史下公文交付議官來評定是非。我提出異議說：「基本上大家所爭論的，不過是四分曆和減分曆兩家。推測天體運行的關鍵，可以通過晷儀的影子

來測算，現在以此來檢驗兩種曆法的春分秋分、夏至冬至以及日食月食等現象，可以看出四分曆太疏而減分曆太密。主張四分曆的一方認為政令有寬猛之別，天體的運行也會產生超前與不足，這並不是曆法計算的失誤；主張減分曆的一方則說日月運行有快有慢，運用一定的方法推求，就可以預先知道它們運行的度次，並沒存在什麼禍福之說。如果採用較疏的四分曆，就可能藏奸而不明確；如果採用較密的減分曆，雖然順應天數，卻違背經義。況且議官所懂得的天文知識，不可能精於論爭的雙方，以學識淺薄的人去評判學識淵博的人，怎麼會讓人信服呢？既然這事不是律令所掌管，就最好不要由他們來處理。」

令曹上下，不論地位高低，都認為我說的有道理。有一位禮官，卻恥於做出這種讓步，他苦苦糾纏，不肯放手，想方設法對兩種曆法進行考核驗證。他本身學問就淺，又沒有辦法進行測量計算，於是就不斷對爭論雙方進行搜求訪問，暗中查測雙方短長，他們時常聚在一起討論，寒來暑往，為之勞煩，然而由春至冬，最後還是無法裁決，很多人埋怨他，譏笑他。他也只好含羞而退，最終受到內史的斥責，這就是好名聲出風頭所招致的羞辱啊。

止足^①第十三

【原文】

《禮》云：「欲不可縱，志不可滿^②。」宇宙可臻^③其極，情性不知其窮，唯在少欲知足，為立涯限^④爾。先祖靖侯戒子侄曰：「汝家書生門戶，世無富貴；自今仕宦不可過二千石^⑤，婚姻勿貪勢家。」吾終身服膺^⑥，以為名言也。

【注釋】

①止足：指凡事知止知足，不能貪得無厭。

②「欲不可縱」兩句：出自《禮記·曲禮上》，曰：「敖不可長，欲不可從，志不可滿，樂不可極。」

③臻：到，達到。
④涯限：界限，限度。
⑤二千石：漢制，郡守俸祿為二千石，即每月俸祿為百二十斛。世因稱郡守為「二千石」。自漢、魏以來，因仕途兇險，一般浮沉宦海者多以俸祿二千石的官職為限。《漢書·疏廣傳》：「今仕宦至二千石，宦成名立。」
⑥服膺：銘記在心，衷心信奉。

【譯文】

《禮記》上說：「欲望不可放縱，志向不可滿足。」宇宙之大，尚可到達它的極限，而人之天性卻沒個盡頭，想要安身泰然，唯有寡欲而知足，給自己立個限度。先祖靖侯曾經告誡子侄說：「你們家是書生門戶，世世代代都沒有出過大富大貴之人。從現在起，你們做官，不可擔任年俸超過二千石的官職。締結婚姻，也不要攀附勢家豪門。」這些話我終身銘記在心，並把它當作至理名言。

【原文】

天地鬼神之道，皆惡滿盈。謙虛沖損①，可以免害。人生衣趣②以覆寒露，食趣以塞饑乏耳。形骸之內，尚不得奢靡，己身之外，而欲窮驕泰③邪？周穆王④、秦始皇⑤、漢武帝⑥，富有四海，貴為天子，不知紀極⑦，猶自敗累，況士庶乎？常以二十口家，奴婢盛多，不可出二十人，良田十頃，堂室才蔽風雨，車馬僅代杖策，蓄財數萬，以擬⑧吉凶急速，不啻此⑨者，以義散之；不至此者，勿非道求之。

【注釋】

①沖損：淡泊，謙讓。
②趣：通「取」，僅足之意。
③驕泰：驕恣，放縱。
④周穆王：姬姓，名滿，西周第五位君主，喜漫遊。《左傳·昭公十二

年》「昔穆王欲肆其心，周行天下，將皆必有車轍馬跡焉。」《史記・秦本紀》：「造父以善御幸於周繆王，得驥、溫驪、驊騮、耳之駟，西巡狩，樂而忘歸。徐偃王作亂，造父為繆王御，長驅歸周，一日千里以救亂。」

⑤秦始皇：嬴姓，名政，戰國末年秦國國君，他吞滅六國，建立秦朝，是首位完成華夏大一統的鐵腕政治人物。完成統一大業後，秦始皇治馳道、築長城、作阿房宮、求不死藥、焚書坑儒，他不惜民力，執政以暴，終致秦二世而亡。事見《史記・秦始皇本紀》。

⑥漢武帝：劉徹，西漢第七位皇帝，在位期間頗有建樹，使漢朝國力達到鼎盛，但後期窮兵黷武，昏庸不察。桓譚《新論》：「漢武帝材質高妙，有崇先廣統之規，然多過差。既欲斥境廣土，又乃貪利爭物，聞大宛有名馬，攻取歷年，士眾多死，但得數十匹耳。多征會邪僻，求不急之方，大起宮室，內竭府庫，外罷天下，此可謂通而蔽矣。」

⑦紀極：終極，限度。

⑧擬：預備。

⑨不啻此：言過於此，即超過。

【譯文】

天地鬼神之道，皆厭惡滿盈。謙虛淡泊，可以免除禍害。人生在世，穿衣的目的不過是用它來遮蓋身體以免寒冷袒露，飲食的目的也僅僅在填飽肚子以免饑餓乏力而已。在衣、食這兩件與人本身密切相關的事情上，尚且不應該奢侈浪費，何況在那些非身體所急需的事情上，又何必要窮奢極欲呢？周穆王、秦始皇、漢武帝，富有天下，貴為天子，不懂得適可而止，還招致敗損受害，何況一般人呢？

我總以為，二十口之家，奴婢最多不可超出二十人，良田只需十頃，房屋只求能遮風避雨，車馬只求可以代替扶杖步行。錢財當積蓄數萬，以備婚喪和應急之用，超出這個標準，就該仗義疏財；沒有達到這個標準，也切勿用不正當的手段去求取。

【原文】

仕宦稱泰，不過處在中品，前望五十人，後顧五十人，

足以免恥辱，無傾危也。高此者，便當罷謝，偃仰①私庭。吾近為黃門郎②，已可收退。當時羈旅，懼罹謗③，思為此計，僅未暇爾。自喪亂已來，見因托風雲，徼幸富貴，旦執機權④，夜填坑谷，朔歡卓、鄭⑤，晦泣顏、原⑥者，非十人五人⑦也。慎之哉！慎之哉！

【注釋】

① 偃仰：偃息，安居。

② 黃門郎：即黃門侍郎。《隋書・百官志上》：「門下省置侍中、給事黃門侍郎各六人。」王利器按：《隋書・百官志中》，記後齊官制云：「門下省，掌獻納諫正及司進御之職。侍中、給事黃門侍郎各六人。」

③ 罹：遭。謗：怨恨誹謗。

④ 機權：機要權柄。

⑤ 卓、鄭：指西漢時蜀地富豪卓氏和鄭氏。《史記・貨殖列傳》：「蜀卓氏之先，趙人也，用鐵冶富。秦破趙，遷卓氏。卓氏見虜略，獨夫妻推輦，行詣遷處。諸遷虜少有餘財，爭與吏，求近處，處葭萌。唯卓氏曰：『此地狹薄。吾聞汶山之下，沃野，下有蹲鴟，至死不饑。民工於市，易賈。』乃求遠處。致之臨邛，大喜，即鐵山鼓鑄，運籌策，傾滇蜀之民，富至僮千人。田池射獵之樂，擬於人君。程鄭，山東遷虜也，亦冶鑄，賈椎髻之民，富埒卓氏，俱居臨邛。」

⑥ 顏、原：指春秋時孔子弟子顏回和原憲，二人皆是貧寒之士。

⑦ 十人五人：十人當中有五人，指一半的概率。

【譯文】

　　我認為做官可以稱得上穩妥的位置，是處在中品的官位，前面有五十人，後面有五十人，這就足以避免恥辱，也沒有傾覆的危險。若處高於中品的官職，就應當告退謝絕，閉門閒居。我前不久獲任黃門侍郎這一職務，已經該收斂告退了，但是因為正客居他鄉，怕遭人怨恨和誹謗，心中雖有這個打算，卻沒有機會。

　　自從喪亂發生以來，我見過很多乘勢而起，僥倖取得富貴的人，可

他們中有些人早上還大權在握，晚上就屍填坑谷了；有些人月初還是像卓氏、鄭氏那樣快樂的富豪，可到了月底卻成了像顏回、原憲那樣貧苦的寒士。有這種遭際的概率，十人裡面不止五人啊！一定要謹慎，一定要謹慎啊！

誡兵第十四

【原文】

　　顏氏之先①，本乎鄒②、魯，或分入齊，世以儒雅為業，遍在書記。仲尼門徒，升堂者七十有二③，顏氏居八人④焉。秦、漢、魏、晉，下逮齊、梁，未有用兵以取達者。春秋世，顏高、顏鳴、顏息、顏羽⑤之徒，皆一鬥夫⑥耳。齊有顏涿聚⑦，趙有顏聚⑧，漢末有顏良⑨，宋有顏延之⑩，並處將軍之任，竟以顛覆。漢郎顏駟⑪，自稱好武，更無事蹟。顏忠⑫以黨楚王受誅，顏俊⑬以據武威見殺，得姓已來，無清操者，唯此二人，皆罹禍敗。頃世亂離，衣冠之士，雖無身手⑭，或聚徒眾，違棄素業，徼幸戰功。吾既羸薄⑮，仰惟⑯前代，故置⑰心於此，子孫志之。孔子力翹門關⑱，不以力聞，此聖證也。吾見今世士大夫，才有氣幹，便倚賴之，不能被甲執兵，以衛社稷，但微行險服⑲，逞弄拳腕，大則陷危亡，小則貽恥辱，遂無免者。

【注釋】

① 顏氏之先：顏姓源出有二：一是源於曹姓。西周末年，邾國國君名顏，字夷父，諡號邾武公。其次子友被封於小邾國，以父名為氏，稱顏氏；二是源於姬姓。西周初年，周公旦長子伯禽受封於魯國，伯禽又把子孫中的一支分封在顏邑，這支周公的後代遂稱顏氏。

② 鄒：鄒國，即邾國。周武王滅商後，封顓頊後人曹挾在邾（今山東鄒

城一帶），建立邾國，為曹國附庸，後為楚國所滅。

③升堂：比喻學問技藝已入門。七十二之數，或作七十，或作七十七。

④顏氏居八人：據《史記‧仲尼弟子列傳》：孔子弟子中顏氏有顏回，
字子淵；顏無繇，字路（顏回之父）；顏幸，字子柳；顏高，字子
驕；顏祖，字襄；顏之僕，字叔；顏噲，字子聲；顏何，字冉。共八
人，皆為鄒魯人氏。

⑤顏高、顏鳴、顏息、顏羽：四人皆見於《左傳》，同為魯國武士。
《左傳‧定公八年》：「公侵齊，門於陽州，士皆坐列，曰：『顏高
之弓六鈞。』皆取而傳觀之。陽州人出，高奪人弱弓，籍丘子鉏擊
之，與一人俱斃。偃且射子鉏，中頰，殪。顏息射人，中眉，退曰：
『我無勇，吾志其目也。』」《左傳‧昭公二十六年》：「師及齊師
戰於炊鼻……林雍羞為顏鳴右，下。苑何忌取其耳，顏鳴去之。苑子
之御曰：『視下顧！』苑子制林雍，斷其足。而乘於他車以歸。顏鳴
三入齊師，呼曰：『林雍乘。』」《左傳‧哀公十一年》：「孟孺子
洩帥右師，顏羽御，邴洩為右……孟孺子語人曰：『我不如顏羽，而
賢於邴洩。子羽銳敏，我不欲戰而能默。』」

⑥鬥夫：武夫，軍人。

⑦顏涿聚：即顏庚。《左傳‧哀公二十三年》：「晉荀瑤伐齊……齊師
敗績。知伯親禽顏庚。」杜預注曰：「顏庚，齊大夫顏涿聚也。」
《韓非子‧十過》載顏涿聚諫齊景公事，曰：「昔者田成子游於海而
樂之。號令諸大夫曰：『言歸者死。』顏涿聚曰：『君游海而樂之，
奈臣有圖國者何？君雖樂之，將安得？』田成子曰：『寡人布令曰：
「言歸者死。」今子犯寡人之令。』援戈將擊之。顏涿聚曰：『昔桀
殺關龍逢而紂殺王子比干，今君雖殺臣之身以三之可也。臣言為國，
非為身也。』延頸而前曰：『君擊之矣！』君乃釋戈趣駕而歸。至三
日，而聞國人有謀不內田成子者矣。田成子所以遂有齊國者，顏涿聚
之力也。故曰：離內遠遊，則危身之道也。」

⑧顏聚：戰國時趙國將領。《史記‧趙世家》：「（幽繆王遷）七年，
秦人攻趙，趙大將李牧、將軍司馬尚將擊之。李牧誅，司馬尚免，趙
忽及齊將顏聚代之。趙忽軍破，顏聚亡去。以王遷降。」《戰國策‧
趙策下》：「秦使王翦攻趙，趙使李牧、司馬尚禦之……趙王疑之，
使趙忽及顏聚代將，斬李牧，廢司馬尚。後三月，王翦因急擊，大破
趙，殺趙忽，虜趙王遷及其將顏聚，遂滅趙。」

⑨顏良：東漢末年袁紹部將，以勇敢聞名，後為關羽斬殺。事見《三國志》。

⑩顏延之：字延年，南朝宋文學家。據《宋書·顏延之傳》記載，顏延之嘗領步兵校尉，未嘗為將軍，此處疑指其子顏竣。《宋書·顏竣傳》：「顏竣，字士遜，琅邪臨沂人，光祿大夫延之子也……世祖踐阼，以為侍中，俄遷左衛將軍，加散騎常侍，辭常侍，見許……竣諫爭懇切，無所回避，上意甚不說，多不見從。竣自謂才足幹時，恩舊莫比，當贊務居中，永執朝政，而所陳多不被納，疑上欲疏之，乃求外出……每對親故，頗懷怨憤，又言朝事違謬，人主得失……竣頻啟謝罪，並乞性命。上愈怒……及竟陵王誕為逆，因此陷之……於獄賜死。」又錢大昕曰：「按：延之未嘗以將兵顛覆，其子竣雖不善終，亦非由將兵之故，且與其父何與？後讀宋書劉敬宣傳：『王恭起兵京口。以劉牢之為前鋒，牢之至竹裡，斬恭大將顏延。』乃悟此文顏延下衍一『之』字。牢之事本在晉末，而見於宋書，故之推系之宋耳。或後來校書者，因延之為宋人，妄改『晉』為『宋』也。」

⑪顏駟：西漢人，於漢文帝時為郎，歷文帝、景帝、武帝三朝，不獲任用，老於郎署。《漢武故事》：「顏駟，不知何許人，文帝時為郎，武帝輦過郎署，見駟龐眉皓髮，問曰：『叟何時為郎？何其老也！』對曰：『臣文帝時為郎，文帝好文而臣好武；至景帝好美，而臣貌醜；陛下即位，好少，而臣已老，是以三世不遇。』上感其言，擢拜會稽都尉。」

⑫顏忠：東漢人，曾參與楚王英的謀反，事發，被誅殺。《後漢書·光武十王列傳》：「十三年，男子燕廣告英與漁陽王平、顏忠等造作圖書，有逆謀，事下案驗。有司奏英招聚奸猾，造作圖讖，擅相官秩，置諸侯王公將軍二千石，大逆不道，請誅之。」

⑬顏俊：三國時人。《三國志·魏書·張既傳》：「是時，武威顏俊、張掖和鸞、酒泉黃華、西平？演等並舉郡反，自號將軍，更相攻擊。俊遣使送母及子詣太祖為質，求助。太祖問既，既曰：『俊等外假國威，內生傲悖，計定勢足，後即反耳。今方事定蜀，且宜兩存而鬥之，猶下莊子之刺虎，坐收其斃也。』太祖曰：『善。』歲餘，鸞遂殺俊，武威王祕又殺鸞。」

⑭身手：謂有勇力習武藝者。

⑮嬴薄：瘦弱，單薄。

⑯惟：思。

⑰置：存，止。

⑱翹：舉。門關：出入必經的國門、關門。《列子·說符篇》：「孔子之勁，能招國門之關，而不肯以力聞。」

⑲微行：指悄無聲息地行動。險服：不合禮制的服飾。或指奇裝異服。盧文弨曰：「微行，易為奸也。險服，如曼胡之纓、短後之衣是。」

【譯文】

　　顏氏的祖先，祖居春秋時期的鄒國、魯國，有的分支遷入齊國，世代從事儒雅的事業，這在古籍上都有記載。孔子的弟子，學問精深的有七十二人，其中顏氏就有八人。從秦、漢、魏、晉到齊、梁，顏氏家族中從來沒有人靠用兵打仗得志揚名。春秋時期，顏高、顏鳴、顏息、顏羽等人，都不過是一介武夫。春秋時齊國的顏涿聚，戰國時趙國的顏聚，東漢末年的顏良，南朝宋時的顏延之，都擔任過將軍的職務，最終皆因此傾覆敗亡。西漢的郎官顏駟，自稱喜好武功，卻不見他有事蹟流傳。東漢的顏忠因為黨附楚王而受誅，三國時的顏俊因謀反佔據武威而被殺，從有顏姓以來，節操不清白的，只有這兩個人，他們都遭到禍患敗亡。

　　近世以來，天下大亂，有些士大夫和貴族子弟，雖然沒有勇力習武，卻聚集眾人，放棄一貫從事的詩書儒業，想僥倖獲取戰功。我的身體既瘦弱單薄，又想到顏氏前人好兵致禍的教訓，所以仍舊把心思放在讀書上面，希望子孫們把這一點牢記在心裡。

　　孔子的力氣大到可以舉起關門，卻不肯以力大聞名於世，這是聖人給我們樹立的榜樣。我看到當今的士大夫們，稍微有點氣力，就以此為資本，他們不能披戴鎧甲手執兵器去保衛國家，只知穿上奇裝異服，行蹤詭秘，到處賣弄拳勇。他們重則身陷危亡，輕則自取恥辱，最後沒有人可以倖免。

【原文】

　　國之興亡，兵之勝敗，博學所至，幸討論之。入帷幄

誡兵第十四

二三一

之中，參廟堂之上，不能為主盡規以謀社稷，君子所恥也。然而每見文士，頗讀兵書，微有經略，若居承平之世，睥睨宮闈②，幸災樂禍，首為逆亂，詿誤③善良；如在兵革之時，構扇④反覆，縱橫說誘，不識存亡，強相扶戴⑤：此皆陷身滅族之本也。誠之哉！誠之哉！

【注釋】

①帷幄：指天子決策之處或將帥的幕府、軍帳。《史記·太史公自序》：「運籌帷幄之中，制勝於無形。」

②睥睨：窺伺。宮闈（音捆）：帝王後宮。

③詿（音卦）誤：欺誤，連累。

④構扇：亦作「構煽」，挑撥煽動。

⑤扶戴：推奉以為主。

【譯文】

　　國家的興亡，戰爭的勝敗這類問題，在學識夠淵博的時候，也是可以討論的。一個人在軍隊中運籌帷幄，在朝廷裡參與議政，卻不能為君主盡謀劃之責以保全國家，這是君子所引以為恥的。然而我常常看見一些文人，只粗略讀過幾本兵書，稍微懂得一些謀略，如果是在太平盛世，他們就窺伺宮廷中的動靜，幸災樂禍，帶頭犯上作亂，以致牽連善良之輩；如果是戰亂時期，他們就到處挑撥煽動，翻手為雲，覆手為雨，四處遊說，拉攏誘騙，不能識見存亡之機，強行扶持擁戴別人稱王：這些行為都是招致身死族滅的禍根。一定要引以為誡啊！要引以為誡啊！

【原文】

　　習五兵①，便乘騎，正可稱武夫爾。今世士大夫，但不讀書，即稱武夫兒，乃飯囊酒甕②也。

【注釋】

① 五兵：五種兵器。《周禮‧夏官‧司兵》：「掌五兵五盾。」鄭玄注引鄭司農云：「五兵者，戈、殳、戟、酋矛、夷矛也。」此指車之五兵。步卒之五兵，則無夷矛，而有弓矢。

② 飯囊酒甕：即今俗稱酒囊飯袋之意。諷刺無能的人只會吃喝，不會做事。甕：一種盛水或酒的陶器。

【譯文】

　　熟練使用五種兵器，擅長騎馬，方可稱作武夫。可當今的士大夫，只要不讀書，就自稱是武夫，實際不過是酒囊飯袋罷了。

養生①第十五

【原文】

　　神仙之事，未可全誣②，但性命在天，或難鍾值③。人生居世，觸途牽縶④：幼少之日，既有供養之勤；成立之年，便增妻孥之累。衣食資須，公私驅役；而望遁跡山林，超然塵滓⑤，千萬不遇一爾。加以金玉之費⑥，爐器所須，益非貧士所辦。學如牛毛，成如麟角。華山之下，白骨如莽⑦，何有可遂之理？考之內教⑧，縱使得仙，終當有死，不能出世，不願汝曹專精於此。若其愛養神明，調護氣息，慎節起臥，均適寒暄⑨，禁忌食飲，將餌藥物，遂其所稟，不為夭折者，吾無間然。諸藥餌法，不廢世務也。庾肩吾常服槐實⑩，年七十餘，目看細字，鬚髮猶黑。鄴中朝士，有單服杏仁、枸杞、黃精、朮、車前得益者甚多⑪，不能一一說爾。吾嘗患齒，搖動欲落，飲食熱冷，皆苦疼痛。見《抱朴子》牢齒之法⑫，早朝叩齒三百下為良。行之數日，即便平愈，今恒持之。此輩小術，無損於事，亦可修也。凡欲餌藥，陶

隱居⑬《太清方》中總錄甚備，但須精審，不可輕脫。近有王愛州在鄴學服松脂⑭，不得節度，腸塞而死。為藥所誤者甚多。

【注釋】

① 養生：《文選・養生論》注：「嵇喜為康傳曰：『康性好服食，常采御上藥。以為神仙稟之自然，非績學所致，至於導養得理，以盡性命，若安期、彭祖之倫，可以善求而得也。著養生篇。』」六朝人養生之說，大較如此。

② 誣：虛妄，虛假。

③ 鍾值：正好遇上。

④ 牽縶：牽絆。

⑤ 塵滓：比喻世間繁瑣的事務。

⑥ 金玉之費：魏晉、六朝人煉丹，常以金銀或寶玉為原料。

⑦ 莽：草莽，叢生的野草。趙曦明曰：「華山，仙人多居焉。《初學記》引《華山記》云：『山頂有千葉蓮花，服之羽化。山下有集靈宮，漢武帝欲懷集仙者，故名。』今云『白骨如莽』，言其不可信也。」《抱朴子・登涉篇》云：「凡為道合藥及避亂隱居者，莫不入山。然不知入山法者，多遇禍害。故諺有之曰：『太華之下，白骨狼藉。』」

⑧ 內教：此指佛教。

⑨ 寒暄：寒暖。

⑩ 庾肩吾：字子慎，南梁文學家、書法理論家。《梁書・文學傳上》：「肩吾，字子慎。八歲能賦詩，特為兄於陵所友愛……初，太宗在藩，雅好文章士，時肩吾與東海徐摛、吳郡陸杲、彭城劉遵、劉孝儀、儀弟孝威，同被賞接……太清中，侯景寇陷京都。及太宗即位，以肩吾為度支尚書。時上流諸蕃，並擄州拒景，景矯詔遣肩吾使江州，喻當陽公大心，大心尋舉州降賊。肩吾因逃入建昌界，久之，方得赴江陵，未幾卒。」槐實：即槐角，豆科落葉喬木槐樹的成熟果實。《名醫別錄》：「槐實味酸鹹，久服，明目益氣，頭不白，延年。」

⑪ 枸杞：《本草經》：「枸杞，一名杞根，一名地骨，一名地輔，久

服，堅筋骨，輕身，不老。」黃精：又名雞頭黃精、雞爪參，黃精屬植物，根莖橫走，圓柱狀，結節膨大。葉輪生，無柄。朮：草名，多年生草本。有白朮、蒼朮等數種，根莖可入藥。車前：草名，多年生草本，多生長在山野、路旁、河邊等濕地。《神仙服食經》：「車前實，雷之精也，服之行化。八月采地衣，地衣者，車前實也。」劉盼遂引吳承仕曰：「《別錄》陶隱居曰：『赤朮葉細無椏，根小苦而多膏，可作煎用。』此朮煎之說也。車前雖冷利，仙經亦服餌之。疑朮煎、車前二物，或宜並列。」

⑫ 牢齒之法：《抱朴子・雜應篇》：「或問堅齒之道，抱朴子曰：『能養以華池，浸以醴液，清晨建齒三百過者，永不動搖。』」

⑬ 陶隱居：即陶弘景，字通明，南朝齊、梁時人，著名的醫藥家、煉丹家、文學家，人稱「山中宰相」。作品有《本草經注》《集金丹黃白方》《二牛圖》《陶隱居集》等。《梁書・陶弘景傳》：「及長，身長七尺四寸，神儀明秀，朗目疏眉，細形長耳。讀書萬餘卷。善琴棋，工草隸……於是止於句容之句曲山。恒曰：『此山下是第八洞宮，名金壇華陽之天，周回一百五十里。昔漢有咸陽三茅君得道，來掌此山，故謂之茅山。』乃中山立館，自號華陽隱居。始從東陽孫游岳受符圖經法。遍歷名山，尋訪仙藥。每經澗谷，必坐臥其間，吟詠盤桓，不能已已……天監四年，移居積金東澗。善辟穀導引之法，年逾八十而有壯容。」

⑭ 愛州：一說為地名。梁置，屬九真郡。松脂：《本草》：「松脂，一名松膏，久服，輕身，不老延年。」

【譯文】

得道成仙的事情，不能說全是假的，但人的性命長短取決於天，很難遇到這種機會。人生在世，到處都有牽累羈絆：小時候，有侍奉父母的辛勞；成年以後，又增加了妻子兒女的拖累。既要解決家裡的衣食需求，又要為公事、私事操勞奔波。雖然如此辛勤勞苦，但真正希望隱居山林，超脫於凡俗的人，千萬人中也遇不到一個。加上煉丹要耗費黃金寶玉，需要爐鼎等器具，這更不是貧士所能辦到的。學道煉丹的人多如牛毛，可成仙的人卻稀如麟角。看華山下麵，白骨多如野草，哪裡有順心如願的道理。

再在佛理之中考校這個問題，即使能成仙，最後還是得死，並不能徹底擺脫人世間的羈絆，我不想你們專心致力於此事。如果是愛惜保養精神，調理護養氣息，起居有規律，穿衣冷暖適當，飲食有所禁忌，吃些補藥滋養，從而在應盡之年不致夭折，我對此是沒有什麼可批評的。

掌握各種服藥的方法，不要因此耽誤了世間事務。庾肩吾常服用槐樹的果實，他七十歲時，眼睛還能看見小字，鬍鬚頭髮還很黑。鄴城有的朝廷官員專門服用杏仁、枸杞、黃精、白朮、車前，從中獲益很多，不能一一列舉。我曾患有牙疼，牙齒鬆動幾乎要掉了，不管是吃冷的還是熱的都疼痛難耐。看了《抱朴子》裡固齒的方法，早上起來叩牙齒三百次為佳。我堅持了幾天，牙竟然好了，現在我還保持著這一習慣。這一類的小方法，並不妨礙別的事情，可以學學。想要服用補藥的話，陶隱居的《太清方》中收錄得很完備，但是也必須精心挑選，不可輕率去用。最近有個叫王愛州的人，在鄴城效仿別人服用松脂，因為方法不當，結果因腸子堵塞而死。像這種為藥物所害的例子有很多。

【原文】

夫養生者先須慮禍，全身保性，有此生然後養之，勿徒養其無生也。單豹養於內而喪外，張毅養於外而喪內[1]，前賢所戒也。嵇康著《養生》之論，而以傲物受刑；石崇[2]冀服餌之徵，而以貪溺[3]取禍，往世之所迷也。

【注釋】

①「單豹」二句：《莊子·達生》：「魯有單豹者，岩居而水飲，不與民共利，行年七十而猶有嬰兒之色，不幸遇餓虎，餓虎殺而食之。有張毅者，高門縣薄，無不走也，行年四十而有內熱之病以死。豹養其內而虎食其外，毅養其外而病攻其內，此二子者，皆不鞭其後者也。」

②石崇：字季倫，小名齊奴，西晉文學家，亦是著名富豪，史書載其與王愷鬥富事。《晉書·石苞傳》：「少敏惠，勇而有謀。苞臨終，分財物與諸子，獨不及崇。其母以為言，苞曰：『此兒雖小，後自能得。』年二十餘，為修武令，有能名……崇穎悟有才氣，而任俠無行

檢。在荊州，劫遠使商客，致富不貲……財產豐積，室宇宏麗。後房百數，皆曳紈繡，珥金翠。絲竹盡當時之選，庖膳窮水陸之珍。與貴戚王愷、羊琇之徒以奢靡相尚。」後趙王司馬倫掌權，其親黨孫秀向石崇索要其愛姬綠珠，石崇不許。孫秀懷恨在心，勸司馬倫誅殺石崇。綠珠跳樓而死。

③貪溺：貪於財貨，溺於美色。

【譯文】

養生的人首先要考慮的是避免禍患，保全自身性命，有了生命，然後才談得上保養它，不要白費心思地去保養不存在的所謂長生不老的生命。單豹這人很重視保養身心，卻因外界的因素而喪了命；張毅這人很重視防備外來侵害，但因患內熱病而喪生，這些都是前代賢者所引以為誡的。嵇康著《養生論》，卻因傲慢無禮被殺害；石崇希望服藥延年益壽，卻因貪財好色招致殺身之禍，這都是那些糊塗人的例子。

【原文】

夫生不可不惜，不可苟惜。涉險畏之途，干禍難之事，貪欲以傷生，讒慝①而致死，此君子之所惜哉：行誠孝而見賊，履仁義而得罪，喪身以全家，泯軀而濟國，君子不咎也。自亂離已來，吾見名臣賢士，臨難求生，終為不救，徒取窘辱，令人憤懣。侯景之亂，王公將相，多被戮辱，妃主姬妾，略無全者。唯吳郡太守張嵊②，建義③不捷，為賊所害，辭色不撓；及鄱陽王世子④謝夫人，登屋詬怒，見射而斃。夫人，謝遵女也。何賢智操行若此之難？婢妾引決⑤若此之易？悲夫！

【注釋】

①讒慝（音特）：進讒陷害，為奸作惡。

②張嵊（音勝）：《梁書·張嵊傳》：「張嵊，字四山，鎮北將軍稷之子也。少方雅，有志操，能清言。父臨青州，為土民所害，嵊感家

禍，終身蔬食布衣，手不執刀刃……中大同元年，征為太府卿，俄遷吳興太守。太清二年，侯景圍京城，嶸遣弟伊率郡兵數千人赴援。三年，宮城陷，御史中丞沈浚違難東歸。嶸往見而謂曰：『賊臣憑陵，社稷危恥，正是人臣效命之秋。今欲收集兵力，保據貴鄉。若天道無靈，忠節不展，雖復及死，誠亦無恨。』浚曰：『鄙郡雖小，仗義拒逆，誰敢不從！』固勸嶸舉義。於是收集士卒，繕築城壘。時邵陵王東奔至錢唐，聞之，遣板授嶸征東將軍，加秩中二千石。嶸曰：『朝廷危迫，天子蒙塵，今日何情，復受榮號。』留板而已。賊行台劉神茂攻破義興，遣使說嶸曰：『若早降附，當還以郡相處，復加爵賞。』嶸命斬其使，仍遣軍主王雄等帥兵於鱧瀆逆擊之，破神茂，神茂退走。侯景聞神茂敗，乃遣其中軍侯子鑒帥精兵二萬人，助神茂以擊嶸。嶸遣軍主范智朗出郡西拒戰，為神茂所敗，退歸。賊騎乘勝焚柵，柵內眾軍皆土崩。嶸乃釋戎服，坐於聽事，賊臨之以刀，終不為屈。乃執嶸以送景，景刑之於都市，子弟同遇害者十餘人，時年六十二。賊平，世祖追贈侍中、中衛將軍、開府儀同三司。諡曰忠貞子。」

③建義：興義軍，舉義旗。此指張嶸募兵討伐侯景叛軍。

④鄱陽王世子：即蕭嗣。《梁書‧太祖五王傳》：「鄱陽忠烈王恢，字弘達，太祖第九子也……世子範、嗣……及景圍京邑，範遣世子嗣與裴之高等入援，遷開府儀同三司，進號征北將軍……以晉熙為晉州，遣子嗣為刺史……世子嗣，字長胤。容貌豐偉，腰帶十圍。性驍果有膽略，倜儻不護細行，而能傾身養士，皆得其死力。範之薨也，嗣猶據晉熙，城中食盡，士乏絕，景遣任約來攻，嗣躬擐甲冑，出壘距之。時賊勢方盛，咸勸且止。嗣按劍叱之曰：『今之戰，何有退乎？此蕭嗣效命死節之秋也。』遂中流矢，卒於陣。」王利器按：《南史》但言妻子為任約所虜，蓋史脫略。

⑤引決：本指自殺。此指捨身就義。

【譯文】

生命不能不珍惜，但也不能無原則地吝惜。走上邪惡危險的道路，做下招致禍患的事情，追求欲望的滿足而喪生，為奸作惡而致死，在這些方面，君主是愛惜他的生命的。奉行忠孝而被害，履行仁義而獲罪，

捨棄自身以保全家族，犧牲性命以拯救國家，君子是不會抱怨的。自從亂離以來，我看到那些名臣賢士，面對危難，苟且求生，最終求生不得，還白白遭受窘迫和侮辱，真叫人憤懣。侯景作亂時，王公將相，大多遭到殺戮侮辱，妃嬪、公主、姬妾，也幾乎沒有得以保全的。只有吳郡太守張嵊，興師討賊，失敗後為賊所殺害，當他兵敗被俘時，言辭神色至死都不屈服。還有鄱陽王世子蕭嗣之妻謝夫人，登上房屋怒罵逆賊，中箭而死。謝夫人，是謝遵的女兒。為什麼那些賢明智能之士堅守操行是那樣困難，而婢妾之輩捨身就義卻如此容易？真是可悲啊！

歸心^①第十六

【原文】

　　三世^②之事，信而有徵，家世歸心，勿輕慢也。其間妙旨，具諸經論^③，不復於此，少能贊述，但懼汝曹猶未牢固，略重勸誘爾。

【注釋】

①歸心：從心裡歸附。此指歸心佛教，虔誠信佛。

②三世：佛教以過去、現在、未來為三世。

③經論：佛教以經、律、論為三藏。經為佛所自說，論是經義的解釋，律即戒規。

【譯文】

　　佛教中所說的過去、現在、未來三世之事，是可信而且可以得到驗證的，我們家世代歸心佛教，不可對此輕視侮慢。佛教的精妙意旨，都記載於佛教的經、論中，我在這裡就不多作讚美轉述了，我只怕你們的信佛之心不夠牢固，所以再對你們稍加勸勉誘導。

　　原夫四塵五蘊①，剖析形有②，六舟三駕③，運載群生。萬行歸空，千門入善，辯才智惠，豈徒《七經》、百氏之博哉④？明非堯、舜、周、孔所及也。內外兩教⑤，本為一體，漸積為異，深淺不同。內典初門，設五種禁⑥；外典仁義禮智信，皆與之符。仁者，不殺之禁也；義者，不盜之禁也；禮者，不邪之禁也；智者，不酒之禁也；信者，不妄之禁也。至如畋狩軍旅，燕享刑罰，因民之性，不可卒⑦除，就為之節，使不淫⑧濫爾。歸周、孔而背釋宗⑨，何其迷也！

【注釋】

①四塵：佛教語，色、香、味、觸的總稱。五蘊：即「五陰」，亦名「五蘊」，佛教用語，指色、受、想、行、識五者假合而成的身心。

②形有：即有形之萬物。

③六舟：即「六度」，佛教語，又譯為「六到彼岸」。度是梵文波羅蜜多的意譯，指使人由生死之此岸度到涅槃（寂滅）之彼岸的六種法門：佈施、持戒、忍辱、精進、禪定（止觀）、智慧。三駕：佛教以羊車喻聲聞乘，鹿車喻緣覺乘，牛車喻菩薩乘，稱「三駕」。

④《七經》：漢以來歷代封建王朝所推崇的七部儒家經典。東漢《一字石經》作：《易》《詩》《書》《儀禮》《春秋》《公羊》《論語》。百氏：即諸子百家。

⑤內外兩教：即佛教和儒教。下文內典指佛書，外典指儒書。

⑥五種禁：《廣弘明集》卷十三都超《奉法要》：「五戒：一者不殺，不得教人殺，常當堅持，盡形壽；二者不盜，不得教人盜，常當堅持，盡形壽；三者不淫，不得教人淫，常當堅持，盡形壽；四者不欺，不得教人欺，常當堅持，盡形壽；五者不飲酒，不得以酒為惠施，常當堅持，盡形壽。若以酒為藥，當推其輕重，要於不可致醉。醉有三十六失，經教以為深戒。不殺則長壽，不盜則常泰，不淫則清淨，不欺則人常敬信，不醉則神理明治。」

⑦卒：通「猝」，立即。

⑧淫：過分。

⑨釋宗：即佛教。因佛教的創始人為釋迦牟尼，故稱。

【譯文】

推究「四塵」和「五蘊」的道理，剖析世間萬物的奧秘，運用「六度」、「三駕」的方法修行，普渡眾生。佛教有眾多的修行方法使人皈依空門，有許多的法門可以使人臻於善地，其高明辯才及超凡智慧，豈止像儒家《七經》和諸子百家那樣只有廣博的學問？佛教見事之明，不是堯、舜、周公、孔子所能及的。

佛教和儒教本來是一體的，但二者在悟道方式和目的上有所不同，所以境界的深淺程度也不相同。佛教的初學法門，設有五種禁戒；而儒家經典所提倡的仁、義、禮、智、信，皆與之相符合。仁，即不殺生的禁戒；義，即不偷盜的禁戒；禮，即不做奸邪之事的禁戒；智，即不酗酒的禁戒；信，即不妄言的禁戒。至於像狩獵、戰爭、宴會、刑罰這一類，都是人的本性使然，不能即刻全部拔除，就為它們設置一定的界限，使其不至於過分放縱。人們只知道尊崇周公、孔子，卻違背佛家教義，是多麼糊塗啊！

【原文】

俗之謗者，大抵有五：其一，以世界外事及神化無方為迂誕也。其二，以吉凶禍福或未報應為欺誑也。其三，以僧尼行業多不精純為奸慝也①。其四，以糜費金寶減耗課役為損國也②。其五，以縱有因緣③如報善惡，安能辛苦今日之甲，利益後世之乙乎？為異人也。今並釋之於下云。

【注釋】

①精純：純潔，清白。奸慝：奸佞邪惡。
②課：指賦稅。役：指徭役。六朝制，僧尼免課役。這對國家財政收入確為一大損失，且僧人數眾，亦使國家可用男丁之數減少。
③因緣：佛教語。意指產生結果的直接原因及促成這種結果的條件。

【譯文】

　　世人對於佛教的誹謗，大致有以下五種情況：第一，認為佛家所說的現實世界之外的事以及神靈的變化無常是荒誕不稽的事；第二，因為現實的吉凶禍福沒有得到相對的報應，就認為佛家強調的因果報應是欺騙世人的說法；第三，因為僧尼中有很多不清白的人，便認為佛門乃藏汙納垢之所；第四，認為興建佛寺和蓄養僧尼要耗費財物，且僧尼不納稅，不服役，這有損於國家利益；第五，認為即使存在因果輪迴善惡報應，哪能讓今天的甲辛苦坎坷，以使後世的乙獲利受益呢？甲和乙是不同的兩個人啊。現在我對上面五種指責一併作出如下解釋。

【原文】

　　釋一曰：夫遙大之物，寧可度量？今人所知，莫若天地。天為積氣，地為積塊，日為陽精，月為陰精，星為萬物之精，儒家所安也。星有墜落，乃為石矣。精若是石，不得有光，性又質重，何所繫屬？一星之徑，大者百里，一宿[①]首尾，相去數萬。百里之物，數萬相連，闊狹從斜，常不盈縮。又星與日月，形色同爾，但以大小為其等差。然而日月又當石也？石既牢密，烏兔[②]焉容？石在氣中，豈能獨運？日月星辰，若皆是氣，氣體輕浮，當與天合，往來環轉，不得錯違，其間遲疾，理宜一等。何故日月五星二十八宿[③]，各有度數，移動不均？寧當氣墜，忽變為石？地既滓濁[④]，法應沉厚，鑿土得泉，乃浮水上[⑤]。積水之下，復有何物？江河百谷，從何處生？東流到海，何為不溢？歸塘尾閭[⑥]，渫[⑦]何所到？沃焦之石[⑧]，何氣所然？潮汐去還，誰所節度？天漢[⑨]懸指，那不散落？水性就下，何故上騰[⑩]？天地初開，便有星宿，九州未劃，列國未分，窮疆區野[⑪]，若為躔次[⑫]？封建已來，誰所制割？國有增減，星無進退，災祥禍福[⑬]，就中不差。乾象[⑭]之大，列星之夥，何為分野，止繫中

國？昂⑮為旄頭，匈奴之次，西胡、東越，雕題、交阯⑯，獨棄之乎？以此而求，迄無了者，豈得以人事尋常，抑必宇宙外也？

【注釋】

① 宿：星宿，我國古代指某些星的集合體。

② 烏兔：金烏和玉兔。我國古代神話傳說日中有烏，月中有兔。《春秋元命苞》：「陽數起於一，成於三，故日中有三足烏。月兩設以蟾蜍與兔者，陰陽雙居，明陽之制陰，陰之制陽。」《淮南子·精神訓》：「日中有踆烏，而月中有蟾蜍。」高誘注：「踆猶蹲也，謂三足烏。蟾蜍，蝦蟆。」

③ 五星：指水星、金星、火星、木星、土星五星。這五顆星最初分別叫北方辰星、西方太白、南方熒惑、東方歲星、中央鎮星。《史記·天官書論》中記載道：「天有五星，地有五行。」二十八宿：是古人為觀測日、月、五星運行而劃分的二十八個星區，用來說明日、月、五星運行所到的位置。每宿包含若干顆恒星。《淮南子·天文訓》：「五星，八風，二十八星宿。」高誘注云：「二十八星宿，東方：角、亢、氐、房、心、尾、箕；北方：斗、牛、女、虛、危、室、壁；西方：奎、婁、胃、昂、畢、觜、參；南方：井、鬼、柳、星、張、翼、軫。」

④ 地既渾濁：《淮南子·天文訓》：「重濁者滯凝而為地。」《列子·天瑞篇》：「濁重者下文地。」

⑤ 浮水上：《晉書·天文志》：「天在地外，水在天外，水浮天而載地者也。」

⑥ 歸塘：或作「歸墟」，傳說為海中無底之谷，是眾水彙聚之處。《列子·湯問篇》：「渤海之東，不知幾億萬里，有大壑焉，實惟無底之谷，其下無底，名曰歸墟，八紘九野之水，天漢之流，莫不注之，而無增無減焉。」張湛注曰：「歸墟或作歸塘。」尾閭：亦是傳說中海水所歸之處。《莊子·秋水》：「天下之水，莫大於海，萬川歸之，不知何時止而不盈。尾閭泄之，不知何時已而不虛。」

⑦ 渫（音泄）：泄。

⑧ 沃焦之石：《玄中記》：「天下之強者，東海之沃焦焉。沃焦者，山

名也，在東海南三萬里，海水灌之而即消。」

⑨天漢：即天河、銀河。《晉書‧天文志》：「天漢起東方，經尾箕之間，謂之天河，亦謂之漢津，分為二道，在七星南而沒。」

⑩上騰：上騰之水指雨露。《淮南子‧原道訓》：「天下之物，莫柔於水，上天則為雨露，下地則為潤澤。」

⑪區野：分野。指與星次相對應的區域。古人依據十二星次的位置劃分地面上州、國的位置與之相對應。就天文說，稱作「分星」；就地面說，稱作「分野」。

⑫躔（音蟬）次：日月星辰在運行軌道上的位次。

⑬災祥禍福：《周禮‧春官保章氏》：「掌天以志星辰日月之變動，以觀天下之遷，辨其吉凶，以星土辨九州之地所封，封域皆有分星，以觀妖祥。」

⑭乾象：天象。舊以為天象變化與人事有關。

⑮昴：星名，二十八星宿之一，西方白虎七宿的第四宿，又名髦頭、旄頭，有亮星七顆（古代以為五顆，故有昴宿之精轉化為五老的傳說）。

⑯西胡：中國古代對西域各族的泛稱。因在匈奴西而得名。西漢時僅指蔥嶺以東，東漢起亦兼指蔥嶺西各族。東越：古族名。古代越人的一支，相傳為越王勾踐的後裔。秦漢時分佈在今浙江省東南部、福建省北部一帶。漢武帝元鼎六年（111）東越王余善反漢，旋被其部屬所殺。部分族人被迫遷入江淮地區。雕題：古代南方雕額文身之部族。交阯：或作交址、交趾，古地名，泛指五嶺以南。漢武帝時為所置十三刺史部之一，轄境相當於今廣東、廣西大部和越南的北部、中部。東漢時改為交州。《後漢書‧南蠻傳》：「《禮記》稱南方曰蠻、雕題、交阯，其俗男女同川而浴，故曰交阯。」

【譯文】

　　我對第一個誹謗的解釋是：那些遙遙廣大的東西，難道可以度量出來嗎？現在人們所熟悉的最大的事物，沒有什麼能夠比得上天和地。天由雲氣堆積而成，地由土石聚集而成，太陽是陽氣的精華凝聚，月亮是陰氣的精華凝聚，星辰是宇宙萬物的精華凝聚，這是儒家所信奉的說法。星辰有時會從天上墜落下來，到地上就變成了石頭；精華若是石

頭，就不會有光亮，況且石頭的特性又很沉重，是靠什麼懸掛在天上的呢？一顆星的直徑，大的約有百里，一個星宿的首與尾，相隔有數萬里。百里大的物體，相隔萬里聯成一體，它們之間的距離寬窄縱橫排列都有一定的形態，一般不會有盈縮變化。再者星辰與日月相比，形狀和顏色都相同，不過以體積大小來作為等級區別。要是這樣的話，日月也是石頭嗎？石頭的特性堅固牢密，金烏和玉兔又怎能存身於日月之中呢？石頭懸浮在大氣中，怎麼能夠獨立運轉？日月星辰如果都是氣體，那麼氣體輕飄，應當與天空合而為一，它們來回循環運轉，不可能相互交錯，它們運行的速度，按理說應該是一致的。但為何日月以及五星和二十八星宿各有一定的位置，運行速度快慢不均呢？難道是氣體在墜落的時候忽然變成了石頭？

　　大地既然是濁氣下降凝集而成的物質，那麼理應沉重厚實，可深挖土地能夠挖到泉水，這說明地是浮在水上的。如此的話，積水下面又有什麼呢？長江、黃河以及眾多的河流，它們是從哪裡發源的？百川向東流入大海，海水為什麼不會溢出來？傳說中水都彙集到歸塘和尾閭，那它們最終又歸於何處呢？如果說海水都被沃焦山的石頭燒乾了，那麼又是什麼氣體使石頭燃燒的呢？海水的潮汐漲落，由誰控制？銀河懸掛在天空，為什麼不會散落下來？水的特性是往低處流，又是什麼原因使它升到天上？天地初開的時候，就有了星宿，當時九州還沒有劃分，列國還沒有分封。這些星宿劃斷疆界，區分地域，又是誰為它們在運行軌道上安排的位次？自從封邦建國以來，又是誰在主宰這些事呢？地上的國家有增無減，而星辰的位置卻沒有移動，其對應的吉凶禍福照樣發生，並無偏差。天象這麼大，星辰如此多，為什麼星宿劃分的州郡疆野只限於中原地區呢？被稱作旄頭的昂星，其位置對應匈奴的疆域，那麼像西胡、東越、雕題、交這些區域，難道就被上天所拋棄不管了嗎？以上這些問題，要是探求起來是永無盡頭的，又怎能以人間事物的尋常道理去衡量宇宙之外的事呢？

【原文】

　　凡人之信，唯耳與目，耳目之外，咸致疑焉。儒家說

天，自有數義：或渾或蓋，乍宣乍安①。斗極②所周，管維③所屬，若所親見，不容不同；若所測量，寧足依據？何故信凡人之臆說，迷大聖之妙旨，而欲必無恒沙世界、微塵數劫也④？而鄒衍亦有九州之談⑤。山中人不信有魚大如木，海上人不信有木大如魚；漢武不信弦膠⑥，魏文不信火布⑦；胡人見錦，不信有蟲食樹吐絲所成；昔在江南，不信有千人氈帳，及來河北，不信有二萬斛船：皆實驗也。

【注釋】

① 「儒家說天」四句：指渾天說、蓋天說、宣夜說、安天論，皆為我國古代天文學理論。《晉書‧天文志》：「古言天者有三家，一曰蓋天，二曰宣夜，三曰渾天……成帝咸康中，會稽虞喜因宣夜之說作《安天論》。」具體這四種理論之內容，可參考《晉書‧天文志》。

② 斗極：北斗星與北極星。《爾雅‧釋地》：「北戴斗極為空桐。」邢昺疏：「斗，北斗也。極者，中宮天極星。」

③ 管維：亦作「筦維」，即斗樞，古人指天宇所據以運轉的樞紐。

④ 恒沙：即恒河沙數，佛教語，形容數量多得無法計算。微塵：佛教語。色體的極小者稱為極塵，七倍極塵者稱為微塵，常用以指極細小的物質。《金剛經》：「諸恒河所有沙數，佛世界如是，寧為多不？」《妙法蓮華經》：「如人以力摩三千大千土，複盡末為塵，一塵為一劫，如此諸微塵數，其劫複過是。」

⑤ 鄒衍：戰國時期齊國人，陰陽家學派的創始人和代表人物，五行學說的創始人，曾著書討論「大九州說」。

⑥ 弦膠：即續弦膠。古代傳說西海之中有鳳麟洲，仙家以鳳喙及麟角合煎作膠，名之為續弦膠，又名集弦膠、連金泥。此膠能續弓弩已斷之弦，連刀劍斷折之金，更以膠連續之處，使力士掣之，他處乃斷，粘合之處，終無所損。

⑦ 火布：即火浣布。《三國志‧魏書‧三少帝紀》：「景初三年……西域重譯獻火浣布。詔大將軍太尉臨試，以示百僚。」《搜神記》：「漢世西域舊獻此布，中間久絕。至魏初時，人疑其無有。文帝以為火性酷烈，無含生之氣，著之典論，明其不然。及明帝立，詔刊石廟

門之外及太學，永示來世。至是西域獻之，於是刊減此論。天下笑之。」《抱朴子・論仙篇》：「魏文帝窮覽洽聞，自呼於物無所不經，謂天下無切玉之刀，火浣之布。及著典論，嘗據言此事。其間未期，二物畢至。帝乃歎息，遽毀斯論。事無固必，殆為此也。」

【譯文】

　　一般人所相信的，都是自己親耳聽到的和親眼見到的，除此之外，他們都會加以懷疑。儒家對天的認識，有好幾種學說：有渾天說，有蓋天說，有宣夜說，有安天論。北斗星和北極星的運行，是依靠斗樞為轉軸，若是親眼所見就不會有不同的看法；若是猜測揣量，又怎麼能夠可靠呢？為什麼信普通人的主觀臆測，而懷疑佛祖的精妙教義，非得認為沒有恆河沙子那樣多的世界，不相信微小的塵埃也曾經歷過多次劫難呢？況且，鄒衍也曾提出過中國之外還有九州的說法。

　　生活在山中的人不相信有樹那樣大的魚，生活在海邊的人不相信有魚那樣大的樹；漢武帝不相信世上有續弦膠，魏文帝不相信有火浣布；胡人看見錦緞，不相信那是吃樹葉的蟲子所吐的絲織成的；我從前在江南時，不相信有可以容納千人的氈帳，等到了黃河以北地區，又發現這裡的人不相信有可容納兩萬斛的大船，這些都是我的親身經驗。

【原文】

　　世有祝師及諸幻術①，猶能履火蹈刃，種瓜②移井，倏忽之間，十變五化。人力所為，尚能如此；何況神通感應，不可思量，千里寶幢③，百由旬④座，化成淨土，踴⑤出妙塔乎？

【注釋】

①祝師：即巫師。幻術：張衡《西京賦》：「奇幻倏忽，易貌分形，吞刀吐火，雲霧杳冥，畫地成川，流渭通涇。」《抱朴子・對俗篇》：「變形易貌，吞刀吐火。」又云：「瓜果結實於須臾，魚龍瀁潡於盤盂。」大抵魏晉六朝之時，此類幻術甚多，諸書亦多有記載。

②種瓜：指種下瓜果立即成熟。劉盼遂曰：「《太平御覽》卷九百七十
　八引《搜神記》曰：『吳時有徐光，常行幻術。於市里從人乞瓜，其
　主弗與。便從索瓣，種之。俄而瓜蔓延生花實，乃取食之，因賜觀
　者。及視所，皆亡耗矣。』黃門種瓜之說，殆用此事。」又曰：
　「《洛陽伽藍記・卷一景樂寺》云：『異端奇樹，總萃其中。剝驢投
　井，植棗種瓜，須史之間，皆得食之。』楊衒之與顏氏時代接近，故
　所言多相同也。」

③寶幢：即經幢。幢：原是中國古代儀仗中的旌幡，是在竿上加絲織物
　做成，又稱幢幡。由於印度佛的傳入，特別是唐代中期佛教密宗的傳
　入，將佛經或佛像起先書寫在絲織的幢幡上，為保持經久不毀，後來
　改書寫為刻在石柱上，因刻的主要是《陀羅尼經》，因此稱為經幢。

④由旬：古印度長度單位，其具體長度不詳，我國故有八十里、六十
　里、四十里等諸多說。據佛音論師說，一由旬相當於一隻公牛走一天
　的距離，大約七英里，即11.2公里。據《大唐西域記》卷二載，一由
　旬指帝王一日行軍之路程。

⑤踊：向上升起，冒出。《妙法蓮華經》：「爾時，佛前有七寶塔，高
　五百由旬，縱廣二百五十由旬，從地湧出，住在空中，種種寶物而莊
　校之。」

【譯文】

　　世間有巫師和熟悉各種幻術的人，他們能踏火而行，在刀刃上行
走，能使種下的瓜果立刻成熟，還可以移動深井，剎那之間，千變萬
化。人力的所作所為，尚能如此，何況佛的神通廣大，更是無法估量
的，能夠變出高達千里的經幢，大至百由旬的蓮花寶座，能夠造化出莊
嚴潔淨的極樂世界，使地上湧出座座寶塔。

【原文】

　　釋二曰：夫信謗之徵，有如影響，耳聞目見，其事已
多。或乃精誠不深，業緣①未感，時儻差闌②，終當獲報耳。
善惡之行，禍福所歸。九流③百氏，皆同此論，豈獨釋典為
虛妄乎？項橐、顏回之短折④，伯夷、原憲⑤之凍餒，盜跖、

莊蹻之福壽⑥，齊景、桓魋之富強⑦，若引之先業，冀以後
生，更為通耳。如以行善而偶鍾禍報，為惡而儻值福征，便
生怨尤，即為欺詭，則亦堯、舜之雲虛，周、孔之不實也，
又欲安所依信而立身乎？

【注釋】

① 業緣：佛教語。謂苦樂皆為業力而起，故稱為業緣。《維摩經·方便
品》：「是身如幻，從顛倒起；是身如夢，為虛妄見；是身如影，從
業緣現。」

② 差闌：略遲。此謂報應或有差互而遲晚。

③ 九流：趙曦明曰：「《漢書·藝文志》：一儒家流，二道家流，三陰
陽家流，四法家流，五名家流，六墨家流，七縱橫家流，八雜家流，
九農家流，十小說家流，其可觀者，九家而已。范寧《穀梁傳序》：
『九流分而微言隱。』疏不數小說家。」

④ 項橐：春秋時期魯國一位神童，孔子曾向其請教，後世尊項橐為聖
公。《戰國策·秦策五》：「甘羅曰：『夫項橐生七歲而為孔子師，
今臣生十二歲於茲矣！君其試焉，奚以遽言叱也？』」顏回：孔子弟
子，早夭。

⑤ 原憲：孔子弟子，安貧樂道。《韓詩外傳》：「原憲居魯，環堵之
室，茨以蒿萊，蓬戶甕牖，桷桑而無樞，上漏下濕，匡坐而弦歌。子
貢乘肥馬，衣輕裘，中紺而表素，軒不容巷，而往見之。原憲楮冠黎
杖而應門，正冠則纓絕，振襟則肘見，納履則踵決。」

⑥ 盜跖：相傳是黃帝時大盜之名。春秋時柳下惠的弟弟為大盜，所以世
人稱之為盜跖。《史記·伯夷列傳》：「盜跖日殺不辜，肝人之肉，
暴戾恣睢，聚黨數千人，橫行天下，竟以壽終。」莊蹻：春秋時人，
本為楚威王將軍，後為大盜。《華陽國志·南中志》：「南中在昔，
蓋夷、越之地……周之季世，楚頃襄王是王遣將軍莊沂沅水，出且
蘭，以伐夜郎……夜郎又降，而秦奪楚黔中地，無路得反，遂留王滇
池，楚莊王苗裔也。」

⑦ 齊景：即春秋時齊國國君齊景公。《論語》載齊景公有馬千駟。桓魋
（音頹）：春秋時宋國司馬向魋，因是宋桓公之後，故稱桓魋。孔子
周遊列國到宋國，桓魋對他很不友好，後竟帶領人馬去殺孔子，孔子
萬幸得以逃脫。

【譯文】

　　我對第二個誹謗的解釋是：我深信世俗所誹謗的因果報應之說，那報應就好像影之隨形，響之應聲一樣。我耳聞目睹的這類事情，已經有很多了。有的時候或許是當事人的誠心不夠，緣分不到，報應的時間可能較遲，但最終還是會得到報應的。一個人的善與惡的行為，將分別招致福與禍的報應。九流百家都認同這一觀點，難道只有佛教典籍是虛假騙人的嗎？

　　項橐、顏回的短命而死，伯夷、原憲的忍饑受凍，盜跖、莊蹻的有福長壽，齊景公、桓魋的富足強大，如果我們把這些看成是他們的前身的善業或惡業的報應，或者把他們從善或為惡的報應寄託在他們的後世身上，那就說得通了。如果因為行善而偶然招致災禍，為惡卻意外得福，便產生怨恨責怪之心，認為佛教所說的因果報應是欺詐矇騙，那就好比是說堯、舜的事蹟都是虛假的，周公、孔子的學說也是不可信的，那麼你又能相信什麼，又憑什麼信念來立身處世呢？

【原文】

　　釋三曰：開闢已來，不善人多而善人少，何由悉責其精潔①乎？見有名僧高行，棄而不說；若睹凡僧流俗，便生非毀。且學者之不勤，豈教者之為過？俗僧之學經律，何異士人之學《詩》《禮》？以《詩》《禮》之教，格②朝廷之人，略無全行者；以經律之禁，格出家之輩，而獨責無犯哉？且闕行之臣，猶求祿位；毀禁之侶，何慚供養乎？其於戒行，自當有犯。一披法服，已墮僧數，歲中所計，齋講誦持③，比諸白衣④，猶不啻山海也。

【注釋】

①精潔：精粹純潔。

②格：要求，評定。

③誦持：誦念經文並持守之。

④白衣：盧文弨曰：「僧衣緇，故謂世人為白衣。山海以喻比流輩為高

深也。顏氏此言,又顯為犯戒者解脫矣。」王利器按:釋氏稱在俗人曰白衣,以天竺之婆羅門及俗人多服鮮白衣也。六朝以與緇流並稱,則曰緇素,或曰黑白。

【譯文】

我對第三個誹謗的解釋是:自從開天闢地有了人類以來,就是壞人多而好人少,怎麼能要求每一位僧尼都是清白高尚的呢?有些人看見名僧高尚的德行,就拋在一旁不說;但若是看到凡庸僧人的粗俗行為,就竭力指責詆毀。況且,受學的人不勤勉用功,難道是教學者的過錯嗎?凡庸僧人學習佛經、戒律,跟士人學習《詩經》《禮記》有什麼兩樣?用《詩經》《禮記》中所要求的標準去衡量朝廷中的大臣官員,恐怕沒有幾個人是完全符合的;用佛經、戒律中的禁條來衡量出家人,怎麼能唯獨要求他們一點都不犯過錯呢?而且,那些品行很差的官員,還依然能獲取高官厚祿;犯了禁律的僧尼,坐享供養又有什麼可慚愧的呢?

出家人對於佛教的戒律規範,自然難免有違反的時候,但他們一旦披上法衣,就算加入了僧侶的行業,一年到頭所幹的事,無非是吃齋念佛,誦經修行,比起世俗之人,其道德修養的差距又不只是高山與深海那麼大了。

【原文】

釋四曰:內教多途,出家自是其一法耳。若能誠孝在心,仁惠為本,須達、流水①,不必剃落鬚髮。豈令罄井田而起塔廟,窮編戶以為僧尼也?皆由為政不能節之,遂使非法之寺,妨民稼穡,無業之僧,空國賦算,非大覺②之本旨也。抑又論之:求道者,身計也;惜費者,國謀也。身計國謀,不可兩遂。誠臣徇主而棄親,孝子安家而忘國,各有行也。儒有不屈王侯高尚其事,隱有讓王辭相避世山林;安可計其賦役,以為罪人?若能偕化黔首③,悉入道場④,如妙樂之世,禳佉⑤之國,則有自然稻米⑥,無盡寶藏⑦,安求田蠶之利乎?

【注釋】

① 須達：即須達多，梵語sudatta的音譯。意譯為「善與」、「善給」、「善授」等。古印度拘薩羅國舍衛城富商，波斯匿王的大臣，釋迦的有力施主之一，號稱給孤獨，後皈依佛陀。與祇陀太子共同施佛精舍，稱祇樹給孤獨園。流水：即流水長者。《金光明經》多載其仁惠事蹟。

② 大覺：佛教語。僧肇曰：「佛者何也？蓋窮理盡性，大覺之稱也。」《佛地論》：「佛者，覺也，覺一切種智，複能開覺有情。」

③ 黔首：平民、老百姓。

④ 道場：寺院別名。

⑤ 儴佉（音攘區）：或作「儴佉」、「穰佉」、「蠰佉」。印度古代神話中國王名，即轉輪王。《佛說彌勒大成佛經》：「其國爾時有轉輪聖王名儴佉，有四種兵，不以威武，治四天下。」

⑥ 自然稻米：指無須耕種自然長出的稻米。《大樓炭經‧郁華日品》：「有淨潔粳米，不耕種，自然生出一切味，欲食者取淨潔粳米炊之。有珠名焰珠，著釜下，光出熱飯。四方人來悉共食之，食未竟，亦不盡。」

⑦ 無盡寶藏：《南史‧郭祖深傳》：「梁武時，上封事曰：『都下佛寺，五百餘所，窮極宏麗，僧尼十餘萬，資產豐沃。所在郡縣，不可勝言。道人又有白徒，尼則皆畜養女，皆不貫人籍；天下戶口，幾亡其半。向使偕化黔首，悉入道場，衣誰為織？田誰為耕？果有自然米稻，無盡寶藏乎？』」顏之推此文，即襲用之。

【譯文】

　　我對第四個誹謗的解釋是：佛教修持的方法有很多種，出家為僧僅僅是其中一種。如果一個人心存忠孝，以仁惠為立身根本，就像須達、流水兩位長者那樣，那就不必非得剃掉鬚髮出家為僧不可了。

　　哪能把所有的田地都用來建造佛塔，讓所有的在冊人口都去當僧尼呢？那都是由於執政者不能合理地節制佛事，才使得那些非法而起的寺廟妨礙了百姓的農事生產，使得那些不事生計的僧人空享國家的賦稅，這並非佛教的本旨。或許也可以這樣說：信佛求道，是為自身打算；節省費用，是為國家打算。為自身打算和為國家打算，二者不能兩全。這

就像是忠臣以身殉主而不能奉養雙親，孝子安定家庭而忽略了為國盡忠，二者各有不同的行為準則。儒家當中有不肯屈身侍奉王侯，以高尚標準行事的人，隱士中有辭去王爵相位而避世山林的人，哪能再計算他們應當承擔的賦稅徭役，把他們當成逃避稅役的罪人呢？如果能將百姓全部感化，使他們統統皈依佛教，那麼世間就會像佛經中所說的妙樂之地、禳佉之國一樣，就會有自然生長的稻米，無盡的寶藏，哪裡還用得著再去追求種田、養蠶的微利呢？

【原文】

　　釋五曰：形體雖死，精神猶存。人生在世，望於後身①似不相屬；及其歿後，則與前身似猶老少朝夕耳。世有魂神，示現夢想，或降童妾，或感妻孥，求索飲食，征須福佑，亦為不少矣。今人貧賤疾苦，莫不怨尤前世不修功業。以此而論，安可不為之作地乎？夫有子孫，自是天地間一蒼生耳，何預身事？而乃愛護，遺其基址②，況於己之神爽③，頓欲棄之哉？凡夫蒙蔽，不見未來，故言彼生與今非一體耳。若有天眼④，鑒其念念⑤隨滅，生生⑥不斷，豈可不怖畏邪？又君子處世，貴能克己復禮⑦，濟時益物。治家者欲一家之慶，治國者欲一國之良，僕妾臣民，與身竟何親也，而為勤苦修德乎？亦是堯、舜、周、孔虛失愉樂耳。一人修道，濟度幾許蒼生？免脫幾身罪累？幸熟思之！汝曹若觀俗計，樹立門戶，不棄妻子，未能出家，但當兼修戒行，留心誦讀，以為來世津梁⑧。人生難得，無虛過也。

【注釋】

① 後身：佛教認為人死後會轉生，故有前身、後身之說。

② 基址：建築物的地基、基礎。此指產業、事業的根基。

③ 神爽：靈魂，心神。

④ 天眼：佛教所說五眼之一。即天趣之眼，能透視六道、遠近、上下、

前後、內外及未來等。

⑤念念：指極短的時間。

⑥生生：佛教指輪回。

⑦克己復禮：儒家指約束自己，使一言一行都符合先王之禮。語出《論語‧顏淵篇》。

⑧津梁：橋樑。

【譯文】

　　我對第五個誹謗的解釋是：人的形體雖然會死去，但精神依然存在。人活在世上，覺得自己與來世的後身似乎沒有什麼聯繫；等到死後，才發現後身與前身的關係，就好像老人與小孩、早晨與晚上一般關係密切。世上有死者的靈魂，會在活著的親人夢裡出現，有的托夢給童僕侍妾，有的托夢給妻子兒女，向他們索要飲食，這驗證了後身需要前世的福佑，且這類事是不少的。如今的人若是生活貧賤疾苦，沒有不怨恨前世不修功德的。從這一點來說，生前怎麼能不為來世的靈魂開闢一片安樂之地呢？至於人有子孫，也不過同是天地間的普通人而已，跟其自身有什麼相干？而人尚且對子孫盡心愛護，將房產基業留給他們，何況對於自己的靈魂，怎能捨棄不顧呢？凡夫俗子愚昧無知，看不見未來之事，所以他們說來生和今生不是一體。若是有一雙能夠洞察天機的慧眼，通過它看到自己的生命在一瞬間由誕生到消亡，又由消亡到誕生，這樣生死輪回，連綿不斷，難道不會感到害怕嗎？

　　再說，君子活在世上，貴在能夠克制私欲，謹守禮儀，匡時救世，有益他人。管理家庭的人希望家庭幸福美滿，治理國家的人希望國家興盛富強。其實僕人、婢妾、臣子、百姓和自身又有什麼相干，值得這樣辛苦地為他們操持？這也是堯、舜、周公、孔子之道，為了別人而空使自己失去快樂罷了。一個人修身求道，能夠超度多少世人？使多少人免脫罪惡負累？一定要好好思考這個問題！你們若是顧及世俗的生計，要安家立業，不拋棄妻子兒女，不能出家修道，也應當兼顧修養持戒，留心於誦讀佛經，以此為超度來世的橋樑。人生在世很難再得，千萬不要虛度啊！

【原文】

　　儒家君子，尚離庖廚，見其生不忍其死，聞其聲不食其肉①。高柴、折像②，未知內教，皆能不殺，此乃仁者自然用心。含生之徒③，莫不愛命，去殺之事，必勉行之。好殺之人，臨死報驗，子孫殃禍，其數甚多，不能悉錄耳，且示數條於末。

【注釋】

①「儒家君子」四句：《孟子・梁惠王上》：「君子之於禽獸也，見其生，不忍見其死；聞其聲，不忍食其肉。是以君子遠庖廚也。」

②高柴：春秋末期齊國人，字子羔，又稱子皋、子高，孔子弟子。《孔子家語・弟子行》：「自見孔子，出入於戶，未嘗越禮；往來過之，足不履影；啟蟄不殺，方長不折；執親之喪，未嘗見齒。是高柴之行也。」折像：字伯武，東漢人。《後漢書・方術傳》：「像幼有仁心，不殺昆蟲，不折萌芽。」

③含生之徒：指一切有生命者，人類、動物等。

【譯文】

　　儒家的君子，尚且遠離廚房，因為他們若是看見禽獸活著的樣子，就不忍心見到它們被殺掉，聽到禽獸的慘叫聲，就不忍心吃它們的肉。高柴、折像二人，並不瞭解佛教的教義，卻都能不殺生，這是仁愛之人天生的善心使然。一切生靈，沒有不愛惜自己生命的，必須盡力使自己避開殺生之事。好殺生的人，臨死時會遭到報應，且災禍還會殃及子孫，這類事情有很多，我不能全部記錄下來，姑且舉幾個例子列在本文的末尾。

【原文】

　　梁世有人，常以雞卵白①和沐，云使髮光，每沐輒二三十枚。臨死，髮中但聞啾啾數千雞雛聲。

【注釋】

①雞卵白：即雞蛋白，蛋清。

【譯文】

　　梁朝有個人，經常用雞蛋白和在水裡洗頭髮，說這樣能使頭髮有光澤，他每次洗頭都要用去二三十個雞蛋。到他臨死的時候，只聽見頭髮中傳來幾千隻雛雞的啾啾叫聲。

【原文】

　　江陵劉氏，以賣鱓①羹為業。後生一兒頭是鱓，自頸以下，方為人耳。

【注釋】

①鱓：通稱「黃鱓」、「鱓魚」，其體細長，黃色有黑斑，肉可食。

【譯文】

　　江陵的劉氏，以賣鱓魚羹為生。他後來生了一個孩子，頭是鱓魚頭，脖頸以下，才是人形。

【原文】

　　王克為永嘉郡守①，有人餉②羊，集賓欲宴。而羊繩解，來投一客，先跪兩拜，便入衣中。此客竟不言之，固無救請。須臾，宰羊為羹，先行至客。一臠入口，便下皮內，周行③遍體，痛楚號叫，方復說之。遂作羊鳴而死。

【注釋】

①王克：南朝梁人，與王褒、庾信同時。江陵陷落時，王克與王褒同至長安。陳朝時，北周與陳通好，王克得以南歸。永嘉：今浙江永嘉縣。《宋書・州郡志》：「永嘉太守，晉明帝太寧元年分臨海立。」
②餉：贈送。

③周行：循環運行。

【譯文】

　　王克任永嘉郡守時，有人送他一隻羊，他於是邀請賓客準備飲酒設宴。席間，那隻羊掙脫了繩子，奔到一位客人面前，先跪下拜了兩拜，然後便鑽進了他的衣服裡。這位客人竟然沒說起這件事，更沒有為救這隻羊而向主人求情。過了一會兒，那隻羊被宰殺後煮成了肉羹，肉羹先送到那位客人面前。他夾起一塊羊肉，才入口中，便覺得那肉竄入皮肉，在自己全身循環運行，他痛得大聲哭叫，才說起剛才那隻羊向他求救的事。最後這位客人發出像羊一樣的叫聲，就死了。

【原文】

　　梁孝元在江州時，有人為望蔡縣①令，經劉敬躬亂②，縣廨③被焚，寄寺而住。民將牛酒作禮，縣令以牛繫剎柱④，屏除形像⑤，鋪設床坐，於堂上接賓。未殺之頃，牛解，徑來至階而拜，縣令大笑，命左右宰之。飲啖醉飽，便臥簷下。稍醒而覺體癢，爬搔隱疹⑥，因爾成癩⑦，十許年死。

【注釋】

①望蔡縣：今江西上高縣。《宋書‧州郡志》：「豫章太守下有望蔡縣，漢靈帝中平中，汝南上蔡民分徙此地，立縣名曰上蔡，晉武帝太康元年更名。」

②劉敬躬亂：《梁書‧武帝紀下》：「大同八年春正月，安城郡民劉敬躬挾左道以反，內史蕭詵委郡東奔。敬躬據郡，進攻廬陵，取豫章，妖黨遂至數萬，前逼新淦、柴桑。二月，江州刺史湘東王遣中兵曹子郢奪之，擒敬躬，送京師，斬於建康市。」

③廨（音謝）：官署。

④剎柱：佛教語。指寺前的幡竿。

⑤形像：或作「佛像」。

⑥隱疹：皮膚上起的小疙瘩。

⑦癩：惡瘡，頑癬，麻風。

　　梁孝元帝在江州時，有人任望蔡縣的縣令。經歷了劉敬躬叛亂，縣裡的官署被燒掉了，縣令只好暫時寄居在一所寺廟裡。老百姓帶來牛和酒作為禮物送給他。縣令將牛拴在寺前的幡竿上，又搬除佛像，擺設好坐具，就在佛堂上接待賓客。牛在即將被宰殺時，掙脫了繩子，直沖到臺階前向他跪拜。縣令大笑，讓左右侍從把牛殺了。縣令酒足飯飽後，便躺在屋簷下休息。稍後醒來時，便覺得身上發癢，抓撓之後就起了很多小疙瘩，他因此而得了惡瘡，十多年後就死了。

【原文】

　　楊思達為西陽郡①守，值侯景亂，時復旱儉②，饑民盜田中麥。思達遣一部曲守視③，所得盜者，輒截手腕，凡戮十餘人。部曲後生一男，自然無手。

【注釋】

① 西陽郡：郡名。《晉書·地理志》：「弋陽郡統西陽縣，故弦子國。」《宋書·孝武帝紀》：「大明二年，複西陽郡。」
② 旱儉：指旱災歉收。
③ 部曲：部下，部署。《續漢書·百官志》：「大將軍營五部，部校尉一人，部下有曲，曲有軍候一人。」

【譯文】

　　楊思達任西陽郡守時，正值侯景之亂，當時又因為旱災糧食歉收，饑餓的百姓就去偷官田裡的麥子。於是楊思達派了一名部下在麥田看守，抓到偷麥子的人，就斬斷他們的雙手，一共砍了十多個人。這個部下後來生了一個兒子，天生就沒有手。

【原文】

　　齊有一奉朝請①，家甚豪侈，非手殺牛，噉之不美。年三十許，病篤，大②見牛來，舉體如被刀刺，叫呼而終。

【注釋】

① 奉朝請：古稱春季的朝見為「朝」，秋季的朝見為「請」。奉朝請者，即有參加朝會的資格。東漢對罷省的三公、外戚、宗室、諸侯，給以此名。使得歲時朝見，以示優待。後在官名上加此字樣，表示有享此待遇的資格，實非官名。晉代以奉車、駙馬、騎三都尉為奉朝請。南朝常用以安置閒散官員。隋罷奉朝請，另設朝散大夫、朝散郎，作為文散官的官號。

② 大：或作「便」。

【譯文】

　　北齊有一位奉朝請，家資雄厚，生活奢侈，如果不是自己親手宰殺的牛，他吃起來就會覺得味道不夠鮮美。他三十多歲時，病得很嚴重，迷糊間他看到有牛向他衝過來，全身就好像被刀割一樣，呼喊號叫之後就死了。

【原文】

　　江陵高偉，隨吾入齊，凡數年，向幽州澱①中捕魚。後病，每見群魚齧之而死。

【注釋】

① 澱：淺的湖泊。王利器按：北方亭水之地，皆謂之澱。此幽州澱，疑即今趙北口地。

【譯文】

　　江陵人高偉，跟我一起來到北齊，前後好幾年，一直在幽州的湖泊捕魚。後來他生病，經常看見一大群魚來咬他，最後竟因此而死了。

【原文】

　　世有癡人，不識仁義，不知富貴並由天命。為子娶婦，恨其生資①不足，倚作舅姑②之尊，蛇虺其性，毒口加誣，不

識忌諱，罵辱婦之父母，卻成教婦不孝己身，不顧他恨。但憐己之子女，不愛己之兒婦。如此之人，陰紀其過，鬼奪其算③。慎不可與為鄰，何況交結乎？避之哉！

【注釋】
① 生資：指嫁妝。
② 舅姑：指公婆。
③ 算：陽壽。

【譯文】
　　世上有一種愚癡的人，不懂得仁義，也不知道富貴皆由天命。為兒子娶媳婦，居然怨恨兒媳的嫁妝太少，仗著自己為人公婆的尊貴身份，懷著毒蛇般的心性，對兒媳惡意辱罵，不知忌諱，甚至辱罵兒媳的父母，其實，這反而是教媳婦不用孝順自己，也不顧及她心裡的怨恨。只知道疼愛自己的子女，卻不知道愛護自己的兒媳，像這種人，陰司會把他的罪過記錄下來，鬼神也會減掉他的壽命。你們千萬不可與這種人做鄰居，更何況與這種人交朋友呢？還是離他遠點吧！

顏氏家訓・卷六

書證①第十七

【原文】

　　《詩》云：「參差荇菜②。」《爾雅》云：「荇，接余也。」字或為「莕」。先儒解釋皆云：水草，圓葉細莖，隨水淺深。今是水悉有之，黃花似蓴，江南俗亦呼為「豬蓴③」，或呼為「荇菜」。劉芳④具有注釋。而河北俗人多不識之，博士皆以參差者是莧菜⑤，呼人莧為人荇，亦可笑之甚。

【注釋】

①書證：即對經、史典籍的考證。黃叔琳曰：「此篇純是考據之學，當另為一書，全刪。」黃說大謬，顏之推此處舉這些例子來告誡子孫要博覽群書，不可妄發議論，以免貽笑大方，亦有何不可？

②荇菜：莕菜，多年生水生草本植物，葉呈對生圓形，頸圓柱形，嫩時可食，亦可入藥。睡蓮科，初夏開黃色小花。此句出自《詩經·國風·關雎》：「參差荇菜，左右流之。」《齊民要術·卷九作菹藏生菜法第八十八》引《詩義疏》：「接余，其葉白，莖紫赤，正圓，徑寸餘，浮在水上，根在水底，莖與水深淺等，大如釵股，上青下白，以苦酒浸之為菹，脆美，可案酒，其華蒲黃色。」此即下文所謂先儒解釋。

③豬蓴：荇菜俗稱。陸璣《詩疏》：「蓴乃是茆，非荇也，茆荇二物相似而異，江南俗呼荇為豬蓴，誤矣。」

④劉芳：字伯文，北魏大臣。《隋書·經籍志》：「毛詩箋音證十卷，後魏太常卿劉芳撰。」「音證」又作「音義證」，本卷後亦云「劉芳義證」。

⑤莧菜：一年生草本植物。葉對生，卵形或菱形，有綠、紫兩色。花黃綠色。種子極小，黑色有光澤。《本草圖經》：「莧有六種：有人

覓，赤覓，白覓，紫覓，馬覓，五色覓。入藥者人、白二覓，其實一也，但人覓小而白覓大耳。」

【譯文】

《詩經》上說：「參差荇菜。」《爾雅》解釋說：「荇菜，就是接余。」這個字又寫作「莕」。前代學者對它進行解釋時都說：荇菜是一種水草，葉圓而莖細，隨著水的流動而深淺沉浮。現在凡是有水的地方都有它，它開黃色的花，就好像蓴菜一樣，江南民間也稱它為『豬蓴』，也有叫它『荇菜』的。北魏劉芳的《毛詩箋音義證》裡都有注釋。黃河以北的人大多不認識這種植物，博學之士都以為《詩經》裡說的這種長短不一的荇菜就是莧菜，把「人莧」稱為「人荇」，也是十分可笑。

【原文】

《詩》云：「誰謂荼苦①？」《爾雅》《毛詩傳》並以荼，苦菜也。又《禮》云：「苦菜秀②。」案：《易統通卦驗玄圖》③曰：「苦菜生於寒秋，更冬歷春，得夏乃成。」今中原苦菜則如此也。一名遊冬，葉似苦苣④而細，摘斷有白汁，花黃似菊。江南別有苦菜，葉似酸漿⑤，其花或紫或白，子大如珠，熟時或赤或黑，此菜可以釋勞。案：郭璞注《爾雅》⑥，此乃蘵⑦，黃蒢也。今河北謂之「龍葵⑧」。梁世講《禮》者，以此當苦菜，既無宿根⑨，至春方生耳，亦大誤也。又高誘注《呂氏春秋》曰⑩：「榮而不實曰英。」苦菜當言英，益知非龍葵也。

【注釋】

① 荼：苦菜。此句出自《詩經·邶風·谷風》：「誰謂荼苦，其甘如薺。」

② 苦菜秀：《禮記·月令》：「孟夏之月，苦菜秀。」秀：植物開花。

③《易統通卦驗玄圖》：盧文弨曰：「《隋書・經籍志》：『《易統通卦驗玄圖》一卷。』不著撰人。」

④苦苣：一二年生草本植物，嫩葉可食。《本草》：「白苣，似萵苣，葉有白毛，氣味苦寒。又苦菜一名苦苣。」

⑤酸漿：草名。

⑥郭璞：字景純，東晉學者。好古文奇字，精天文、曆算、蔔筮，擅長詩賦。西晉末為宣城太守殷祐參軍。晉元帝拜著作佐郎，與王隱共撰《晉史》。後為王敦記室參軍。以卜筮不吉阻敦謀反，被殺。後追贈弘農太守。郭璞為《爾雅》《方言》《山海經》《穆天子傳》作注，傳於世。有輯本《郭弘農集》。《隋書・經籍志》：「《爾雅》五卷，郭璞注。《圖》十卷，璞撰。」

⑦蘵（音職）：草名。即龍葵。《爾雅・釋草》：「蘵，黃蒢。」注：「草葉似酸漿，花小而白，中心黃，江東以作葅食。」

⑧龍葵：一年生草本植物，葉互生，卵形或橢圓形。夏秋間開白花，結漿果，圓球形，熟時紫黑色。有小毒。全草可供藥用，有清熱解毒、除濕止癢、消腫生肌的功效。

⑨宿根：某些二年生或多年生草本植物的根，這些植物的莖葉枯萎後可以繼續生存，次年春重新發芽，所以稱為宿根。

⑩高誘：東漢學者。《隋書・經籍志》：「《呂氏春秋》二十六卷，秦相呂不韋撰，高誘注。」

【譯文】

《詩經》上說：「誰謂荼苦？」《爾雅》《毛詩傳》都認為荼就是苦菜。此外，《禮記》上說：「農曆四月苦菜開花而不結果。」據考證：《易統通卦驗玄圖》中說：「苦菜長在深秋時節，經冬歷春，到夏天才長成。」現在中原地區的苦菜就是這樣的。它也叫「遊冬」，葉子像苦苣但是比苦苣細，掐斷後有白汁，花為黃色，像菊花。

江南地區另外有一種苦菜，葉子像酸漿葉一樣，它的花有紫色有白色，果實像珠子一般大，成熟時顏色或為紅色，或為黑色，這種菜可以消除疲勞。據考證：《郭璞》注的《爾雅》中，認為這種苦菜就是蘵草，即黃蒢。現在黃河以北的人稱之為龍葵。梁朝講《禮記》的人居然把這種江南的苦菜當作是中原的苦菜，但這種植物既沒有多年生的根，

又是在春天才發芽，這是個大錯誤。另外，高誘注的《呂氏春秋》中說：「開花而不結果的，稱為英。」由此，中原的苦菜應當被稱為「英」，這更加說明它不是龍葵了。

【原文】

　　《詩》云：「有杕之杜①。」江南本並「木」傍施「大」，《傳》曰：「杕，獨貌也。」徐仙民②音徒計反。《說文》曰：「杕，樹貌也。」在木部。《韻集》③音「次第」之「第」，而河北本皆為「夷狄」之「狄」，讀亦如字④，此大誤也。

【注釋】

①杕（音第）：樹孤獨挺立貌。杜：即杜梨，也叫棠梨。一種野生梨。本句出自《詩經·唐風·杕杜》：「有杕之杜，其葉湑湑。」

②徐仙民：即徐邈，東晉時人。《晉書·儒林傳》：「邈姿性端雅，勤行勵學，博涉多聞，以慎密自居。少與鄉人臧壽齊名，下帷讀書，不遊城邑。及孝武帝始覽典籍，招延儒學之士，邈既東州儒素，太傅謝安舉以應選。年四十四，始補中書舍人，在西省侍帝。雖不口傳章句，然開釋文義，標明指趣，撰正五經音訓，學者宗之。」《隋書·經籍志》：「《毛詩音》二卷，徐邈撰。」

③《韻集》：《隋書·經籍志》：「《韻集》六卷，晉安復令呂靜撰。」

④如字：一個字有兩個或兩個以上讀音，依本音讀叫「如字」。

【譯文】

　　《詩經》上說：「有杕之杜。」江南地區的抄本中，「杕」字都是「木」字旁加「大」字。《毛詩傳》裡說：「杕，孤獨挺立的樣子。」徐仙民給它注的音是徒計反。《說文解字》上說：「杕，是樹的樣子。」收在「木」部。《韻集》中把它讀作「次第」的「第」，而黃河以北地區的抄本都寫作「夷狄」的「狄」，讀音也如「狄」字本音，這是個大錯誤。

【原文】

　　《詩》云：「駉駉牡馬[①]。」江南書皆作「牝牡[②]」之「牡」，河北本悉為「放牧」之「牧」。鄴下博士見難云：「《駉頌》既美僖公牧於坰野之事[③]，何限騲騭乎[④]？」余答曰：「案：《毛傳》云：『駉駉，良馬腹幹肥張也[⑤]。』其下又云：『諸侯六閑四種[⑥]：有良馬，戎馬，田馬，駑馬。』若作牧放之意，通於牝牡，則不容限在良馬獨得『駉駉』之稱。良馬，天子以駕玉輅[⑦]，諸侯以充[⑧]朝聘郊祀，必無騲也。《周禮・圉人職》：『良馬，匹一人。駑馬，麗[⑨]一人。』圉人所養，亦非騲也。頌人舉其強駿者言之，於義為得也。《易》曰：『良馬逐逐[⑩]。』《左傳》云：『以其良馬二[⑪]。』亦精駿之稱，非通語也。今以《詩傳》良馬，通於牧騲，恐失毛生之意，且不見劉芳《義證》乎？」

【注釋】

① 駉駉（音窘平音）：馬肥壯貌。牡馬：公馬。此句出自《詩經・魯頌・駉》：「牡馬，在坰之野。」

② 牝牡：指鳥獸的雌性與雄性。

③ 僖公：即魯僖公姬申，春秋時魯國君主。坰野：遠郊，野外。

④ 騲（音草）：母馬。騭（音製）：公馬。

⑤ 腹幹：腹部和軀幹。肥張：肥壯貌。

⑥ 閑：馬廄。《周禮・夏官・校人》：「天子十有二閑，馬六種；邦國六閑，馬四種；家四閑，馬二種。」

⑦ 玉輅：帝王所乘之車，以玉裝飾。

⑧ 充：用來。

⑨ 麗：偶，成對。此指兩匹馬由一人負責飼養。

⑩ 逐逐：馬急速狂奔貌。

⑪ 以其良馬二：語出《左傳・宣公十二年》：「趙旃以其良馬二，濟其兄與叔父，以他馬反……」

【譯文】

　　《詩經》上說：「駉駉牡馬。」江南的書上都寫作「牝牡」的「牡」，而黃河以北地區的版本都寫作「放牧」的「牧」。鄴下的博學之士進行詰難說：「《頌》這首詩既然是讚美魯僖公野外放牧的事，為什麼要限定是公馬還是母馬呢？」

　　我回答說：「據考證：《毛詩傳》裡說：『駉駉，是說良馬軀幹肥壯。』下面又說：『周代諸侯有六個馬廄，養四種馬：包括良馬、戰馬、獵馬、劣馬。』如果解釋為放牧的意思，那麼『駉駉』就通指公馬和母馬了，而不限定只有良馬才能得到『駉駉』的美譽。良馬，天子用它來駕車，諸侯騎著它朝見天子、在郊外祭祀天地，它肯定不會是母馬。《周禮・圉人職》中說：『良馬，一匹由一個人來飼養。劣馬，每兩匹由一個人飼養。』圉人所飼養的，也不會是母馬。頌詩的作者列舉強駿的馬進行讚美，在意義上是恰當的。《周易》說：『良馬狂奔。』《左傳》中說：『趙旃用他的兩匹良馬……』也是說馬強壯駿美，並不是提到所用的馬都通用的說法。現在認為《毛詩傳》裡的良馬通指公馬和母馬，恐怕是違背了作者的本意，況且你沒讀過劉芳的《毛詩箋音義證》嗎？」

【原文】

　　《月令》云：「荔挺出①。」鄭玄注云：「荔挺，馬薤②也。」《說文》云：「荔，似蒲而小，根可為刷。」《廣雅》云：「馬薤，荔也。」《通俗文》亦云馬藺③。《易統通卦驗玄圖》云：「荔挺不出，則國多火災。」蔡邕《月令章句》云：「荔似挺④。」高誘注《呂氏春秋》云：「荔草挺出也。」然則《月令注》荔挺為草名，誤矣。河北平澤率生之。江東頗有此物，人或種於階庭，但呼為「旱蒲⑤」，故不識馬薤。講《禮》者乃以為馬莧⑥。馬莧堪食，亦名豚耳，俗名馬齒。江陵嘗有一僧，面形上廣下狹。劉緩幼子民譽，年始數歲，俊晤善體物⑦，見此僧云：「面似馬莧。」其伯父因呼為「荔挺法師」。親⑧講《禮》名儒，尚誤如此。

① 荔：即荔草，草本植物，根莖粗壯，鬚根細長而堅韌。耐鹽鹼，耐踐踏，根系發達，生長於荒地路旁、山坡草叢。挺：通「莛」，植物莖。鄭玄以「荔挺」合稱，以為草名，是錯誤的。不止鄭玄，後世學者亦多有此誤。

② 馬薤（音謝）：草名。葉似薤但較薤長厚，像蒲草，故稱旱蒲，三月開花，五月結實，根可制刷。

③ 馬蘭：多年生草本植物。根莖粗，葉子線形，花藍色。葉子富於韌性，可用來捆束西，又可造紙，根可制刷。馬蘭、馬薤、荔草實為一草。

④ 荔似挺：盧文弨曰：「荔似挺，語不明，據《本草圖經》引作『荔以挺出』，當是也。」

⑤ 旱蒲：郝懿行曰：「謂之馬薤者，此草葉似薤而長厚，有似於蒲，故江東名為旱蒲，三月開紫碧華，五月結實作角子，根可為刷。今時織布帛者，以火熨其根，去皮，束作糊刷，名曰炊帚是矣。俗人呼為馬蘭，非也，蓋馬蘭之訛爾。」

⑥ 馬莧（音現）：即馬齒莧，莧菜的一種。《本草綱目·菜部·馬齒莧》引陶弘景曰：「馬莧與莧別是一種，布地生，實至微細，俗呼馬齒莧，亦可食，小酸。」

⑦ 俊晤：或作「俊悟」，聰明卓異。體物：描述、摹狀事物。

⑧ 親：即指劉本人。

【譯文】

《禮記·月令》中說：「荔挺出。」鄭玄注釋說：「荔挺，就是馬薤。」可《說文解字》卻說：「荔，形狀像蒲草但是比蒲草小，根可以用來做刷子。」《廣雅》中說：「馬薤，就是荔。」《通俗文》也稱它為馬蘭。《易統通卦驗玄圖》說：「若是荔的莖兒長不出，那麼國家就會多火災。」蔡邕《月令章句》說：「荔草以它的莖冒出地面。」高誘注釋《呂氏春秋》說：「荔草的莖冒出來。」這樣看來，鄭玄的《月令注》把「荔挺」作為草名是錯誤的。荔草在黃河以北地區的湖泊沼澤裡到處都有生長。

江南地區也有不少這種荔草，有人把它種在臺階前的庭院內，只不

過是稱它為旱蒲，所以江南人並不知道馬薤這個稱呼。講解《禮記》的人竟把它當成馬莧。馬莧可以食用，又名豚耳，俗稱馬齒。江陵有個和尚，臉型上寬下窄。劉緩的小兒子叫民譽，年齡沒幾歲，卻異常聰明，善於描摹事物，他看見這位僧人就說：「他的臉像馬莧。」孩子的伯父劉就稱這位和尚為「荔挺法師」。劉本來就是講解《禮記》的有名學者，尚且會有這樣的誤解。

【原文】

　　《詩》云：「將其來施施①。」《毛傳》云：「施施，難進之意。」鄭《箋》②云：「施施，舒行貌也。」《韓詩》亦重為「施施」③。河北《毛詩》皆云「施施」。江南舊本，悉單為「施」，俗遂是之，恐為少誤。

【注釋】

① 將其來施施：本句出自《詩經·王風·丘中有麻》：「彼留子嗟，將其來施施。」
② 鄭《箋》：鄭玄《毛詩傳箋》的簡稱。
③ 《韓詩》：即《韓詩外傳》，西漢韓嬰著。重為：指重疊而用。

【譯文】

　　《詩經》裡說：「將其來施施。」《毛詩傳》說：「施施，是行進困難的意思。」鄭玄的《毛詩傳箋》說：「施施，緩緩行走的樣子。」《韓詩外傳》中也是疊用了「施施」二字。黃河以北地區的《毛詩傳》版本都作「施施」。而江南地區的舊版本，全部單寫一個「施」字，眾人於是都認為這是對的，這恐怕是個小小的錯誤。

【原文】

　　《詩》云：「有渰萋萋，興雲祁祁①。」《毛傳》云：「渰，陰雲貌。萋萋，雲行貌。祁祁，徐貌也。」《箋》云：「古者，陰陽和，風雨時②，其來祁祁然，不暴疾也。」案：渰已是

陰雲，何勞復云「興雲祁祁」耶？「雲」當為「雨」，俗寫誤耳。班固《靈台》詩云：「三光宣精③，五行布序④，習習⑤祥風，祁祁甘雨。」此其證也。

【注釋】

① 有渰（音掩）萋萋，興雲祁祁：語出《詩經‧小雅‧大田》。段玉裁《說文解字注》曰：「按：有渰淒淒，謂黑雲如鬖，淒風怒生，此山雨欲來風滿樓之象也；既而白雲彌漫，風定雨甚，則興雲祁祁，雨我公田也：詩之體物瀏亮如是。」據此則《詩經》文無誤，顏之推之見實誤。且自古典籍中無有言「興雨」者，對此清代學者考據甚詳。

② 時：按時。

③ 三光：指日、月、星。宣精：指向人間播灑光明。

④ 五行：指金、木、水、火、土。我國古代稱構成各種物質的五種元素，古人常以此說明宇宙萬物的起源和變化。布序：依次展布。

⑤ 習習：微風和煦貌。

【譯文】

　　《詩經》上說：「有渰萋萋，興雲祁祁。」《毛詩傳》說：「渰，是指陰雲之貌。萋萋，指雲朵移動貌。祁祁，指舒緩貌。」《毛詩傳箋》說：「古代時，陰陽調和，風雨按時而來，來的時候非常舒緩，不迅猛。」據考證：「渰」已經是指陰雲，哪裡用得著再說「興雲祁祁」呢？「雲」應當是「雨」，是一般人寫錯了。班固的《靈台》詩云：「三光宣精，五行布序，習習祥風，祁祁甘雨。」就是這一說法的證據。

【原文】

　　《禮》云：「定猶豫，決嫌疑①。」《離騷》曰：「心猶豫而狐疑。」先儒未有釋者。案：《尸子》②曰：「五尺犬為猶。」《說文》云：「隴西謂犬子③為猶。」吾以為人將犬行，犬好豫④在人前，待人不得，又來迎候，如此往還，至於終日，斯乃「豫」之所以為未定也，故稱「猶豫」。或以《爾雅》

曰：「猶如麂⑤，善登木。」猶，獸名也，既聞人聲，乃豫緣木，如此上下，故稱「猶豫」。狐之為獸，又多猜疑，故聽河冰無流水聲，然後敢渡。今俗云：「狐疑，虎卜⑥。」則其義也。

【注釋】

①定猶豫，決嫌疑：語出《禮記‧曲禮下》：「卜筮者，先聖之所以使民決嫌疑，定猶與也。」與：亦作「豫」。

②《尸子》：書名。《隋書‧經籍志》：「《尸子》二十卷，秦相衛鞅上客屍佼撰。」

③犬子：此指犬之幼崽。

④豫：預先，事先。

⑤麂：一種小型鹿類動物，雄麂有長牙和短角，腿細而有力，善跳躍。

⑥虎卜：卜筮的一種。傳說虎能以爪畫地，觀奇偶以卜食，後人效之為一種卜術，稱虎卜。

【譯文】

　　《禮記》上說：「定猶豫，決嫌疑。」《離騷》中說：「心猶豫而狐疑。」前代學者對此都沒有解釋。據考證：《尸子》中說：「五尺長的狗叫作猶。」《說文解字》上說：「隴西地區稱狗的幼崽為猶。」我以為人帶著狗行走時，狗喜歡先跑在人的前面，等人等不到，又返回來迎候，像這樣來回往返，整天如此，這就是「豫」之所以表示不確定的緣故，所以才說「猶豫」。

　　也有人根據《爾雅》中的說法：「猶的相貌像麂，善於爬樹。」猶是一種野獸的名稱，它聽到人的聲音後，就會提前爬到樹上，像這樣上上下下，因此稱為「猶豫」。狐狸作為一種野獸，又性多疑，所以它過河時，要聽到河面冰層下面沒有流水聲，然後才敢渡過。現在有句俗語說：「狐狸性多疑，老虎會占卜。」就是這個意思。

【原文】

　　《左傳》曰：「齊侯痎，遂痁①。」《說文》云：「痎，二日一發之瘧②。痁，有熱瘧也。」案：齊侯之病，本是間日一發，漸加重乎故，為諸侯憂也。今北方猶呼「痎瘧」，音「皆」。而世間傳本多以「痎」為「疥③」，杜征南④亦無解釋，徐仙民音「介」，俗儒就為通云：「病疥，令人惡寒，變而成瘧。」此臆說也。疥癬小疾，何足可論，寧有患疥轉作瘧乎？

【注釋】

①齊侯痎（音皆），遂痁（音杉）：出自《左傳・昭公二十年》，原文為：「齊侯疥，遂痁。」改「疥」為「痎」，見陸德明《釋文》引梁元帝，及《正義》引袁狎說。顏之推跟隨梁元帝多年，遂從其說。作「疥」還是作「痎」，歷來頗有爭論。

②瘧：一種急性傳染病。《禮記・月令》：「（孟秋之月）寒熱不節，民多瘧疾。」鄭玄注：「瘧疾，寒熱所為也。」

③疥：一種皮膚病，又稱「疥癬」。

④杜征南：即杜預，字元凱，西晉著名政治家、學者。曾任征南大將軍，故稱之。

【譯文】

　　《左傳》裡說：「齊侯得了痎病，後來轉成了痁。」《說文解字》解釋說：「痎，是兩天一發作的瘧疾。痁，是伴隨著發熱症狀的瘧疾。」據考證：齊侯的病，本來是隔天發作一次，逐漸加重，才為諸侯所擔憂。現在北方地區仍然說「痎瘧」，讀作「皆」。然而世間流傳的版本大多認為「痎」是「疥」，杜預對此也沒有解釋，徐仙民把「痎」讀作「介」，一般的學者就把它解釋稱：「得了疥病，使人怕寒，轉為瘧疾。」這是主觀臆測的說法。疥癬這樣的小毛病，哪裡值得一說，再說哪有得了疥這種病而轉化成瘧疾的呢？

【原文】

　　《尚書》曰：「惟影響①。」《周禮》云：「土圭測影②，影朝影夕。」《孟子》曰：「圖影失形③。」《莊子》云：「罔兩④問影。」如此等字，皆當為「光景」之「景」。凡陰景者，因光而生，故即謂為「景」。《淮南子》呼為「景柱」，《廣雅》云：「晷柱⑤掛景。」並是也。至晉世葛洪《字苑》⑥，傍始加「彡⑦」，音於景反。而世間輒改治《尚書》《周禮》《莊》《孟》從葛洪字，甚為失矣。

【注釋】

① 惟影響：出自《尚書・大禹謨》。
② 土圭：古代用以測日影、正四時和測量土地的器具。《周禮・地官・大司徒》：「以土圭之法測土深，正日景，以求地中。日南則景短，多暑；日北則景長，多寒；日東則景夕，多風；日西則景朝，多陰。」
③ 圖影失形：此句不見於今本《孟子》，當是外篇。盧文弨曰：「《孟子外書・孝經第三》：『傳言失指，圖景失形，言治者尚核實。』」圖影：畫影。
④ 罔兩：影子邊緣的淡薄陰影。此句出自《莊子・齊物論》。
⑤ 晷柱：即晷表，日晷上測量日影的標杆。趙曦明曰：「《廣雅・釋天》：『晷柱，景也。』無『掛』字，此疑衍。」
⑥ 《字苑》：趙曦明曰：「洪傳及《隋書・經籍志》皆不載所撰《字苑》，《南史・劉杳傳》嘗引其書。」王利器按：兩《唐志》都著錄葛洪《要用字苑》一卷，今有任大椿輯本。
⑦ 彡（音三）：一種部首。段玉裁曰：「惠定宇說漢張平子碑即有影字，不始於葛洪；漢末所有之字，洪亦採集而成，非自造也。」

【譯文】

　　《尚書》上說：「惟影響。」《周禮》中說：「土圭測影，影朝多陰，影夕多風。」《孟子》中說：「圖影失形。」《莊子》中說：「罔兩問影。」像這些「影」字，都應當是「光景」的「景」字。凡是陰

影，都是依託光亮而產生的，所以就稱之為「景」。《淮南子》稱「景柱」，《廣雅》上說：「晷柱掛景。」都是這麼回事。到了晉代葛洪寫的《字苑》裡，才開始在「景」字旁邊加上「彡」，注音為於景反。而世間的人就把《尚書》《周禮》《莊子》《孟字》等書中的「景」字改成葛洪所說的「影」，這實在是個很大的錯誤。

【原文】

　　太公《六韜》①，有天陳、地陳、人陳、雲鳥之陳。《論語》曰：「衛靈公問陳於孔子②。」《左傳》：「為魚麗之陳③。」俗本多作「阜」傍「車乘」之「車」。案諸陳隊，並作「陳、鄭」之「陳」。夫行陳之義，取於陳列耳，此六書為假借也④，《蒼》《雅》及近世字書，皆無別字；唯王羲之《小學章》⑤，獨「阜」傍作「車」，縱復俗行，不宜追改《六韜》《論語》《左傳》也。

【注釋】

① 《六韜》：我國古代兵書。舊題周呂望撰。書分《文韜》《武韜》《龍韜》《虎韜》《豹韜》《犬韜》六卷。

② 「衛靈公」句：出自《論語·衛靈公篇》：「衛靈公問陳於孔子。孔子對曰：『俎豆之事，則嘗聞之矣；軍旅之事，未之學也。』明日遂行。」

③ 魚麗之陳：古代軍陣名，是一種將步卒隊形環繞戰車進行疏散配置的陣法。事出《左傳·桓公五年》：「原繁、高渠彌以中軍奉公，為魚麗之陣，先偏後伍，伍承彌縫。」杜預注：「《司馬法》：『車戰二十五乘為偏。』以車居前，以伍次之，承偏之際而彌縫闕漏也。五人為伍，此蓋魚麗陣法。」

④ 六書：古人分析漢字造字的理論，包括象形、指事、會意、形聲、轉注、假借。假借：許慎《說文敘》：「假借者，本無其字，依聲托事，令長是也。」

⑤ 《小學章》：古代字書。《隋書·經籍志》：「《小學篇》一卷，晉

下邳內史王羲撰。」據此,「王羲之」當為「王羲」,蓋因「羲」繁體「羲」與「羲」形近而誤。

【譯文】

　　姜太公的《六韜》中,有天陣、地陣、人陣、雲鳥之陣。《論語·衛靈公篇》裡說:「衛靈公問陣於孔子。」《左傳》裡有:「為魚麗之陣。」而一般的版本大多數是將以上幾個「陳」字,寫成「阜」字旁加上「車乘」的「車」字。據考證:表示各種軍隊陳列隊伍的「陳」,都寫作「陳國、鄭國」的「陳」字。行陳之義,是取義於陳列,將「陳」寫作「陣」,這在六書中屬於假借法。在《蒼頡篇》《爾雅》以及近代的字書裡,「陳」都沒有寫成別的字,只有王羲之的《小學章》裡,唯獨將「陳」寫成「阜」字旁加「車」字,即使這種寫法在世間流行,也不應該再去更改《六韜》《論語》《左傳》中的「陳」字。

【原文】

　　《詩》云:「黃鳥于飛,集於灌木[①]。」《傳》云:「灌木,叢木也。」此乃《爾雅》之文,故李巡[②]注曰:「木叢生曰灌。」《爾雅》末章又云:「木族生為灌。」族亦叢聚也。所以江南《詩》古本皆為「叢聚」之「叢」[③],而古「叢」字似「最」字[④],近世儒生,因改為「最」,解云:「木之最高長者。」案:眾家《爾雅》及解《詩》無言此者,唯周續之[⑤]《毛詩注》,音為徂會反,劉昌宗[⑥]《詩注》,音為在公反,又祖會反:皆為穿鑿,失《爾雅》訓也。

【注釋】

①「黃鳥」二句:出自《詩經·周南·葛覃》。
②李巡:東漢末年宦官。《後漢書·宦者列傳》:「時,宦者濟陰丁肅、下邳徐衍、南陽郭耽、汝陽李巡、北海趙祐等五人稱為清忠,皆在裡巷,不爭威權。」《隋書·經籍志》:「梁有漢中黃門李巡《爾雅注》三卷,亡。」

③古本皆為「叢聚」之「叢」：此指《毛詩傳》作：「灌木，從木也。」非指《詩經》內文。

④古「叢」字似「最」字：古「叢」字作「菆」或「藂」，皆與最字形近。而段玉裁《說文解字注》以為「叢」之異文作「宗」，《毛詩傳》中「叢木」本作「宗木」，而「宗」與最字則更為形似，更易誤也。又按：「宗」本與「聚」音義皆同，至南北朝時，「宗」誤作「最」，後亦沿襲，竟至通用，其原因由顏之推此文可見。

⑤周續之：字道祖，東晉時隱士。《宋書·隱逸傳》：「續之年十二，詣范寧受業。居學數年，通《五經》並《緯候》，名冠同門，號曰『顏子』。既而閒居讀《老》《易》，入廬山事沙門釋慧遠。時彭城劉遺民遁跡廬山，陶淵明亦不應徵命，謂之『尋陽三隱』。以為身不可遣，餘累宜絕，遂終身不娶妻，布衣蔬食。」

⑥劉昌宗：晉人。有《周禮音》《儀禮音》各一卷，《禮記音》五卷。

【譯文】

《詩經》上說：「黃鳥于飛，集於灌木。」《毛詩傳》中說：「灌木，就是叢生的樹木。」這是《爾雅》裡的解釋，所以李巡注的《爾雅》中說：「樹木叢生稱為灌。」《爾雅》中這一解釋的段末又說：「樹木族生就是灌。」族，也是叢聚的意思。所以江南地區的《毛詩傳》古本皆寫作「叢聚」的「叢」，而「叢」的古字與「最」字形似，近代的儒生因此就改「叢」為最，並解為：「樹木中長得最高大的。」據考證：各家的《爾雅》和注釋《詩經》的都沒有這樣講的，只有周續之的《毛詩注》把這個字的音注稱徂會反，劉昌宗的《詩注》，給它注的音是在公反，也作祖會反：這些都是牽強附會的說法，不符合《爾雅》的注釋。

【原文】

「也」是語已及助句之辭①，文籍備有之矣。河北經傳，悉略此字，其間字有不可得無者，至如「伯也執殳②」，「於旅也語③」，「回也屢空④」，「風，風也，教也⑤」，及《詩傳》云：「不戢，戢也；不儺，儺也⑥。」「不多，多也。」如斯

之類，儻削此文，頗成廢闕。《詩》言：「青青子衿。」《傳》曰：「青衿，青領也，學子之服。」按：古者，斜領下連於衿，故謂領為「衿」。孫炎、郭璞注《爾雅》，曹大家注《列女傳》[7]，並云：「衿，交領也。」鄴下《詩》本，既無「也」字，群儒因謬說云：「青衿、青領，是衣兩處之名，皆以青為飾。」用釋「青青」二字，其失大矣！又有俗學，聞經傳中時須「也」字，輒以意加之，每不得所，益成可笑。

【注釋】

① 語已：指語尾。助句之辭：指語氣助詞。

② 伯也執殳：出自《詩經・衛風・伯兮》：「伯也執殳，為王前驅。」殳（音失）：古代一種兵器，以竹或木製成，有棱無刃。

③ 於旅也語：出自《儀禮・鄉射禮》：「古者於旅也語，凡旅不洗，不洗者不祭；既旅，士不入。」

④ 回也屢空：出自《論語・先進篇》：「回也其庶乎！屢空。」回：指顏回。

⑤ 「風」三句：出自《詩・小序》。風：風教，教化。

⑥ 「不戢」四句：出自《詩經・小雅・桑扈》：「不戢不難，受福不那。」不：語氣助詞。戢（音及）：克制。

⑦ 曹大家：即班昭，一名姬，字惠班，她是班彪之女，班固、班超之妹，是東漢史學家。漢和帝時，班昭常出入宮廷，擔任皇子和妃嬪們的教師，因她的丈夫是曹世叔，被稱為「曹大家」。大家：即大姑，是古代對女子的尊稱。「家」通「姑」。《隋書・經籍志》：「《列女傳》十五卷，劉向撰，曹大家注。」

【譯文】

　　「也」字一般用作句末語氣詞和語氣助詞，文章典籍都會用到這個字。北方的經書即傳本中大多省略了這個字，而其中有些地方的「也」是不能省略的，比如「伯也執殳」，「於旅也語」，「回也屢空」，「風，風也，教也」，以及《毛詩傳》說的：「不戢，戢也；不儺，儺也。」「不多，多也。」諸如此類的句子，如果省略了「也」字，文章

句意就會殘缺不全。

《詩經》中說：「青青子衿。」《毛詩傳》說：「青衿，即青色的衣領，是學子所穿的衣服。」據考證：古代的人，衣服領子斜著下來與衣襟連在一起，所以將領子稱作「衿」。孫炎、郭璞注的《爾雅》，班昭注的《列女傳》，都說：「衿，就是交領。」鄭下的《詩經》傳本，都沒有「也」字，許多儒生因此錯誤地解釋說：「青衿、青領，是衣服上兩個部位的名稱，都用青色作裝飾。」用這種說法來解釋「青青」二字，實在是大錯特錯！還有一些平庸的學者，聽說經書的傳注中常常用到「也」字，就根據自己的主觀臆測隨意添補，往往添加得不是地方，更加可笑。

【原文】

《易》有蜀才注，江南學士，遂不知是何人。王儉《四部目錄》[1]，不言姓名，題云：「王弼後人。」謝炅、夏侯該[2]，並讀數千卷書，皆疑是譙周[3]。而《李蜀書》，一名《漢之書》[4]，云：「姓范名長生，自稱蜀才。」南方以晉家渡江後，北間傳記，皆名為「偽書」，不貴省讀，故不見也。

【注釋】

[1] 王儉：字仲寶，南齊文學家、目錄學家。《南齊書·王儉傳》：「幼有神彩，專心篤學，手不釋卷……上表求校墳籍，依《七略》撰《七志》四十卷，上表獻之，表辭甚典。又撰定《元徽四部書目》。」《隋書·經籍志》：「魏氏代漢，采摭遺亡，藏在秘書中外三閣，秘書郎鄭默始制中經，秘書監荀勗，更著新簿，分為四部：一曰甲部，二曰乙部，三曰丙部，四曰丁部。其後，中朝遺書，稍流江左。宋元嘉八年，秘書監謝靈運造四部目錄，大凡六萬四千五百八十二卷。元徽元年，王儉又造目錄，大凡一萬五千七百四卷。」

[2] 謝炅（音貴）：即梁中書郎謝吳，撰有《梁史》四十九卷。夏侯該：即夏侯詠，撰有《漢書音》二卷、《四聲韻略》十三卷。

[3] 譙周：字允南，三國時蜀漢學者，著名儒學大家和史學家，被譽為「蜀中孔子」。

④《漢之書》：《隋書・經籍志》：「《漢之書》十卷，常璩撰。」
《史通・古今正史篇》：「蜀初號成，後改稱漢，李勢散騎常侍常璩
撰《漢書》十卷，後入晉秘閣，改為《蜀李書》。」

【譯文】

　　《易經》有署名蜀才的注本，江南的學士都不知道蜀才是何人。王
儉的《四部目錄》中也沒有說他的姓名，只寫道：「他是王弼的後
人。」謝炅、夏侯該都是讀過千卷書的大學者，他們都懷疑蜀才就是譙
周。又有一本《李蜀書》，又名《漢之書》，上面說：「這個人姓范，
名長生，自稱蜀才。」南方地區自從晉室渡江後，把北方地區的經傳文
章都稱作「偽書」，不重視閱讀它們，所以沒有見到這段文字。

【原文】

　　《禮・王制》云：「羸股肱①。」鄭注云：「謂攐衣出其
臂脛②。」今書皆作「擐③甲」之「擐」。國子博士蕭該④云：
「『擐』當作『揎』，音『宣』，『擐』是穿著之名，非出臂之
義。」案《字林》，蕭讀是，徐爰⑤音「患」，非也。

【注釋】

①羸（音裸）：裸體。股肱：大腿和胳膊。
②攐（音勒）：抒起。脛：小腿。
③擐：穿，貫。
④蕭該：南朝梁鄱陽王蕭恢之孫，隋朝學者。《隋書・儒林傳》：「性
　篤學，《詩》《書》《春秋》《禮記》並通大義，尤精《漢書》，甚
　為貴遊所禮。開皇初，賜爵山陰縣公，拜國子博士。奉詔書與妥正定
　經史，然各執所見，遞相是非，久而不能就，上譴而罷之。該後撰
　《漢書》及《文選》音義，咸為當時所貴。」
⑤徐爰：本名瑗，字長玉，南朝學者。《隋書・經籍志》：「《禮記
　音》二卷，宋中散大夫徐爰撰。」

【譯文】

　　《禮記・王制》中說：「裸股肱。」鄭玄注釋說：「是指捋起衣服露出胳膊和腿。」現在的書上都寫作「撌」。國子博士蕭該說：「『撌』應當寫作『揎』，讀作『宣』，『撌』是穿著的意思，不是露出手臂的意思。」根據《字林》來考證，蕭該的讀音是正確的，徐爰讀作「患」，是錯誤的。

【原文】

　　《漢書》：「田肯賀上①。」江南本皆作「宵」字。沛國劉顯②，博覽經籍，偏精班《漢》，梁代謂之「《漢》聖」。顯子臻③，不墜家業。讀班史，呼為「田肯」。梁元帝嘗問之，答曰：「此無義可求，但臣家舊本，以雌黃改『宵』為『肯』。」元帝無以難之。吾至江北，見本為「肯」。

【注釋】

①田肯賀上：此句出自《漢書・高帝紀》。
②劉顯：字嗣芳，南梁學者，著有《漢書音》二卷。《梁書・劉顯傳》：「顯好學，博涉多參通，任昉嘗得一篇缺簡書，文字零落，歷示諸人，莫能識者，顯云是《古文尚書》所刪逸篇，昉檢《周書》，果如其說，昉因大相賞異……顯與河東裴子野、南陽劉之遴、吳郡顧協，連職禁中，遞相師友，時人莫不慕之。顯博聞強記，過於裴、顧，時魏人獻古器，有隱起字，無能識者，顯案文讀之，無有滯礙，考校年月，一字不差，高祖甚嘉焉。」
③臻：劉臻，字宣摯，南梁學者。《隋書・文學傳》：「臻無吏干，又性恍惚，耽悅經史，終日覃思，至於世事，多所遺忘……精於《兩漢書》，時人稱為《漢》聖。」

【譯文】

　　《漢書》上說：「田肯賀上。」其中「肯」字江南地區的版本都寫作「宵」字。沛國人劉顯，博覽經書典籍，尤其精通班固的《漢書》，

梁朝人稱他為「《漢》聖」。劉顯的兒子劉臻，繼承了家傳的學業。他讀班固的《漢書》時，讀作「田肯」。梁元帝曾問他為何這樣讀，他回答說：「這沒有什麼意義可探究，只是我家中的舊抄本中，用雌黃把『宵』改成了『肯』。」梁元帝也沒法詰難他。我到了江北地區，看見那裡的版本就寫作「肯」。

【原文】

　　《漢書・王莽贊》云：「紫色蛙聲，餘分閏位。」蓋謂非玄黃①之色，不中律呂②之音也。近有學士，名問甚高，遂云：「王莽非直鳶髆虎視③，而復紫色蛙聲。」亦為誤矣。

【注釋】

①玄黃：黑色和黃色，是正色。
②律呂：古代校正樂律的器具。
③髆（音博）：胳膊。虎視：像老虎那樣雄視，有伺機攫取之意。

【譯文】

　　《漢書・王莽贊》說：「紫色蛙聲，餘分閏位。」意思是說紫色不是玄黃正色，蛙聲不合聲音標準，暗示王莽篡位名不正，言不順。近代有學士，名望很高，竟然說：「王莽不但像鳶鳥那樣雙肩高聳，像老虎那樣雄視四方，而且還有紫色的皮膚和蛙鳴一樣的聲音。」這也是弄錯了。

【原文】

　　簡「策」①字，「竹」下施「朿」，末代隸書②，似杞、宋③之「宋」，亦有「竹」下遂為夾者；猶如「刺」字之傍應為「朿」，今亦作「夾」。徐仙民《春秋》《禮音》，遂以「筴」為正字④，以「策」為音，殊為顛倒。《史記》又作「悉」字，誤而為「述」，作「妒」字，誤而為「姤」，裴、徐、鄒皆以

「悉」字音「述」⑤，以「妒」字音「姤」。既爾，則亦可以「亥」為「豕」字音⑥，以「帝」為「虎」字音乎⑦？

【注釋】

① 簡「策」：編連成冊的竹簡。

② 隸書：字體名，由篆書簡化演變而成。始於秦代，普遍使用於漢魏。

③ 杞、宋：指春秋時的杞國和宋國。杞國為夏之後，宋國為商之後，在周朝時二國地位相當，故常並稱。

④ 正字：字形或拼法符合標準的字。區別於異體字、錯字、別字等，亦指本字。

⑤ 裴：裴駰，字龍駒。徐：徐廣，字野民。鄒：鄒誕生。《隋書・經籍志》：「《史記》八十卷，宋南中郎外兵參軍裴駰注。《史記音義》十二卷，宋中散大夫徐野民撰。《史記音》三卷，梁輕車錄事參軍鄒誕生撰。」

⑥ 以「亥」為「豕」字音：典出《孔子家語・七十二弟子解》：「卜商，衛人。無以尚之。嘗返衛，見讀史志者云：『晉師伐秦，三豕渡河。』子夏曰：『非也，「己亥」耳。』讀史志者問諸晉史，果曰『己亥』。」

⑦ 以「帝」為「虎」字音：《抱朴子・遐覽篇》：「諺曰：『書三寫，魚成魯，帝成虎。』此之謂也。」

【譯文】

　　簡策的「策」字，是「竹」下面加「束」，秦末的隸書中，這個字的字形類似「杞國、宋國」的「宋」，也有在「竹」下面寫成「夾」的，就好像「刺」的偏旁應該是「束」，現在也寫成了「夾」。徐仙民的《春秋》和《禮記音》中，竟以「筴」為正字，把「策」作為讀音，實在是本末倒置。《史記》中寫「悉」字，誤寫成「述」，寫「妒」字，誤寫成「姤」，裴駰、徐廣、鄒誕生在為《史記》作注時，都用「悉」字給「述」字注音，用「妒」字給「姤」字注音。既然這樣，難道也可以用「亥」字為「豕」字注音，以「帝」字為「虎」字注音嗎？

【原文】

　　張揖云：「虙，今伏羲①氏也。」孟康②《漢書‧古文注》亦云：「虙，今伏。」而皇甫謐云：「伏羲或謂之宓羲。」按諸經史緯候③，遂無「宓羲」之號。「虙」字從「虍」，「宓」字從「宀」，下俱為「必」，末世傳寫，遂誤以「虙」為「宓」，而《帝王世紀》因誤更立名耳。何以驗之？孔子弟子虙子賤為單父④宰，即虙羲之後，俗字⑤亦為「宓」，或復加「山」。今兗州永昌郡城，舊單父地也，東門有子賤碑，漢世所立，乃曰：「濟南伏生⑥，即子賤之後。」是「虙」之與「伏」，古來通字，誤以為「宓」，較可知矣。

【注釋】

① 伏羲：古代傳說中的三皇之一。風姓。相傳他始畫八卦，又教民漁獵，取犧牲以供庖廚。
② 孟康：字公休，三國時曹魏學者，曾注《漢書》。
③ 緯候：緯書與《尚書中候》的合稱。亦為緯書的通稱。
④ 單（音善）父：春秋時魯國邑名，故址在今山東單縣南。
⑤ 俗字：即俗體字。舊時指通俗流行而字形不合規範的漢字，別於正體字而言。
⑥ 伏生：西漢經學家，名勝，一說字子賤。曾為秦博士。秦時焚書，於壁中藏《尚書》，漢初，僅存二十九篇，以教齊魯之間。文帝時求能治《尚書》者，以年九十餘老不能行，乃使晁錯往受之。西漢今文《尚書》學者，皆出其門。

【譯文】

　　張揖說：「虙，就是現在的伏羲氏。」孟康《漢書‧古文注》也說：「虙，就是現在的伏字。」而皇甫謐說：「伏羲，也稱作宓羲。」考證各種經書和典籍記載，都沒有宓羲這個稱呼的。「虙」字屬於「虍」部，「宓」字屬於「宀」部，兩個字的下半部分都為「必」，大概是後世傳抄謄寫時，將「虙」誤寫成「宓」，而皇甫謐的《帝王世

紀》就是因此錯誤地給伏羲氏另立了名號。

　　如何來驗證這一說法？孔子的弟子虙子賤曾經做過單父宰，他就是虙羲的後人，他的姓的俗體字也寫作「宓」，或者再加個「山」字。如今的兗州永昌郡城，就是過去的單父地區，那裡的東門有子賤碑，為漢朝時所立，上面寫著：「濟南的伏生，就是子賤的後人。」由此可知，「虙」字和「伏」字，自古以來就是通用的字，而伏羲氏的「伏」被錯作為「宓」的原因，就清楚可知了。

【原文】

　　《太史公記》①曰：「寧為雞口，無為牛後②。」此是刪《戰國策》耳。案：延篤③《戰國策音義》曰：「尸，雞中之王。從，牛子。」然則，「口」當為「尸」，「後」當為「從」，俗寫誤也。

【注釋】

① 《太史公記》：即《史記》。漢、魏、南北朝人，稱司馬遷《史記》為《太史公記》。

② 寧為雞口，無為牛後：意為寧居小者之首，不為大者之後。

③ 延篤：字叔堅，東漢學者。《後漢書・延篤傳》：「少從潁川唐溪典受《左氏傳》，旬日能諷之，典深敬焉。又從馬融受業，博通經傳及百家之言，能著文章，有名京師……篤論解經傳，多所駁正，後儒服虔等以為折中。所著詩、論、銘、書、應訊、表、教令，凡二十篇云。」《隋書・經籍志》載其撰有《戰國策論》一卷。

【譯文】

　　《史記》上說：「寧為雞口，無為牛後。」這句話是刪減了《戰國策》中的文字而得來的。據考證：延篤的《戰國策音義》上說：「尸，指雞群中的主宰。從，指跟在大牛後的牛犢。」這樣的話，《史記》中的「口」當為「尸」，「後」當為「從」，世俗流行的寫法是錯誤的。

【原文】

　　應劭《風俗通》云：「《太史公記》：『高漸離①變名易姓，為人庸保②，匿作於宋子③，久之作苦，聞其家堂上有客擊筑④，伎癢，不能無出言。』」案：伎癢者，懷其伎而腹癢也。是以潘岳《射雉賦》亦云：「徒心煩而伎癢。」今《史記》並作「徘徊」，或作「彷徨不能無出言」，是為俗傳寫誤耳。

【注釋】

①高漸離：戰國末期燕國人，荊軻好友，擅長擊筑。荊軻刺秦王時，高漸離與太子丹送之於易水河畔，高漸離擊筑，高歌「風蕭蕭兮易水寒，壯士一去兮不復還」。荊軻身死，秦統一天下後，高漸離隱姓埋名，隱居於宋子，後因伎癢難耐而顯露身份。秦始皇因愛惜他的音樂才能，赦免了他的死罪，只薰瞎了他的眼睛，使他筑擊為樂。秦始皇放鬆對他的警惕後，他利用機會把鉛塊放進筑中，在進宮擊筑時，舉筑擊秦始皇，沒有擊中，被秦始皇殺害。事見《史記·刺客列傳》。

②庸保：舊謂受雇於人充當酒保、雜工等賤役的人。庸：通「傭」。

③宋子：縣名。在河北巨鹿。

④筑：古代絃樂器，形似琴，有十三弦，弦下有柱。演奏時，左手按弦的一端，右手執竹尺擊弦發音。起源於楚地，其聲悲亢而激越，在先秦時廣為流傳。自宋代以後失傳。

【譯文】

　　應劭的《風俗通義》上說：「《史記》裡寫道：『高漸離改名換姓，給人家做雜役，隱匿在宋子縣，日子久了感到很勞苦，他聽到主人家堂上有人在擊筑，心癢難耐，不能一言不發，總要評論幾句。』」據考證：伎癢，是指人身懷某種技能因不能展示而心癢難耐。因此潘岳的《射雉賦》裡也說：「徒心煩而伎癢。」現在的《史記》中把「伎癢」寫作「徘徊」，或是寫作「彷徨不能無出言」，這是人們傳寫造成的錯誤。

【原文】

　　太史公論英布①曰：「禍之興自愛姬，生於妒媚，以至滅國。」又《漢書‧外戚傳》亦云：「成結②寵妾妒媚之誅。」此二「媚」並當作「媢」，媢亦妒也，義見《禮記》《三蒼》。且《五宗世家》亦云：「常山憲王③后妒媢。」王充《論衡》云：「妒夫媢婦生，則忿怒鬥訟。」益知「媢」是「妒」之別名。原英布之誅為意賁赫④耳，不得言「媚」。

【注釋】

①英布：秦末漢初名將，曾犯法受黥刑，故又稱黥布。秦末大起義時，英布起兵，初屬項梁，後為項羽帳下五大將之一，封九江王。後叛楚歸漢，漢朝建立後封淮南王，與韓信、彭越並稱漢初三大名將。漢初，劉邦清除異姓王，韓信、彭越先後被殺，英布十分害怕，暗中部署，集結軍隊。後英布懷疑愛妾與中大夫賁赫有染，要逮捕賁赫。賁赫驚懼，遂往長安，告發英布造反。英布遂殺賁赫全家，起兵造反，被漢高祖擊敗後，為長沙王誘殺。事見《史記‧黥布列傳》。

②成結：形成，釀成。

③常山憲王：即劉舜，漢景帝之子。《史記‧五宗世家》：「常山憲王舜，以孝景中五年用皇子為常山王。舜最親，景帝少子，驕怠多淫，數犯禁，上常寬釋之。……初，憲王舜有所不愛姬生長男梲。梲以母無寵故，亦不得幸於王。王后脩生太子勃。王內多，所幸姬生子平、子商，王后希得幸。及憲王病甚，諸幸姬常侍病，故王后亦以妒媢不常侍病，輒歸舍。醫進藥，太子勃不自嘗藥，又不宿留侍病。及王薨，王后、太子乃至。」

④賁赫：西漢人，淮南王中大夫，後因揭發英布謀反有功，封為將軍。

【譯文】

　　太史公司馬遷在《史記》中評論英布說：「災禍因他的愛姬而興起，根源於妒媚之心，以致邦國覆滅。」另外，《漢書‧外戚傳》上也說：「殺身之禍是由寵妾妒媚釀成的。」這兩處的「媚」字都應當作「媢」，媢也是嫉妒的意思，它的釋義參見《禮記》《三蒼》。而且

《史記·五宗世家》也說：「常山憲王的王后為人妒媚。」王充《論衡》說：「妒夫媚婦生，則忿怒鬥訟。」由此更加可知「媚」是「妒」的別名。推究英布被殺的原因，應是意指賁赫，不能說是「媚」。

【原文】

《史記·始皇本紀》：「二十八年，丞相隗林、丞相王綰等[①]，議於海上[②]。」諸本皆作「山林」之「林」。開皇二年五月，長安民掘得秦時鐵稱權，旁有銅塗鑴銘二所。其一所曰：「廿六年，皇帝盡並兼天下諸侯，黔首大安，立號為皇帝，乃詔丞相狀、綰，法度量則不一、歉疑者[③]，皆明一之。」凡四十字。其一所曰：「元年，制詔丞相斯、去疾[④]，法度量，盡始皇帝為之，皆□[⑤]刻辭焉。今襲號而刻辭不稱始皇帝，其于久遠也，如後嗣為之者，不稱成功盛德，刻此詔□[⑥]左，使毋疑。」凡五十八字，一字磨滅，見有五十七字，了了分明，其書兼為古隸。余被敕寫讀之，與內史令李德林[⑦]對，見此稱權，今在官庫。其「丞相狀」字，乃為「狀貌」之「狀」，「爿」旁作「犬」；則知俗作「隗林」，非也，當為「隗狀」耳。

【注釋】

① 隗林：由顏之推所考，當為隗狀，戰國末期楚國人，秦王嬴政執政時就官至秦國丞相。秦統一中國後，隗狀奉命與王綰共同主持統一度量衡事宜。二十八年（前219），秦始皇東巡，隗狀等十人從行，與始皇議功德於海上，立石於琅邪台下。王綰：秦國丞相，曾主張秦朝像西周一樣實行分封制，但秦始皇沒有採納。

② 海上：指東海之濱。

③ 法：廢棄。則：標準權衡器。

④ 去疾：秦朝右丞相。

⑤ □：此處缺空別本作「有」。

⑥□：此處缺空別本作「故刻」或「於」。

⑦李德林：字公輔，隋朝官員。《隋書‧李德林傳》：「德林幼聰敏，年數歲，誦左思《蜀都賦》，十餘日便度……年十五，誦五經及古今文集，日數千言。俄而該博墳典，陰陽緯候，無不通涉。善屬文，辭核而理暢。」

【譯文】

　　《史記‧秦始皇本紀》中記載：「二十八年，丞相隗林、丞相王綰等人，在東海之濱議事。」各種版本都寫作「山林」的「林」。開皇二年（582）五月，長安的百姓挖到秦朝的鐵秤錘，鐵秤錘的邊側有兩處鍍銅的銘刻。其中一處刻著：「廿六年，皇帝盡並兼天下諸侯，黔首大安，立號為皇帝，乃詔丞相狀、綰，法度量則不一、嫌疑者，皆明一之。」一共四十個字。另一處刻著：「元年，制詔丞相斯、去疾，法度量，盡始皇帝為之，皆□刻辭焉。今襲號而刻辭不稱始皇帝，其於久遠也，如後嗣為之者，不稱成功盛德，刻此詔□左，使毋疑。」一共五十八字，其中有一個字磨滅了，能看見的只有五十七個字，都可以清楚辨明。銘文的字體都是古隸書。我被委派抄寫、點斷這些銘文，與內史李德林一起校對，見到了這個鐵秤錘，如今它被保存在官庫裡。它上面的「丞相狀」幾個字，就是「狀貌」的狀，「爿」字旁加個「犬」字，由此可知世人寫作「隗林」是錯誤的，應該是「隗狀」。」

【原文】

　　《漢書》云：「中外禔福①。」字當從「示」。禔，安也，音「匙匕」之「匙」，義見《蒼》《雅》《方言》②。河北學士皆云如此。而江南書本，多誤從「手」，屬文者對耦，並為「提挈」之意，恐為誤也。

【注釋】

①禔福：安寧幸福。此句出自《漢書‧司馬相如傳》。

②《方言》：西漢揚雄所著的一部訓詁學工具書，也是中國第一部漢語

方言比較詞彙集，全名《軒使者絕代語釋別國方言》。【譯文】《漢書》上說：「中外禔福。」其中「禔」字當從「示部」，是安寧的意思，讀作「匙匕」的「匙」，其釋義參見《三蒼》《爾雅》《方言》。黃河以北地區的學者都是這麼認為的。而江南地區的版本中，都把「禔」錯寫成從「手」部的字，寫文章的人為了對偶，都把它瞭解為「提挈」的意思，恐怕是搞錯了。

【原文】

　　或問：「《漢書注》：『為元后①父名禁，故禁中為省中。』何故以『省』代『禁』？」答曰：「案：《周禮・宮正》：『掌王宮之戒令糾禁。』鄭注云：『糾，猶割也，察也。』李登②云：『省，察也。』張揖云：『省，今省詧也。』然則小井、所領二反，並得訓『察』。其處既常有禁衛省察，故以『省』代『禁』。詧，古察字也。」

【注釋】

① 元后：指漢元帝皇后王政君，其父名叫王禁。
② 李登：三國時曹魏學者，著有《聲類》十卷，以宮、商、角、徵、羽五聲區別字音，尚未分立韻部，是最早的一部韻書。書已不傳。

【譯文】

　　有人問我：「《漢書注》上說：『因為漢元帝皇后的父親名禁，所以禁中為省中。』為什麼以『省』來代替『禁』呢？」我回答說：「據考證：《周禮・宮正》上說：『掌管王宮的禁令，負責糾察禁絕之事。』鄭玄注釋說：『糾，相當於割、察的意思。』李登說：『省，就是察。』張揖說：『省，就是如今的省詧（音察）。』這樣的話，那麼小井反、所領反兩種讀音所代表的意義，都要解釋為『察』。那裡王宮既然總有禁衛軍負責省察之事，所以用『省』來代替『禁』字。詧，是古代的察字。」

【原文】

　　《漢・明帝紀》:「為四姓小侯立學。」按:桓帝加元服①,又賜四姓及梁、鄧小侯帛,是知皆外戚也。明帝時,外戚有樊氏、郭氏、陰氏、馬氏為四姓。謂之小侯者,或以年小獲封,故須立學耳。或以侍祠猥朝②,侯非列侯,故曰小侯,《禮》云:「庶方小侯③。」則其義也。

【注釋】

①加元服:即行冠禮。

②侍祠:陪從祭祀。此處指侍祠侯,漢代,王子封為侯者稱列侯,群臣異姓以功封者稱徹侯。在長安者,皆奉朝請。其有賜特進者,位在三公下,稱朝侯。位次九卿下者,只是陪從祭祀而沒有朝位,稱侍祠侯。猥朝:即猥朝請。漢代異姓侯的一種,不是朝侯也是侍祠侯,而是被分封到偏遠小國的皇室至親,若公主子孫,有奉先後墳墓在京師的,隨時接受皇帝的見會,稱猥朝侯。

③庶方小侯:出自《禮記・曲禮下》:「庶方小侯,入天子之國曰某人,於外曰子,自稱曰孤。」

【譯文】

　　《後漢書・明帝紀》上記載:「為四姓小侯立學。」據考證:漢桓帝行冠禮時,又賞賜給四姓和梁、鄧等小侯絲帛,由此可知這些人都是外戚。漢明帝時,外戚有樊氏、郭氏、陰氏、馬氏,被稱為四姓。把他們稱為小侯,可能是因為他們受封時年齡還小,因此須為其設立學校。也可能是因為他們都是侍祠侯或猥朝侯,雖然是侯,但並不是上等列侯,所以稱小侯。《禮記》上說:「荒遠地區的方國小侯。」就是這個意思。

【原文】

　　《後漢書》云:「鸜雀①銜三鱔魚。」多假借為「鱣鮪」之「鱣」②,俗之學士,因謂之為「鱣魚」。案:魏武③《四

時食制》:「鱣魚大如五斗奩④,長一丈。」郭璞注《爾雅》:「鱣長二三丈。」安有鸛雀能勝一者,況三乎?鱣又純灰色,無文章也。鱔魚長者不過三尺,大者不過三指,黃地黑文,故都講⑤云:「蛇鱔,卿大夫服之象也。」《續漢書》及《搜神記》亦說此事⑥,皆作「鱔」字。孫卿云:「魚鱉鰍鱣。」及《韓非》《說苑》皆曰⑦:「鱣似蛇,蠶似蠋⑧。」並作「鱣」字。假「鱣」為「鱔」,其來久矣。

① 鸛雀:水鳥名。

② 鱣:鱘鰉魚的古稱。鮪:白鱘的古稱。

③ 魏武:疑即魏武帝曹操。曹操好飲食,《三國志·魏書·武帝紀》裴松之注引傅子曰:「太祖又好養性法,亦解方藥。招引方術之士,左慈、華佗、甘始、郄儉等,無不畢至。又習啖野葛至一尺,亦得少多飲鴆酒。」

④ 五斗奩(音連):大號匣子等容器。

⑤ 都講:古代學舍中協助博士講經的儒生。《後漢書·楊震傳》:「常客居於湖,不答州郡禮命數十年,眾人謂之晚暮,而震志愈篤。後有冠雀銜三鱣魚,飛集講堂前,都講取魚進曰:『蛇鱣者,卿大夫服之象也。數三者,法三台也。先生自此升矣。』」

⑥ 《續漢書》:晉司馬彪撰,共八十三卷。《搜神記》:晉干寶撰,共三十卷,收集了大量民間傳聞和鬼神靈異之事。

⑦ 《韓非》:即《韓非子》。《隋書·經籍志》:「《韓非子》二十卷,韓公子非撰。」《說苑》:《隋書·經籍志》:「《說苑》二十卷,漢劉向撰。」

⑧ 蠋:麟翅目昆蟲的幼蟲。色青,形似蠶,大如手指。

【譯文】

　　《後漢書》上說:「鸛雀銜著三條鱔魚。」其中「鱔」字常常假借為「鱣鮪」的「鱣」字,而世間的學者,因此就認為《後漢書》中所說的就是鱣魚。據考證:魏武的《四時食制》上說:「鱣魚有能盛五斗的

盒子那樣大，身長一丈。」郭璞注《爾雅》說：「鱣魚身長有兩三丈。」如此，鸛雀哪能銜住一條鱣魚啊，更何況是三條。且鱣魚是純灰色，沒有花紋，而鱓魚長的也不超過三尺，大的也沒有三指寬，魚身是黃色的，有黑色的花紋，所以《後漢書》中都講說：「蛇鱓，是卿大夫官服上的裝飾圖樣。」《續漢書》和《搜神記》中也說到這件事，兩本書中都寫作「鱓」字。荀子說：「魚鱉鰍鱣。」又《韓非》《說苑》中都說：「鱣似蛇，蠶似蠋。」都寫作「鱣」字。假借「鱣」字為「鱓」字，這種用法由來已久了。

【原文】

　　《後漢書》：「酷吏樊曄為天水郡守①，涼州②為之歌曰：『寧見乳虎③穴，不入冀府寺④。』」而江南書本「穴」皆誤作「六」。學士因循，迷而不寤。夫虎豹穴居，事之較⑤者，所以班超⑥云：「不探虎穴，安得虎子？」寧當論其六七耶？

【注釋】

① 樊曄（音葉）：字仲華，東漢時人。《後漢書·酷吏傳》：「樊曄，字仲華，南陽新野人。與光武少遊舊……隗囂滅後，隴右不安，乃拜曄為天水太守。政嚴猛，好申、韓法，善惡立斷。人有犯其禁者，率不生出獄，吏人及羌胡畏之。道不拾遺。行旅至夜，聚衣裝道傍，曰『以付樊公』。涼州為之歌曰：『遊子常苦貧，力子天所富。寧見乳虎穴，不入冀府寺。大笑期必死，忿怒或見置。嗟我樊府君，安可再遭值！』」天水郡：郡名。《隋書·地理志》：「天水郡統縣六，有冀城。」《續漢書·郡國志》：「涼州漢陽郡。」劉昭注：「武帝置為天水，永平十七年更名。」
② 涼州：漢代十三刺史部之一，因在中國西部，故又稱西涼。
③ 乳虎：指育子的母虎。顏師古曰：「猛獸產乳，養護其子，則搏噬過常，故以喻也。」
④ 冀：冀城，天水郡守治所。府寺：官署。
⑤ 較：明白，顯著。
⑥ 班超：字仲升，東漢著名軍事家、外交家。他口齒辯給，博覽群書。

不甘於為官府抄寫文書，投筆從戎，隨竇固出擊北匈奴，又奉命出使西域，在三十一年的時間裡，平定了西域五十多個國家，為西域回歸、促進民族融合，做出了巨大貢獻。

【譯文】

《後漢書》記載：「酷吏樊曄任天水郡守時，涼州人為他編了首歌，唱道：『寧見乳虎穴，不入冀府寺。』」而江南的版本，都將「穴」誤寫作「六」。學者們居然沿襲了這一謬誤，受到迷惑而不察覺。虎豹住在洞穴之中，這是很明顯的事，所以班超說：「不探虎穴，安得虎子？」怎麼能去計量乳虎是六個還是七個呢？

【原文】

《後漢書・楊由[①]傳》云：「風吹削肺[②]。」此是削札牘之柿耳[③]。古者，書誤則削之，故《左傳》云「削而投之」是也。或即謂「札」為「削」，王褒《童約》曰：「書削代牘。」蘇竟[④]書云：「昔以摩研編削之才[⑤]。」皆其證也。《詩》云：「伐木滸滸[⑥]。」毛《傳》云：「滸滸，柿貌也。」史家假借為「肝肺」字，俗本因是悉作「脯臘」之「脯」，或為「反哺」之「哺」。學士因解云：「削哺，是屏障之名。」既無證據，亦為妄矣！此是風角占候耳[⑦]。《風角書》[⑧]曰：「庶人風者，拂地揚塵轉削[⑨]。」若是屏障，何由可轉也？

【注釋】

①楊由：東漢方士。《後漢書・方術傳上》：「楊由字哀侯，蜀郡成都人也，少習《易》，並七政、元氣、風雲占候。為郡文學掾。時，有大雀夜集於庫樓上，太守廉范以問由。由對曰：『此占郡內當有小兵，然不為害。』後二十餘日，廣柔縣蠻夷反，殺傷長吏，郡發庫兵擊之。又有風吹削哺，太守以問由。由對曰：『方當有薦木實者，其色黃赤。』頃之，五官掾獻橘數包。」

②肺：當指「柿」，亦誤作「肺」、「脯」，史籍一般作「哺」。

③札牘：札與牘都是古代書寫用的小木片，因借指簿冊。柿：削下的木片。

④蘇竟：《後漢書・蘇竟傳》：「蘇竟字伯況，扶風平陵人也。平帝世，竟以明《易》為博士講《書》祭酒。善圖緯，能通百家之言。」

⑤摩研：切磋研究。編削：編次簡冊。

⑥滸滸：今本作「許許」，伐木聲。本句出自《詩經・小雅・伐木》。

⑦風角：古代占卜之法，以五音占四方之風而定吉凶。占候：指根據天象變化預測自然界的災異和天氣變化。

⑧《風角書》：記述風角占候的古籍有《風角集要占》《風角要占》《風角要集》等。

⑨庶人風：指卑惡之風。此二句出自宋玉《風賦》。

【譯文】

　　《後漢書・楊由傳》上說：「風吹削肺。」這裡的「肺」是指削札牘時落下的小木片，即「柿」。古時候，字寫錯了就用刀將它削掉，所以《左傳》中的「削而投之」，說的就是這個。也有人認為「札」就是「削」，王褒的《童約》中說：「書削代牘。」蘇竟寫道：「昔以摩研編削之才。」都是證明「札」就是「削」的依據。《詩經》中說：「伐木滸滸。」《毛詩傳》中說：「滸滸，削下木片的樣子。」史家將「柿」假借成「肝肺」的「肺」，世上流行的版本又據此全都寫成了「脯臟」的「脯」，或是「反哺」的「哺」。學者因而解釋《後漢書》中的「削哺」一詞說：「削哺，是屏風的名稱。」這種解釋既沒有證據，也很無知。原文指的是利用風角來占卜吉凶。《風角書》上書：「惡劣的風，吹過地面揚起塵土，吹動碎木屑。」若是「削哺」是指屏風，怎麼可能被吹轉動呢？

【原文】

　　《三輔決錄》云：「前隊大夫范仲公①，鹽豉蒜果共一筒。」「果」當作「魏顆②」之「顆」。北土通呼物一由③，改為一顆，「蒜顆」是俗間常語耳。故陳思王《鷂雀賦》曰：「頭如果蒜，目似擘椒④。」又《道經》⑤云：「合口誦經聲璡

瓅⑥，眼中淚出珠子碜⑦。」其字雖異，其音與義頗同。江南但呼為「蒜符」，不知謂為「顆」。學士相承，讀為「裏結」之「裏」，言鹽與蒜共一苞裏，內筒中耳。《正史削繁音義》⑧又音「蒜顆」為苦戈反，皆失也。

書證第十七

【注釋】

① 前隊大夫：即南陽郡太守。王莽時，改南陽郡為前隊。李賢曰：「王莽置六隊，郡置大夫一人，職如太守。南陽為前隊，河內為後隊，潁川為左隊，弘農為右隊，河東為兆隊，滎陽為祈隊。」《太平御覽》卷九七七引《三輔決錄》：「平陵范氏，南陵舊語曰：『前隊大夫范仲公，鹽豉蒜果共一筒。』言其廉儉也。」

② 魏顆：春秋時晉國大臣。

③ 凷（音塊）：通「塊」。

④ 擘：分開，剖裂。

⑤ 《道經》：根據下文兩句可知此指《老子化胡經》。

⑥ 瓅瓅：形容聲音細碎。

⑦ 碜：通「顆」。

⑧ 《正史削繁音義》：《隋書・經籍志》：「《正史削繁》九十四卷，阮孝緒撰。」

【譯文】

　　《三輔決錄》中說：「前隊大夫范仲公，鹽豉蒜果共一筒。」這裡的「果」應當是魏顆的「顆」。北方都把一塊物體叫作一顆，「蒜顆」是民間的常用語。所以陳思王曹植的《鶺雀賦》中說：「頭如果蒜，目似擘椒。」又有《道經》上說：「合口誦經聲瓅瓅，眼中淚出珠子。」「果」、「顆」、「碜」這幾個字雖然字形不同，但是讀音和意義卻大致相同。

　　江南地區都說「蒜符」，不知道《三輔決錄》中的「果」應稱為「顆」。讀書人前後沿襲，都讀作「裏結」的「裏」，解釋成把鹽和蒜放在同一個包裏裡，裝進筒裡。《正史削繁音義》又給「蒜顆」的「顆」注音為苦戈反，這些都是錯誤的。

【原文】

　　有人訪吾曰：「《魏志》蔣濟上書雲『弊劼之民』①，是何字也？」余應之曰：「意為『劼』即是『皷②倦』之『皷』耳。張揖、呂忱並云：『支傍作刀劍之刀，亦是剞字③。』不知蔣氏自造「支」傍作『筋力』之『力』，或借『剞』字，終當音九偽反。」

【注釋】

① 蔣濟：字子通，三國時曹魏重臣，曆仕曹操、曹丕、曹叡、曹芳四代，官至太尉，曾多次上書反對大修宮室。劼（音貴）：困疲。《三國志・魏書・蔣濟傳》：「今其所急，唯當息耗百姓，不至甚弊。弊劼之民，儻有水旱，百萬之眾，不為國用。」

② 皷（音跪）：疲弊。

③ 剞（音基）：刻鏤的道具。六朝時，「力」與「刀」兩字在俗體上本不區分，故顏之推疑「劼」是「剞」的假借。

【譯文】

　　有人詢問我說：「《三國志・魏書》上中記載蔣濟上書說『弊劼之民』，這個『劼』是什麼字？」我回答他說：「我認為『劼』就是『皷倦』的『皷』字。張揖和呂忱都說：『「支」字旁加上刀劍的刀，也就是「剞」字。』不知道蔣濟是自己造了這個支字旁加『筋力』的『力』組成的『劼』字，還是假借了『剞』字，但不管是哪種情況，這個字終究都應當讀作九偽反。」

【原文】

　　《晉中興書》①：「太山羊曼②，常頹縱任俠③，飲酒誕節，兗州號為䶎伯。」此字皆無音訓。梁孝元帝常謂吾曰：「由來不識。唯張簡憲④見教，呼為『噎齏⑤』之『噎』。自爾便遵承之，亦不知所出。」簡憲是湘州刺史張纘諡也，江南號為碩學。案：法盛⑥世代殊近，當是耆老⑦相傳。俗間又

有「黮黕」語，蓋無所不施，無所不容之意也。顧野王⑧《玉篇》誤為「黑」傍「遝」。顧雖博物，猶出簡憲、孝元之下，而二人皆云重邊。吾所見數本，並無作「黑」者。「重遝⑨」是多饒積厚之意，從「黑」更無義旨。

【注釋】

① 《晉中興書》：《隋書・經籍志》：「《晉中興書》七十八卷，起東晉，宋湘東太守何法盛撰。」

② 羊曼：字祖延，晉人。性放縱，好飲酒。咸和三年（328）蘇峻作亂，羊曼為其所害。《晉書・羊曼傳》：「曼任達頹縱，好飲酒。溫嶠、庾亮、阮放、桓彝同志友善，並為中興名士。時州裡稱陳留阮放為宏伯，高平郗鑒為方伯，泰山胡母輔之為達伯，濟陰卞壺為裁伯，陳留蔡謨為朗伯，阮孚為誕伯，高平劉綏為委伯，而曼為䵗伯，凡八人，號兗州八伯，蓋擬古之八雋也。」

③ 頹縱：頹放。任俠：以俠義自任。

④ 張簡憲：即張纘，字伯緒，南朝梁藏書家。張弘策之子，張緬三弟。張緬有藏書萬餘卷，他晝夜披讀，朝中舉薦他為官，他固辭不就。欲遍觀朝中所藏圖籍。晚年嗜好聚書，積圖書有數萬卷之多。後赴江陵，因性貪婪，積物甚多，侯景之亂，他參與諸王混戰之中，被岳陽王蕭詧所殺。及死後，湘東王蕭繹，命令查抄其家，有圖書2萬餘卷。元帝承制，贈開府儀同三司，諡簡憲公。著有《鴻寶》100卷，文集20卷。

⑤ 噎（音踏）羹：指吃羹時不加咀嚼而囫圇吞咽。

⑥ 法盛：即何法盛，南朝宋人，官至湘東太守。

⑦ 耆老：老年人。六十曰耆，七十曰老。

⑧ 顧野王：字希馮，原名體倫，南朝梁陳間官員、文字訓詁學家、史學家。《隋書・經籍志》：「《玉篇》三十一卷，陳左將軍顧野王撰。」《唐書・經籍志》以為有三十卷。

⑨ 重遝（音踏）：此二字別本或作「䵝（音踏）」。

《晉中興書》上說:「太山羊曼,常頹縱任俠,飲酒誕節,兗州號為䵺伯。」其中「䵺」字在各種書中都沒有注釋。梁孝元帝曾對我說:「我從前也不認識這個字。只有張簡憲教過我,說這個字應讀作『噎嚢』之『噎』。從那以後我便遵從這個讀音,但我也不知道這個說法的出處。」簡憲是相州刺史張纘的諡號,江南的人都稱他為大學問家。

據考證:《晉中興書》的作者何法盛生活的年代距離羊曼生活的年代很近,「䵺伯」這說法應當是聽年紀大的老人說的。民間又有「䵺䵺」這個詞,大致是無所不施、無所不包的意思。顧野王的《玉篇》中,將這個字寫成「黑」字旁加「巠」字。顧野王雖然博學多識,但他的學問還是在張纘和孝元帝之下的,而他們二人都說這個字應該是「重」字旁。我所見的數個版本中,都沒有把這個字寫作「黑」字旁的。「重巠」是多饒積厚的意思,要是這個字從「黑」部則完全搞不明白它的含義了。

【原文】

《古樂府》歌詞[1],先述三子,次及三婦,婦是對舅姑之稱。其末章云:「丈人且安坐,調弦未遽央[2]。」古者,子婦供事舅姑,旦夕在側,與兒女無異,故有此言。「丈人」亦長老之目,今世俗猶呼其祖考為先亡丈人。又疑「丈」當作「大」,北間風俗,婦呼舅為「大人公」。「丈」之與「大」,易為誤耳。近代文士,頗作《三婦詩》[3],乃為匹嫡並耦己之群妻之意[4],又加鄭、衛之辭,大雅君子,何其謬乎?

【注釋】

[1] 《古樂府》歌詞:據下文,當為《相逢行》

[2] 未遽央:或作「方未央」、「未渠央」。此句言瑟曲未結束,彈瑟正在進行。

[3] 《三婦詩》:《相逢行》中,關於三婦織錦調瑟的段落則被單獨劃分出來,名為「三婦豔」,在古代樂府詩中頻繁反覆出現,成為富貴人

家的象徵，後成為歌辭篇名，亦省作「三婦」。何焯曰：「然則三婦
豔『豔』乃是曲調，猶昔昔鹽『鹽』字，非豔冶也。」劉孝綽、沈
約、王筠、張正見、王融等皆作有《三婦豔詩》。

④ 匹嫡：締結婚姻。並耦：成雙。《三婦豔詩》中，以三婦為妻妾，改
「丈人」為「佳人（指男子）」、「良人」。

【譯文】

　　《古樂府・相逢行》的歌詞中，先敘述三個兒子，其次敘述三個兒
媳婦，婦是相對公婆而言的稱呼。歌詞的末章說：「丈人且安坐，調弦
未遽央。」古時候，兒媳婦侍奉公婆，早晚都陪在他們身旁，與親生兒
女沒什麼區別，所以才有詩裡這種話。「丈人」也是對年長者的稱呼，
現在民間百姓還稱呼他們已去世的祖父為「先亡丈人」。我又懷疑歌詞
中的「丈」字應當是「大」字，北方地區的風俗，兒媳婦稱公公為「大
人公」。「丈」字與「大」字是很容易弄錯的。近代的文人寫了很多
《三婦詩》，但他們都把「婦」當作與己締結婚姻，每日成雙入對的群
妻妾的稱呼，詩中用了很多淫詞豔語，這些高尚雅正的君子，怎麼能荒
謬至此呢！

【原文】

　　《古樂府》歌百里奚①詞曰：「百里奚，五羊皮。憶別
時，烹伏雌，吹扊扅②；今日富貴忘我為！」「吹」當作「炊
煮」之「炊」。案：蔡邕《月令章句》曰：「鍵，關牡③
也，所以止扉④，或謂之剡移。」然則當時貧困，並以門牡木作
薪炊耳。《聲類》作扅，又或作戹⑤。

【注釋】

① 百里奚：春秋時虞國人（一說楚國人），本為虞國大夫，晉滅虞時被
　俘，為秦穆公夫人陪嫁之臣，後逃至楚國宛，被楚人抓獲。秦穆公聽
　說他很賢能，以五張羊皮將其贖回，拜為上大夫。下文指歌詞當為百
　里奚之妻所唱。

②扅扊（音掩移）：門閂。
③關牡：門閂。
④扉：門扇。
⑤启（音店）：門閂。

【譯文】

　　《古樂府》中歌唱百里奚的歌詞說：「百里奚，五羊皮。憶別時，烹伏雌，吹扊扅；今日富貴忘我為！」「吹」字應當是「炊煮」的「炊」。據考證：蔡邕的《月令章句》說：「鍵，就是門閂，是用來閂門的也有把它叫作剡移的。」這樣看來，百里奚夫婦當時很貧困，甚至把門閂當作薪柴燒了。《聲類》把這些字寫作「扊」，有的書也寫作「启」。

【原文】

　　《通俗文》，世間題云「河南服虔字子慎造」。虔既是漢人，其《敘》乃引蘇林、張揖。蘇、張皆是魏人。且鄭玄以前，全不解反語①，《通俗》反音，甚會近俗。阮孝緒又云「李虔所造②」。河北此書，家藏一本，遂無作李虔者。《晉中經簿》及《七志》③，並無其目，竟不得知誰制。然其文義允愜④，實是高才。殷仲堪《常用字訓》⑤，亦引服虔《俗說》，今復無此書，未知即是《通俗文》，為當有異？近代或更有服虔乎？不能明也。

【注釋】

①反語：即反切，是古代的一種注音方法。即用兩個漢字來注另一個漢字的讀音。兩個字中，前者稱反切上字，後者稱反切下字。被切字的聲母和清濁與反切上字相同，被切字的韻母和聲調與反切下字相同。

②阮孝緒：字士宗，南朝梁目錄學家。事見《梁書・處士傳》。李虔：據《兩唐志》記載，李虔著《續通俗文》二卷，非《通俗文》。或以為李虔即李密。李密一名虔。

③《晉中經簿》：亦作《中經新簿》，晉荀勗撰。《七志》：《隋書・經籍志》：「王儉又撰《七志》：一曰經典志，紀六藝、小學、史記、雜傳；二曰諸子志，紀古今諸子；三曰文翰志，紀詩賦；四曰軍書志，紀兵書；五曰陰陽志，紀陰陽圖緯；六曰術藝志，紀方技；七曰圖譜志，紀地域及圖書；其道、佛附見，合九條。」

④ 允愜：妥帖，適當。

⑤ 殷仲堪：東晉將領、大臣，能清談，擅長寫文章，官至荊州刺史，曾兩度回應王恭討伐朝臣的起事，在王恭死後與桓玄及楊佺期結盟對抗朝廷，逼令朝廷屈服。後來卻被桓玄襲擊，逼令自殺。《隋書・經籍志》：「梁有《常用字訓》一卷，殷仲堪撰，亡。」

【譯文】

　　《通俗文》這本書，世間都標作「河南服虔字子慎造」。服虔既是漢朝人，而《通俗文》的《敘》卻引用了蘇林、張揖等人的話。蘇、張二人都是三國時魏國人。而且鄭玄以前，人們根本不懂反切，可《通俗文》中的反切注音十分符合近代的注音習慣。阮孝緒又稱《通俗文》是李虔所作。北方地區抄錄的這本書，我家就收藏了一本，根本沒有署名李虔所作的。《晉中經簿》和《七志》，都沒有關於這本書的條目，竟然沒法知道是誰寫了這本書。然而這本書文辭妥帖恰當，作者確是高才之士。殷仲堪的《常用字訓》，也引用到服虔的《俗說》，現在也沒有這本書，不知道《俗說》是否就是《通俗文》，或者還有不同？近代或許另外有個叫服虔的人？真是搞不清楚啊。

【原文】

　　或問：「《山海經》，夏禹及益所記①，而有長沙、零陵、桂陽、諸暨②，如此郡縣不少，以為何也？」答曰：「史之闕文，為日久矣；加復秦人滅學③，董卓焚書④，典籍錯亂，非止於此。譬猶《本草》⑤神農所述，而有豫章、朱崖、趙國、常山、奉高、真定、臨淄、馮翊等郡縣名⑥，出諸藥物；《爾雅》周公所作，而云『張仲⑦孝友』；仲尼修《春秋》，而《經》

⑧書孔丘卒；《世本》左丘明所書⑨，而有燕王喜、漢高祖；《汲冢瑣語》⑩，乃載《秦望碑》⑪；《蒼頡篇》李斯所造，而云『漢兼天下，海內並廁⑫，豨鯨韓覆⑬，畔討滅殘』；《列仙傳》劉向所造，而《贊》云『七十四人出佛經』；《列女傳》亦向所造，其子歆又作《頌》，終於趙悼後⑭，而傳有更始韓夫人、明德馬后及梁夫人嫕⑮：皆由後人所屬⑯，非本文也。」

【注釋】

① 益：即伯益，上古東夷部落聯盟的首領，是大禹治水的第一助手。關於《山海經》的作者，久未能定，楊慎《升庵集》以為「出於太史終古、孔甲之流，疑莫能定，文多冗複，似非一時一手所為」。

② 「長沙」等四郡：《漢書・地理志》：「長沙國，秦郡。零陵郡，武帝元鼎六年置。桂陽郡，高帝置。會稽郡，秦置，有諸暨縣。」

③ 秦人滅學：指秦始皇焚書坑儒事。《史記・秦始皇本紀》：「丞相李斯曰：『五帝不相復，三代不相襲，各以治，非其相反，時變異也……臣請史官非秦記皆燒之；非博士官所職，天下敢有藏詩、書、百家語者，悉詣守、尉雜燒之；有敢偶語詩、書者，棄市以古非今者族。史冗不舉者與同罪。令下三十日不燒，黥為城旦。』」

④ 董卓焚書：指東漢末年董卓作亂時，燒毀觀閣、焚燒經典之事。《後漢書・董卓傳》：「遷天子西都長安，悉燒宗廟官府居家，二百里內，無復孑遺。」

⑤ 《本草》：《隋書・經籍志》：「《神農本草》八卷，又四卷，雷公集注。」

⑥ 「豫章」等郡縣：《漢書・地理志》：「豫章郡，高帝置。合浦郡，武帝元鼎六年開……縣五……朱盧（朱崖），都尉治。趙國，故秦邯鄲郡，高帝四年為趙國。常山郡，高帝置。泰山郡，高帝置……縣二十四：奉高，有明堂，在西南四里。真定國，武帝元鼎四年置。齊郡，縣十二：臨淄，師尚父所封。左馮翊，故秦內史，武帝太初元年更改。」

⑦ 張仲：西周宣王時人，在周公之後百餘年。

⑧ 《經》：此指《春秋左氏傳》。

⑨ 《世本》：《漢書・藝文志》：「《世本》十五篇，古史官記黃帝以來訖春秋時諸侯大夫。」《史記集解》序索隱引劉向曰：「世本，古史官明於古事者之所記也，錄黃帝已來帝王諸侯及卿大夫系諡名號，凡十五篇也。」《史通・正史篇》：「楚、漢之際，有好事者，錄自古帝王公卿大夫之世，終乎秦末，號曰世本，十五篇。」書在唐代時已有殘缺，至宋時亡佚。左丘明：春秋末期魯國史官。

⑩ 《汲冢瑣語》：西晉太康二年，汲郡人不准盜發魏襄王墓，得書數十車，有《瑣語》十一篇，記載戰國時期各國卜夢妖怪相書。考其成書時代，大致在戰國中期以前。

⑪ 《秦望碑》：指秦始皇東遊秦望山時所立的碑。《史記・秦始皇本紀》：「三十七年，上會稽，祭大禹，望於南海，而立石刻頌秦德。」

⑫ 廁：混雜，一統。

⑬ 豨：即陳豨，西漢時劉邦部將，因叛亂被殺。韓：指秦末漢初名將韓信。一說指西漢初年諸侯韓王信。

⑭ 趙悼后：戰國時趙悼襄王趙偃的王后，趙幽繆王的生母。

⑮ 更始韓夫人：漢更始帝劉玄的寵姬韓夫人。《後漢書・劉聖公傳》：「聖公為更始將軍，眾雖多而無所統一，諸將遂共議立更始，為天子……更始納趙萌女為夫人，有寵……韓夫人尤嗜酒，每侍飲，見常侍奏事，輒怒曰：『帝方對我飲，正用此時持事來乎？』起抵破書案。」明德馬后：東漢明帝劉莊的皇后。梁夫人嫕（音易）：《列女傳》：「梁夫人嫕者，梁竦之女，樊調之妻，漢孝和皇帝之姨，恭懷皇后之同產姊也。恭懷後以選入掖庭，進御於孝章皇帝，有寵，生和帝……竇後驕諮，欲專諮害外家，乃誣陷梁氏，後竇後崩，嫕從民間上書訟焉。」

⑯ 羼：本指群羊雜居，引申為錯亂摻雜。

【譯文】

有人問：「《山海經》這本書，是夏禹和伯益所記述的，而裡面卻有長沙、零陵、桂陽、諸暨等地名，像這樣的秦漢郡縣名在書中還提到不少，你認為這是怎麼回事呢？」

我回答說：「史書的文章殘缺不全，這種情況由來已久。再加上秦

人滅絕學術，董卓又作亂焚書，導致經書典籍雜亂無序，失去本來面貌，所造成的問題還不只你說的這些。譬如《本草》這本書是神農氏所記述，而裡面卻有豫章、朱崖、趙國、常山、奉高、真定、臨淄、馮翊等漢代郡縣名以及它們出產的各種藥物；《爾雅》這本書是周公所作，而書中卻說西周人『張仲孝敬父母，友愛兄弟』；《春秋》是孔子所編修，而《春秋左氏傳》中卻寫到了孔子去世；《世本》是左丘明所著，而書中卻提到戰國時期的燕王喜和西漢的漢高祖；《汲塚瑣語》在戰國時成書，裡面竟然記載了秦始皇出巡天下時所立的石刻碑文；《蒼頡篇》是秦朝丞相李斯所著，而書中卻說『漢朝兼併天下，四海之內統一，陳豨被黥，韓信覆滅，叛臣被討伐，殘賊被消滅』；《列仙傳》是西漢劉向所著，而這本書的《贊》中卻說有七十四人出自佛經；《列女傳》也是劉向所著，其子劉歆又為本書寫了《頌》的部分，書中的記錄截止到戰國時期的趙悼後，然而傳中卻有漢朝更始帝的寵姬韓夫人、東漢明帝的馬皇后以及漢和帝之姨梁夫人嫕：以上所述都是由後人摻雜到書中的，並不是那些書的原文。」

【原文】

　　或問曰：「《東宮舊事》何以呼『鴟尾』為『祠尾』①？」答曰：「張敞者，吳人，不甚稽古②，隨宜③記注，逐④鄉俗訛謬，造作書字耳。吳人呼『祠祀』為『鴟祀』，故以『祠』代『鴟』字；呼『紺』為『禁』，故以『糸』傍作『禁』代『紺⑤』字；呼『盞』為竹簡反，故以『木』傍作『展』代『盞』字；呼『鑊⑥』字為『霍』字，故以『金』傍作『霍』代『鑊』字；又『金』傍作『患』為『鐶⑦』字，『木』傍作『鬼』為『魁』字，『火』傍作『庶』為『炙』字，『既』下作『毛』為『髻』字；金花則『金』傍作『華』，窗扇則『木』傍作『扇』：諸如此類，專輒⑧不少。」

【注釋】

①《東宮舊事》：晉張敞撰，共十卷。鴟尾：一種海獸，或作蚩尾、鴟吻。或以為即螭吻，傳說龍子之一。

②稽古：考察古代事蹟。

③隨宜：隨順時宜。

④逐：因循，順隨。

⑤紺：天青色，深青透紅之色。

⑥鑊：古代煮牲肉的大型烹飪銅器。

⑦鐶：通「環」，圓形有孔可以貫穿的器物。

⑧專輒：專斷，專擅。

【譯文】

有人問道：「《東宮舊事》這本書中為什麼把『鴟尾』稱為『祠尾』？」我回答說：「《東宮舊事》的作者張敞是吳地人，不注重考察古事，他隨意記述注解，順隨民間時俗的訛傳誤說，偽造了這類錯字。吳地人稱『祠祀』為『鴟祀』，所以張敞以『祠』字代替『鴟』字；把『紺』讀成『禁』，所以用『糸』字旁加『禁』來代替『紺』字；把『盞』讀作竹簡反，所以用『木』字旁加『展』來代替『盞』字；把『鑊』字讀成『霍』字，所以用『金』字旁加『霍』來代替『鑊』字；又在『金』字旁加『患』造『鐶』字，在『木』字旁加『鬼』作『魁』字，在『火』字旁加『庶』作『炙』字，在『既』字下面加『毛』作『既』字；金花則在『金』字旁加『華』來表示，窗扇就在『木』字旁加『扇』來表示：諸如此類主觀妄寫的字實在不少。

【原文】

又問：「《東宮舊事》『六色罶①』，是何等物？當作何音？」答曰：「案：《說文》云：『蔜，牛藻也，讀若威。』《音隱》②：『塢瑰反。』即陸機所謂『聚藻，葉如蓬』者也③。又郭璞注《三蒼》亦云：『蘊，藻之類也，細葉蓬茸生。』然今水中有此物，一節長數寸，細茸如絲，圓繞可愛，長者

二三十節，猶呼為『菁』。又寸斷五色絲，橫著線股間繩之，以象菁草，用以飾物，即名為『菁』；於時當紺④六色罽，作此菁以飾緄帶⑤，張敞因造『糸』旁『畏』耳，宜作『隈』。」

【注釋】

① 罽（音季）：一種毧類毛織品。

② 《音隱》：書名。《隋書·經籍志》中記載有《說文音隱》四卷。

③ 陸機：或以為當為「陸璣」，字元恪，三國吳學者，仕太子中庶子，烏程令。聚：或作「蘊」。蓬：雜亂鬆散貌。

④ 紺（音幹）：拴、縛。

⑤ 緄帶：以色絲織成的束帶。

【譯文】

又問道：「《東宮舊事》中提到的『六色罽』是什麼東西？應該怎麼讀？」我回答說：「據考證：《說文解字》上說：『菁，就是牛藻，讀音如威。』《音隱》中注的音是塢瑰反。它也就是陸機所說的『聚藻，葉子像蓬草』的那種植物。此外，郭璞注的《三蒼》中也說：『蘊，是藻類的一種，它的細葉上長著鬆散的茸毛。』現在的水中生長著這種植物，一節枝莖有數寸長，細細的茸毛像絲一樣，隨著水流回環繚繞，十分令人喜愛，此藻長的有二三十節枝莖，仍稱為『菁』。另外，將五色絲線截成一寸長，橫著加線上股中編成繩子，做成菁草形狀，用來裝飾物品，這種絲織物就稱為『菁（音君）』。那時候應該是編結六色的絲毛，做成這種菁來裝飾絲帶，張敞就因此造了『糸』旁加『畏』的字，其實應該是『隈』字。」

【原文】

柏人城①東北有一孤山，古書無載者。唯闞駰《十三州志》②以為舜納於大麓，即謂此山，其上今猶有堯祠焉；世俗或呼為「宣務山」，或呼為「虛無山」，莫知所出。趙郡士

族有李穆叔、季節兄弟、李普濟③，亦為學問，並不能定鄉邑此山。余嘗為趙州佐，共太原王邵讀柏人城西門內碑。碑是漢桓帝時柏人縣民為縣令徐整所立，銘曰：「山有巏嵍④，王喬⑤所仙。」方知此「巏嵍」山也。「巏」字遂無所出。「嵍」字依諸字書，即「旄丘⑥」之「旄」也；「旄」字，《字林》一音亡付反，今依附俗名，當音「權務」耳。入鄴，為魏收說之，收大嘉歎。值其為《趙州莊嚴寺碑銘》，因云「權務之精」，即用此也。

【注釋】

① 柏人城：古地名。在今河北唐山西。春秋晉地，戰國屬趙，漢置縣。

② 闞駰（音看因）：字玄陰，北魏敦煌人，《魏書》有傳。《十三州志》：書名，共十卷。

③ 李穆叔、季節兄弟：即李公緒、李概兄弟。《北史・李公緒傳》：「公緒字穆叔，性聰敏，博通經傳……公緒雅好著書，撰《典言》十卷、《禮質疑》五卷、《喪服章句》一卷、《古今略記》二十卷、《玄子》五卷、《趙記》八卷、《趙語》十二卷，並行於世……緒弟概，字季節，少好學。然性倨傲，每對諸兄弟，露髻披服，略無少長之禮……撰《戰國春秋》及《音譜》並行於世。又自簡詩賦二十四首，謂之《達生丈人集》。」李普濟：李裔族孫，趙郡平棘人也。《北史・李裔傳》：「暎子普濟，學涉有名，性和韻，位濟北太守，時人語曰『入粗入細李普濟』。武定中，位北海太守。」

④ 巏嵍（音權務）：即堯山，在今河北隆堯西。《寰宇記》曰：「邢州堯山縣有宣務山，一曰虛無山，在西北四里，高一千一百五十尺。」

⑤ 王喬：古代傳說中的仙人，在邢臺為柏人縣令數年，後棄官在宣務山修煉道術，得道後騎白鶴升天。

⑥ 旄丘：前高後低的山丘。

【譯文】

　　柏人城東北有一座孤山，古書中都沒有關於它的記載。只有闞駰的《十三州志》中認為堯曾經納舜於大麓，指的就是這座山，山上現在還

有堯的祠堂。世人有的稱它為宣務山，有的稱它為虛無山，皆不知其出處。趙郡的士大夫中有李穆叔、李季節兄弟，以及李普濟，都很有學問，但都不能確定自己家鄉的這座山的名稱及其由來。

我曾經為趙州佐，與太原人王邵一起研讀柏人城西門內的石碑。此碑是東漢桓帝時柏人縣的百姓為縣令徐整所立，上面刻著：「縣內有巏嵍，是王喬成仙的地方。」這才知道這座山就是巏嵍山。「巏」字不知道它的出書。「嵍」字根據字書記載，就是「旄丘」的「旄」字。「旄」這個字，《字林》注音為亡付反，現在依照通俗的名稱，應當將「巏嵍」讀作「權務」音。我到了鄴城後，向魏收說起這事，他大為讚歎。等到他撰《趙州莊嚴寺碑銘》，因而寫了「權務之精」，就是用了我說的這個典故。

【原文】

或問：「一夜何故五更？更何所訓？」答曰：「漢、魏以來，謂為甲夜、乙夜、丙夜、丁夜、戊夜，又云『鼓』，一鼓、二鼓、三鼓、四鼓、五鼓，亦云一更、二更、三更、四更、五更，皆以『五』為節。《西都賦》亦云：『衛以嚴更①之署。』所以爾者，假令正月建寅②，斗柄③夕則指寅，曉則指午矣。自寅至午，凡歷五辰④。冬夏之月，雖復長短參差，然辰間遼闊，盈不過六，縮不至四，進退常在五者之間。更，歷也，經也，故曰五更爾。」

【注釋】

①嚴更：督察巡夜的更鼓。

②建寅：古代以北斗星斗柄的運轉計算月分，斗柄指向十二辰中的寅即為夏曆正月。《淮南子・天文訓》：「天一元始，正月建寅。」

③斗柄：北斗七星中，玉衡、開陽、搖光三星組成斗柄，稱作「杓」。

④五辰：五個時辰。辰：古代計時單位，把一晝夜平分為十二段，每段稱為一個時辰，相當於現在的兩個小時。

【譯文】

　　有人問：「一夜為什麼有五更？『更』是什麼意思？」回答說：「漢、魏以來，一夜的五個時辰稱為甲夜、乙夜、丙夜、丁夜、戊夜，又叫作『鼓』，分為一鼓、二鼓、三鼓、四鼓、五鼓，也叫作一更、二更、三更、四更、五更，都以『五』為節數。《西都賦》中也說：『衛以嚴更之署。』之所以這樣，是因為假如把正月作為建寅之月，北斗星的斗柄日落時指向寅星，日出時就指向午星。從寅轉到午，總共經過五個時辰。冬天和夏天的月份，白晝和夜晚的時間雖然長短不齊，但是就時辰的寬廣來說，最長的不會超過六個時辰，最短的不會少於四個時辰，或長或短基本都在五個時辰左右。更，是曆、經的意思，所以稱五更。」

【原文】

　　《爾雅》云：「朮①，山薊也。」郭璞注云：「今朮似薊而生山中。」案：朮葉其體似薊，近世文士，遂讀「薊」為「筋肉」之「筋」，以耦「地骨」用之②，恐失其義。

【注釋】

① 朮：草名。多年生草本，有白朮、蒼朮等數種，根莖可入藥。因葉似薊草，且長於山中，故別名山薊。
② 耦：對偶。地骨：枸杞的別名。

【譯文】

　　《爾雅》上說：「朮，就是山薊。」郭璞注釋說：「朮長得像薊草，生在山中。」據考證：朮葉的形狀確實像薊草，而近代文人，竟然把「薊」讀作「筋肉」的「筋」，把「山薊」誤作「山筋」，與「地骨」對偶使用，這恐怕不是它的本意。

【原文】

　　或問：「俗名『傀儡子』為『郭禿』①，有故實乎？」答曰：「《風俗通》云：『諸郭皆諱禿。』當是前代人有姓郭而

病禿者，滑稽戲調②，故後人為其象，呼為『郭禿』，猶《文康》象庾亮耳③。」

【注釋】

① 傀儡子：即傀儡戲，也即木偶戲。郭禿：段安節《樂府雜錄》：「傀儡子，自昔傳云，起於漢祖在平城為冒頓所圍，其城一面，即冒頓妻閼氏……陳平訪知閼氏妒忌，即造木偶人，運機關，舞於陴間。閼氏望見，謂是生人，慮其下城，冒頓必納妓女，遂退軍……後樂家翻為戲，其引歌舞，有郭郎者，發正禿，善優笑，閭裡呼為郭郎，凡戲場必在俳兒之首也。」

② 戲調：滑稽，開玩笑。

③ 《文康》：舞樂名，又名《禮畢》。《通典・樂六》：「《禮畢》者，本自晉太尉庾亮家，亮卒，其伎追思亮，因假為其面，執翳以舞，象其容，取謚以號之，謂文康樂。每奏九部樂，終則陳之，故以禮畢為名。」或以為「文康」非指庾亮。周舍《上云樂詞》曰：「西方老胡，其名文康，遨遊六合，傲誕三皇。」庾亮：字元規，東晉時外戚、名士，庾太后臨朝時，執掌朝政，謚曰文康。

【譯文】

有人問：「俗稱『傀儡戲』為『郭禿』，有什麼典故出處嗎？」回答說：「《風俗通義》上說：『所有姓郭的人都忌諱禿字。』當是前代中有姓郭而得了禿頭病的人，善於滑稽調笑，所以後人就把木偶做成他的樣子，稱為『郭禿』，就好像《文康》舞模仿庾亮一樣。」

【原文】

或問曰：「何故名『治獄參軍』為『長流』乎①？」答曰：「《帝王世紀》云：『帝少昊②崩，其神降於長流之山，於祀主秋。』案：《周禮・秋官》，司寇主刑罰、長流之職，漢、魏捕賊掾③耳。晉、宋以來，始為參軍，上屬司寇，故取秋帝所居為嘉名焉。」

【注釋】

① 治獄參軍：也稱長流參軍，司禁防。《宋書‧百官志上》：「其後又有直兵、長流、刑獄、城局、水曹、右戶、墨曹七曹。」

② 少昊：上古東夷族首領，名摯，號金天氏。東夷曾以鳥為圖騰，相傳少昊曾以鳥名為官名，傳說他死後為西方之神。

③ 捕賊掾：當為賊捕掾，主捕盜賊的小吏。

【譯文】

　　有人問道：「為什麼稱『治獄參軍』為『長流』？」回答說：「《帝王世紀》上說：『帝少昊死的時候，他的神靈降在長流山上，掌管秋天的祭祀。』據考證：《周禮‧秋官》中記載，秋官司寇掌管刑罰、長流的職責，也就是漢、魏時期的賊捕掾。晉、宋以來，朝廷才設立參軍之職，向上歸屬於司寇，所以用秋帝少昊所處的地名作為它的美稱。」

【原文】

　　客有難主人曰：「今之經典，子皆謂非，《說文》所言，子皆云是，然則許慎勝孔子乎？」主人拊掌①大笑，應之曰：「今之經典，皆孔子手跡耶？」客曰：「今之《說文》，皆許慎手跡乎？」答曰：「許慎檢以六文②，貫以部分③，使不得誤，誤則覺之。孔子存其義而不論其文也。先儒尚得改文從意，何況書寫流傳耶？必如《左傳》『止戈』為『武』，『反正』為『乏』，『皿蟲』為『蠱』，『亥』有『二首六身』之類，後人自不得輒改也，安敢以《說文》校其是非哉？且余亦不專以《說文》為是也，其有援引經傳，與今乖④者，未之敢從。又相如《封禪書》曰：『導一莖六穗於庖，犧雙觡共抵之獸⑤。』此『導』訓『擇』，光武詔云：『非徒有豫養導擇⑥之勞』是也。而《說文》云：『䅺⑦是禾名。』引《封禪書》為證。無妨自當有禾名，非相如所用也。『禾一莖六穗於

庖』，豈成文乎？縱使相如天才鄙拙，強為此語；則下句當云『麟雙觡共抵之獸』，不得云『犠』也。吾嘗笑許純儒，不達文章之體，如此之流，不足憑信。大抵服其為書，隱括⑧有條例，剖析窮根源，鄭玄注書，往往引以為證。若不信其說，則冥冥⑨不知一點一畫，有何意焉？」

【注釋】

①拊掌：拍手，鼓掌。表示歡樂或憤激。

②六文：即六書，包括指事、象形、形聲、會意、轉注、假借。

③貫以部分：按部首分類，分別部居。

④乖：違背，差別。

⑤犠：即犧牲。此處當作動詞，謂選為犧牲。觡：骨角。抵：角的底部。

⑥導擇：在光武帝詔書中是精選稻米之意。

⑦導：別本作「導」。

⑧隱括：即「隱栝」，用以矯正邪曲的器具。此指修訂，使符合規範。

⑨冥冥：糊塗，懵懂無知貌。

【譯文】

　　有位客人責難我說：「現在流傳的經書典籍中的文字，你都說是錯誤的，而《說文解字》中對文字的解釋，你認為都是正確的，這樣說來，許慎比孔子還要高明嗎？」

　　我拍手大笑，回答他說：「現在的經典，難道都是孔子的親筆手跡嗎？」

　　客人反問說：「現在的《說文解字》都是許慎的親筆手跡嗎？」

　　我回答說：「許慎依據六書來分析字形解釋字義，將文字按部首分類，使文字的形、音、義都沒有錯誤，一旦有錯誤就能發現錯在何處。孔子校訂經書，重視經書的文章大意，而不推究文字本身。前輩學者尚且還得改動文字以順從文意，何況又經過了眾人的抄寫流傳？必定得是像《左傳》中的『止戈』為『武』，『反正』為『乏』，『皿蟲』為『蠱』，『亥』有『二首六身』這種明確地說出字體結構的情況，後人

自然無法隨意改變，我又怎麼敢用《說文解字》去考校它們的對與錯呢？」

「況且我也不認為《說文解字》是完全正確的，書中引用的經傳的文句，與今天通行的經傳文句不相符合的，我就不敢盲目依從。例如司馬相如的《封禪書》中說：『導一莖六穗於庖，犧雙觡共抵之獸。』這裡的『導』解釋成『擇』，漢光武帝的詔書中說：『非從有豫養導擇之勞』其中的『導』也是這個意思。而《說文解字》中說：『薚是一種禾的名字。』卻引用《封禪書》作為例證。或許真的有一種禾名叫薚，但那並不是司馬相如《封禪書》中所用的『導』。如果照許慎的解釋，那就是『禾一莖六穗於庖』，這個句子還能講得通麼？縱然是司馬相如天生粗鄙拙劣，生硬地寫出這種句子，那麼下句就應該寫成『麟雙觡共抵之獸』，而不會說『犧雙觡共抵之獸』。我曾經笑話許慎是個純粹的儒生，不懂得文學作品的體制和風格，像這一類的情況，就不足以憑信。但總的來說我還是信服許慎寫的這本書，書中對文字的審定分類有明確體例，通過分析字的形體來探求字的本義，鄭玄注釋經書時，常常引用《說文解字》作為證據。如果我們不相信許慎的學說，就會稀裡糊塗不懂得字的一點一畫有什麼意義。」

【原文】

世間小學者，不通古今，必依小篆，是正①書記，凡《爾雅》《三蒼》《說文》，豈能悉得蒼頡本指哉？亦是隨代損益，互有同異。西晉已往字書，何可全非？但今體例成就，不為專輒耳。考校是非，特須消息②。至如「仲尼居」，三字之中，兩字非體，《三蒼》「尼」旁益「丘」，《說文》「尸」下施「几」：如此之類，何由可從？古無二字③，又多假借，以「中」為「仲」，以「說」為「悅」，以「召」為「邵」，以「閒」為「閑」：如此之徒，亦不勞改。自有訛謬，過成鄙俗，「亂」旁為「舌」，「揖」下無「耳」，「黿」、「鼉」從「龜」，「奮」、「奪」從「雚」，「席」中加「帶」④，「惡」

上安「西」，「鼓」外設「皮」，「鑿」頭生「毀」，「離」則配「禹」，「壑」乃施「豁」，「巫」混「經」旁，「皋」分「澤」片⑤，「獵」化為「猲」⑥，「窵」變成「寵」⑦，「業」左益「片」，「靈」底著「器」，「率」字自有「律」音，強改為別，「單」字自有「善」音，輒析成異：如此之類，不可不治。吾昔初看《說文》，蚩薄⑧世字，從正則懼人不識，隨俗則意嫌其非，略是不得下筆也。所見漸廣，更知通變，救前之執，將欲半焉。若文章著述，猶擇微相影響⑨者行之，官曹文書，世間尺牘，幸不違俗也。

【注釋】

① 是正：校正。

② 消息：斟酌。

③ 二字：此指一個字有兩種形體，兩種寫法。

④ 「席」中加「帶」：《文選・上林賦》：「逡巡避。」李善注：「『』與『席』古字通。」

⑤ 「皋」分「澤」片：盧文弨曰：「《家語・困誓篇》：『望其壙、睪如也。』《荀子・大略篇》作『皋如也』，如此尚多。」郝懿行曰：「『皋』、『睪』古通用，《大戴禮》及《荀子》書，並有此字。」

⑥ 猲：獸名，出自《山海經》。後通「獵」。

⑦ 寵（音壟）：孔，洞。

⑧ 蚩薄：譏笑鄙薄。「蚩」與「嗤」古通。

⑨ 微相影響：稍微近似。

【譯文】

　　世間研究文字學的學者，不明白古今字體的演變規則，必定依據小篆的形體來校正現在的文字，只是《爾雅》《三蒼》《說文解字》等書，哪能盡得蒼頡所造字體的本意呢？這些字書也是隨著時代的發展而有所變化，相互之間有同有異。西晉以前的字書，怎麼能夠全部加以否定呢？只要它們體例完備自成系統而不是任由人隨意發揮就可以了。

考訂校正文字的對錯，尤其需要仔細斟酌。像「仲尼居」三個字中，就有兩個字不合正體。《三蒼》中的「尼」字左邊多了個「丘」字，《說文解字》中的「居」是在「尸」字下面加「几」字：像這樣的情況，怎麼能夠因循依從呢？古時候不存在一個字有兩種形體這種情況，同時有很多假借的現象，把「中」假借成「仲」，把「說」假借成「悅」，把「召」假借成「邵」，把「閒」假借成「閑」：像這種情況的字，也不需要更改。自然也有訛誤錯謬的文字，這些錯誤形成了鄙陋的習俗，如把「亂」的偏旁寫成「舌」，「揖」字下面沒有「耳」，「黿」、「鼉」寫成「龜」字旁，把「奮」、「奪」寫成「雚」旁，在「席」字中加「帶」，「惡」字上安「西」，在「鼓」字外部加「皮」，「鑿」字頂部寫成「毀」，將「離」字配上「禹」，「壑」字居然加了「豁」，「巫」字與「經」字的部首相混，把「皋」字寫成「澤」的半邊，「獵」字變成了「獦」字，「寵」字變成了「竉」字。「業」字左邊加上「片」，「靈」字底下添了個「器」字，「率」字本來就有讀成「律」的時候，非得改成別的字，「單」字本來就有「善」這個讀音，往往被分析成別的讀音：像以上這類情況，不能不修改。我過去初讀《說文解字》時，很鄙薄這些通行的俗字，可是我如果堅持按照正體寫又怕別人不認識，順從時俗寫自己心裡又嫌其錯謬，且不用這些字又沒法下筆。隨著見識漸漸增加，才懂得適時變通，改變以前用字時過分拘泥的習慣，打算取二者中間。若是撰文著述，就選擇稍微近似的字來用，要是寫官府公文，以及與別人來往的書信，就不違背通行的用字習慣了。

【原文】

案：彌「亙①」字從二間舟，《詩》云「亙之秬秠」是也。今之隸書，轉「舟」為「日」；而何法盛《中興書》乃以「舟」在「二」間為舟「航」字，謬也。《春秋說》以「人十四心」為「德」，《詩說》以「二在天下」為「酉」②，《漢書》以「貨泉」為「白水真人」③，《新論》以「金昆」為「銀」④，《國志》以「天上有口」為「吳」⑤，《晉書》以「黃頭小人⑥」

為「恭」，《宋書》以「召刀」為「邵」⑦，《參同契》⑧以「人負告」為「造」：如此之例，蓋數術謬語，假借依附，雜以戲笑耳。如猶轉「貢」字為「項」，以「叱」為「七」，安可用此定文字音讀乎？潘、陸諸子《離合詩》《賦》《杙卜》《破字經》⑨，及鮑昭《謎字》，皆取會流俗，不足以形聲論之也。

【注釋】

① 互：假借為「互」字。

②「《春秋說》」二句：盧文弨曰：「《春秋說》《詩說》，皆緯書也，今多不傳。德本作？，乃直心也；酉本作？：二說所言，皆非本誼。」

③「《漢書》」句：《後漢書‧光武帝紀論》：「及王莽篡位，忌惡劉氏，以錢文有金刀，故改為貨泉，或以貨泉為白水真人。」貨泉：漢代錢幣。

④ 金昆：指銀子。「銀」字拆開為「金」和「艮」，「艮」又近「昆」，故詭作「金昆」。又龔向農曰：「《御覽》八百十二引桓譚《新論》：『則金之公，而銀者金之昆弟也。』」

⑤ 《國志》：即《三國志》。《三國志‧吳書‧薛綜傳》：「綜下行酒，因勸酒曰：『蜀者何也？有犬為獨，無犬為蜀，橫眉句身，蟲入其腹。』奉曰：『不當復說君吳邪？』綜應聲曰：『無口為天，有口為吳，君臨萬邦，天子之都。』」

⑥ 黃頭小人：暗指「恭」字。《宋書‧五行志二》：「王恭在京口，民間忽雲：『黃頭小人欲作賊，阿公在城下指縛得。』又雲：『黃頭小人欲作亂，賴得金刀作蕃扞。』黃字上，恭字頭也；小人，恭字下也。尋如謠者言焉。」

⑦ 召刀：即「邵」，通「劭」。《宋書‧二凶傳》：「初命之日邵，在文為召刀，後惡焉，改刀為力。」邵：當作「邵」。

⑧ 《參同契》：全名《周易參同契》，是最早系統論述道教煉丹的書。

⑨ 《離合詩》：雜體詩名。常見之一是拆開字形合成詩句，實際是文字遊戲。漢、魏六朝時即有之。杙：占卜所用之星盤。破字：即拆字。以漢字加減筆劃拆開偏旁或打亂字體結構加以附會，以推算吉凶。

【譯文】

據考證：「彌互」中的「互」字，是「二」字中間加「舟」字，《詩經》上說的「互之秬秠」的「互」就是這個字。現在的隸書，把「二」字中間的「舟」改成「日」，而何法盛在《晉中興書》中竟然認為「舟」字加在「二」字中間所組成的字是「航」字，這是相當荒謬的。

《春秋說》中以「人十四心」為「德」字，《詩說》中以「二在天下」暗指「酉」字，《漢書》中把「貨泉」稱為「白水真人」，《新論》之中以「金昆」暗指「銀」字，《三國志》中以「天上有口」暗指「吳」字，《晉書》中以「黃頭小人」暗指「恭」字，《宋書》中以「召刀」暗指「邵」字，《周易參同契》中以「人負告」為「造」字：像這些例子，都是術數附會的荒謬說法，不過是假託附會，混雜亂說用來遊戲取樂罷了。就好像把「貢」字轉化為「項」字，把「叱」字轉化為「七」字，哪能根據這些說法來確定文字的讀音呢？潘岳、陸機等人的《離合詩》《賦》《栻卜》《破字經》，以及鮑昭的《謎字》，都是迎合社會流俗的作品，根本不配用形聲造字的方法理論來評價它們。

【原文】

河間邢芳語吾云：「《賈誼傳》云：『日中必熭[1]。』注：『熭，暴也。』曾見人解云：『此是暴疾之意，正言日中不須臾，卒然便昃[2]耳。』此釋為當乎？」吾謂邢曰：「此語本出太公《六韜》，案字書，古者「暴曬」字與「暴疾」字相似[3]，唯下少異，後人專輒加傍『日』耳。言『日』中時，必須暴曬，不爾者，失其時也。晉灼[4]已有詳釋。」芳笑服而退。

【注釋】

① 熭：暴曬。
② 昃：指太陽西斜。
③ 暴：通「暴」。
④ 晉灼：河南人，晉尚書令，著有《漢書音義》十七卷。

【譯文】

　　河間人邢芳對我說：「《賈誼傳》上說：『日中必熭。』注釋說：『熭，就是暴的意思。』我曾經見到別人解釋說：『這是迅猛的意思，就是說正午的時間不長，太陽很快就西斜了。』這個解釋合適嗎？」

　　我對邢芳說：「這句話出自太公望的《六韜》，考證字書中的說法，古代的『暴』字與『暴疾』的『暴』字字形相似，只是下半部分稍有不同，後人擅自給『暴』字加了「日」字旁。這句話的意思是說正午時太陽當中，一定要抓緊時間暴曬物品，不這樣的話，就錯過了最好的時機。關於這點晉灼已經有詳細的解釋。」邢芳聽後心悅誠服，笑著回去了。

顏氏家訓・卷七

音辭第十八

【原文】

　　夫九州之人，言語不同，生民已來，固常然矣。自《春秋》標齊言①之傳，《離騷》目②《楚詞》之經，此蓋其較明之初也。後有揚雄著《方言》，其言大備。然皆考名物③之同異，不顯聲讀之是非也。逮鄭玄注《六經》，高誘解《呂覽》《淮南》，許慎造《說文》，劉熹制《釋名》④，始有譬況⑤假借以證音字耳。而古語與今殊別，其間輕重清濁，猶未可曉，加以內言外言⑥、急言徐言⑦、讀若⑧之類，益使人疑。孫叔言創《爾雅音義》⑨，是漢末人獨知反語。至於魏世，此事大行。高貴鄉公⑩不解反語，以為怪異。自茲厥後，音韻鋒出⑪，各有土風⑫，遞相非笑，指馬⑬之諭，未知孰是。共以帝王都邑，參校方俗，考核⑭古今，為之折衷⑮。摧⑯而量之，獨金陵⑰與洛下耳。南方水土和柔，其音清舉而切詣⑱，失在浮淺，其辭多鄙俗。北方山川深厚，其音沉濁而鈍⑲，得其質直⑳，其辭多古語。然冠冕君子，南方為優；閭里小人，北方為愈㉑。易服而與之談，南方士庶，數言可辯；隔垣而聽其語，北方朝野㉒，終日難分。而南染吳、越，北雜夷虜，皆有深弊，不可具論。其謬失輕微㉓者，則南人以「錢」為「涎」，以「石」為「射」，以「賤」為「羨」，以「是」為「舐」；北人以「庶」為「戍」，以「如」為「儒」，以「紫」為「姊」，以「洽」為「狎」。如此之例，兩失甚多。至鄴㉔已來，唯見崔子約、崔瞻叔侄㉕，李祖仁、李蔚兄弟㉖，頗事

言詞，少為切正㉗。李季節著《音韻決疑》㉘，時有錯失；陽休之㉙造《切韻》，殊為疏野㉚。吾家兒女，雖在孩稚，便漸督正之，一言訛替㉛，以為己罪矣。云為品物，未考書記者，不敢輒名，汝曹所知也。

【注釋】

① 齊言：齊國方言。何休《春秋公羊解詁》曾指明《公羊傳》有用齊國方言者。如《公羊傳‧隱公五年》：「公曷為遠而觀魚？登來之也。」何休解詁：「登，讀言得。得來之者，齊人語也。齊人名求得為得來，作登來者，其言大而急，由口授也。」又《公羊傳‧桓公六年》：「曷為慢之？化我也。」何休解詁：「行過無禮謂之化，齊人語也。」清人淳於鴻恩著《公羊方言疏箋》一卷，言之甚詳。

② 目：視為。《離騷》多楚人之語，如羌字些字等，故有此說。

③ 名物：事物的名稱、特徵等。

④ 劉熹制《釋名》：《隋書‧經籍志》：「《釋名》八卷，劉熙撰。」《冊府元龜》：「漢劉熙為安南太守，撰禮諡法八卷，釋名八卷。」而《直齋書錄解題》又稱《釋名》是漢徵士北海劉熙成國撰。郝懿行曰：「劉成國名熙，或言熹者，蓋古字通用。」

⑤ 譬況：古代一種注音方法，即用近似的字來比照說明某個字的發音。

⑥ 內言外言：古代注家譬況字音用語。所謂內外指韻之洪細而言，內言發洪音，外言發細音。

⑦ 急言：漢代注家譬況字音用語。徐言：猶緩言，緩氣言之。

⑧ 讀若：又作「讀如」、「讀若某同」，古代注音、釋義用語，即用一個讀音相近的字來注音。

⑨ 孫叔言：即孫炎，字叔然。此稱「叔言」，疑誤。陸德明《釋文》云：「炎字叔然。今此作『叔言』，亦似取莊子『大言炎炎』為義。得無炎本有兩字耶？故仍之。」《爾雅音義》：《隋書‧經籍志》：「《爾雅音義》八卷，孫炎撰。」郝懿行曰：「按：反語非起於孫叔然，鄭康成、服子慎、應仲遠年輩皆大於叔然，並解作反語，具見《儀禮》《漢書》注，可考而知。余嘗以為反語，古來有之，蓋自叔然始暢其說，而後世因謂叔然作之爾。」周祖謨曰：「案反切之興，前人多謂創自孫炎。然反切之事，決非一人所能獨創，其淵源必有所自。」

⑩ 高貴鄉公：即曹髦，三國時曹魏第四位皇帝，魏文帝曹丕之孫，東海定王曹霖之子，在位七年。曹髦對司馬氏兄弟的專橫跋扈十分不滿，曾言「司馬昭之心，路人皆知」。後討伐司馬昭失敗，被殺。

⑪ 鋒出：謂如鋒刃齊起，言銳而難拒也。

⑫ 土風：土音，此指方言。

⑬ 指馬：戰國時名家公孫龍提出「物莫非指，而指非指」、「白馬非馬」等命題，討論名與實之間的關係。《莊子·齊物論》則謂「以指喻指之非指，不若以非指喻指之非指也，以馬喻馬之非馬，不若以非馬喻馬之非馬也。天地一指也，萬物一馬也」。謂世界是一個統一體，應各任自然，不分彼此、是非、長短、多少。後遂以「指馬」為爭辯是非、差別的代稱。

⑭ 考核：研究考查。

⑮ 折衷：取正，用為判斷事物的準則。一說指調和不同意見或爭執。

⑯ 推：商討，商量。

⑰ 金陵：即建康，為南朝之都城。洛下：即洛陽，為曹魏、西晉、北魏之都城。

⑱ 清舉：指聲音清脆而悠揚。切詣：指發音迅急。

⑲ 鈍：渾厚，不尖銳。

⑳ 質直：質樸，平直。

㉑ 愈：勝過。

㉒ 朝野：朝廷與民間。指官員和民間普通百姓。

㉓ 輕微：指發音過於輕微。一說謬誤輕微。

㉔ 至鄴：指顏之推歸北齊。周祖謨曰：「按：之推入鄴，當在齊天保八年（557），《觀我生賦》自注云：『至鄴便值陳興。』是也。」

㉕ 崔子約：《北史·崔儦傳》：「子聿弟子約。五歲喪父，不肯食肉。後喪母，居喪哀毀骨立……長八尺餘，姿神俊異，潛觀梁使劉孝儀，賓從見者駭目。武定中，為平原公開府祭酒。與兄子瞻俱詣晉陽，寄居佛寺。瞻長於子約二歲，每退朝久立，子約馮幾對之，儀望俱華，儼然相映。諸沙門竊窺之，以為二天人也。」崔瞻：《北史》作「崔瞻」。《北齊書·崔瞻傳》：「瞻字彥通，聰明強學，有文情，善容止，神采嶷然，言不妄發……瞻性簡傲，以才地自矜，所與周旋，皆一時名望。」

㉖ 李祖仁、李蔚兄弟：《北史·李諧傳》：「諧長子岳，字祖仁，官中

散大夫。性純至，居期慘，未曾聽婢過前。追思二親，言則流涕……岳弟庶，方雅好學，甚有家風……庶弟蔚，少清秀，有襟期倫理，涉觀史傳，兼屬文詞。」

㉗ 切正：切磋補正。

㉘ 李季節：即李概，字季節。見前注。《隋書·經籍志》：「《修續音韻決疑》十四卷，李概撰。」

㉙ 陽休之：字子烈，仕北齊，卒於隋。《北齊書·陽休之傳》：「休之俊爽有風概，少勤學，愛文藻，弱冠擅聲，為後來之秀……休之好學不倦，博綜經史，文章雖不華靡，亦為典正。邢、魏殂後，以先達見推。位望雖高，虛懷接物，為搢紳所愛重。」

㉚ 疏野：粗略草率。

㉛ 訛替：差誤。

【譯文】

　　九州之內的人，言語各不相同，自從有人類以來，就一向如此。自從《春秋公羊傳》中標出對齊地方言的解釋，《離騷》被視為楚人語詞的經典，這大概是古人明白各地語言存在差異的開始。後來揚雄著《方言》，其中關於各地方言的不同，論述非常詳備。然而這本書中的內容都是考辨事物名稱的異同，並不顯示讀音的是與非。等到鄭玄注釋《六經》，高誘注解《呂氏春秋》《淮南子》，許慎撰寫《說文解字》，劉熹編著《釋名》的時候，才開始用譬況或假借的方法來為音同或音近的字注音。然而古代的讀音和現代的發音很不一樣，其中語音的輕重、清濁，還不能明瞭，再加上他們注音時採用了內言外言、急言徐言、讀若之類的方法，更加讓人疑惑不解。

　　孫叔言撰寫了《爾雅音義》一書，他是漢朝末年中唯一懂得反切注音法的人。到了曹魏時期，用反切法為字注音的方法大為盛行。高貴鄉公曹髦因為不懂得反切注音法，被當時人看作是一件怪異的事。從此以後，關於音韻的著作大量出現，這些書中各自記錄不同地區的方言，相互之間非難嘲笑，彼此展開爭辯，讓人搞不懂哪種說法是正確的。後來大家都用帝王都城所在地區的語言，參考比較各地方言俗語，研究考查古今讀音，制定一個恰當的準則來調和這些爭執。

經過反覆的商討和斟酌以後，可以認定只有建康地區和洛陽地區的發音足以分別代表南北地區的發音標準。南方地區水土柔和，故南方語音清脆悠揚而發音急切，其不足之處在發音淺而浮，言辭多鄙陋粗俗。北方地區山高水深，故北方語音低沉濁重而渾厚，其長處是質樸平直，言辭中保留著很多古語。然而就士大夫的言談水準而論，南方優於北方；而從市井百姓的說法水準來看，則北方勝過南方。讓南方兩個不同階層的人交換服裝，與他們交談，士大夫還是平民，只需聽他們說過幾句話之後就可以分辨；隔著牆聽人家說話，若是談話的是北方官員和百姓，即使聽一整天也難以區分二人的身份。然而南方的語言沾染了吳越地區的方言，北方的語言夾雜著蠻夷外族的口音，二者都存在著很大的弊病，在此不能夠一一加以評論。

有些情況錯在發音過於輕微，例如南方人把「錢」讀作「涎」，把「石」讀作「射」，把「賤」讀作「羨」，把「是」讀作「舐」；北方人把「庶」讀作「戍」，把「如」讀作「儒」，把「紫」讀作「姊」，把「洽」讀作「狎」。像以上這些情況，南方和北方都錯得很多。

我到鄴城以來，只知道崔子約、崔瞻叔侄和李祖仁、李蔚兄弟對語言略有研究，稍微做了些切磋補正的工作。李季節寫的《音韻決疑》，經常會出現錯誤不當之處；陽休之撰的《切韻》，十分粗略草率。我家的兒女，雖然還在孩童時代，我就逐步糾正他們的發音。他們若是有一個字讀得不對，我就認為是我的過錯。所有物品，沒有在書籍記錄中得到考證的，就不敢隨便稱呼，這些都是你們所知道的。

【原文】

古今言語，時俗不同。著述之人，楚、夏各異①。《蒼頡訓詁》②，反「稗」為「逋賣」，反「娃」為「於乖」；《戰國策》音「刎」為「免」，《穆天子傳》③音「諫」為「間」；《說文》音「夏」為「棘」，讀「皿」為「猛」；《字林》音「看」為「口甘反」，音「伸」為「辛」；《韻集》以成、仍、宏、登合成兩韻，為、奇、益、石分作四章；李登《聲類》以「系」音「羿」；劉昌宗《周官音》讀「乘」若「承」。此例

甚廣，必須考校。前世反語，又多不切，徐仙民《毛詩音》反「驟」為「在遘」，《左傳音》切「椽」為「徒緣」，不可依信，亦為眾矣。今之學士，語亦不正。古獨何人，必應隨其訛僻④乎？《通俗文》曰：「入室求曰搜。」反為「兄侯」。然則「兄」當音「所榮反」。今北俗通行此音，亦古語之不可用者。璵璠⑤，魯人寶玉，當音「餘煩」，江南皆音「藩屏」之「藩」。「岐」山當音為「奇」，江南皆呼為「神祇」之「祇」。江陵陷沒，此音被⑥於關中，不知二者何所承案⑦。以吾淺學，未之前聞也。

【注釋】

① 楚：即東周時楚國。楚在南方，長期被中原國家視為蠻夷。夏：華夏，指中原國家。

② 《蒼頡訓詁》：東漢杜林撰，見《唐書‧經籍志》。

③ 《穆天子傳》：關於周穆王事蹟的帶有虛構成分的傳記作品，共六卷，作者不詳。

④ 訛僻：訛誤。

⑤ 璵璠：美玉。

⑥ 被：通行。

⑦ 承案：依從，出自。

【譯文】

　　古今的語音，因為時俗習慣的變化而有所不同。進行著述的人，也是南楚北夏各不相同。《蒼頡訓詁》中，給「稗」注音為「逋賣反」，給「娃」注音為「於乖反」；《戰國策》中，把「刎」注音為「免」；《穆天子傳》中，把「諫」注音為「間」；《說文解字》中，將「戛」注音為「棘」，將「皿」讀作「猛」；《字林》中，將「看」注音為「口甘反」，將「伸」注音為「辛」；《韻集》中，把「成」、「仍」、「宏」、「登」合為兩個韻，又把「為」、「奇」、「益」、「石」分入四個韻部；李登的《聲類》，用「系」給「羿」注音；劉昌

宗的《周官音》，將「乘」讀若「承」。像這樣的例子有很多，必須注意考證校正。

　　前代的反切注音，又有很多是不確切的。徐仙民的《毛詩音》將「驟」注音為「在遘反」，《左傳音》將「椽」注音為「徒緣切」，這些不能信從的例子也是有很多的。當今的學者，注音也有不正確的。古人難道有什麼特殊的地方，後人一定要沿襲他們的錯誤嗎？《通俗文》中說：「入室求曰搜。」作者將「搜」注音為「兄侯反」。如果這樣的話，那麼「兄」就應該讀作「所榮反」。現在北方地區通行這個讀音，這也是古代語言中不能沿用的例子。

　　璵璠，是魯國的寶玉，應該讀成「餘煩」，江南地區都把「璠」讀成「藩屏」的「藩」。「岐山」的「岐」應當讀作「奇」，江南地區都讀作「神祇」的「祇」。江陵陷落後，這兩種讀音在關中流行，不知道它們的依據是什麼。我才疏學淺，還沒有聽說過。

【原文】

　　北人之音，多以「舉」、「莒」為「矩」，唯李季節云：「齊桓公與管仲於臺上謀伐莒①，東郭牙②望見桓公口開而不閉，故知所言者莒也。然則莒、矩必不同呼③。」此為知音矣。

【注釋】

① 莒：莒國，春秋時小國。
② 東郭牙：春秋時齊國諫臣，齊桓公時期五傑之一，由管仲推舉，任「大諫之官」。
③ 呼：音韻學名詞。漢語音韻學家依據口、唇的形態將韻母分為開口呼、齊齒呼、合口呼、撮口呼四類，合稱四呼。《呂氏春秋‧重言》：「齊桓公與管仲謀伐莒，謀未發而聞於國，桓公怪之，曰：『與仲父謀伐莒，謀未發而聞於國，其故何也？』管仲曰：『國必有聖人也。』桓公曰：『嘻！日之役者，有執柘杵而上視者，意者其邪！』乃令復役，無得相代。少頃，東郭牙至。管仲曰：『此必是已。』乃令賓者延之而上，分級而立。管子曰：『子邪言伐莒者？』

對曰：『然。』管仲曰：『我不言伐莒，子何故言伐莒？』對曰：『臣聞君子善謀，小人善意。臣竊意之也。』管仲曰：『我不言伐莒，子何以意之？』對曰：『臣聞君子有三色：顯然喜樂者，鐘鼓之色也；湫然清靜者，衰絰之色也；艴然充盈、手足矜者，兵革之色也。日者臣望君之在臺上也，艴然充盈、手足矜者，此兵革之色也。君呿而不吟，所言者「莒」也；君舉臂而指，所當者莒也。臣竊以慮諸侯之不服者，其惟莒乎！臣故言之。』」此問《管子‧小問篇》《韓詩外傳》等亦有載。

【譯文】

北方人的讀音，經常把「舉」、「莒」讀作「矩」，只有李季節說：「齊桓公和管仲在臺上商議討伐莒國的事，東郭牙遠遠望見齊桓公說話時口張開而不閉攏，因而知道他們所談論的是莒國。這樣的話，『莒』和『矩』二字的發音必然有開口、合口的不同。」他是通曉音韻的人。

【原文】

夫物體自有精粗，精粗謂之好惡[①]；人心有所去取，去取謂之好惡[②]。此音見於葛洪、徐邈。而河北學士讀《尚書》云好生惡殺[③]。是為一論物體，一就人情，殊不通矣。

【注釋】

① 好惡（音好俄）：好壞。此為形容詞。
② 好惡（音浩務）：喜歡和討厭。此為動詞。
③ 好生惡殺：愛惜生靈，厭惡殺生。此處「好、惡」當讀作（浩務），河北地區的學者可能讀成了（好俄），故顏之推以為誤。

【譯文】

物品本身有精良、粗劣的分別，這種精良或粗劣就稱之為好或惡；人的感情對某樣事物有捨棄或保留，這種捨棄或保留的心理也稱之為好或惡。後一種「好、惡」的讀音見於葛洪和徐邈的著作。而黃河以北地

區的人在讀《尚書》時卻將「好（浩）生惡（務）殺」讀成「好（好）生惡（俄）殺」。這兩種讀音一種是評論物品質地的，一種是表達人的情緒的，將這二者混為一談，就太說不通了。

【原文】

甫者，男子之美稱，古書多假借為「父」字；北人遂無一人呼為「甫」者，亦所未喻①。唯管仲、范增之號②，須依字讀耳。

【注釋】

① 喻：知曉，明白。

② 管仲、范增之號：管仲被齊桓公尊稱「仲父」，范增是秦末項羽帳下謀士，項羽尊其為「亞父」。

【譯文】

甫，是男子的美稱，而古書中多通假為「父」字。北方人竟然沒有一個人把假借為「甫」的「父」字讀成「甫」音，這是因為他們不明白二者的通假關係。只有管仲「仲父」和范增「亞父」這兩個名號中的「父」字應該依本字而讀。

【原文】

案：諸字書，焉者鳥名，或云語詞①，皆音「于愆反」。自葛洪《要用字苑》分焉字音訓：若訓「何」訓「安」，當音「于愆反」，「于焉逍遙」，「于焉嘉客②」，「焉用佞」，「焉得仁」之類是也③；若送句及助詞，當音「矣愆反」，「故稱龍焉」，「故稱血焉④」，「有民人焉」，「有社稷焉⑤」，「託始焉爾⑥」，「晉、鄭焉依⑦」之類是也。江南至今行此分別，昭然易曉；而河北混同一音，雖依古讀，不可行於今也。

【注釋】

① 語詞：即語辭，文言虛詞。

② 「于焉逍遙」，「于焉嘉客」：出自《詩經・小雅・白駒》。

③ 「焉用佞」，「焉得仁」：出自《論語・公冶長篇》。

④ 「故稱龍焉」，「故稱血焉」：出自《周易・坤卦・文言》。

⑤ 「有民人焉」，「有社稷焉」：出自《論語・先進篇》。

⑥ 「托始焉爾」：出自《公羊傳・隱公二年》。

⑦ 「晉、鄭焉依」：出自《左傳・隱公六年》。

【譯文】

據考證：各種字書都認為「焉」是鳥名，也有說是虛詞的，都注音為「於愆反」。自從葛洪《要用字苑》起，才開始區分「焉」字的讀音和意義：如果解釋作「何」、「安」，就應當讀作「于愆反」，「于焉逍遙」，「于焉嘉客」，「焉用佞」，「焉得仁」之類的句子就是這樣；如果「焉」字用作句末語氣詞及結構助詞，就應當讀作「矣愆反」，「故稱龍焉」，「故稱血焉」，「有民人焉」，「有社稷焉」，「托始焉爾」，「晉、鄭焉依」之類句子就是這樣。江南地區至今沿用這種不同的讀音，字的意思非常明瞭易懂；而黃河以北地區則把兩種讀音混為一種，這雖然遵從古音，卻不能用在當今。

【原文】

　　邪者，未定之詞①。《左傳》曰：「不知天之棄魯邪？抑魯君有罪於鬼神邪？」《莊子》云：「天邪地邪？」《漢書》云：「是邪非邪」之類是也。而北人即呼為也，亦為誤矣。難者曰：「《繫辭》云：『乾坤，易之門戶邪？』此又為未定辭乎？」答曰：「何為不爾！上先標問，下方列德以折之耳②。」

【注釋】

① 未定之詞：即疑問詞。

②列德：即闡明乾坤之德。列：一說當作「？」。折：判斷，裁決。

【譯文】

　　「邪」是表示疑問語氣的詞。《左傳》說：「不知天之棄魯邪？抑魯君有罪於鬼神邪？」《莊子》說：「天邪地邪？」《漢書》說：「是邪非邪？」這些例子中的「邪」就是這種用法。而北方人卻把「邪」讀作「也」，這是錯誤的。有人詰難我說：「《繫辭》上說：『乾坤，易之門戶邪？』這裡的『邪』難道也是疑問語氣詞嗎？」我回答說：「為什麼不是呢！前面先提出疑問，下面才闡明乾坤之德來作裁斷啊。」

【原文】

　　江南學士讀《左傳》，口相傳述，自為凡例①，軍自敗曰「敗」，打破人軍曰「敗」。諸記傳未見「補敗反」，徐仙民讀《左傳》，唯一處有此音，又不言自敗、敗人之別，此為穿鑿耳。

【注釋】

① 凡例：體制，章法。

【譯文】

　　江南學者讀《左傳》，是靠口授遞相傳述，自行制定了一套音讀章法，軍隊自己潰敗稱「敗」，打敗對方軍隊也稱「敗」。各種記載和傳本中都沒見過「補敗反」這個注音，徐仙民讀《左傳》時，只在一處注了這個音，又沒說自敗和打敗別人的區別，這就顯得有些牽強附會了。

【原文】

　　古人云：「膏粱難整①。」以其為驕奢自足，不能克勵②也。吾見王侯外戚，語多不正，亦由內染賤保傅③，外無良師友故耳。梁世有一侯，嘗對元帝飲謔，自陳「癡鈍」，乃

成「颸段」，元帝答之云：「颸④異涼風，段非干木⑤。」謂「郢州」為「永州」，元帝啟報簡文，簡文云：「庚辰吳入⑥，遂成司隸⑦。」如此之類，舉口皆然。元帝手教諸子侍讀，以此為誡。

【注釋】

① 膏粱：六朝以膏粱為富貴之美稱。整：當作「正」。《國語・晉語七》：「悼公曰：『夫膏粱之性難正也，故使惇惠者教之，使文敏者道之，使果敢者諗之，使鎮靖者修之。』」
② 克勵：刻苦自勵。
③ 保傅：古代保育、教導太子等貴族子弟及未成年帝王、諸侯的男女官員，統稱為保傅。
④ 颸（音思）：涼風。
⑤ 干木：段干木，戰國初期魏國名士，師子夏，為孔子再傳弟子。此二句是梁元帝調侃語。
⑥ 庚辰吳入：指春秋時期吳國軍隊攻入楚國郢都事。《左傳・定公四年》：「冬十有一月庚午，蔡侯以吳子及楚人戰於柏舉，楚師敗績，楚囊瓦出奔鄭。庚辰，吳入郢。」
⑦ 司隸：指東漢司隸校尉鮑永。此兩句是簡文帝戲謔侯爵以「永」代「郢」。

【譯文】

　　古人云：「膏粱子弟，其性難正。」這是因為他們多驕橫奢侈自我滿足，且不能克制私欲，力求上進。我見到的王侯外戚，語音多數都不標準，這也是因為他們在內受到那些低賤保傅的薰染，在外又沒有良師益友對其進行幫助的緣故。梁朝時有一位侯爵，曾經和梁元帝一起飲酒戲謔，他自稱「癡鈍」，卻把這兩個字說成「颸段」。梁元帝戲答他說：「你說的這個『颸』可不是涼風，『段』也不是段干木。」他還把「郢州」說成「永州」，元帝把此事告訴了簡文帝，簡文帝說：「庚辰日吳國攻入的地方，卻成了東漢的司隸校尉。」像這種發音不准的例子，那些王公貴戚張口就是。梁元帝親自為諸位皇子授書講學時，就拿

這件事來告誡他們。

【原文】

　　河北切「攻」字為「古琮」，與「工」「公」「功」三字不同，殊為僻也。比世有人名暹，自稱為「纖」；名琨，自稱為「袞」；名洸，自稱為「汪」；名，自稱為「」。非唯音韻舛錯①，亦使其兒孫避諱紛紜②矣。

【注釋】

①舛（音喘）錯：差錯。
②紛紜：盛多、雜亂貌。

【譯文】

　　黃河以北地區的人將「攻」字注音為「古琮切」，與「工」、「公」、「功」三字的讀音都不同，這是極端錯誤的。近代有人名「暹」，卻自己讀成「纖」；名「琨」，卻自己讀成「袞」；名「洸（音光）」，卻自己讀成「汪」；名「勬」，卻自己讀成「獥」。這不僅在音韻上有錯誤，也使其子孫後代的避諱變得紛繁雜亂了。

雜藝第十九

【原文】

　　真草①書跡，微須留意。江南諺云：「尺牘書疏②，千里面目也。」承晉、宋餘俗，相與事之，故無頓狼狽者。吾幼承門業，加性愛重，所見法書亦多，而玩習③功夫頗至，遂不能佳者，良由無分故也。然而此藝不須過精。夫巧者勞而智者憂，常為人所役使，更覺為累。韋仲將④遺戒，深有以也。

【注釋】

① 真草：書體名，真書和草書。真書：楷書。一說隸書。

② 尺牘、書疏：皆指書信。

③ 玩習：玩味，研習。

④ 韋仲將：韋誕，字仲將，三國曹魏書法家，諸書並善，題署尤精。《世說新語·巧藝》：「韋仲將能書。魏明帝起殿，欲安榜，使仲將登梯題之。既下，頭鬢皓然。因敕兒孫勿復學書。」

【譯文】

　　楷書、草書等書法技藝，需要稍加用心。江南有諺語說：「一封信函，就是千里之外給人看的面目。」現在的人都繼承了東晉、劉宋以來的風氣，都用功學習書法，所以在這方面從沒有突然感到為難窘迫的時候。我自幼繼承家傳學業，加上本身也很愛好書法，所見到的書法字帖也多，而且在臨摹玩味上也下了不少功夫，但我最終還是不能達到很高的書法水準，確實是我缺少天分的緣故吧。然而書法這門技藝也不需要過於精湛。巧者多勞，智者多憂，若因為字寫得好而常被人役使，反而覺得是一種負累。韋仲將給子孫留下「不要學書法」的訓誡，是很有道理的。

【原文】

　　王逸少風流才士，蕭散①名人，舉世惟知其書，翻以能自蔽也。蕭子雲每歎曰：「吾著《齊書》②，勒③成一典，文章弘義，自謂可觀。唯以筆跡得名，亦異事也。」王褒地胄清華④，才學優敏，後雖入關⑤，亦被禮遇。猶以書工，崎嶇碑碣之間⑥，辛苦筆硯之役，嘗悔恨曰：「假使吾不知書，可不至今日邪？」以此觀之，慎勿以書自命。雖然，廝猥⑦之人，以能書拔擢者多矣。故道不同不相為謀也。

【注釋】

① 蕭散：瀟灑，不受拘束。

②《齊書》：據史載，《齊書》乃蕭子顯所著。蕭子雲著有《晉書》一
　　百十卷，已佚。蓋此誤記也。
③勒：編。
④地冑：南北朝時，稱皇族帝室為天潢，世家豪門為地冑。後亦泛指門
　　第。清華：謂清流華冑，指門第高或職位清高顯貴。
⑤入關：王褒是南朝人，江陵淪陷後，被迫入西魏，後仕於北周。西
　　魏、北周都城在關中長安，故稱「入關」。
⑥崎嶇：跋涉，奔波。碑碣：石碑方首者稱碑，圓首者稱碣。後多不
　　分，以之為碑刻的統稱。
⑦廝猥：地位卑微。

【譯文】

　　王羲之是一位灑脫飄逸的才子，瀟灑而不受約束的名士，舉世之人
都知道他的書法精妙，反而把他其他方面的才華都掩蓋了。蕭子雲常感
歎道：「我撰《齊書》，編纂成一部史籍典策，書中的文章大義，我自
以為很值得一看。可到頭來卻只是因抄寫的書法精妙而使我得名，也真
是怪事。」王褒出身高貴，學識淵博，文思敏捷，後來雖然被迫入關，
也依然受到禮遇。但他還是因為工於書法，經常困頓於碑碣之間，辛辛
苦苦替別人寫字，他曾後悔地說：「假如我不懂得書法，就不至於像現
在這樣吧？」由此看來，千萬不要以精通書法而自命不凡。話雖這樣
說，那些地位卑下的人，因為會書法而得到提拔的也有很多。所以說，
處境不同的人是不能互相謀劃的。

【原文】

　　梁氏秘閣散逸以來①，吾見二王②真草多矣，家中嘗得十
卷。方知陶隱居、阮交州、蕭祭酒諸書③，莫不得羲之之
體，故是書之淵源。蕭晚節所變，乃右軍④年少時法也。

【注釋】
①秘閣：即內府，古代宮中珍藏圖書秘笈之處。南梁時，爆發「侯景之
　　亂」，叛軍入建康，燒毀大量內府書卷。又梁元帝時，西魏軍入江

陵，元帝自焚名畫書法及典籍等二十四萬卷。

② 二王：即王羲之、王獻之父子。

③ 陶隱居：即陶弘景。阮交州：即阮研，南朝書法家。陳思《書小史》
卷七：「阮研，字文幾，陳留人。官至交州刺史。善書，其行草出於
逸少，精熟尤甚。其勢若飛泉交注，奔競不息。張懷瓘云：『文幾與
子雲齊名，時稱蕭、阮等各得右軍一體。』」蕭祭酒：即蕭子雲。

④ 右軍：即王羲之。他曾為右軍將軍，故稱。

【譯文】

　　梁朝秘閣的圖書散佚以來，我見過很多王羲之、王獻之的真書、草
書作品，我家中曾收藏有十卷。看了這些作品，才知道陶弘景、阮研、
蕭子雲等人的書法，無不是學習了王羲之的字體佈局，所以說王羲之的
字是書法的淵源。蕭子雲晚年時的書體有所變化，就是學習了王羲之年
輕時期的筆法。

【原文】

　　晉、宋以來，多能書者。故其時俗，遞相染尚①，所有
部帙，楷正可觀，不無俗字，非為大損。至梁天監之間，斯
風未變；大同之末，訛替滋生。蕭子雲改易字體，邵陵王頗
行偽字②，朝野翕然，以為楷式③，畫虎不成，多所傷敗。至
為一字，唯見數點，或妄斟酌，逐便轉移。爾後墳籍，略不
可看。北朝喪亂之餘，書跡鄙陋，加以專輒造字，猥拙甚於
江南。乃以「百」「念」為「憂」，「言」「反」為「變」，「不」
「用」為「罷」，「追」「來」為「歸」，「更」「生」為「蘇」，
「先」「人」為「老」，如此非一，遍滿經傳。唯有姚元標④
工於楷隸，留心小學，後生師之者眾。泊於齊末，秘書繕寫
⑤，賢於往日多矣。

【注釋】

① 染尚：濡染，崇尚。

② 邵陵王：梁武帝蕭衍第六子，封邵陵王，少聰穎，博學，善屬文，尤工尺箋。僞字：不合規範的字。

③ 楷式：法則，典範。

④ 姚元標：北朝人，官至左光祿大夫，以工書知名於時。

⑤ 繕寫：謄寫，編錄。

【譯文】

　　東晉、劉宋以來，有很多精通書法的人。所以一時形成了風氣，人們相互影響，所有的書籍文獻都抄錄得非常端正美觀，即使難免出現個別俗體字，也並沒有多大損害。直到梁天監年間，這種風氣也沒有改變；到了大同末年時，異體錯訛之字開始滋生蔓延。蕭子雲改變字的形體，邵陵王常使用不規範字，朝野上下竟一致效仿，將他們奉為典範，結果畫虎不成反類犬，造成很大的損害。到最後，一個字甚至簡化得只有幾個點，有的將字體隨意安排，任意改變偏旁的位置。自那以後的文獻書籍，基本沒法看。北朝經歷了長期的戰亂，書寫字跡鄙陋難看，再加上擅自生造新字，其拙劣程度比江南更甚。甚至出現將「百」、「念」二字組成「憂」字，將「言」、「反」二字組成「變」字，將「不」、「用」二字組成「罷」字，將「追」、「來」二字組成「歸」字，將「更」、「生」二字組成「蘇」字，將「先」、「人」二字組成「老」字，像這樣的情況並不是個別的，而是遍佈於經籍傳書之中。只有姚元標工於楷書、隸書，專心研究文字訓詁學，師從他學習的年輕人很多。到了北齊末年，秘閣書籍的抄寫就比以前規範多了。

【原文】

　　江南閭里間有《畫書賦》①，乃陶隱居弟子杜道士所為。其人未甚識字，輕為軌則②，託名貴師，世俗傳信，後生頗為所誤也。

【注釋】

① 《畫書賦》：盧文弨曰：「按：林罕《字源偏傍小說序》云：『俗有
《隸書賦》者，假託許慎為名，頗乖經據。《顏氏家訓》云：「斯實
陶先生弟子杜道士所為，大誤時俗，吾家子孫，不得收寫。」』按：
此作『畫書』，林作『隸書』，此云『貴師』，即隱居也，而林以為
『假託許慎』，未知實一書否。」

② 軌則：規則，準則。

【譯文】

　　江南地區有《畫書賦》一書流傳，是陶弘景的弟子杜道士所撰。這
個人認不得多少字，卻輕率地規定繪畫和書法的法則，還假託名師，世
人以訛傳訛，信以為真，後生晚輩多有被其誤導的。

【原文】

　　畫繪之工，亦為妙矣，自古名士，多或能之。吾家嘗有
梁元帝手畫蟬雀白團扇及馬圖，亦難及也。武烈太子偏能寫
真①，坐上賓客，隨宜②點染，即成數人，以問童孺，皆知姓
名矣。蕭賁、劉孝先、劉靈③，並文學已外，復佳此法。玩
閱古今，特可寶愛。若官未通顯，每被公私使令，亦為猥
役。吳縣顧士端出身湘東王國侍郎，後為鎮南府刑獄參軍，
有子曰庭，西朝④中書舍人，父子並有琴書之藝，尤妙丹青
⑤，常被元帝所使，每懷羞恨。彭城劉岳，橐之子也，仕為
驃騎府管記⑥、平氏⑦縣令，才學快士，而畫絕倫。後隨武陵
王⑧入蜀，下牢之敗⑨，遂為陸護軍⑩畫支江寺壁，與諸工巧
雜處。向使三賢都不曉畫，直運素業，豈見此恥乎？

【注釋】

① 武烈太子：即梁元帝長子蕭方等，字實相。寫真：畫人的肖像。

② 隨宜：隨其所宜，隨意。

③ 蕭賁：字文奐，南齊竟陵王蕭子良之孫。《南史·齊武帝諸子傳》：

「貴，字文奐，形不滿六尺，神識耿介。幼好學，有文才，能書善畫，於扇上圖山水，咫尺之內，便覺萬里為遙。矜慎不傳，自娛而已。好著述，嘗著《西京雜記》六十卷。」劉孝先：南梁詩人。《梁書‧劉潛傳》：「第七弟孝先，武陵王法曹、主簿。王遷益州，隨府轉安西記室。承聖中，與兄孝勝俱隨紀軍出峽口，兵敗，至江陵，世祖以為黃門侍郎，遷侍中。兄弟並善五言詩，見重於世。文集值亂，今不具存。」劉靈：即《勉學第八》所言「思魯等姨夫」。

④ 西朝：指江陵。梁元帝建都於此。

⑤ 丹青：丹砂和青膊，為中國畫中常用顏色。此泛指繪畫藝術。

⑥ 管記：指記室，掌章表書記文檄。

⑦ 平氏：地名，屬南陽。《宋書‧州郡志》：「南義陽太守，領縣二，有平氏令，漢舊名，屬南陽。」

⑧ 武陵王：即梁武帝蕭衍第八子蕭紀，字世詢。《梁書‧武陵王紀傳》：「少勤學，有文才，屬辭不好輕華，甚有骨氣。天監十三年，封為武陵郡王，邑二千戶。」後出任益州刺史。侯景之亂時，蕭紀按兵不動。梁武帝死後，蕭紀據蜀自立，後被梁元帝派軍擊敗。

⑨ 下牢：梁朝宜州舊治，在今湖北宜昌市西北。下牢之敗：指梁元帝承聖二年（553）武陵王蕭紀被陸法和擊敗之事。

⑩ 陸護軍：即陸法和，初仕南梁，後入北齊。《北齊書》有傳。

【譯文】

　　繪畫技藝的工巧，也是十分奇妙的，自古以來的名士，很多人都擅長此道。我家曾收藏梁元帝親手畫的蟬雀白團扇和馬圖，他的畫技也是一般人難以企及的。武烈太子尤其擅長人物寫生，座上的賓客，他只用筆隨意點染，就能畫出這些人的肖像，拿了畫像問小孩，小孩都能分辨畫中人是誰。蕭賁、劉孝先、劉靈，這些人除了精通文學創作，皆擅長繪畫。他們平時鑑別賞玩古今名畫，特別當成寶貝珍愛。

　　但如果精通繪畫的人為官不能通達顯貴，就會經常被公家或私人使喚，作畫也就成了一種下賤的差役。吳縣的顧士端曾為湘東王國侍郎，後來擔任鎮南府刑獄參軍，他有個兒子名叫顧庭，在西朝梁元帝那裡任中書舍人。他們父子倆都通曉琴藝和書法，尤其精通繪畫，因而經常被梁元帝使喚，為此他們常感到羞愧悔恨。彭城人劉岳，是劉橐之子，擔

任過驃騎府管記、平氏縣令，是位很有才學的豪爽之士，其繪畫技藝高超絕倫。後來他隨武陵王入蜀地，下牢關戰敗後，他被陸護軍遣去畫支江寺的壁畫，整日與工匠雜處。假如以上三位賢才都不懂得繪畫，一直專心致力於清高儒雅的事業，又哪能蒙受這種恥辱呢？

【原文】

　　弧矢①之利，以威天下，先王所以觀德擇賢，亦濟身之急務也。江南謂世之常射，以為兵射，冠冕儒生，多不習此。別有博射②，弱弓長箭，施於準的③，揖讓升降，以行禮焉。防禦寇難，了無所益。亂離之後，此術遂亡。河北文士，率曉兵射，非直葛洪一箭④，已解追兵，三九燕集，常麋⑤榮賜。雖然要⑥輕禽，截狡獸，不願汝輩為之。

【注釋】

① 弧矢：弓箭。
② 博射：我國古代一種遊戲性的習射方式。
③ 準的：目標，箭靶。
④ 葛洪一箭：《抱朴子‧自敘篇》：「昔在軍旅，曾手射追騎，應弦而倒，殺二賊一馬，遂得免死。」
⑤ 麋（音迷）：分得，獲得。
⑥ 要：通「邀」，邀擊。

【譯文】

　　弓箭的鋒利，可以威服天下，前代帝王以射箭來考察人的德行，選擇賢能，同時操弓射箭也是保全自己性命的緊要事情。江南地區將世上常見的射箭叫作「兵射」，士大夫和讀書人都不肯學習此道。另有一種博射，弓的力量很弱，且箭身很長，設有箭靶。射箭時，賓主揖讓進退，按照一定的禮儀致敬。這種射箭對於防禦敵寇毫無用處。戰亂之後，這種射法就失傳了。黃河以北地區的文人，大多懂得兵射，不僅能像葛洪那樣一箭射死追兵，而且在三公九卿的宴會上，也常常因精於射

箭而獲得賞賜。雖然如此，用射箭去獵獲飛禽走獸這種事，我還是不願你們去做。

【原文】

　　卜筮者，聖人之業也，但近世無復佳師，多不能中。古者，卜以決疑，今人生疑於卜，何者？守道信謀，欲行一事，卜得惡卦，反令怵怵[1]，此之謂乎！且十中六七，以為上手[2]，粗知大意，又不委曲[3]。凡射奇偶[4]，自然半收，何足賴也。世傳云：「解陰陽者，為鬼所嫉，坎壈[5]貧窮，多不稱泰。」吾觀近古以來，尤精妙者，唯京房、管輅、郭璞耳[6]，皆無官位，多或罹災，此言令人益信。儻值世網[7]嚴密，強負此名，便有註誤，亦禍源也。及星文[8]風氣，率不勞為之。吾嘗學《六壬式》[9]，亦值世間好匠，聚得《龍首》《金匱》《玉變》《玉曆》十許種書[10]，討求無驗，尋亦悔罷。凡陰陽之術，與天地俱生，亦吉凶德刑[11]，不可不信。但去聖既遠，世傳術書，皆出流俗，言辭鄙淺，驗少妄多。至如反支[12]不行，竟以遇害；歸忌[13]寄宿，不免凶終：拘而多忌，亦無益也。

【注釋】

①怵（音去）：憂懼不安貌。

②上手：上等手藝，即高手。

③委曲：指事情的底細和原委。不委曲：言不知其詳盡，不精通。

④射奇偶：指對是或否兩種結果進行占卜。

⑤坎壈（音懶）：困頓，不順利。

⑥京房：字君明，西漢學者，開創京氏易學。《漢書·京房傳》：「京房字君明，東郡頓丘人也。治《易》，事梁人焦延壽。延壽字贛……贛常曰：『得我道以亡身者，必京生也。』其說長於災變，分六十四卦，更直日用事，以風雨寒溫為候，各有占驗。房用之尤精。」後石

顯等將京房排擠出朝廷，後又誣其誹謗政治，歸惡天子，註誤諸侯王，竟遭棄市。管輅：字公明，三國時曹魏術士，精通《周易》，善於卜筮。《三國志・魏書・管輅傳》：「管輅字公明，平原人也。容貌粗醜，無威儀而嗜酒，飲食言戲，不擇非類，故人多愛之而不敬也。」注引《輅別傳》曰：「輅年八九歲，便喜仰視星辰，得人輒問其名，夜不肯寐。父母常禁之，猶不可止。自言：『我年雖小，然眼中喜視天文。』常云：『家雞野鵠，猶尚知時，況於人乎？』與鄰比兒共戲土壤中，輒畫地作天文及日月星辰。每答言說事，語皆不常，宿學者人不能折之，皆知其當有大異之才。及成人，果明周易，仰觀、風角、占、相之道，無不精微。」管輅為己占卜，自知不是長壽之人，四十八歲卒。郭璞：東晉學者，精於占卜。《晉書・郭璞傳》：「璞好經術，博學有高才，而訥於言論，詞賦為中興之冠。好古文奇字，妙於陰陽算曆。有郭公者，客居河東，精於卜筮，璞從之受業。公以《青囊中書》九卷與之，由是遂洞五行、天文、卜筮之術，禳災轉禍，通致無方，雖京房、管輅不能過也。」王敦作亂，命郭璞占卜。郭璞以卜筮不吉阻敦謀反，被殺。

⑦世網：比喻社會上法律禮教、倫理道德對人的束縛。

⑧星文：指根據星象、風向等天文氣象要素來占卜吉凶。漢代尤其流行，時人著述頗多。

⑨六壬式：用陰陽五行之說占卜吉凶的方法。《隋書・經籍志》：「《六壬式經雜占》九卷，《六壬釋兆》六卷。」俞正燮《癸巳類稿・六壬古式考曰》：「《太白陰經》云：『元女式者，一名六壬式，元女所造，主北方萬物之始，因六甲之壬，故曰六壬。』」

⑩《龍首》《金匱》《玉變》《玉曆》：皆為占卜類書籍。《隋書・經籍志》著錄有《太一龍首式經》一卷、《黃帝龍首經》二卷、《遁甲敘三元玉曆立成》一卷。王利器按：《漢書・藝文志・數術略》有《堪輿金匱》十四卷，《通志・藝文略》天文類有《玉步氣術》一卷，五行類有《齊人行兵天文龜眼玉經》二卷，《玉三命秘術》一卷，道家類有《太上玉曆經》一卷。

⑪德刑：恩澤與懲罰。

⑫反支：即反支日。古術士以陰陽五行配合歲月日時，附會人事，造出許多吉凶辰名，以反支日為禁忌之日，不宜出行。《漢書・遊俠傳》：「王莽敗，二人俱客於池陽，（張）竦為賊兵所殺。」注：李

奇曰：「諫知有賊，當去，會反支日不去，因為賊所殺，桓譚以為通
人之蔽也。」

⑬歸忌：即歸忌日，忌遠行歸家。

【譯文】

卜筮，是聖人從事的職業，但是近代沒有高明的巫師，所以占卜大
多數都不靈驗。古時候，占卜是用來解除疑惑的，現在的人反而因為占
卜而產生疑惑，這是什麼原因呢？一個恪守道義，相信自己謀劃的人，
打算去辦一件事，占卜時卻得到了不好的卦，反而使他憂懼不安，這就
是因占卜而產生疑惑的情況吧！

況且，現在有人占卜十次，其中有六七次應驗，就被看成是占卜高
手，實際上他只是粗略地知道占卜的大意，並不精通。但凡是猜測奇偶
正負，本來就有一半猜中的機會，這樣的結果怎麼值得信賴呢？

世人傳說：「精通陰陽占卜之術的人，會被鬼神所憎惡，其命運坎
坷，一生窮困潦倒，大多都過得不太平。」我看近古以來，特別精通占
卜的人，也就京房、管輅、郭璞三人罷了，他們都沒有官職，又多遭災
禍，因此這個傳言更加讓人覺得可信。倘若碰上世間法制嚴密，勉強地
背負占卜的名聲，就會受到牽累禍害，這也是招致禍患的根源啊。

至於觀察天文星象、氣候以察時變，占卜吉凶，你們一概不要去
做。我曾經學過《六壬式》，也遇到過世間的占卜高手，搜集到《龍
首》《金匱》《玉變》《玉曆》等十幾種占卜的書，對它們進行探究
後，發現書中所說的並沒有應驗，隨即就因後悔而作罷了。陰陽占卜之
術，與天地共生，它所昭示的吉兆凶象，施加恩澤與懲罰，是不能不信
的。只是現在離聖人的年代已經很久遠，世上流傳的占卜書，都出自平
庸者之手，言辭粗鄙淺陋，應驗的少，虛妄的多。至於有人在反支日不
敢出行，最終還是遇害；有人在歸忌日寄宿在外，仍不免慘死：因拘泥
於此類說法而忌諱甚多，是沒什麼益處的。

【原文】

算術亦是六藝要事，自古儒士論天道，定律曆者，皆學

通之。然可以兼明，不可以專業^①。江南此學殊少，唯范陽祖暅^②精之，位至南康太守。河北多曉此術。

【注釋】

① 專業：專門從事，以為正業。

② 祖暅（音顯）：又名祖暅之，字景爍，南朝數學家，祖沖之之子。著有《天文錄》三十卷。《南史・祖沖之傳》：「暅之，字景爍，少傳家業，究極精微，亦有巧思。入神之妙，般、倕無以過也。當其詣微之時，雷霆不能入。嘗行遇僕射徐勉，以頭觸之，勉呼乃悟。父所改何承天曆，時尚未行，梁天監初，暅之更修之，於是始行焉。位至太舟卿。」

【譯文】

　　算術也是六藝中很重要的一項，自古以來，學者中能談論天文，推定律曆的人，都精通算術。然而，可以在學別的技藝時附帶學習算術，不要專門去學習它。江南地區通曉算術的人很少，只有范陽的祖暅精通它，他官至南康太守。河北地區的人大多通曉這門學問。

【原文】

　　醫方^①之事，取妙極難，不勸汝曹以自命也。微解藥性，小小和合^②，居家得以救急，亦為勝事，皇甫謐、殷仲堪則其人也。

【注釋】

① 醫方：醫術，醫道。

② 小小：稍稍。和合：調和。此指配藥。

【譯文】

　　醫道這種事，要想達到精妙極為困難，我不鼓勵你們以會看病自許。稍微懂得一些藥性，能配一點藥，日常生活中可以用來救急，也就

是一件很好的事，皇甫謐、殷仲堪就是這樣的人。

【原文】

　　《禮》曰：「君子無故不徹①琴瑟。」古來名士，多所愛好。洎於梁初，衣冠子孫，不知琴者，號有所闕②；大同以末，斯風頓盡。然而此樂愔愔③雅致，有深味哉！今世曲解④，雖變於古，猶足以暢神情也。唯不可令有稱譽，見役勳貴，處之下坐，以取殘杯冷炙⑤之辱。戴安道⑥猶遭之，況爾曹乎！

【注釋】

① 徹：撤除，撤去。《禮記・曲禮下》：「大夫無故不徹縣，士無故不徹琴瑟。」
② 闕：缺，缺憾。
③ 愔愔（音陰）：和悅安舒貌。
④ 曲解：曲指琴曲歌辭，解指歌辭段數。琴一曲曰曲，一段曰解。後泛指樂曲。
⑤ 殘杯冷炙：指殘剩的飯菜，亦指權貴施捨的東西。
⑥ 戴安道：即戴逵，字安道，東晉畫家、音樂家。《晉書・隱逸傳》：「戴逵，字安道，譙國人也。少博學，好談論，善屬文，能鼓琴，工書畫，其餘巧藝靡不畢綜。總角時，以雞卵汁溲白瓦屑作《鄭玄碑》，又為文而自鐫之，詞麗器妙，時人莫不驚歎。性不樂當世，常以琴書自娛。師事術士范宣於豫章，宣異之，以兄女妻焉。太宰、武陵王晞聞其善鼓琴，使人召之，逵對使者破琴曰：『戴安道不為王門伶人！』晞怒，乃更引其兄述。逵聞命欣然，擁琴而往。」

【譯文】

　　《禮記》上說：「君子無故不撤去琴瑟。」古往今來的名士，多愛好彈琴。到了梁朝初年，如果貴族子弟不懂得彈琴，就會被認為有缺憾；大同末年時，這種風氣便不復存在了。然而，琴樂和悅安舒，清新雅致，確實有著深厚的韻味啊！當今的琴曲歌辭，雖然不同於古曲，但

聽後亦足以使人神情舒暢。只是不要以擅長彈琴聞名，那樣就會被達官貴人所役使，坐在筵席下麵，身受伶人般的屈辱。戴安道尚且遭遇過這樣的事，何況你們呢？

【原文】

　　《家語》曰：「君子不博①，為其兼行惡道故也。」《論語》云：「不有博弈②者乎？為之，猶賢乎已。」然則聖人不用博弈為教，但以學者不可常精，有時疲倦，則儻為之，猶勝飽食昏睡，兀然③端坐耳。至如吳太子以為無益，命韋昭④論之。王肅、葛洪、陶侃之徒⑤，不許目觀手執，此並勤篤之志也。能爾為佳。古為大博則六箸⑥，小博則二焭⑦，今無曉者。比世所行，一焭十二棋，數術淺短，不足可玩。圍棋有手談、坐隱⑧之目，頗為雅戲。但令人耽憒⑨，廢喪實多，不可常也。

【注釋】

① 博：即博戲，又稱「局戲」，古代一種遊戲，六箸十二棋。《孔子家語・五儀解》：「哀公問於孔子曰：『吾聞君子不博，有之乎？』孔子曰：『有之。』公曰：『何為？』對曰：『為其有二乘。』公曰：『有二乘則何為不博？』子曰：『為其兼行惡道也。』」

② 博弈：即局戲和圍棋。《論語・陽貨篇》：「子曰：『飽食終日，無所用心，難矣哉！不有博弈者乎？為之，猶賢乎已。』」

③ 兀然：昏然無知貌。

④ 韋昭：字弘嗣，三國時吳國重臣、史學家，史書為避晉司馬昭之諱，改稱其為「韋曜」。《三國志・吳書・韋曜傳》：「少好學，能屬文，從丞相掾，除西安令，還為尚書郎，遷太子中庶子。時蔡穎亦在東宮，性好博弈，太子和以為無益，命曜論之。」

⑤ 王肅：字子雍，三國時曹魏著名經學家。葛洪：見前注。《抱朴子・自敘篇》：「見人博戲，了不目眄，或強牽引觀之，殊不入神，有若晝睡，是以至今不知棋局上有幾道，樗蒲齒名。亦念此輩末技，亂意

思而妨日月,在位有損政事,儒者則廢講誦,凡民則忘稼穡,商人則失貨財。」陶侃:字士行,東晉名將。《晉中興書》:「陶侃為荊州,見佐吏博弈戲具,投之於江,曰:『圍棋,堯、舜以教愚子;博,殷紂所造:諸君並國器,何以此為。』」

⑥箸:博戲之具,竹製。

⑦甍:古通「瓊」,骰子,博戲之具。

⑧手談、坐隱:皆是下圍棋的別稱。

⑨耽憒:沉迷,昏瞶。

【譯文】

　　《孔子家語》上說:「君子不參與博戲,是因為博戲會使人很快走上不正之道。」《論語》上則說:「不是有玩博戲下圍棋等遊戲嗎?玩玩這些,總比什麼都不幹好。」話雖如此,但聖人並不是要用這個來教學生,只是認為讀書人不能時時專注于學習,有時感到疲倦了,偶爾玩玩,要比吃飽了昏昏而睡,或呆呆地坐著要好。至於吳太子認為博弈毫無益處,命韋昭寫文章論述它的害處,王肅、葛洪、陶侃等人,不許圍觀參與,這都是勤奮專一的表現。能這樣當然是很好的。

　　古時候,大規模的博戲用六個竹箸,小規模的博戲用兩個骰子,現在已經沒人懂得這種玩法了。近代所流行的玩法,是用一個骰子十二個棋子,路數技巧簡單乏味,不值得一玩。圍棋有「手談」、「坐隱」的名稱,可算是一種高雅的遊戲。但令人沉溺其中,從而曠廢很多別的事,故不可經常玩。

【原文】

　　投壺①之禮,近世愈精。古者,實以小豆,為其矢之躍也。今則唯欲其驍②,益多益喜,乃有倚竿、帶劍、狼壺、豹尾、龍首之名③。其尤妙者,有蓮花驍④。汝南周⑤,弘正之子,會稽賀徽⑥,賀革之子,並能一箭四十餘驍。賀又嘗為小障,置壺其外,隔障投之,無所失也。至鄴以來,亦見廣寧、蘭陵⑦諸王,有此校具⑧,舉國遂無投得一驍者。彈棋

⑨亦近世雅戲，消愁釋憒，時可為之。

【注釋】

① 投壺：古代宴會禮制，亦為娛樂遊戲。賓主依次用矢投向盛酒的壺口，以投中多少決勝負，負者飲酒。

② 驍：投壺時竹箭往復不落地謂之驍，比於武士之驍勇也。

③ 倚竿、帶劍、狼壺、豹尾、龍首：皆是投壺招數。司馬光《投壺格》：「倚竿，箭斜倚壺口中。帶劍，貫耳不至地者。狼壺，轉旋口上而成倚竿者。龍尾，倚竿而箭羽正向己者。龍首，倚竿而箭首正向己者。」顏之推之「豹尾」，司馬氏作「龍尾」。

④ 蓮花驍：亦是投壺招數。疑為多箭齊投，箭在壺口呈蓮花狀。

⑤ 周：周弘正子，官至吏部侍郎。

⑥ 賀徽：《南史·賀革傳》：「子徽，美風儀，能談吐，深為革愛。先革卒，革哭之，因遘疾而卒。」

⑦ 廣寧、蘭陵：廣寧王高孝珩和蘭陵王高長恭，皆是北齊文襄帝高澄之子。《北齊書·文襄六王傳》：「廣寧王孝珩，文襄第二子也……孝珩愛賞人物，學涉經史，好綴文，有伎藝。嘗於廳事壁自畫一蒼鷹，見者皆以為真，又作朝士圖，亦當時之妙絕……蘭陵武王長恭，一名孝瓘，文襄第四子也。累遷並州刺史。突厥入晉陽，長恭盡力擊之……長恭貌柔心壯，音容兼美。為將躬勤細事，每得甘美，雖一瓜數果，必與將士共之。」

⑧ 校具：此指投壺器具。

⑨ 彈棋：古代一種棋戲，初在宮廷和士大夫中間流行，後流入民間。《藝經》：「彈棋，二人對局，黑白棋各六枚，先列棋相當，下呼上擊之。」

【譯文】

投壺的講究，近代越發精妙。古時候，要在壺裡裝滿小豆子，防止箭從壺裡跳出來。現在人投壺則只想讓箭從壺中跳出來，跳出來的次數越多，就越高興，於是有了倚竿、帶劍、狼壺、豹尾、龍首等名目。其中最精妙的是蓮花驍。汝南人周，是周弘正之子，會稽人賀徽，是賀革之子，他們都能使一支箭連續投躍四十多次。賀徽又曾設一小屏風，將

壺放在屏風的外面，他自己隔著屏風投壺，沒有投不進去的。我到鄴城以來，看見廣寧王、蘭陵王等王公也有投壺的器具，但是舉國上下都沒有人能投一驍。彈棋也是近代的一種高雅遊戲，能消愁解悶，偶爾可以玩一玩。

終制①第二十

【原文】

死者，人之常分，不可免也。吾年十九，值梁家喪亂，其間與白刃為伍②者，亦常數輩③，幸承餘福，得至於今。古人云：「五十不為夭。」吾已六十餘，故心坦然，不以殘年為念。先有風氣④之疾，常疑奄然⑤，聊書素懷，以為汝誡。

【注釋】

① 終制：送終之制，相當於現在的遺囑。
② 與白刃為伍：指身逢戰亂，出沒於刀光劍影中。顏之推十九歲時，即大寶二年（551）四月，侯景攻破郢州刺史蕭方諸軍。時顏之推在蕭方諸軍中，被俘，幾死。
③ 數輩：即數次。
④ 風氣：一種濕病。
⑤ 奄然：猶奄忽。指死亡。

【譯文】

死亡，是人生註定的事，不可避免。我十九歲時，正值梁朝覆亡，動亂期間出沒刀光劍影中也有很多次，幸虧蒙受祖上的福蔭，得以活到今天。古人說：「活到五十歲就不算短命了。」我已經六十多歲了，所以面對死亡心裡非常坦然，並不因剩下的年月無多而掛懷。先前我患有風氣之疾，常懷疑自己會突然死去，因而姑且記下平時的一些想法，作為對你們的囑告。

【原文】

先君先夫人皆未還建鄴舊山①，旅葬②江陵東郭。承聖末，已啟求揚都，欲營遷厝③。蒙詔賜銀百兩，已於揚州小郊北地燒磚，便值本朝淪沒，流離如此，數十年間，絕於還望。今雖混一，家道罄窮④，何由辦此奉營⑤資費？且揚都汙毀，無復孑遺⑥，還被下濕⑦，未為得計。自咎自責，貫心刻髓。計吾兄弟，不當仕進，但以門衰，骨肉單弱，五服⑧之內，傍無一人，播越他鄉，無復資蔭⑨。使汝等沉淪廝役，以為先世之恥。故冒⑩人間，不敢墜失。兼以北方政教嚴切，全無隱退者故也。

【注釋】

① 舊山：舊塋。

② 旅葬：謂旅死而已葬者。顏之推父顏勰，字子和，亦仕於江陵，曾為梁湘東王蕭繹鎮西府諮議參軍。大同五年（539）卒於江陵。故「旅葬」。

③ 遷厝：遷葬。厝：停柩，把棺材停放待葬，或淺埋以待改葬。

④ 家道：華族。罄窮：精光，蕩然無存。

⑤ 奉營：奉祀營葬。

⑥ 孑遺：遺留，殘存。

⑦ 被：處。下濕：低窪潮濕之地。

⑧ 五服：本指以親疏為差等的五種喪服，此指遠近親戚。

⑨ 資蔭：憑先代的勳功或官爵而得到授官封爵。

⑩ 冒：羞慚冒昧。

【譯文】

我亡父亡母的靈柩都沒能葬回建鄴祖墳，因為客死他鄉就暫時葬在江陵城的東郊。承聖末年，我已經啟奏要求回建鄴，準備遷葬。承蒙聖上下詔賜給銀子百兩，我已經在揚州近郊北邊燒製墓磚，卻趕上梁朝滅亡，我輾轉來到這裡，幾十年來，早已滅絕了歸還的希望。如今天下雖

然已經統一，但是家境貧困，哪有門路籌集這筆奉祀營葬所需的費用？而且建鄴如今已破敗，什麼也沒有殘存下來，將亡父亡母的靈柩運返葬在低窪潮濕的地方，也不算得當。為此我深深自責，愧疚之情刻骨銘心。

思量我們兄弟幾個，本不應該出仕做官，只是因為家道衰落，人口孤單，力量薄弱，至親之中，沒有一人可以依傍，且逃亡在外地，更不可能憑先代勳功得到蔭庇。如果因為家貧而使你們淪落到給人做雜役的境地，那就是先祖的恥辱。所以我才厚著臉皮混跡於社會，不敢有任何差池。同時也有北方政紀嚴格，根本不允許官員隱退的緣故。

【原文】

今年老疾侵，儻然奄忽，豈求備禮乎？一日放臂①，沐浴而已，不勞復魄②，殮③以常衣。先夫人棄背④之時，屬世荒饉，家塗空迫，兄弟幼弱，棺器率薄⑤，藏⑥內無磚。吾當松棺二寸，衣帽已外，一不得自隨，床上唯施七星板⑦。至如蠟弩牙、玉豚、錫人之屬⑧，並須停省，糧罌明器⑨，故不得營，碑誌旒旐⑩，彌在言外。載以鼈甲車⑪，襯土而下，平地無墳。若懼拜掃不知兆域⑫，當築一堵低牆於左右前後，隨為私記耳。靈筵勿設枕几，朔望祥禫⑬，唯下白粥清水乾棗，不得有酒肉餅果之祭。親友來酹⑭者，一皆拒之。汝曹若違吾心，有加先妣，則陷父不孝，在汝安乎？其內典功德，隨力所至，勿刳竭⑮生資，使凍餒也。四時祭祀，周、孔所教，欲人勿死其親，不忘孝道也。求諸內典，則無益焉。殺生為之，翻增罪累。若報罔極之德，霜露之悲⑯，有時齋供，及七月半盂蘭盆⑰，望於汝也。

【注釋】

①放臂：指人死亡。

②復魄：古喪禮，將始死者之衣升屋，北面三呼，以冀還魂復蘇。《儀

禮‧士喪禮》：「復者一人，以爵弁服，簪裳於衣，左何之，扱領於帶。升自前東榮、中屋，北面招以衣，曰：『皋某復！』三。降衣於前。」鄭玄注：「復者，有司招魂復魄也。」

③ 殮：給死者穿衣入棺。

④ 棄背：婉言死亡。多用於尊親。

⑤ 棺器：棺材。率薄：草率，簡單。

⑥ 藏：墓穴，墳墓。

⑦ 七星板：古代停屍床上及棺中所用墊屍之板，上鑿七孔，斜鑿楗槽一道，使七孔相連，大殮時納於棺內。

⑧ 蠟弩牙：古明器。蠟製的弩弓。弩牙：弩上發矢的機件。玉豚：古玉器名。古代死人手握的豚形玉器。錫人：用錫鑄造的人像。古代用以殉葬。

⑨ 糧罌：盛糧的陶器。大肚小口，古代墓葬用為明器。明器：即冥器。專為隨葬而製作的器物，一般用竹、木或陶土製成。

⑩ 碑誌：碑記。立碑刻文以紀念。旒旌：指銘旌。即人死後，按死者生前等級身份，用絳色帛製一面旗幡，上以白色書寫死者官階、稱呼，用與帛同樣長短的竹竿挑起，豎在靈前右方。

⑪ 鱉甲車：又稱鱉蓋車，即靈車。

⑫ 兆域：指墓地四周的疆界。《周禮‧春官‧塚人》：「掌公墓之地，辨其兆域而為之圖。」孫詒讓曰：「辨其兆域者，謂墓地之四畔有營域堳埒也。」

⑬ 朔望：朔日和望日。舊曆每月初一日和十五日。祥禫：喪祭名。《禮記‧雜記下》：「期之喪，十一月而練，十三月而祥，十五月而禫。」

⑭ 酹（音累）：以酒澆地，表示祭奠。

⑮ 刉（音枯）竭：耗盡。

⑯ 霜露之悲：指對父母先祖的悲思。《禮記‧祭義》：「霜露既降，君子履之，必有悽愴之心，非其寒之謂也！」注：「非其寒之謂，謂悽愴及怵惕，皆為感時念親也。」

⑰ 盂蘭盆：《盂蘭盆經》：「見其亡母生餓鬼中，不見飲食，皮骨連立。目蓮悲哀，即缽盛飯，往餉其母。母得缽飯，便以左手障缽，右手搏食，食未入口，化成火炭，遂不得食。目蓮大叫，悲豪涕泣，馳還白佛。佛言：『汝母罪根深結，非汝一人所奈何……當須十方眾僧

威神之力僧自恣時七月十五日，乃得解脫……當為七代父母厄難中者，具百味五果，以著盆中，供養十方大德。』佛敕眾僧，皆為施主，祝願七代父母，行禪定意，然後受食。是時，目蓮母得脫一切餓鬼之苦。目蓮白佛：『未來世佛弟子行孝順者，亦應奉盂蘭盆供養。』佛言：『大善。』」南朝梁以來，七月十五成為民間超度先人的節日，每年這一天請僧尼結盂蘭盆會，誦經施食。後來演變成為只有祭祀儀式而不請僧尼的活動。

【譯文】

　　如今我已經年老，且疾病纏身，倘若突然死去，難道還要求喪事一定要禮儀完備嗎？哪一天我撒手離世，只要幫我沐浴遺體就可以了，不用再舉行復魄之禮，給我穿上我日常所穿的衣服裝殮。我的亡母辭世的時候，正碰上鬧饑荒，家境空乏窘迫，我們兄弟幾個還年幼孤弱，所以她的棺木很簡樸單薄，墳內也沒有用磚。因此，我也只應備辦二寸厚的松木棺材一口，除了衣服帽子，其他東西一概不要放進去，棺材的底部只須放一塊七星板。至於像蠟駑牙、玉豚、錫人之類的隨葬品，都要撤掉不用，糧罌之類的名器，不要置辦，碑誌銘旌，就更不用提了。棺材用鱉甲車運送，墓底用土襯墊就可下葬，墓頂跟地面平齊，不要壘墳。你們要是擔心以後拜祭掃墓時不知道墓地的四周界限，可以在墓地的前後左右修築一堵矮牆，隨意在上面做一些標記。靈床上不要放置枕几，朔日、望日，以及祥日、禫日祭奠的時候，只需要放些白米粥、清水和乾棗就行，不准用酒肉餅果作祭品。親友們來祭奠的，一概謝絕。你們要是違背我的心願，把我的喪禮規格置於你們祖母之上，就是陷你們父親於不孝，你們能夠心安嗎？

　　至於誦經施捨等功德事，你們可量力而行，不要因此而耗盡資財，以致你們自己遭受凍餒之苦。一年四季的祭祀，是周公、孔子所教化的事，目的是希望人們不要忘記死去的親人，不要忘記奉行孝道。可如果按照佛經的觀點來看，這都是毫無用處的。要是宰殺生靈來進行祭祀，反而會增加罪孽。若是你們想要報答父母的無盡恩德，抒發追思之情，那麼除了按時齋供，每年七月十五盂蘭盆節，我也期望你們能來掃祭。

【原文】

　　孔子之葬親也，云：「古者，墓而不墳。丘東西南北之人也，不可以弗識①也。」於是封之崇四尺②。然則君子應世行道，亦有不守墳墓之時，況為事際③所逼也！吾今羈旅，身若浮雲，竟未知何鄉是吾葬地。唯當氣絕便埋之耳。汝曹宜以傳業揚名為務，不可顧戀朽壤④，以取堙沒⑤也。

【注釋】

① 識：做標識，留記號。

② 封：積土為墳。崇：高度，自下而上的距離。孔子葬親事出自《禮記‧檀弓上》。

③ 事際：指多事之秋。

④ 朽壤：腐土，此指墳墓。

⑤ 堙沒：埋沒。

【譯文】

　　孔子安葬父母親時說：「古時候，只築墓而不壘墳。我孔丘是個東南西北四處漂泊的人，不能不留個標誌。」於是就壘起了四尺高的墳。這樣看來，君子順應世事實踐自己的主張，也有不能守著父母墳墓的時候，何況是為情勢所逼呢！我現在客居他鄉，像浮雲一般飄泊不定，都不知道哪裡是我的葬身之地。在我氣絕死亡後，隨地埋葬就行了。你們應該以傳承家業、弘揚名聲為人生第一要務，不要因為顧戀我的葬身之處，而埋沒了自己的前程。

〔附錄〕

顏之推傳（《北齊書・文苑傳》）

【原文】

　　顏之推，字介，琅邪臨沂人也。九世祖含①，從晉元東渡，官至侍中、右光祿、西平侯。父勰②，梁湘東王繹鎮西府諮議參軍。世善《周官》《左氏》學③。

【注釋】

① 含：顏含，字宏都。事見《晉書・孝友傳》。
② 勰：顏勰，字子和。事見《南史・文學傳》。
③《周官》：即《周禮》。《左氏》：即《春秋左氏傳》。

【譯文】

　　顏之推，字介，琅邪臨沂人。其九世祖顏含，隨晉元帝東渡，官至侍中、右光祿大夫、西平縣侯。其父顏勰，曾任梁湘東王蕭繹鎮西府諮議參軍。顏氏世善《周官》《左氏》之學。

【原文】

　　之推早傳家業。年十二，值繹自講《莊》《老》，便預門徒。虛談非其所好，還①習《禮》《傳》，博覽群書，無不該洽②，詞情典麗，甚為西府所稱。繹以為其國左常侍，加鎮西墨曹參軍。好飲酒，多任縱，不修邊幅，時論以此少③之。

【注釋】

① 還：謂退而還家。

② 該洽：博通，知曉。

③ 少：輕視。

【譯文】

　　顏之推很早就繼承家傳的學業。十二歲時，正值蕭繹親自講說《莊子》《老子》，他便參與到門生行列。然而他對清談並不愛好，遂退而自學《周禮》《左傳》。他博覽群書，無所不曉，為文詞情典雅明麗，在江陵頗受稱讚。蕭繹任命他為湘東王國左常侍，加鎮西墨曹參軍。他嗜好飲酒，過分任性放縱，且不修邊幅，當時的輿論因此而輕視他。

【原文】

　　繹遣世子方諸①出鎮郢州，以之推掌管記。值侯景陷郢州，頻欲殺之，賴其行台郎中王則②，以獲免，被囚送建鄴。景平，還江陵。時繹已自立，以之推為散騎侍郎，奏舍人事。後為周軍③所破。大將軍李穆④重之，薦往弘農，令掌其兄陽平公遠⑤書翰。值河水暴長，具船將妻子來奔，經砥柱⑥之險，時人稱其勇決。

【注釋】

① 方諸：字智相，梁元帝蕭繹次子，母為王夫人。

② 王則：字元軌，初為北魏將領，後入北齊，從行台侯景。侯景降梁後，亦南渡。《北史》《北齊書》並有傳。

③ 周軍：北周軍，當稱西魏軍。宇文覺雖掌西魏政，然於557年才廢西魏帝自立，國號周，都長安，史稱北周。破江陵在554年。

④ 李穆：字顯慶，北周名將。《隋書‧李穆傳》：「穆風神警俊，倜儻有奇節……從於謹破江陵，增邑千戶，進位大將軍。」

⑤ 遠：即李遠，字萬歲，北周陽平公。《北史‧李賢傳》：「賢弟遠。遠字萬歲，幼有器局，志度恢然。嘗與群兒為戰鬥之戲，指麾部分，便有軍陣之法。郡守見而異之，召使更戲。群兒懼而散走，遠持杖叱

之，複為向勢，意氣雄壯，殆甚於前。」

⑥砥柱：即砥柱山，也作底柱山。《水經注》：「砥柱者，山名也。昔禹治洪水，山陵當水者鑿之，故破山以通河。河水分流，包山而過，山見於水中若柱然，故曰砥柱也。」

【譯文】

　　蕭繹派遣世子蕭方諸出鎮郢州，以顏之推為掌管記。等到侯景攻破郢州，幾次要殺他，幸賴侯景行台郎中王則相救，得獲免，被囚送建鄴。侯景之亂被平定，顏之推回到江陵。當時蕭繹已自立為帝，任顏之推為散騎侍郎，奏舍人事。後江陵為北周軍所破，顏之推被遷往長安。在北周時，大將軍李穆看重顏之推的才華，推薦他去弘農，讓顏之推在他的兄長陽平公李遠處掌管書翰。但顏之推未從。北齊天保七年（557），當時黃河水暴漲，顏之推備辦船隻帶妻子兒女逃奔北齊，中間經歷險要的砥柱山，當時人都稱讚他勇敢有決斷。

【原文】

　　顯祖見而悅之，即除奉朝請，引於內館中，侍從左右，頗被顧昐①。天保末，從至天池②，以為中書舍人，令中書郎段孝信③將敕書出示之推。之推營外飲酒，孝信還以狀言，顯祖乃曰：「且停。」由是遂寢④。河清⑤末，被舉為趙州功曹參軍，尋待詔文林館，除司徒錄事參軍。

【注釋】

①顧昐（音兔）：環視。此指器重，重視。

②天池：《北史》作「天泉池」，在山西寧武縣西南六十里管涔山上。《水經漯水注》：「（漯㳻水）潛通，承太原汾陽縣北燕京山之大池，池在山原之上，世謂之天池，方里餘，澄渟鏡淨，潭而不流。」《北齊書·文宣帝紀》：「天保七年六月乙丑，帝自晉陽北巡，己巳，至祁連池。」《資治通鑑·卷一六七·高祖武皇帝永定二年》：「六月己巳，齊主北至祁連池。」胡三省注：「祁連池，即汾陽之天池，北人謂天為祁連。」

③段孝信：王利器以為此為段榮之誤。段榮：字孝言，歷中書黃門，典
　機密。《北史》《北齊書》並有傳。
④寢：息，止。
⑤河清：北齊武成帝高湛的年號，562年四月至565年四月。

【譯文】

　　北齊顯祖高洋見到顏之推很高興，立即授他奉朝請，召他至內館，
侍從左右，頗為重視。天保末年，顏之推隨從顯祖至天池。顯祖準備任
顏之推為中書舍人，派中書郎段孝信把敕書給顏之推看。顏之推正在營
外飲酒，段孝信把這個情況回報給顯祖，顯祖說：「暫且停下。」於是
任命就作罷了。河清末年，顏之推被舉為趙州功曹參軍，不久又待詔文
林館，任司徒錄事參軍。

【原文】

　　之推聰穎機悟，博識有才辯，工尺牘，應對閑明，大為
祖珽所重，令掌知館事，判署文書。尋遷通直散騎常侍，俄
領中書舍人。帝時有取索，恒令中使①傳旨，之推稟承宣
告，館中皆受進止。所進文章，皆是其封署，於進賢門奏
之，待報方出。兼善於文字，監校繕寫，處事勤敏，號為稱
職。帝甚加恩接，顧遇逾厚，為勳要者所嫉，常欲害之。崔
季舒等將諫也②，之推取急還宅，故不連署。及召集諫人，
之推亦被喚入，勘無其名，方得免禍。尋除黃門侍郎。

【注釋】

①中使：宮中派出的使者，多指宦官。
②崔季舒：字叔正，北齊官吏。後主武平四年（573），與張雕、劉逖
　等諫止後主前往晉陽，被誅以謀反。《北齊書·崔季舒傳》：「季舒
　少孤，性明敏，涉獵經史，長於尺牘，有當世才具……屬車駕將適晉
　陽，季舒字叔正，與張雕議，以為壽春被圍，大軍出拒，信使往還，
　須稟節度，兼道路小人，或相驚恐，云大駕向並州，畏避南寇。若不

啟諫，必動人情。遂與從駕文官連名進諫。時貴臣趙彥深、唐邕、段孝言等初亦同心，臨時疑二，季舒與爭，未決。長鸞遂奏云：『漢兒文官連名總署，聲云諫止向並州，其實未必不反，宜加誅戮。』帝即召已署表官人集含章殿，以季舒、張雕、劉逖、封孝琰、裴澤、郭遵等為首，並斬之殿庭，長鸞令棄其屍於漳水。」

【譯文】

顏之推聰穎機敏又善悟，博學多識而有辯才，又擅長書法，平素應對嫻熟明晰，大為祖珽所器重。祖命他掌文林館館事，判署文書。不久又遷通直散騎常侍，慢慢升至中書舍人。皇帝不時有索取，常叫中使傳達旨意，顏之推遵守旨意宣佈，館中人都聽他的命令。館裡所進呈的文章，皆由顏之推封緘後復加印記，到進賢門奏上，等有了答覆才出來。顏之推還擅長文字訓詁之學，監察校對抄寫，辦事勤快敏捷，可謂稱職。皇帝對他頗為恩寵，待遇也越來越優厚，這就為功勳卓著、官居要職的人所嫉妒，這些人常常想要加害他。崔季舒等人將向皇帝進諫，顏之推有急事回家，所以沒有一起聯名署名上書。等到皇帝召集進諫的人問罪，顏之推也被叫去，勘驗奏書上沒有他的名字，才得以逃過災禍。不久，任黃門侍郎。

【原文】

及周兵陷晉陽[1]，帝輕騎還鄴，窘急，計無所從。之推因宦者侍中鄧長顒進奔陳之策，仍勸募吳士千餘人，以為左右，取青、徐路共投陳國。帝甚納之，以告丞相高阿那肱[2]等。阿那肱不願入陳，乃云：「吳士難信，不須募之。」勸帝送珍寶累重向青州，且守三齊[3]之地，若不可保，徐浮海南渡。雖不從之推計策，猶以為平原太守，令守河津。

【注釋】

①周兵陷晉陽：《北齊書・後主紀》：「癸丑，入晉陽，憂懼不知所之……帝密遣王康得與中人齊紹等送皇太后、皇太子於北朔州。丙

辰，帝幸城南軍，勞將士，其夜欲遁，諸將不從。丁巳，大赦，改武平七年為隆化元年。其日，穆提婆降周。詔除安德王延宗為相國，委以備禦，延宗流涕受命。帝乃夜斬五龍門而出，欲走突厥，從官多散。領軍梅勝郎叩馬諫，乃回之鄴。」

② 高阿那肱：北齊將領，曾任大丞相。後降北周，最終在蜀中隨從王謙起兵，被誅殺。

③ 三齊：指今山東北部及中部地區。《三齊紀》云：「右即墨，中臨淄，左平陸，謂之三齊。」

【譯文】

　　等到北周軍攻陷晉陽，北齊後主輕騎逃回鄴城，形勢困窘急迫，不知該怎麼辦才好。顏之推沿用宦者侍中鄧長顒關於逃亡陳國的計策，仍勸後主招募吳地之士千餘人，作為自己的左右隨從，取道青州、徐州，一起投奔陳國。後主很想採納這個計策，於是把它告訴給了丞相高阿那肱等人。但高阿那肱不願意到陳國去，還說：「吳地之士難以信任，不必招募。」又勸後主將珍寶輜重等送往青州，暫且守住三齊之地，如果不能保住，再由海路南渡去陳國。後主雖然沒有聽從顏之推的計策，但仍然任命他為平原太守，命其把守河津。

【原文】

　　齊亡入周，大象①末，為御史上士。隋開皇②中，太子召為學士，甚見禮重。尋以疾終。有文三十卷，《家訓》二十篇，並行於世。

【注釋】

① 大象：北周靜帝宇文闡年號，579年至581年。

② 開皇：隋文帝楊堅年號，581年二月至600年十二月。

【譯文】

　　北齊滅亡後，顏之推入北周。大象末年，為御史上士。隋朝開皇年間，太子徵召顏之推為學士，對他非常禮待。不久，因病去世。有著作

三十卷，《家訓》二十篇，並流行於世。

【原文】

　　曾撰《觀我生賦》，文致清遠，其詞曰：仰浮清之藐藐①，俯沉奧②之茫茫。已生民而立教，乃司牧③以分疆。內諸夏而外夷狄④，驟五帝而馳三王⑤。大道寢而日隱，《小雅》摧以云亡⑥。哀趙武⑦之作孽，怪漢靈⑧之不詳。旄頭玩其金鼎⑨，典午失其珠囊⑩。灑、澗鞠成沙漠⑪，神華泯為龍荒⑫。吾王所以東運⑬，我祖於是南翔。去琅邪之遷越⑭，宅金陵之舊章。作羽儀⑮於新邑，樹杞梓⑯於水鄉。傳清白而勿替⑰，守法度而不忘。逮微躬⑱之九葉，頹世濟之聲芳。問我辰之安在，鍾厭惡於有梁。養傅翼之飛獸⑲，子貪心之野狼⑳。初召禍於絕域㉑，重發釁於蕭牆㉒。雖萬里而作限，聊一葦而可航㉓。指金闕以長鎩㉔，向玉路而蹶張㉕。勤王逾於十萬，曾不解其扼吭㉖。嗟將相之骨鯁，皆屈體於犬羊㉗。武皇忽以厭世㉘，白日黯而無光。既饗國而五十，何克終之弗康？嗣君聽於巨猾㉙，每凜然而負芒㉚。自東晉之違難，寓禮樂於江、湘。迄此幾於三百，左衽淶於四方㉛。詠苦胡而永歎，吟微管㉜而增傷。世祖赫其斯怒㉝，奮大義於沮、漳㉞。授犀函與鶴膝㉟，建飛雲及艅艎㊱。北徵兵於漢曲，南發餫於衡陽㊲。

【注釋】

①浮清：指天。藐藐：大貌。

②沉奧：指地。班固《典引》：「太極之元，兩儀始分，煙煙熅熅，有沉而奧，有浮而清。」注：「蔡邕曰：『奧，濁也。言兩儀始分之時，其氣和同，沉而濁者為地，浮而清者為天。』」

③司牧：管理，統治。《左傳・襄公十四年》：「師曠曰：『天生民而立之君，使司牧之，勿使失性。』」

④諸夏：指華夏各族。《公羊傳・成公十五年》：「春秋內其國而外諸夏，內諸夏而外夷、狄。」

⑤驟、馳：《孝經鉤命決》曰：「三皇步，五帝驟，三王馳。」宋均注云：「步謂德隆道備，日月為步；時事彌須，日月亦驟；勤思不已，日月乃馳。」

⑥《小雅》摧以云亡：班固《兩都賦序》：「昔成、康沒而頌聲寢，王澤竭而詩不作。」《孟子・離婁上》：「王者之跡熄而詩亡。」《毛詩序》：「《小雅》盡廢，則四夷交侵，中國微矣。」

⑦趙武：即戰國時趙武靈王，他胡服騎射，時人認為他擯棄華夏正統。事見《戰國策・趙策二》。

⑧漢靈：即東漢靈帝。《續漢書・五行志》：「靈帝好胡服、胡帳、胡床、胡坐、胡飯、胡箜篌、胡笛、胡舞，京都貴戚皆競為之，此服妖也。其後董卓多擁胡兵，填塞街衢，虜掠宮掖，發掘園陵。」

⑨旄頭：《史記・天官書》：「昴曰旄頭，胡星也。」此處代指華夏族以外的夷狄。玩其金鼎：春秋時楚國被中原諸侯國視為蠻，楚莊王曾有「問鼎」事。

⑩典午：「司馬」的隱語。胡三省曰：「典，司也；午，馬也。」晉帝姓司馬氏，後因以「典午」指晉朝。珠囊：《太平御覽》卷六引鄭玄緯注曰：「日月遺其珠囊。珠囊謂五星也。遺其珠囊者，盈縮失度也。」此句言晉室失社稷，為胡人所滅。

⑪瀍、澗：《漢書・地理志》：「瀍水出河南穀城瞀亭北。澗水出弘農新安縣。」

⑫神華：謂中華。龍荒：漢人稱匈奴之龍城為龍荒。此指荒蠻之地。

⑬吾王：指琅邪王司馬睿，字景文，司馬懿曾孫。西晉末年，被封為安東將軍、都督揚州諸軍事。後來在王導的建議之下前往建康，並且極力結交江東大族。晉湣帝被俘後，司馬睿在晉朝貴族與江東大族的支援下稱晉王，318年即帝位，為晉元帝。顏之推自注：「晉中宗以琅邪王南渡，之推琅邪人，故稱吾王。」

⑭越：指建康。盧文弨曰：「金陵本吳地，後越滅吳，其地遂為越有，故稱越也。」或以為遷越是流離播越之意。

⑮羽儀：《周易・漸卦上九》：「鴻漸於陸，其羽可用為儀。」孔穎達疏：「處高而能不以位自累，則其羽可用為物之儀錶，可貴可法也。」後因以「羽儀」比喻居高位而有才德，被人尊重或堪為楷模。

⑯杞梓：以杞梓良材，取譬人物異才。

⑰替：廢棄。

⑱微躬：謙辭。卑賤的身子。

⑲傅翼之飛獸：此指侯景。顏之推自注：「梁武帝納亡人侯景，授其命，遂為反叛之基。」

⑳子：此指養為子。貪心之野狼：指蕭正德。侯景之亂時，蕭正德與侯景相勾結。顏之推自注：「武帝初養臨川王子正德為嗣，生昭明後，正德還本，持封臨賀王，猶懷怨恨，逕叛入北而還，積財養士，每有異志也。」

㉑絕域：極遠之地。此句言侯景自北而來，作亂南方。

㉒蕭牆：指內部。《論語・季氏篇》：「吾恐季孫之憂，不在顓臾，而在蕭牆之內也。」集注引鄭玄云：「蕭之言肅也；牆謂屏也；君臣相見之禮，致屏而加肅敬焉，是以謂之蕭牆。」顏之推自注：「正德求征侯景，至新林叛，投景，景立為主，以攻台城。」

㉓一葦而可航：比喻水面相隔很近，輕易可渡。一葦：一束蘆葦。此兩句言賊軍進軍迅速，瞬間殺至。

㉔金闕：天子所居宮闕。長鎩：古兵器名。有長刃的矛。

㉕蹶張：以腳踏強弩，使之張開。此兩句言賊軍來勢洶洶，殺氣騰騰。

㉖扼吭：喻控制要害部位。此兩句言當時各路勤王部隊雖有十一萬之眾，但都不能解京城建康燃眉之急。當時諸王多觀望，無急救意。

㉗屈體於犬羊：指屈身於叛軍，向侯景投降。顏之推自注：「台城陷，援軍並問訊二宮，致敬於侯景也。」

㉘厭世：指去世。台城陷落後，梁武帝蕭衍被侯景囚禁。549年五月，死於台城。蕭衍在位47年，故下文取概數，稱其「饗國而五十」。

㉙嗣君：指簡文帝蕭綱。巨猾：指侯景。梁武帝死，簡文帝雖即位，但實為俘虜，受制於侯景。

㉚負芒：背負芒刺。此句言簡文帝雖有意振作，然賊仍在，終不得伸。大寶二年（551），簡文帝為侯景所害。

㉛左衽：古代部分少數民族的服裝，前襟向左掩，不同於中原一帶人民的右衽。浹：整個，全部。此句言胡蠻遍佈四方。

㉜微管：《論語・憲問篇》：「微管仲，吾其披髮左衽矣。」此言管仲助齊桓公「攘夷」功勞巨大，六朝人便以「微管」來比喻對國家、民族能救之圖存，有卓越功勳的大臣。「吟微管」則是期盼出現這樣的

人物，以挽救時局，扭轉乾坤。

㉝ 赫其斯怒：即盛怒。

㉞ 沮、漳：沮水與漳水。《左傳・哀公六年》：「江、漢、沮、漳，楚之望也。」顏之推自注：「孝元時為荊州刺史。」

㉟ 犀函：即犀甲。函：鎧甲。鶴膝：矛的一種。

㊱ 飛雲、艅艎：皆為戰船名。《初學記》引《晉令》曰：「水戰有飛雲船、蒼隼船、先登船、飛鳥船。」《左傳・昭公十七年》：「大敗吳師，獲其乘舟餘皇。」杜預注：「餘皇，舟名。」

㊲ 發餫（音運）：指運送糧食，以作軍隊供給。顏之推自注：「湘州刺史河東王譽、雍州刺史岳陽王詧，並隸荊州都督府。」此兩句言蕭繹在轄區內徵兵運糧，準備應戰。

【原文】

　　昔承華之賓帝①，實兄亡而弟及②。逮皇孫之失寵③，歎扶車④之不立。間⑤王道之多難，各私求於京邑。襄陽阻其銅符⑥，長沙閉其玉粒⑦。遂自戰於其地，豈大勳之暇集。子既殞而伭攻，昆亦圍而叔襲。褚乘城而宵下，杜倒戈而夜入⑧。行路彎弓而含笑，骨肉相誅而涕泣。周旦其猶病諸⑨，孝武悔而焉及⑩。

【注釋】

① 承華：此指梁武帝長子、昭明太子蕭統。李善注引《洛陽記》曰：「太子宮在大宮東，中有承華門。」賓帝：謂「以先帝為賓」，婉指帝王死亡。蕭統於531年英年早逝。

② 兄亡而弟及：顏之推自注：「昭明太子薨，乃立晉安王為太子。」晉安王即蕭綱，蕭統同母弟。

③ 皇孫之失寵：顏之推自注：「嫡皇孫歡出封豫章王而薨。」蕭歡：蕭統長子，梁武帝嫡孫。

④ 扶車：盧文弨曰：「『扶車』疑是『綠車』，《獨斷》：『綠車名曰皇孫車，天子有孫乘之。』」錢大昕曰：「『扶車』疑是『扶蘇』之訛，蓋以秦太子扶蘇比昭明太子也。」

⑤ 間：候，趁著。

⑥ 銅符：即銅虎符。古代傳達命令或調兵遣將所用的憑證。阻其銅符：言按兵不動。

⑦ 玉粒：指糧。《梁書・河東王譽傳》：「台城沒，譽還湘鎮，世祖遣周弘直督其糧，前後使三反，譽並不從。」顏之推自注：「河東、岳陽皆昭明子。」

⑧ 杜倒戈而夜入：顏之推自注：「孝元以河東不供船艎，乃遣世子方等為刺史，大軍掩至，河東不暇遣拒。世子信用群小，貪其子女玉帛，遂欲攻之，故河東急而逆戰，世子為亂兵所害。孝元發怒，又使鮑泉圍河東，而岳陽宣言大獵，即擁眾襲荊州，求解湘州之圍。時襄陽杜岸兄弟怨其見劫，不以實告，又不義此行，率兵八千夜降，岳陽於是遁走，河東府褚顯族據投岳陽，所以湘州見陷也。」

⑨ 周旦：周公旦，曾率郡平定三監，殺掉弟弟管叔鮮，流放蔡叔度。病諸：難以做到。

⑩ 孝武：當指南朝宋孝武帝劉駿，他在位時，擔心兄弟藩王會對自己不利，不惜骨肉相殘，大殺兄弟。此兩句言梁朝宗室相鬥比周公旦、宋孝武帝之手足相殘更甚。

【原文】

　　方幕府之事殷，謬見擇於人群。未成冠而登仕，財解履①以從軍。非社稷之能衛②，□□□□□□□，僅書記於階闥③，罕羽翼於風雲。

【注釋】

① 解履：指出仕。古代人臣見君須解履。顏之推自注：「時年十九，釋褐湘東國左常侍，以軍功，加鎮西墨曹參軍。」

② 非社稷之能衛：顏之推自注：「童汪琦。」錢大昕曰：「『童汪琦』三字，疑非本注。」

③ 階闥（音踏）：指朝廷。

【原文】

　　及荊王之定霸，始仇恥而圖雪。舟師次乎武昌，撫軍鎮於夏汭①。濫充選於多士，在參戎之盛列。慚四白②之調護，廁六友之談說③。雖形就而心和，匪餘懷之所說④。

【注釋】

① 夏汭：古地名。即今湖北漢水（下游古稱夏水）入長江處。顏之推自注：「時遣徐州刺史徐文盛領二萬人，屯武昌蘆州，拒侯景將任約。又第二子綏寧度方諸為世子，拜中撫軍將軍郢州刺史，以盛聲勢。」「綏寧度」疑當為「綏寧侯」。

② 四白：即商山四皓，漢初四位隱士。漢高祖時，呂后為穩固其子劉盈之太子位，用張良之計，請四皓輔佐太子。高祖見之，遂再無廢太子意。

③ 六友：《初學記》引《晉公卿禮秩》曰：「湣、懷立東宮，乃置六傅，省尚書事，始置詹事丞，文書關由六傅，時號太子六友。」顏之推自注：「時遷中撫軍外兵參軍，掌管記，與文主、劉民英等與世子遊處。」此兩句是顏之推對所處之位的謙辭。

④ 說：通「悅」。此兩句言與世子遊處，掌文書之事，非其所志。

【原文】

　　繄深宮之生貴①，矧垂堂與倚衡②。欲推心以屬物，樹幼齒以先聲③。愍敷求之不器④，乃畫地而取名⑤。仗禦武於文吏⑥，委軍政於儒生⑦。值白波之猝駭⑧，逢赤舌之燒城⑨。王凝⑩坐而對寇，向栩⑪拱以臨兵。莫不變猿而化鵠⑫，皆自取首以破腦。將睥睨於渚宮⑬，先憑陵於地道⑭。懿永寧之龍蟠⑮，奇護軍之電掃⑯。奔虜快其餘毒，縲囚膏乎野草⑰。幸先主之無勸⑱，賴滕公之我保⑲。剟鬼錄於岱宗⑳，招歸魂於蒼昊㉑。荷性命之重賜，銜若人以終老㉒。

【注釋】

① 繄（音一）：語氣助詞。此句言蕭方諸生於深宮富貴之中，不知形勢之艱難複雜。

② 矧（音審）：亦。垂堂：靠近堂屋簷下。因簷瓦墜落可能傷人，故以喻危險的境地。倚衡：比喻做危險事。骑：通「倚」。衡：樓殿邊欄杆。

③ 樹幼齒以先聲：顏之推自注：「中撫軍時年十五。」盧文弨曰：「樹，立也。齒，年也。《漢書·韓信傳》：『廣武君曰：「兵固有先聲而後實者。」』」

④ 慨：歎息。敷求：遍求。

⑤ 畫地而取名：《三國志·魏書·盧毓傳》：「詔曰：『得其人與否在盧生耳。選舉莫取有名，名如畫地作餅，不可啖也。』」

⑥ 仗禦武於文吏：顏之推自注：「虞預為郢州司馬，領城防事。」

⑦ 委軍政於儒生：顏之推自注：「以鮑泉為郢州行事，總攝州府也。」

⑧ 白波：此指侯景叛軍。《後漢書·獻帝紀》：「白波賊寇河東。」章懷注：「薛瑩書曰：『黃巾郭泰等起於西河白波谷，時謂之白波賊。』」猝駭：突然來襲。

⑨ 赤舌之燒城：亦指叛軍來犯。《太玄經·干次八》：「赤舌燒城，吐水於瓶。」

⑩ 王凝：即王凝之，王羲之次子，東晉官員。

⑪ 向栩：字甫興，東漢末年官員。

⑫ 鵠：通「鶴」。《抱樸子·釋滯篇》：「周穆王南征，久而不歸，一軍盡化：君子為猿為鶴，小人為沙為蟲。」變猿而化鵠：謂戰死。

⑬ 睥睨：斜視，窺伺。渚宮：春秋楚國宮名，此代指荊州治所江陵。

⑭ 憑陵：橫行，猖獗。地道：代指巴陵。此兩句言叛軍欲占江陵，先襲巴陵。

⑮ 懿永寧之龍蟠：顏之推自注：「永寧公王僧辯據巴陵城，善於守禦，景不能進。」

⑯ 奇護軍之電掃：顏之推自注：「護軍將軍陸法和破任約於赤亭湖，景退走，大潰。」

⑰ 縲囚：被拘囚的人。此兩句言侯景叛軍在作戰失利後，加緊了對佔領區的荼毒，殺害大量俘虜。

⑱ 先主：指三國蜀漢先主劉備。此句顏之推是自言在被俘虜時沒有劉備那樣的人落井下石，使賊人急殺之。

⑲ 賴滕公之我保：顏之推自注：「之推執在景軍，例當見殺，景行台郎中王則初無舊識，再三救護，獲免，囚以還都。」滕公：指夏侯嬰，曾救韓信。此處以夏侯嬰喻王則。

⑳ 劖：削。鬼錄：迷信者所謂陰間死人的名簿。岱宗：即泰山。《遁甲開山圖》：「泰山在左，亢父在右。亢父知生，泰山主死。」

㉑ 招歸魂於蒼昊：顏之推自注：「時解衣訖而獲全。」

㉒ 銜：憑著。若人：此指王則。

【原文】

　　賊棄甲而來復，肆觜距之雕鳶①。積假履而弒帝②，憑衣霧以上天。用速災於四月，奚聞道之十年③！就狄俘於舊壤，陷戎俗於來旋。慨《黍離》④於清廟，愴《麥秀》於空廛⑤。鼖鼓臥而不考⑥，景鐘⑦毀而莫懸。野蕭條以橫骨，邑閴⑧寂而無煙。疇百家⑨之或在，覆五宗而翦焉⑩。獨昭君之哀奏，唯翁主之悲弦⑪。經長干⑫以掩抑，展白下⑬以流連。深燕雀之餘思，感桑梓之遺虔。得此心於尼甫⑭，信茲言乎仲宣⑮。

【注釋】

① 觜距：禽獸的嘴和爪。雕鳶：雕和鳶，貪殘之鳥。

② 積假履而弒帝：指551年，侯景殺害簡文帝蕭綱，自立為皇帝，改國號為漢，稱南梁漢帝。

③ 用速災於四月，奚聞道之十年：顏之推自注：「台城陷後，梁武曾獨坐，歎曰：『侯景于文為小人百日天子。』及景以大寶二年十二月十九日僭位，至明年三月十九日棄城逃竄，是一百二十日，笋天道，繼大數，故文為百日，言與公孫述俱稟十二而旬歲不同。」

④ 《黍離》：《詩經》篇名。《詩經・王風・黍離序》：「閔宗廟也。周大夫行役，至於宗周，過故宗廟，宮室盡為禾黍，閔周室之顛覆，彷徨不忍去，而作是詩也。」

⑤ 廛（音纏）：古代城市平民的房地。《史記・宋微子世家》：「箕子朝周，過故殷虛，感宮室毀壞，生禾黍；箕子傷之，欲哭則不可，欲

泣，為其近婦人，乃作《麥秀》之詩以歌詠之。」

⑥ 鼖（音焚）鼓：大鼓。《周禮·考工記·人》：「鼓長八尺，鼓四
　　尺，中圍加三之一，謂之鼖鼓。」鄭玄注：「大鼓謂之鼖。以鼖鼓鼓
　　軍事。」考：敲。

⑦ 景鐘：春秋晉景公所鑄之鐘。此指大鐘。

⑧ 闃（音去）寂：死寂。《南史·侯景傳》：「時江南大饑，江、揚彌
　　甚……千里絕煙，人跡罕見，白骨成聚，如丘隴焉。」

⑨ 百家：顏之推自注：「中原冠帶，隨晉渡江者百家，故江東有百譜；
　　至是，在都者覆滅略盡。」

⑩ 五宗：《史記·五宗世家》：「孝景皇帝子凡十三人為王，而母五
　　人，同母者為宗親。」此指江南各大族。翦：盡。

⑪ 翁主：《史記·大宛傳》：「烏孫以馬千匹聘漢女，漢遣宗室女江都
　　翁主往妻烏孫，烏孫王昆莫以為右夫人。」此兩句以王昭君、翁主之
　　嫁胡代指梁宗室女之受辱。顏之推自注：「公主子女，見辱見仇。」

⑫ 長干：古建康里巷名，在今江蘇南京南。顏之推自注：「長干，舊顏
　　家巷。」

⑬ 白下：盧文弨曰：「白下，一名白下門，今江寧縣地。」顏之推自
　　注：「靖侯以下七世墳塋，皆在白下。」

⑭ 尼甫：對孔子的尊稱。

⑮ 仲宣：王粲，字仲宣。其《登樓賦》曰：「悲舊鄉之壅隔兮，涕橫墜
　　而弗禁。昔尼父之在陳兮，有歸歟之歎音；鐘儀幽而楚奏兮，莊舄顯
　　而越吟；人情同於懷土兮，豈窮達而異心。」

【原文】

　　逷①西土之有眾，資方叔②以薄伐。撫鳴劍而雷吒，振雄
旗而雲窣③。千里追其飛走④，三載窮於巢窟⑤。屠蚩尤於東
郡，掛郅支于北闕⑥。吊幽魂之冤枉，掃園陵之蕪沒。殷道是
以再興，夏祀於焉不忽⑦。但遺恨於炎昆，火延宮而累月⑧。

【注釋】

① 逷：遠。
② 方叔：西周宣王時卿士，曾率軍南征荊楚，北伐玁狁。此處代指王僧

辯。顏之推自注：「永寧公以司徒為大都督。」

③窣（音束）：或以為當作「崒」，危高。

④飛走：飛禽走獸。代指叛軍。

⑤巢窟：代指叛軍盤踞之地。

⑥郅支：指匈奴郅支單于，殺漢使者，後被西漢陳湯率西域諸國兵擊殺。此處郅支單于和蚩尤皆代指侯景。顏之推自注：「既斬侯景，烹屍於建業市，百姓食之，至於肉盡齕骨。傳首荊州，懸於都街。」

⑦忽：盡。此兩句以殷道再興、夏祀不忽代指侯景之亂平定，梁朝轉危為安。

⑧火延宮而累月：顏之推自注：「侯景既平，我師采穭失火，燒宮殿蕩盡也。」

【原文】

　　指餘棹於兩東①，佇升壇之五讓②。欽漢官之復睹③，赴楚民之有望④。攝絳衣以奏言⑤，忝黃散於官謗⑥。或校石渠之文⑦，時參柏梁之唱⑧。顧巋嶇之不算⑨，濯波濤而無量。屬瀟、湘之負罪⑩，兼岷、峨之自王⑪。竡既定以鳴鸞，修東都之大壯⑫。驚北風之復起，慘南歌之不暢⑬。守金城之湯池，轉絳宮之玉帳⑭。徒有道而師直⑮，翻無名之不抗⑯。民百萬而囚虜，書千兩而煙煬。溥天之下，斯文盡喪⑰。憐嬰孺之何辜，矜老疾之無狀⑱。奪諸懷而棄草⑲，踣於途而受掠⑳。冤乘輿㉑之殘酷，軫人神之無狀㉒。載下車以黜喪㉓，掩桐棺之槁葬㉔。雲無心以容與㉕，風懷憤而慘悢㉖。井伯㉗飲牛於秦中，子卿㉘牧羊於海上。留釧之妻㉙，人銜其斷絕；擊磬之子㉚，家纏其悲愴。

【注釋】

①兩東：楚國郢城兩東門。此指荊州。

②五讓：盧文弨曰：「元帝屢讓王僧辯等勸進表，至大寶三年冬，始即位於江陵，故云。」

③漢官之復睹：《後漢書・光武帝紀》：「更始將北都洛陽，以光武行司隸校尉，使前整修宮府。於是置僚屬，作文移，從事司察，一如舊章。時三輔吏士東迎更始，見諸將過，皆冠幘，而服婦人衣，諸於繡擁，莫不笑之，或有畏而走者。及見司隸僚屬，皆歡喜不自勝。老吏或垂涕曰：『不圖今日復見漢官威儀！』由是識者皆屬心焉。」

④赴楚民之有望：《漢書・項籍傳》：「於是梁乃求楚懷王孫心，在民間為人牧羊，立以為楚懷王，從民望也。」

⑤攝：提起。絳衣：戎服。

⑥忝黃散於官謗：顏之推自注：「時為散騎侍郎，奏舍人事也。」

⑦或校石渠之文：顏之推自注：「王司徒表送秘閣舊事八萬卷。乃詔：『比校部分，為正御、副御、重雜三本。左民尚書周弘正、黃門侍郎彭僧朗、直省學士王圭、戴陵校經部，左僕射王褒、吏部尚書宗懷正、員外郎顏之推、直學士劉仁英校史部，廷尉卿殷不害、御史中丞王孝純、中書郎鄧藎、金部郎中徐報校子部，右衛將軍庾信、中書郎王固、晉安王文學宗菩善、直省學士周確校集部也。』」《隋書・牛弘傳》載牛弘上表請開獻書之路云：「蕭繹據有江陵，遣將破平侯景，收文德之書，及公私典籍，重本七萬餘卷，悉送荊州，故江表圖書，因斯盡萃於繹矣。及周師入郢，繹悉焚之於於外城，所收十才一二。」此王僧辯表送建康書之可考見者。石渠：古代藏典籍之府。

⑧時參柏梁之唱：此指與梁元帝及群臣詩文唱和。《古文苑》：「漢武帝元封三年，作柏梁台，詔群臣二千石，有能為七言詩，乃得上座。帝詩云：『日月星辰和四時。』和者自梁孝王而下至東方朔，凡二十四人。」

⑨甌（音迅）瓴：泛指粗陋的陶質小盆、小甕。不算：不足數。此兩句自言器小而膺大遇。

⑩瀟、湘之負罪：顏之推自注：「陸納。」盧文弨曰：「瀟、湘二水名，在荊南。《梁書・元帝紀》：『大寶三年冬，執湘州刺史王琳於殿內，琳副將殷宴下獄死，林州長史陸納及其將潘烏累等舉兵反，襲陷湘州。』」

⑪岷、峨之自王：顏之推自注：「武陵王。」盧文弨曰：「岷、峨，蜀二山名。武陵王紀為益州刺史，蜀地也。

⑫修東都之大壯：顏之推自注：「詔司農卿黃文超營殿。」梁元帝平定諸亂後，曾有意還都建康。大壯：卦名，為陽剛盛長之象。《易・繫

辭下》：「上古穴居而野處，後世聖人易之以宮室，上棟下宇，以待風雨，蓋取諸《大壯》。」

⑬驚北風之復起，慘南歌之不暢：顏之推自注：「秦兵繼來。」《梁書‧元帝紀》：「秦州刺史嚴超達自秦郡圍涇州，侯瑱、張彪出石樑，為其聲援……魏復遣將步六汗薩率眾救涇州。癸未，有黑氣如龍，見於殿內。……魏遣其柱國萬紐於謹率大眾來寇。」

⑭轉絳宮之玉帳：顏之推自注：「孝元自曉陰陽兵法，初聞賊來，頗為厭勝，被圍之後，每歎息，知必敗。」盧文弨曰：「考絳宮玉帳，蓋遁甲、六壬之書，元帝明於占候，見《金樓子》自序。」

⑮直：理由正當。言西魏軍來犯，梁軍抵抗侵略，為正義之師。

⑯無名之不抗：顏之推自注：「孝元與宇文丞相斷金結和，無何見滅，是師出無名。」

⑰斯文盡喪：顏之推自注：「北於墳籍，少於江東三分之一。梁氏剝亂，散逸湮亡，唯孝元鳩合，通重十餘萬，史籍以來未之有也，兵敗，悉焚之，海內無復書府。」「北於」疑為「北方」之誤。

⑱無狀：無善形狀，言處境淒慘。

⑲奪諸懷而棄草：此句言西魏軍虐殺「嬰孺」。

⑳踣於途而受掠：此句言西魏軍殺掠「老疾」。踣：跌倒。

㉑乘輿：戰車。

㉒軫：傾軋。無狀：無禮。或以為當作「無仗」。

㉓下車：送葬之車。黜喪：指喪禮不全。

㉔槀葬：草草埋葬。

㉕容與：安閒自得。

㉖憀恨：悵恨貌。

㉗井伯：當是百里奚。《左傳‧僖公五年》：「晉滅虢。師還，館於虞，遂襲虞，滅之。執虞公及其大夫井伯，以媵秦穆姬。」百里奚亦為虞國大夫，亦為晉國所執，蓋顏之推因此而誤。

㉘子卿：指蘇武，字子卿，西漢大臣。漢武帝時奉命以中郎將持節出使匈奴，被扣留，匈奴貴族多次威脅利誘，欲使其投降；後將他遷到北海（今貝加爾湖）邊牧羊，揚言要公羊生子方可釋放他回國。蘇武歷盡艱辛，留居匈奴十九年持節不屈。江陵陷落後，顏之推被俘入長安，此以百里奚、蘇武自比，以明志。

㉙留釧之妻：《太平御覽》七一八引《晉紀》云：「王達妻衛氏，太安

中為鮮卑所掠，路由章武台，留書並釵釧訪其家。」

㉚擊磬之子：《呂氏春秋・精通》：「鍾子期夜聞擊磬者而悲，使人召而問之曰：『子何擊磬之悲也？』答曰：『臣之父不幸而殺人，不得生；臣之母得生，而為公家為酒；臣之身得生，而為公家擊磬。臣不睹臣之母三年矣。昔為舍氏睹臣之母，量所以贖之則無有，而身固公家之財也。是故悲也。』」

【原文】

小臣恥其獨死，實有愧於胡顏①。牽屙痾②而就路，策駑蹇③以入關。下無景而屢蹈，上有尋而亟搴④。嗟飛蓬⑤之日永，恨流梗⑥之無還。

【注釋】

① 胡顏：有何面目。《毛詩》：「何顏而不速死也。」此兩句是顏之推為自己不能殉國殉主而羞恥。

② 屙痾（音痾止）：腳氣病。顏之推自注：「時患腳氣。」

③ 駑蹇（音奴儉）：劣馬。顏之推自注：「官給疲驢瘦馬。」

④ 屢：當為「屢」字之誤。搴：通「褰」，撩起。《藝文類聚》引梁元帝《職貢圖序》：「高山尋雲，深谷絕景。」此兩句言遷入長安之路途艱難，地勢險要。

⑤ 飛蓬：蓬草，根細身大而枝葉疏散，秋天遇風則拔起，隨風狂飛。

⑥ 流梗：漂浮在水面上的桃梗。比喻飄泊不定的人生。《戰國策・齊策三》：「有土偶人與桃梗相與語……土偶曰：『……今子東國之桃梗也，刻削子以為人，降雨下，淄水至，流子而去，則子漂漂者將如何耳。』」

【原文】

若乃五牛之旌①，九龍之路②，土圭測影③，璿璣④審度，或先聖之規模，乍前王之典故⑤，與神鼎⑥而偕沒，切仙弓之永慕⑦。

【注釋】

① 若乃：至於。五牛之旌：王利器按：「五牛旗者，晉武帝平吳師所造，五色各一旗，以木牛承其下，蓋取其負重而安穩也。」

② 路：即輅。九龍之路：王利器按：「言以九龍之形校飾輅車，猶言九龍之鐘也。」

③ 土圭測影：《周禮・地官・大司徒》：「以土圭之法測土深，正日景，以求地中。」

④ 璿璣：古代測天文的儀器，可運轉。《尚書・舜典》：「在璿璣玉衡，以齊七政。」

⑤ 典故：指典籍。此兩句言西魏軍在江陵的劫掠。《周書・於謹傳》：「虜其男女十餘萬人，收其府庫珍寶。得宋渾天儀、梁日晷銅表、魏相風烏、銅蟠螭跌、大玉徑四尺圍七尺及諸輿輦法物以獻，軍無私焉。」

⑥ 神鼎：指先秦九鼎。《史記・封禪書》：「秦滅周，周之九鼎入於秦。或曰：『宋太丘社亡而鼎沒于泗水彭城下。』」

⑦ 仙弓之永慕：《史記・封禪書》：「黃帝采首山銅，鑄鼎於荊山下，鼎既成，有龍垂鬍髯下迎黃帝，黃帝上騎，群臣後宮從上者七十余人，龍乃上去。餘小臣不得上，乃悉持龍髯，龍髯拔墮，墮黃帝弓。百姓仰望，黃帝既上天，乃抱其弓及龍髯號；故後世因名其處曰鼎湖，其弓曰烏號。」本句即用此典。

【原文】

　　爾其十六國之風教①，七十代②之州壤，接耳目而不通，詠圖書而可想。何黎氓③之匪昔，徒山川之猶曩。每結思於江湖，將取弊於羅網④。聆代竹⑤之哀怨，聽出塞⑥之嘹朗。對皓月以增愁，臨芳樽而無賞。

【注釋】

① 爾其：連詞，表承接。辭賦中常用作更端之詞，猶言至於，至如。十六國之風教：盧文弨曰：「十六國當以詩有十五國風，並魯數之為十六也。或者，身已入關，舉崔鴻所記載之十六國為言，亦未可定。」

② 七十代：盧文弨曰：「管仲言：『古封禪之君七十二家。』今言七十代，舉成數也。」

③ 黎氓：黎民。

④ 羅網：法網。此兩句言有退隱意，但無奈朝廷不允許。與《終制第二十》相合。

⑤ 代竹：代地絲竹之樂。《漢書・藝文志》：「代、趙之謳，秦、楚之風，皆感於哀樂，緣事而發。」

⑥ 出塞：《晉書・樂志》曰：「出塞、入塞曲，李延年造。」

【原文】

　　日太清之內釁①，彼天齊而外侵②，始蹙國③於淮滸，遂壓境於江潯④，獲仁厚之麟角⑤，可俊秀之南金⑥，爰眾旅而納主，車五百以夏臨⑦，返季子⑧之觀樂，釋鐘儀之鼓琴⑨。竊聞風而清耳，傾見日之歸心。試拂蓍以貞筮⑩，遇交泰之吉林⑪。譬欲秦而更楚⑫，假南路於東尋。乘龍門⑬之一曲，歷砥柱之雙岑。冰夷風薄而雷呴⑭，陽侯山載而谷沉⑮。侔挈龜以憑浚⑯，類斬蛟⑰而赴深。昏揚舲於分陝⑱，曙結纜于河陰⑲。追風飆之逸氣⑳，從忠信以行吟㉑。

【注釋】

① 日：往日。內釁：指梁朝宗室內鬥。

② 齊：指北齊。此兩句言當年梁朝內鬥時，北齊乘機侵佔梁朝國土。

③ 蹙國：國土收縮。

④ 壓境於江潯：顏之推自注：「侯景之亂，齊氏深斥梁家土宇，江北淮北，唯餘廬江、晉熙、高唐、新蔡、西陽、齊昌數郡，至孝元之敗，於是盡矣，以江為界也。」

⑤ 麟角：麒麟之角，比喻稀罕、可貴的人才。《詩經・周南・麟之趾》：「麟之角，振振公族。」

⑥ 南金：南方的優秀人才。《晉書・薛兼傳》：「兼清素有器宇，少與同郡紀瞻、廣陵閔鴻、吳郡顧榮、會稽賀循齊名，號為『五俊』。初入洛，司空張華見而奇之，曰：『皆南金也。』」此兩句指南方士人

多有投奔北齊者。

⑦ 夐臨：遠至。顏之推自注：「齊遣上黨王渙率兵數萬，納梁貞陽侯明為主。」《梁書‧敬帝紀》：「四年二月癸丑，（敬帝）至自尋陽，入居朝堂……三月，齊遣其上黨王高渙送貞陽侯蕭淵明來主梁嗣，至東關，遣吳興太守裴之橫與戰，敗績，之橫死……七月辛丑，王僧辯納貞陽侯蕭淵明，自採石濟江。甲辰，入於京師，以帝為皇太子。九月甲辰，司空陳霸先舉義，襲殺王僧辯，黜蕭淵明。丙午，帝即皇帝位。」

⑧ 季子：即季箚，春秋時吳王壽夢第四子。《左傳‧襄公二十九年》：「吳公子來聘，請觀於周樂。」

⑨ 鍾儀：春秋時楚國宮廷琴師，楚、鄭交戰時被鄭國俘虜，獻給晉國。《左傳‧成公九年》：「晉侯觀於軍府，見鍾儀，問之曰：『南冠而縶者誰也？』有司對曰：『鄭人所獻楚囚也。』問其族，對曰：『泠人也。』使與之琴，操南音。公重為之禮，使歸求成。」此兩句言北齊釋放了大批曾被扣押的南方士人。顏之推自注：「梁武聘使謝挺、徐陵，始得還南；凡厥梁臣，皆以禮遣。」

⑩ 拂蓍以貞筮：指以蓍草卜筮。

⑪ 遇交泰之吉林：顏之推自注：「之推聞梁人返國，故有奔齊之心，以丙子歲旦，筮東行吉不，遇泰之坎，乃喜，曰：『天地交泰，而更習坎，重險行而不失其信，此吉卦也，但恨小往大來耳，後遂吉也。』」

⑫ 欲秦而更楚：《呂氏春秋‧首時》：「墨者有田鳩，欲見秦惠王，留秦三年而弗得見。客有言之於楚王者，往見楚王，楚王說之，與將軍之節以如秦，至，因見惠王。告人曰：『之秦之道，乃之楚乎？』」

⑬ 龍門：古渡口。《尚書‧禹貢》：「導河積石，至於龍門，南行至於華陰，東至於底柱。」《水經注》卷四：「《魏土地記》曰：『梁山北有龍門山，大禹所鑿。』」

⑭ 冰夷：即馮夷，傳說黃河水神。雷呴：指風吼聲如雷響。

⑮ 陽侯：傳說中的波濤之神。山載：或以為當作「山戴」。

⑯ 侔：齊等。挈龜以憑浚：《晏子春秋‧內篇諫下》：「古冶子曰：『吾嘗從濟於河，黿銜左驂以入砥柱之流，冶潛行得黿而殺之，左操驂尾，右挈黿頭，鶴躍而出。』」

⑰ 斬蛟：盧文弨曰：「斬蛟，《博物志》載澹台滅明、次非、菑丘欣三事，《晉書‧周處傳》：『處投水搏蛟，蛟或沉或浮，行數十里，而處與之俱，經三日三夜，果殺蛟而返。』」

⑱ 舲（音玲）：有窗的船。分陝：借指荊州。
⑲ 河陰：古縣名，治所在今洛陽孟津東北。顏之推自注：「路七百里，一夜而至。」
⑳ 追風飆之逸氣：《晉書・王廙傳》：「廙性俊率，嘗從南下，旦自尋陽迅飛帆，暮至都，倚舲樓長嘯，神氣甚逸。王導謂庾亮曰：『世將為傷時識事。』亮曰：『正足舒其逸氣耳。』」
㉑ 從忠信以行吟：《列子・說符》：「孔子自衛反魯，息駕乎河梁而觀焉。有懸水三十仞，圜流九十里，魚鱉弗能遊，黿鼉（音元陀）弗能居；有丈夫屬之而出。孔子問之曰：『巧乎？有道術乎？』丈夫對曰：『始吾之入也，先以忠信，及吾之出也，又從以忠信，錯吾軀於波流，而吾不敢用私，所以能入而複出也。』」

【原文】

　　遭厄命而事旋，舊國從於采苢①。先廢君而誅相②，訖變朝而易市③。遂留滯於漳濱④，私自憐其何已。謝黃鵠之回集，惡翠鳳之高峙⑤。曾微令思⑥之對，空竊彥先之仕⑦，纂書盛化之旁，待詔崇文之里⑧。珥貂蟬而就列⑨，執麾蓋以入齒⑩。款一相之故人⑪，賀萬乘之知己。秖夜語之見忌⑫，寧懷刷之足恃⑬。諫譖言之矛戟⑭，惕險情之山水⑮。由重裘以寒勝⑯，用去薪而沸止⑰。

【注釋】

① 舊國：指梁朝。從於采苢（音宣）：言改朝換代。《史記・田敬仲完世家》：「於是田常復修釐子之政，以大斗出貸，以小斗收，齊人歌之曰：『嫗乎！采苢歸乎田成。』」索隱曰：「以刺齊國之政，將歸陳氏也。」
② 先廢君而誅相：盧文弨曰：「梁敬帝禪位於陳霸先。所誅之相謂王僧辯。」
③ 變朝而易市：顏之推自注：「至鄴，便值陳興而梁滅，故不得還南。」
④ 漳濱：漳河之濱，指鄴下，北齊都城。

⑤惡（音忤）：自愧。《西京雜記》：「始元元年，黃鵠下太液池，上為歌曰：『自顧薄德，愧爾嘉祥。』」此兩句是顏之推婉言在北齊出仕。

⑥令思：即華譚，字令思。《晉書·華譚傳》：「太康中，刺史嵇紹舉譚秀才……譚至洛陽，武帝親策之……時九州秀孝策無逮譚者……博士王濟於眾中嘲之曰：『五府初開，群公辟命，采英奇於仄陋，拔賢俊於岩穴。君吳、楚之人，亡國之餘，有何秀異而應斯舉？』譚答曰：『秀異固產於方外，不出於中域也。是以明珠文貝，生於江、郁之濱；夜光之璞，出乎荊、藍之下。故以人求之，文王生於東夷，大禹生於西羌。子弗聞乎？昔武王克商，遷殷頑民於洛邑，諸君得非其苗裔乎？』濟又曰：『夫危而不持，顛而不扶，至於君臣失位，國亡無主，凡在冠帶，將何所取哉！』答曰：『吁！存亡有運，興衰有期，天之所廢，人不能支。徐偃修仁義而失國，仲尼逐魯而遏齊，段干偃息而成名，諒否泰有時，曷人力之所能哉！』濟甚禮之。」

⑦彥先：即顧榮，字彥先。《晉書·顧榮傳》：「齊王冏召為大司馬主簿。冏擅權驕恣，榮懼及禍，終日昏酣，不綜府事。長沙王乂為驃騎，復以榮為長史。乂敗，轉成都王穎丞相從事中郎。惠帝幸臨漳，以榮兼侍中，行討圖陵。會張方據洛，不得進，避之陳留。及帝西遷長安，征為散騎常侍，以世亂不應，遂還吳。東海王越聚兵於徐州，以榮為軍諮祭酒……屬廣陵相陳敏反，南渡江，逐揚州刺史劉機、丹陽內史王曠，阻兵據州，分置子弟為列郡，收禮豪傑，有孫氏鼎峙之計。假榮右將軍、丹陽內史。榮數踐危亡之際，恒以恭遜自勉。」此兩句是顏之推自謙無德無能，屍居祿位。

⑧待詔崇文之里：顏之推自注：「齊武平中，署文林館，待詔者僕射陽休之、祖孝徵以下三十餘人，之推專掌，其撰修文殿御覽、續文章流別等，皆詣進賢門奏之。」崇文：此以魏文帝所置崇文館代指北齊文林館。

⑨珥（音耳）：古代的珠玉耳飾，此作動詞。貂蟬：官員帽上的裝飾物。《獨斷》：「武官太尉以下及侍中、常侍，皆冠惠文冠，侍中、常侍加貂蟬。」

⑩執麾蓋以入齒：顏之推自注：「時以通直散騎常侍遷黃門郎也。」

⑪一相之故人：顏之推自注：「故人祖僕射掌機密，吐納帝令也。」

⑫秪夜語之見忌：姚姬傳《惜抱軒筆記》七：「此用杜襲與魏武夜語，王粲忌之，事見襲傳。」

⑬寧懷刷之足恃：《韓非子・內儲說下》：「靖郭君相齊，與故人久語，則故人富；懷左右刷，則左右重。久語、懷刷小資也，猶以成富，況於吏勢乎！」

⑭譖言之矛戟：《荀子・榮辱篇》：「與人善言，暖於布帛；傷人之言，深於矛戟。」

⑮險情之山水：《莊子・列禦寇》：「孔子曰：『凡人心險於山川，難於知天。』」

⑯重裘以寒勝：《三國志・魏書・王昶傳》：「諺曰：『救寒莫如重裘，止謗莫如自修。』」

⑰去薪而沸止：《後漢書・董卓傳》：「臣聞揚沸止湯，莫若去薪。」
顏之推自注：「時武職疾文人，之推蒙禮遇，每構創病，故侍中崔季舒等六人以獲誅，之推爾日鄰禍而免。儕流或有毀之推於祖僕射者，僕射察之無實，所知如舊不忘。」

【原文】

　　予武成之燕翼①，遵春坊②而原始。唯驕奢之是修③，亦佞臣之雲使④。惜染絲⑤之良質，惰琢玉之遺祉⑥。用夷吾而治臻，昵狄牙而亂起⑦。

【注釋】

①武成：北齊武成帝高湛。燕翼：庇蔭。

②春坊：盧文弨曰：「按：春坊之名，《隋書・百官志》不載，《唐六典》注云：『北齊有門下坊、典書坊，龍朔二年，改門下坊為左春坊，典書坊為右春坊。』據此，則唐已前尚未以春坊為官名，以其東宮所在，故以春名之，是時俗所呼，後來即以為署名。」

③唯驕奢之是修：顏之推自注：「武成奢侈，後宮御者數百人，食於水陸，貢獻珍異，至乃厭飽，棄於廁中。褌衣悉羅錦繡珍玉，織成五百一段，爾後宮披遂為舊事。後主之在宮，乃使駱提婆母陸氏為之，又胡人何洪珍等為左右，後皆預政亂國焉。」

④佞臣之雲使：《北齊書・後主紀》：「任陸令萱、和士開、高阿那肱、穆提婆、韓長鸞等，宰制天下，陳德信、鄧長顒、何洪珍參預機權，各引親黨，超居非次，官由財進，獄以賄成，其所以亂政害人，

難以備載。」此兩句言北齊後主生活奢侈，重用奸臣。

⑤惜染絲：《墨子・所染篇》：「墨子見染絲者，歎曰：『染於蒼則蒼，染於黃則黃，五入則為五色，故染不可不慎也。』」

⑥惰：或以為當作「墮」。遺祉：猶餘福。

⑦臻：達到（美好）。昵：親近。盧文弨曰：「夷吾，管敬仲名，狄牙即易牙。謂齊桓公用管仲則霸，用狄牙等則亂起也。」自注：「祖孝徵用事，則朝野翕然，政刑有綱紀矣。駱提婆等苦孝徵以法繩己，譖而出之，於是教令昏僻，至於滅亡。」

【原文】

　　誠怠荒於度政①，惋驅除②之神速。肇平陽之爛魚③，次太原之破竹④。實未改於弦望，遂□□□□□，及都□而升降，懷墳墓之淪覆，迷識主而狀人，競己棲而擇木。六馬⑤紛其顛沛，千官散於奔逐。無寒瓜⑥以療饑⑥，靡秋螢⑦而照宿。仇敵起於舟中⑧，胡、越生於輦轂⑨。壯安德之一戰⑩，邀文、武之餘福。屍狼藉其如莽，血玄黃以成穀。天命縱不可再來，猶賢死廟而慟哭⑪。

【注釋】

①度政：疑當為「庶政」。

②驅除：此指北齊之覆滅。

③肇：發端。平陽：晉州。《公羊傳・僖公十九年》：「梁亡，自亡也。其自亡奈何？魚爛而亡也。」

④太原之破竹：顏之推自注：「晉州小失利，便棄軍還並，又不守並州，奔走向鄴。」

⑤六馬：蔡邕《獨斷》：「法駕，上所乘曰金根車，駕六馬。」

⑥寒瓜：《吳越春秋・夫差內傳第五》：「越王復伐吳……吳王率其群臣遁去，晝馳夜走……王孫駱曰：『飽食而去，前有胥山，西阪中可以匿止。』王行有頃，因得生瓜已熟，吳王掇而食之。」顏之推自注：「時在冬季，故無此物。」

⑦秋螢：《後漢書・靈帝紀》：「中常侍張讓、段珪殺大將軍何進，於

是虎賁中郎將袁術燒東西宮，攻諸宦者……讓、珪等復劫少帝、陳留王走小平津。尚書盧植追讓、珪等，斬數人，其餘投河而死。帝與陳留王協夜步逐螢光行數里，得民家露車，共乘之。」

⑧仇敵起於舟中：《說苑‧貴德篇》：「吳起對魏武侯曰：『在德不在險。若君不修德，船中之人盡敵國也。』」

⑨胡、越生於轂轂：《漢書‧司馬相如傳》：「嘗從至長楊獵，因上疏諫曰：『今陛下好陵險阻，射猛獸，卒然遇逸材之獸，與不及還轅，人不暇施巧，是胡、越起於轂下，而羌、夷接軫也，豈不殆哉？』」

⑩安德之一戰：顏之推自注：「後主奔後，安德王延宗收合餘燼，於并州夜戰，殺數千人，周主欲退，齊將之降周者，告以虛實，故留至明，而安德敗也。」

⑪死廟而慟哭：《三國志‧蜀書‧後主傳》注：「《漢晉春秋》曰：『後主將從譙周之策，北地王諶怒曰：「若理窮力竭，禍敗必及，便當父子君臣，背城一戰，同死社稷，以見先帝可也。」後主不納，遂送璽綬。是日，諶哭於昭烈之廟，先殺妻子，而後自殺。』」

【原文】

　　乃詔余以典郡，據要路而問津①，斯呼航而濟水②，郊鄉導於善鄰③。不羞寄公④之禮，願為式微⑤之賓。忽成言而中悔，矯陰疏而陽親。信讒謀於公主，竟受陷於奸臣⑥。曩九圍以制命，今八尺而由人⑦。四七之期必盡⑧，百六之數溢屯⑨。

【注釋】

①據要路而問津：顏之推自注：「除之推為平原郡，據河津，以為奔陳之計。」

②斯呼航而濟水：《淮南子‧道應訓》：「公孫龍在趙之時，謂弟子曰：『人而無能者，龍不能與遊。』有客衣褐帶素而見曰：『臣能呼。』公孫龍顧謂弟子曰：『門下故有能呼者乎？』對曰：『無有。』公孫龍曰：『與之弟子籍。』後數日，往說燕王，至於河上，而航在一汜，使善呼者呼之，一呼而航來。」

③郊：或疑「效」字之誤。或疑「邰」之誤。此兩句言顏之推為北齊後主南逃作準備。

④寄公：古指失國後寄居別國的諸侯。後亦泛稱失位而流亡者。

⑤式微：原指天將黃昏，後多指事物衰弱。亦是《詩經》篇名。《詩小序》：「式微，黎侯寓於衛，其臣勸以歸也。」

⑥受陷於奸臣：顏之推自注：「丞相高阿那肱等不願入南，又懼失齊主，則得罪於周朝，故疏閒之推。所以齊主留之推守平原城，而索船度濟向青州。阿那肱求自鎮濟州，乃啟報應齊主云：『無賊，勿匆匆。』遂道周軍追齊主而及之。」

⑦九圍：九州。此兩句言北齊後主從前是主宰天下的國君，一旦被俘，生死係於他人之手。

⑧四七之期必盡：顏之推自注：「趙郡李穆叔調，妙占天文算術，齊初踐祚，計止於二十八年。至是，如期而滅。」何焯曰：「穆叔名公緒，『調』字疑。」

⑨百六之數溘屯：盧文弨曰：「《漢書・律志》：『《易》九厄，曰：「初入元百六陽九。」』孟康曰：『初入元百六歲有厄者，則前元之餘氣也。』《說文》：『溘，奄忽也。』」

【原文】

　　予一生而三化①，備荼苦而蓼辛②。鳥焚林而鎩翮③，魚奪水而暴鱗④。嗟宇宙之遼曠，愧無所而容身。夫有過而自訟⑤，始發蒙⑥於天真，遠絕聖而棄智⑦，妄鎖義以羈仁⑧。舉世溺而欲拯，王道郁以求申。既銜石以填海⑨，終荷戟以入榛⑩。亡壽陵之故步⑪，臨大行以逡巡⑫。向使潛於草茅之下，甘為畎畝之人。無讀書而學劍，莫抵掌以膏身⑬，委明珠而樂賤，辭白璧以安貧，堯、舜不能榮其素樸，桀、紂無以汙其清塵。此窮何由而至，茲辱安所自臻？而今而後，不敢怨天而泣麟⑭也。

【注釋】

①一生而三化：顏之推自注：「在揚都，值侯景殺簡文而篡位，於江陵，逢孝元覆滅；至此而三為亡國之人。」王利器按：據此，則此賦作於齊亡入周之時。

② 荼：苦菜。蓼：《說文》曰：「蓼，辛菜薔虞也。」

③ 鎩翮：猶鎩羽，指鳥之毛羽傷殘。

④ 暴鱗：指魚脫水而暴腮。此兩句是比喻極不得志，處境極為困難。

⑤ 自訟：自責，自我剖析。

⑥ 發蒙：啟發，蒙昧。

⑦ 絕聖而棄智：指把頭腦中的權威概念消滅掉，使自己不迷信任何人的觀點，拋棄自作聰明自以為正確的主觀性見解。《道德經》：「絕聖棄智，民利百倍；絕仁棄義，民復孝慈。」

⑧ 妄鎖義以羈仁：指不自量力地追求仁義之業。鎖、羈：束縛。

⑨ 銜石以填海：《山海經·北山經》：「發鳩之山，有鳥名曰精衛，是炎帝之少女，游於東海，溺而不返，常銜西山之木石以湮東海。」此用「精衛填海」之典是言力量微薄，無濟於事。

⑩ 荷戟以入榛：扛著戟入樹林，形容無用武之地。

⑪ 亡壽陵之故步：《莊子·秋水》：「壽陵餘子學行於邯鄲，未得國能，又失其故行矣。」

⑫ 大行：山名，今太行山。逡巡：有顧慮而徘徊不前或退卻。

⑬ 抵掌以膏身：此指出仕以文策謀生。抵掌：擊掌，指人在談話中的高興神情。《戰國策·秦策一》：「蘇秦見說趙王于華屋之下，抵掌而談。」膏身：謀生。

⑭ 泣麟：哀歎悲泣世衰道窮。《公羊傳·哀公十四年》：「十有四年。春。西狩獲麟……孔子曰：『孰為來哉！孰為來哉！』反袂拭面涕沾袍。顏淵死，子曰：『噫！天喪予。』子路死，子曰：『噫！天祝予。』西狩獲麟，孔子曰：『吾道窮矣。』」王利器按：《論語·憲問篇》：「子曰：『不怨天，不尤人。』」據《史記·孔子世家》，孔子此言蓋發於獲麟之後，之推即本之。

【原文】

　　之推在齊有二子，長曰思魯，次曰湣楚①，不忘本也。之推集在，思魯自為序錄。

【注釋】

① 湣楚：字面義是「痛於楚地」，蓋是顏之推紀念江陵之禍事而為子取
此名。「思魯」則是思念江北魯地之先祖義。顏之推又有子顏游秦，
義為「游於秦地」，蓋入北周後所生。北周、隋朝都城皆在長安，屬
秦地，故稱。

【譯文】

　　顏之推在北齊時有兩子，長子顏思魯，次子顏湣楚，是以子之名示
不忘本。顏之推的文集現存於世，顏思魯親自為其作序錄。

國家圖書館出版品預行編目資料

新譯・顏氏家訓／（南北朝）顏之推撰，顏興林譯注
初版，新北市：新視野 New Vision，2019. 01
　　面；　公分--
　　ISBN 978-986-97036-0-4（平裝）
　　1.顏氏家訓 2.注釋
123.71　　　　　　　　　　　　　　107018663

新譯・顏氏家訓

撰　　著　〔南北朝〕顏之推
譯　　注　顏興林

策　　劃　周向潮
出 版 人　翁天培
出　　版　新視野 New Vision
製　　作　新潮社文化事業有限公司
　　　　　電話 02-8666-5711
　　　　　傳真 02-8666-5833
　　　　　E-mail：service@xcsbook.com.tw

印前作業　菩薩蠻數位文化有限公司
印刷作業　福霖印刷有限公司

總 經 銷　聯合發行股份有限公司
　　　　　新北市新店區寶橋路 235 巷 6 弄 6 號 2F
　　　　　電話 02-2917-8022
　　　　　傳真 02-2915-6275

初版一刷　2019 年 01 月